穆青传

◎ 张严平 / 著

新 华 出 版 社

图书在版编目（CIP）数据

穆青传／张严平著．—北京：新华出版社，2020.11

ISBN 978－7－5166－5504－7

Ⅰ.①穆…　Ⅱ.①张…　Ⅲ.①穆青（1921－2003）—传记　Ⅳ.①K825.42

中国版本图书馆 CIP 数据核字（2020）第 218093 号

穆青传

作　　者： 张严平

责任编辑： 黄春峰　祝玉婷

出版发行： 新华出版社

地　　址： 北京石景山区京原路 8 号　**邮　　编：** 100040

网　　址： http：//www xinhuapub.com　http：//press.xinhuanet.com

经　　销： 新华书店

购书热线： 010－63077122　**中国新闻书店购书热线：** 010－63072012

印　　刷： 河北鑫兆源印刷有限公司

成品尺寸： 170mm×240mm　**彩　　插：** 2

印　　张： 34　**字　　数：** 290 千字

版　　次： 2020 年 11 月第二版　**印　　次：** 2020 年 11 月第一次印刷

书　　号： ISBN 978－7－5166－5504－7

定　　价： 98.00 元

穆青与农民科学家吴吉昌在一起。

勿忘人民
一九九八年冬

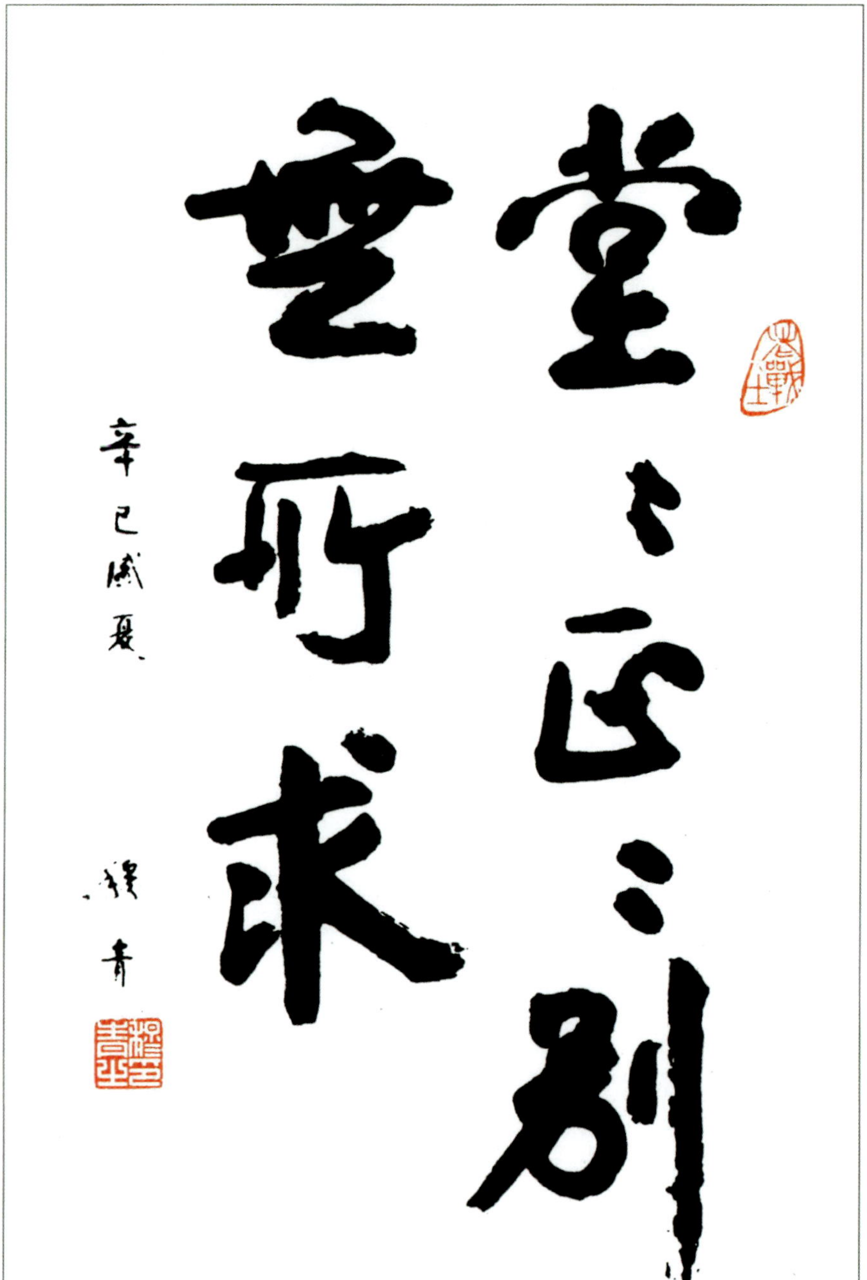
堂堂正正
无所求
辛巳岁夏

目　　录

卷首

他一生坚守自己的信仰，所以他一生有爱；他一生有爱，所以他一生喷涌。

心　魂

这个人的心一生都在流泪，都在寻找，都在歌唱，都在迸发。他来到这个世界上，似乎就是为了用尽半个多世纪的时间做的一件事：把自己一颗跳动的心掏出来，变成火把，高擎在行进的人们面前，熊熊地燃烧。

这是一颗充满了理性与诗情、幸福与痛苦、沉默与豪放的心。惟此，它的燃烧激越而悲壮。

正是因了它的燃烧，中国20世纪的新闻史上有了一篇又一篇不朽的名作；正是因了它的燃烧，一代、两代……乃至更多的中国人记住了焦裕禄、王进喜、吴吉昌、潘从正等一个又一个中华民族的精神英雄。

燃烧的心也有被冰封雪冻的时刻，当火焰无法腾起，它就变成一块愤怒沉默的岩石，像无字的碑，告诉世人这曾经有过的一种燃烧的极致。

今天，在中国多所高等学院都有学养深厚的专家学者从事关于这个人的研究，他的作品是高等学院新闻系、中文系学生们的必读教材。许许多多的人在探索：这个人是怎样一次又一次介入历史的？他内在的驱动力是什么？他那颗燃烧的心为什么会有如此的光焰与力量？

如果你有幸穿越历史的隧道，把脚踏进他的泪水、欢笑、愤怒、喜悦曾经驻足过的土地上，静静地倾听，最终会懂得，所有的答案只有一个字：爱。

爱是他幼年生命里就已经呈现出的一种特质，这是他仁厚忠孝的家庭给予的，他在不自觉中传承了它。他5岁那年，家里养的一对小白鹅死去，他躲在屋子里哭了整整一天，并坚决拒吃鹅肉。他10岁那年，邻家的孩子小福生病无钱医治身亡，他为失去小伙伴伤心落泪，写下生平第一篇小说《小福之死》。此时，他的爱淳朴而稚嫩，更多的是一个孩子个人悲喜的感受。

后来他长大成人，投入红色革命的风暴，成为一名战士和记者，战场上血与火的洗礼让他经历了生死的跨越，人民群众为革命毁家纾难的恩情让他刻骨铭心，延安奶水的哺育最终形成了他作为中国第一代无产阶级新闻战士的人生观、世界观和新闻观。他的爱在一个新的境界里如凤凰涅槃，浴火再生。

面对着行军途中死去的马夫；面对着在日本铁蹄下过着亡国奴生活的劳苦同胞；面对着三年困难时期背井离乡、食不果腹的贫苦农民；面对着在极左思想的束缚下，新中国成立几十年依然住草房、吃糠菜的山里人，他的眼睛里一次又一次蓄满泪水。这时涌动在他心底的爱是一种对国家、民族和人民的赤子深情。

这种爱催生他最强烈的一次爆发，是1965年的冬天。当他和他的战友在寒风凛冽的兰考第一次听到已故县委书记焦裕禄的事迹时，他泪流满面，泣不成声，拍案而起："不把他写出来，我们就对不起人民!"如火的爱，化做文字，变成一种精神的力量，在华夏的土地上传播，深入到一代乃至几代中国人的心灵深处。

大爱无形。爱，使他的生命纯净、本色而生动。

他性格内向，不善言词，却把文章写得情思奔涌，酣畅淋漓。

他拙于交际，不喜欢场面，尽管在官位上做了几十年，却始终对官场间的应酬显得呆板、木讷。然而一到老百姓中间他就

“活”了，神采飞扬，浑身通泰。

他从一个青年变为老年，从一个记者成长为新闻官。岁月沧桑，然而他一天也不曾放下手中的笔，在不同的历史时期都有催人奋进的新闻力作问世。

他曾任新华社社长、中央委员、中顾委委员，有机会结识各种达官名流，然而他一生中结下的最多、最亲密的朋友都是下层人，尤其是中原土地上的那些农民朋友，他与他们有着亲人般的情愫。

他是中国共产党的一名忠诚的战士，又是一位人民的赤子，在他的内心，这两者是紧紧重叠在一个点上的。然而历史也有非常的时刻，当感觉到党某一时期的路线方针政策背离了人民的愿望时，他便有深深的悲伤与苦痛。他竭力以自己的方式寻找着一条接近人民愿望的出路。在这种寻找中，他有过“宁折勿弯”的刚勇，也有过“汤池流大川”的无奈与盲从。当岁月的风雨远去，沉淀在他心底里的惟有对信仰的忠诚。

有人曾说，这个人如果不当记者，中国有可能多一位优秀的作家。的确，年轻时的“文学梦”曾令他如醉如痴，只是时代最终让他做出另一种选择。然而，他无法选择的是“O”型血质所带给他的性格特征，无论是做记者写稿子，还是当领导作决策，他有理性的思考，更多激情的喷发。他被人称为“激情记者”，“激情社长”。

他不是一个完人，最具魅力的一面隐含着他的弱处。当他至性至情的时候，便也有顾及不到的地方。玉石因瑕疵而真实、生动，他的光彩与他的缺失并存。

他最喜爱的颜色是“绿色”，因为绿色象征着生命。

他最喜爱的一句话是“勿忘人民”，因为人民乃一切之本。

他最喜爱的生活是“奋斗不止”，因为只有奋斗才其乐无穷。

他一生坚守自己的信仰，所以他一生有爱；他一生有爱，所以他一生喷涌。

他曾有过这样的心灵自述：

> 在四十多年的记者生涯中，我与人民群众一道经历过时代的波澜，迎接过斗争的胜利，多少有名和无名的英雄们的优秀品质和崇高的思想感情教育着我，感染着我，激励着我，像一团不灭的火在我心头燃烧。我始终有一个强烈的愿望，就是通过揭示这些人物的内心世界和思想感情，用他们身上的革命火花，点燃千百万人心灵的火把，用他们的精神力量，用他们的追求和理想，去推动革命事业胜利前进。

“为什么我的眼里常含泪水，因为我对这土地爱得深沉……”诗人艾青的诗写出了他的心。

世界上有什么样的爱，能比一个人对他的祖国、民族和人民的爱更博大、深厚？世界上有什么样的爱，能比一个人对他的理想、信念和事业的爱更坚毅弥久？世界上有什么样的爱，能比一个人把自己的心掏出来燃成火把照亮他人的爱更至纯至真？

爱，是这个人的心魂。

这个以爱化做文字感动并激励了几代中国人的人，就是穆青。

第一章 上路吧

他接过工作人员递给他的一张登记表格，在姓名一栏中久久思忖。参加革命了，应该改一个新名。叫什么呢？年轻人青春是最宝贵的，那就把青春献给革命吧！于是，他在表格上一笔一画地写下“穆青”。

母亲，请不要哭泣

1937 年 12 月 5 日清晨，河南杞县来远街刘家大院一间厢房内，16 岁的穆亚才背起母亲给他打点好的小布包跨出家门。

天空灰蒙蒙的，四周很静，不时有孤单的鸟叫声从空中划过，院子里晃动着半米多高的积水，从大门一直漫向街面。

这一年的《杞县志》记载："是夏大水，秋灾。"这样的记录对于中原东部这座小县城，已经是见多不惊了。它的北面不足百里处便是奔腾了几千年的黄河，它承受着她给予的一切，包括生命、爱情、欢乐，以及痛苦。这场肆虐豫东平原数月的大水，吞没了无数的庄稼地，摧毁了万千房屋。此时已入冬季，杞县县城依然一片汪洋。

穆亚才站在刚刚露出水面的门台上，父亲和弟弟撑着一只不知从哪里找来的用几块板子钉起来的小木船慢慢向他靠近，母亲站在他身后紧紧扯住他的手。

"乖乖，你的书还没念完呢。"

"妈，日本人马上就要打到开封，书念不成了。"

"那你一个娃娃家出去能做啥？"

"我去找我的老师同学，他们现在都在山西八路军的队伍里呢。"

"孩子，那你不要家，不要妈了？"母亲的眼泪流了下来。

"妈，没有国，哪还有什么家呀？！"他鼻子一酸低下了头。

母亲没再说话，她抬起手把儿子领袄间一颗没系好的扣子轻轻地系牢，然后两眼怔怔地望着儿子。

1936 年，穆青在河南杞县大同中学。

这是一个已经与她齐肩高的英俊少年，脸颊瘦削，鼻梁挺直，有着一双清澈的眸子。昨天夜里儿子熟睡的时候，她也是这样看了他大半夜，他稚嫩的呼吸就像春天里的风，轻抚着她的心。鸡叫头遍，她起身从一个木箱子底下捧出一只小罐子，那里面存着家里仅有的8元钱，她一一数点过后，装在他贴身衣服的口袋里，再用针线把袋口密密缝牢。那会儿她已经知道儿子离家要去做什么，尽管明白儿子做得有理，可心里总像有一根扯不断的线，一想就落泪。常言说，儿是娘身上的一块肉，想想兵荒马乱的，小小孩子要走那么远，当娘的怎能不心疼？生性老实、憨厚的丈夫红着眼圈劝她："别难过了，等亚才打完了小日本，再回家和咱一起过太平日子！"

儿子终于要走了，她这个当娘的不知何时再能见到他，她仔仔细细地端详着儿子的脸，依依不舍："乖乖，妈心疼你啊，你才这么大点儿！"

"妈，你放心……"儿子的喉头发硬，眼泪在打转，他转身跳进小船，不敢回头，因为母亲已在哭泣。

这是年轻的穆亚才迈向人生的第一步。或许，他还有别样的路。然而，奔涌在周身的血液告诉他：你别无选择。

20世纪30年代，第一次世界大战后走上法西斯主义道路的德、意、日三国企图重新瓜分世界，先后结为反共同盟，成为欧洲和亚洲的战争策源地。经过长期的准备，日本帝国主义于1937年公然发动大规模的全面侵华战争。7月7日夜，日本侵略军在北平西南的卢沟桥附近，突然向中国驻军进攻，中国官兵奋起抵抗，从而发生震惊中外的七七事变。这一事变使中华民族陷入空前的大灾难之中。仅仅数月，华北沦陷，济南、太原等相继失守，开封危在旦夕，武汉频频告急。

一个民族可以在侵略者的铁蹄下流血，但绝少有在侵略者的铁蹄下跪倒。

由毛泽东领导的中国共产党，高举抗日的旗帜，古老的华夏土地从此上演了中国近代史空前规模的全民族的反侵略战争。

此时，穆亚才正在杞县大同中学读初中。

大同中学坐落在一座红木青瓦、古树参天的寺庙遗址，四周荒草丛生，大堂内散发着潮湿的朽木气味。不过，对于进到这里的孩子们，它就像一座宫殿。这里最引人注目的人物是校长王毅斋。

王毅斋是杞县人，早年留学德国、奥地利，获经济学博士，1928年回国，任河南大学经济系教授。怀有一腔报国之志的这位留洋学生，历经九一八事变，深恶蒋介石对外投降、对内反共独裁、镇压人民的反动政策，1932年回到家乡，倾其所有创办了大同中学（含大同小学），决意为桑梓培养一批进步有为的学子，“挽国魂与童蒙”，救国救民。

王毅斋的激情，使得这所学校从成立那一天起，就像一支火炬燃烧在这个处于国民党统治区的小县城。当时国民党禁止宣传抗日，但在大同中学的墙上却醒目地写着王毅斋手书的“坚决对日作战”六个大字。每逢国耻纪念日或国民党丧权辱国的消息传来，王毅斋总是亲自领着学生上街游行，有一次他走在游行队伍的最前头，不顾可能袭来的危险，赤着脊背，打着锣鼓，高喊抗日救国的口号，令路人感动。他也因此被某些人称为“王疯子”。

不仅如此，王毅斋招聘的教师绝大多数为进步青年，其中骨干教师全部是中共地下党员，大同中学从一开始便成为中国共产党杞县县委的秘密活动基地。

人的命运似乎常含有某种不可知的定数。穆亚才考进这所学校，是一个偶然，却也是一个不解的缘分。当时，他正从县立一小四年级毕业，五年级叫高小，要考试。因为那几年他一直跟随家庭在外漂泊，学业时续时断，结果升高小考试成绩不好，落榜。正在着急，一天，他的父亲在街头看到私立大同小学的招生布告，便问旁边的人，私立小学好不好啊？那人说，你知道这是谁办的？王毅斋，德国留学回来的，会办学。父亲回到家里，就让穆亚才去报了名。

考试那天，古庙的大堂里坐了50多个前来应考的学生，他们除了背诗，还要被面试。王毅斋一眼看到这个白白瘦瘦有些书卷气的考生，便十分喜欢，问了他不少问题。第二天张榜，穆亚才排名第二。

因为穆亚才的考入，后来王毅斋认识了他的姐姐穆镜涵，再后来成为他的姐夫。只是很多年以后，让穆亚才心痛的是，他的姐姐跟着王毅斋风风雨雨受了不少罪。他的这位毕生爱国、解放后曾出任河南省副省长、河南省政协副主席、并当选为第一届全国人民代表大会代表的姐夫，1957年被打成右派，“文革”中又惨遭“四人帮”反动势力的迫害，含冤而死。他留下的最后一首诗是：

一心许党四十年，
生死不渝此志坚。
皇皇大节人共见，
敢剖胸膛对青天。

世事沧桑。眼下，年少的穆亚才正在这所充满抗日爱国氛围的学校里，度过他烂漫的人生序幕。

他在这里第一次读到了鲁迅、郁达夫、巴金等人的作品，还读了《铁流》《钢铁是怎样炼成的》《卖火柴的小女孩》《最后一课》等外国文学作品，他沉浸在其中不能自拔。作品中的人物就像一个个陌生而又亲近的朋友，终日环绕在他的脑海里，他为他们的命运激动、忧伤，他会把目光从他们身上移到现实的生活中，在这两者之间，他有一种朦朦胧胧的东西被唤醒，是什么，他还说不清。只是老师们讲授的那些革命道理，却是一天天吸引着他。

这时候，他已经知道中国有个为穷人求解放的共产党，但是他没有想到，他所在的学校就是共产党的一座红色堡垒，梁雷、赵伊坪、郭晓棠、傅孤侣等一个个他喜爱的老师，都是地下共产党员，其中那位叫梁雷的老师给他的印象最深。穆亚才多年之后曾这样回忆道：

> 梁老师矮矮胖胖的身材，浓眉大眼，有些少白头。平常老穿着一件破旧的长衫，衣着很随便，没有丝毫老师的架子。他教我们语文和史地，讲课极富吸引力，每讲到激动时便辅之以各种手势，讲到悲愤时，几乎声泪俱下。他博学多才，讲课总喜欢古今中外，旁征博引，课文外的内容，要比课文本身丰富精彩得多。常常是下课的钟声打响了，同学们还都不愿梁老师走。课余时间，同学们把梁老师的小屋挤得满满的，总爱和他无拘无束地交谈。听他讲国际国内形势，讲抗日救国的责任，讲红军长征、北上抗日……

老师中还有一个叫姚雪垠的，他这时还不是共产党，但已是共产党的坚定同盟者。他风度儒雅，富于激情，学生们很喜欢他。穆亚才常和同学们一起去姚老师那间小屋，听他讲文学，谈时局，每至月影西斜，流连忘返。几十年后，已是大作家的姚雪垠曾在一首诗里回忆当时的情景：

> 繁星深院传真理，
> 斜月幽窗写短篇。

共唱救亡悲下泪，
私谈局势愤挥拳。

幼小的穆亚才在浑然不觉中接受了共产党的思想。他参加了学校“抗日救国大同盟”下设的“文学艺术研究组”，并负责这个组的活动。他和同学们常常鸡叫起身，摸黑上学，出墙报，编演救亡戏剧，组织各种抗日宣传活动。

1982 年，穆青（中）与杞县大同中学的老同学在一起。

1936 年下半年，姚雪垠离开杞县去了北平。学校在梁雷、赵伊坪老师的倡导下，创办了宣传抗日救亡的文学杂志《群鸥》。穆亚才是杂志的主编之一。因当时杞县缺乏印刷条件，他们便和姚雪垠联系，把每期的稿子寄给他，由他编好后在北平排版付印。第一期杂志在 1936 年底出版，其时离鲁迅先生去世不久，为此这期封面专门做了鲁迅先生的头像。杂志以其锐利的锋芒很快引起国民党当局注意，仅仅出版了三期，即被查封。不过，穆亚才在这其间发表的《迎一九三七年》文章中的一段话，却让许多人记忆多年。文中写道：

> 一九三七年没有芬芳，没有花香，等待我们的将是弥漫全国的抗日烽火，将是决定民族生死存亡残酷的斗争！

这句出自一个 15 岁少年之手的文字，传递出他的浪漫与激情，也传递出他的理想与早熟。

1937 年初夏，穆亚才去开封参加初中毕业会考，在已经从北平回到河南的姚雪垠处意外地见到了前不久悄悄离开学校多日的梁雷老师。

“你打算干什么啊?”梁老师问他。

“家里的意思还是想让我考高中。”穆亚才说。

“能考上念书固然很好，但你的家庭清贫，供得起你在开封上学吗? 从现在的局势看，战争一起，这里恐怕也很难容得下一张书桌了。现在我们的国家已经到了亡国亡族的危险关头，每一个不愿做亡国奴的中国人、每一个热血青年都要参加到抗日救亡运动中去。我马上就要到山西去了，如果你上不了学，可以到山西去找我，也可以直接投奔延安……”

梁雷老师走了，一别永诀。而他留下的话最终决定了一个少年的人生道路。

1937 年，穆亚才结束了大同中学的学习生活，考入开封两河中学高中部。进校不久，他便开始和最要好的同学冯若泉策划离开学校到山西前线投奔八路军的事。10 月，冯若泉先行。12 月，他收到冯若泉寄自山西的牛皮纸大信封，信封上赫然印着“第八路军司令部”，信中画了一张从开封到临汾的详尽路线图。

他注意到信尾的日期距离他收到之日已过了半月，再检查开封邮局的邮戳，也在一个星期以前。他一下子警觉起来。

他想起，几天前，学校的训导主任突然找他个别谈话，一反往日的凶相，和蔼可亲地问他："我们看到你在报纸上发表的文章，知道你是一个热血青年，现在抗战形势紧迫，学校可能内迁，不知道你将做何打算？"当得知穆亚才想参加抗日，他便说："那好，现在中央黄埔军校洛阳分校正在咱校招生，你可以报名投考，如果要去前线，学校也可以想办法介绍你去国军13军[①]服务。"接着他又滔滔不绝地劝说穆亚才不要盲目相信那些革命高调的宣传而误入歧途等等。

捧着冯若泉的信，他明白了，学校一定是掌握了他们的行动计划。不然一个训导主任怎么会突如其来关心起一个来自偏僻小县城一年级新生的前程呢？看来必须马上行动。

就在这一天晚上，穆亚才悄悄翻过学校的墙头，回到家中，向父母告别，在仓促中结束了自己的少年时代。

45年后，这位大同中学的学生，在大同中学成立50周年的纪念会上这样说：

> 我开始上学的时候，什么也不懂，只有模糊的爱国主义思想，后来才慢慢懂得了革命道理，提高了觉悟，一步一步成长起来。这个基础，这火种，就是在大同学校得到的。

56年后，这位大同中学的学生，从工作岗位上退下来后做的第一件事，就是赴山西偏关，为他大同中学的老师、后赴山西偏关地区领导抗日、被日本鬼子砍下头颅悬挂城门示众的革命烈

---

① 国军13军为汤恩伯部队。

士梁雷祭扫墓地。他写下痛断肝肠的《泪洒偏关》：

“梁老师，学生来得太晚了……”1993 年 6 月，穆青在恩师梁雷烈士的墓前泣不成声。

我悲痛在那风雨如磐的黑暗岁月，是梁老师把革命的火种播进我们的心田。他是我们的启蒙老师，又是我们的引路人。没有他的教诲，我们这些幼稚的孩子是不可能走上革命征途的。

穆亚才一辈子都不能忘记他的老师和母校，那是他心中的一座灯塔，正是它的引领，他才走上革命的道路。在现有的大同中学纪念馆中有这样的记录：抗日期间，从这所学校投身革命队伍的师生有 160 多人，其中牺牲的烈士就有 30 多位。

一篇《泪洒偏关》，祭奠了那个时代无数的英烈。

穆亚才默默地坐在小船上。冬晨的风夹着满街的水飘洒着，寒气袭人。瘦削的父亲和年幼的弟弟奋力摇着小船沿街向城外划去。船到街头拐弯处，他透过泪水再一次望向家门，寒风中母亲的身影一动未动。

小船在寥落的街市中划行。一幢幢低矮的屋顶上长着枯黄的草，一面面剥落的墙体在洪水的浸泡中岌岌可危，几个无家可归的人扒在几块木板上顺水漂浮着，呆滞的目光有如冬日的残阳。

当他终于站到城门外，挥手目送父亲和弟弟摇着小船消失在茫茫洪水尽头，那一刻，他泪流满面。

穆亚才事先约好的两个同学，一个被父亲反锁在家中，一个被家里逼迫成亲。途中他又遇到另外四个同学，他们一起扒上去开封的火车，再从开封沿陇海铁路北上山西。

一路上，莽莽苍苍的荒野间，到处是背井离乡逃难的人群。一只只破箩筐里挑着的哭泣的孩子；寒风中老人踉跄的脚步；破草席和破布搭建的破窝棚；一张又一张在黄沙、黄土间晃动的灰黄面孔……多少年之后，穆亚才都无法忘却他在黄河故道上亲眼目睹的这幅凄风苦雨中的“流亡图”。

难民们看着这几个一路向北奔去的年轻人，不时有人提醒：“你们几个傻孩子，怎么往北走，北边让日本人占了。”

年轻人们激愤地回答：“我们就是去打日本的！”

生命的成长常常是在不经意间的跃动。这一刻，穆亚才感觉自己长大了许多。

1937 年 12 月 9 日，四个年轻人一路风尘跋涉，走潼关，过黄河，经风陵，终于到达山西临汾八路军驻晋办事处。

穆亚才穿上了八路军的军装，戴上了八路军的袖标，他抬头望望天，头顶上的太阳是那么鲜红，红得让人心醉。年轻的他，从没有如此体验着一种新生的感觉。

他接过工作人员递给他的一张登记表格，在姓名一栏中久久思忖。参加革命了，应该改一个新名。叫什么呢？年轻人青春是最宝贵的，那就把青春献给革命吧！于是，他在表格上一笔一画地写下“穆青”。

生命中第一口奶水是甘美的

1921年农历二月初六，在安徽蚌埠倪家大院里的一个穆姓回族大家庭中，一个男孩的降生给这里的每一个人带来了喜悦。对于这个男孩的祖父来说已不仅仅是喜悦，他望着这个眼珠有点发蓝、头发卷曲、鼻梁高高的有着明显家族相貌特征的孩子，激动地转来转去，嘴里不断地重复着一个字：“好！好！”

这个男孩就是穆青。他的到来让这个家庭似乎重新有了梦。

穆家祖籍河南周口，穆青的曾祖父穆松泉曾是周口一带清真寺著名的阿訇，他有5个儿子，其中长子就是穆青的祖父穆正桢。穆正桢清朝末年中举，被封为安徽省怀远县七品县令，还未上任，国民政府成立，官即免职。由于他通晓中国的旧学，熟读儒家四书五经，写得一手好字，经朋友介绍被安徽蚌埠淮南煤矿的一个大资本家聘为师爷，管理文书档案、信件和一些账册。随着这个资本家生意的兴隆，他的薪水增加，积攒了一些钱，于是将一家人包括穆青的祖母、父母、两个姑姑和一个姐姐从河南周口迁到了安徽蚌埠，穆青降生时已是这个家庭来到这里两年以后了。

中国的传统观念中历来有浓厚的继嗣思想，一个适时降生的男孩，常常寄托了全家族的期望。穆青正是这样一个背负重托的男孩。由于穆青的祖父是曾祖父的长子，父亲是祖父的长子和独子，也是五个祖父家惟一的男孩，穆青又是父亲的长子，因而祖父把这个长房长孙视为“宝中之宝”，为他取名“亚才”，其中的含义已是很明白的了。只是这位祖父永远也没有想到，16 年之后，亚才成了穆青；然而他对孙儿的厚望，却似乎是注定不会落空的。

1928 年穆青全家福。后排左一为父亲穆蕴珊，左三为母亲杨文芳，中间的白须长者为祖父穆廷桢，前排左一为二姑穆雨珊，左二为穆青，左三为大姐穆镜涵。

祖父亲自担任了穆青最早的教育启蒙。穆青四五岁时，祖父就开始教他读书识字，每天早上祖父出门前的一件事就是给他写几个字，或念一首诗，晚上回来后检查，如果字写不出，诗背不出，就会用鸡毛掸子打他的手心。

祖父擅长书法，在当地小有名气，常有上门求字者。他帮人写字时就让穆青站在旁边看，并规定他每天都要写仿，一天一张，每一张祖父都要圈点。有时穆青练字时，祖父站在背后会冷不防抽他手中的笔，如果抽不掉，祖父便会开心的大笑，夸他写字有力，如果抽掉了，就会皱着眉头极不高兴。

在祖父严格的教授下，穆青很小就能识字，写字，背诵《千字文》《三字经》《论语》《孟子》《唐诗》等古诗文名篇，并且给了祖父一个小小的惊喜：小学是直接从三年级读起，而且作文成绩很好，总是班上第一名。

祖父不仅教孙子习文，还让他练武。穆青 5 岁时，祖父就把他送到当地一家清真寺，跟一位叫马忠启的 50 多岁的师傅练习打拳，每天天蒙蒙亮，即起身练功，踢腿、蹲马步，一招一式绝无含糊。穆青悟性高，学得好，师傅很是喜欢，时常带了他去街场献艺。60 多年后，穆青曾在一篇日记中记道：

> 蚌埠李少初的四哥李又明今天带着女儿来到北京……李又明今年七十二岁，是我小时候在蚌埠的邻居、清真寺阿訇李复初的儿子。他的六弟李少初是经常同我一起玩的伙伴，我们一起打拳，有时还跟着师傅马忠启去铁路广场卖艺。我们表演的节目中最受欢迎的是匕首对花枪。这些往事转眼快六十年了，似乎还历历在目。

穆青习武直到祖父去世。在这位国学素养深厚的老人看来，诗文、武艺，皆乃成器者之必备，缺一不可。

其实对于幼年的穆青来讲，祖父的影响远不止诗文武功。祖父生于贫寒家门，靠才学立身，性格耿直侠义，心地忠厚善良。他治家有“三不准”：一不准雇奶母，意为“不能从别人孩子口里夺食”；二不准用丫头，意为“不能使他人骨肉分离”；三不准放债，意为“不能做损人利己之事”。他挣下的钱除养家外，一不置地，二不买房，三无不洁嗜好，多用于做善事。每个星期清真寺做礼拜，他总是准备一堆铜板到寺内散给那里等待救济的穷人。冬天，他让人做一些棉衣，遇有衣着单薄者，就送给他们；夏天，他又托人从京城同仁堂买下一堆防治痢疾、暑热等传染病的药，分发给街头流浪乞讨的穷人。凡有穷亲戚上门求助者，他都留吃留住，尽量救济。祖父在当地回民中威望很高，被称为“大善人”。这位一生做下诸多善事的祖父，不求任何回报，惟有一个心愿：“做好事荫及我的儿孙”。

祖父58岁得阑尾炎去世，那年穆青9岁。临死前他把儿子、儿媳叫到床前，眼瞅着一旁的穆青，用尽最后一点气力对他们说：“要这个孩子记住三条：第一要好好读书，第二要好好写字，第三要好好打拳……”

祖父出殡那天亲戚朋友和认识不认识的路人、穷人站了好几条街，送来的挽幛堆满了院子。小小的穆青并不太理解死的概念，大人告诉他：“这么多人来送爷爷是因为爷爷好，他们再也见不到爷爷了。”他躲进自己的小屋，哭了。

穆家是一个大书香门第，在这里女性虽不及男人那么有地位，却也活得各具风采，其中穆青的二姑穆雨珊是颇为突出的一位。她也是对少年穆青产生过深刻影响的人。

二姑母天资聪颖，加之自幼受祖父的传教，虽然没上过学，但喜诗好文，能字会画，酷爱《红楼梦》《西厢记》《封神榜》《说岳传》等著名小说，其中大段大段的诗文她都能背诵。她性情温柔敏感又大气浪漫，她和穆青的父亲虽然是同父异母，但对侄儿亲爱有加。

穆青3岁，添了妹妹，母亲难以顾及，二姑母便主动照顾起穆青，这个小家伙成了她形影不离的小尾巴。穆青小一点的时候，她给他讲小人书、画报、神话故事，再大一些她又给他讲岳飞、三国、西游记、杨家将。二姑母讲故事声情并茂，绘声绘色，穆青常常听得如醉如痴，听完一段就会问：“后来呢？”

那是穆青童年最欢乐的时光，他每天拉着二姑母的衣角，二姑母走到哪他跟到哪，连晚上睡觉都是听着二姑母的故事入睡的。这些故事让小小的穆青在浑沌之中逐渐接受了这个世界上好人与坏人的概念。他把岳飞、杨令公、穆桂英画在家里的每一扇门上，并极力把他们画得气宇轩昂，他把秦桧这个小人画在家里的过道上，而且画得像一个丑八怪。有一次他还画了一把刀，搁在秦桧的脖子上，对家里人说："我把秦桧杀了，他不好，他害岳飞。"

也就在这一时期，穆青迷恋上小人书。那时在街上的书摊花一个铜板可以看三本小人书，穆青把家里给他的零花钱全部拿去看书了，以至整条街的书摊都被他看遍。有一次，祖母要去南京，问穆青要带什么，他什么也不要，就要一本《胡大海出世》的小人书。谁想，盼了一个月祖母回来，她偏偏忘了孙子的事，穆青伤心地在地上打着滚哭，拉都拉不起来，把祖母难过得到老都为这事自责。

穆青的这一段童年，与二姑母结下了亲密的感情。看到二姑母不吃羊肉，于是他也坚决不吃，担心吃了以后身上有味，会让二姑不高兴，结果养成一辈子不爱吃羊肉的习惯。那年二姑母出嫁南京，结婚那天，6 岁的穆青拉着二姑母放声大哭，死活不让她上轿。他哭，二姑母也哭，哭得连化好的妆也冲掉了。看着这一大一小哭得难舍难分，等在院子里接亲的人也哭成一片。这样相持了很久，后来二姑母把穿的绣花衣一脱，说："我不嫁了，不能叫孩子哭得这么难受。"家里一个老保姆悄悄对穆青说："让二姑走吧，我把你送到他们家去。"穆青不哭了。二姑母前脚上轿，保姆后脚就雇车把穆青送到了二姑母的婆家。进了新房，他坐在二姑母旁边，一步也不离。来看新娘子的人大惊，怎么新娘子还带了一个小孩子？一时成为二姑母婚礼上的笑谈。直到半夜，闹完新房，穆青不知道什么时候睡着了，才被抱回蚌埠家中。

一个 3 岁到 6 岁人的生命，是还不能用逻辑而只能靠情感去接受这个世界的阶段，就在这一时期，二姑母给了穆青生命里极为丰厚的养料，不仅仅是对文学、历史的爱好，不仅仅是对区分好人坏人的启蒙，还有她独特的用情感表达对人生爱憎的风格。

穆家大院里，给了穆青“润物细无声”般浸入心灵滋养的女性是他的母亲杨文芳。

母亲生于清贫的中医世家，没读过书，不识字，嫁到穆家时连个正式名字也没有，是穆青的祖父给她起了“文芳”的名字。她一辈子勤俭洁净，从来都是穿着白袜子，衣服都要用面浆浆过，就是一块补丁也都补得漂漂亮亮。她上侍奉老人，下抚育子女，终年操持家务，任劳任怨，全家四世同堂 20 多口人，她都能和睦相处，相亲相爱。对家里的佣人和佣人的孩子，她也是以情相待，视如家人，无半点贵贱之分。她一辈子都是替别人着想，担心别人受委屈，遇事处处与人为善，宁可自己吃亏。她一生都怀有一颗感恩的心，总是记着别人的好。她一生只有爱，永远为他人付出。

母亲的一点一滴感化着幼小的穆青。如果说这个书香门第的大家庭给了他一种人生的抱负并带着几分清高，那么母亲则给了他一种平民化的感知这个世界的情感触角。他不喜欢和富家子弟交往，只愿意和穷孩子交朋友，他最要好的小伙伴是佣人的两个孩子。他不喜欢穿新衣服，穿上崭新的长袍马褂总让他有一种极不舒服的“鹤立鸡群”的感觉。他最不愿做的是抛头露面，他的目光总是在人群的下方。这一切几乎成为他终身的性格特征。

母亲对穆青的恩泽，伴随着他一生。直到他六七十岁成为新华社社长时，他依然享受着这样的幸福：每次回家看望母亲时，老人总是拉着他的手，用她对儿子一辈子没有改过口的称呼，一遍一遍地叮嘱：“乖乖，要有宽容的心，得饶人处且饶人，要考虑人家那时候也有困难，要多帮助人做好事，要多成全人。”每当他听到母亲的这些话，就好像又听到母亲在他小的时候常说的“乖乖，看人要多看人家的长处，多替别人着想”。

母亲不识字，当她在报纸上偶尔发现“穆青”这两个字形，就会高兴地叫起来：“这是我的乖乖！”

那年，母亲听说穆青坐飞机到国外访问去了。有一次，穆青回到老家，母亲就问他：

“你坐飞机出去，坐那么多钟点，有饭吃没有？”

“有饭吃。”

“你下了飞机，飞机还在那里等你不？”

“等我干啥呀，就像公共汽车一样，开走了。”

母亲似乎终于明白了，不住地点头。

穆青与母亲在一起。

这场对话，被在一旁的家人用录音机录了下来，这盘有着母亲声音的磁带穆青视若珍宝，一直珍藏在身边。每到想念母亲的时候，他就会拿出来听一听。

在穆青的眼里，母亲是如此的质朴单纯，又是那样的慈祥博大，他从小到老无时不在感受着母亲给予他的生命力。他曾在母亲 90 寿辰那一天在日记中写道：

> 母亲是典型的中国家庭妇女，操劳一生，服侍全家五代人，一颗善良淳朴的心在潜移默化中孕育我们成长。

1990 年，母亲以 97 岁高龄谢世的前几天，他匆匆赶到她身旁，轻轻地呼唤着："妈，妈……"，已经意识不清昏迷了 25 天的老人，这一刻，眼角边滚落出一颗豆大的泪珠。

穆青的童年时代是随着穆家的家道中落而结束的。1931 年祖父去世，第二年，10 岁的穆青跟随父母回到母亲的老家河南杞县。很多年之后，穆青还记得，舅祖父从杞县赶了一辆两条牛拉着的木头大车到开封去接他们。他坐在车尾上，车子在坑坑洼洼的土路上艰难地行进。望着被车轮碾压出的两道深深的车辙，他幼小的心里竟然生出一种莫名的忧伤。

这之后，他开始了一个贫穷人家少年的生活。他学会了跟妈妈推磨，吃起了用高粱面蒸的平饼馍，最快乐的事是夏天和一帮穷人家的孩子到屋后那个长满水草的大池塘游泳，最有好感的人是县城里拉黄包车的车夫文成大哥。

家庭的哺育是一个人生命中的第一口"奶水"。无论这个人将来走到哪里，也无论他长到多老，在他生命的信息图里都会找到这一口"奶水"的印记。童年、少年的穆青从他的家庭中得到的，是他生命的底色。

战火的馈赠

1938年秋，山西岚县一个荒村的夜晚，一轮圆润金黄的月亮高悬在青蓝色的夜幕中，给大地投下一片光亮。月光中已躺下多时的穆青辗转难眠。

在山西临汾八路军学兵队度过3个月的训练生活之后，穆青被分配到驻扎在晋西北岚县的八路军120师，在师部宣传队工作。当时八路军的部队里流传着一句顺口溜："贺龙三件宝：球队、剧社、战斗报。"在贺龙的部队里做宣传工作，可不是一件稀松的事情。宣传队员们每到一地，除了刷标语、演剧、唱歌外，还要负责动员当地青年入伍。

从最初参加八路军的兴奋中平静下来的穆青，开始有些想家。他经常掏出离家时带出来的一本小地图册，翻到河南一页，找到杞县的位置看了又看，这一页标着家乡的地图几个月间几乎被他翻烂了。宣传科长徐文烈看出了这个学生兵的心思，常跑来和他聊天，看到他从学兵队带来的被褥太薄，就把自己用的一条军毯送给了他，这给了穆青不少安慰。

然而，刚刚经历的动员兵役的失败，让他陷入苦闷。

当时的岚县百姓，由于长期遭受阎锡山部队的压迫，对八路军又不甚了解，因而一见到军队就吓得四处躲藏，动员兵役的工作十分艰难。前几天，他和几个队员经过一个月的努力，好不容易集中了三四十个新兵，想不到在送往师部的路上，遭遇敌军轰炸，几颗炸弹和一阵机枪扫射，一下子便把队伍打散了，最后勉强收拢起来，仅剩下十几个人。他们受到师部严厉批评，队长也受了处分。

任务没有完成，今天他们不得不回村重新开始。

这个夜晚是让人思乡的日子——农历八月十五，也是穆青离家后的第一个中秋节。

他记忆中的这个夜晚，总是一家人围坐在一起，桌上摆着月饼、石榴和母亲做的甜面汤，一屋子欢声笑语。而今夜，除了让人丧气的失败体验，便只有这轮寂静的月亮和塞外瑟瑟的风声。

这时的穆青还存着一个青年学生的稚气与脆弱，些许的困难和挫折都会在他心里掀起波澜。望着天上的中秋月，他的内心啃噬着一种从未有过的孤独。

他坐起身，从背包里掏出几封信，那是父亲写来的。他已经不知读了多少遍，每一封信他都能背下来。借着夜光，他再一次捧着这些信，一封一封默默地读着，或者说背着。

第一封信，4 月 15 日：

> ……
>
> 两封信都收到了，知道你在外奔波劳苦，我又喜又悲。喜的是我儿为国家为民族，具大无畏的精神，做抗日救国的事业；悲的是你在家里哪里吃过这种苦楚！在枪林弹雨之下，漂泊于数千里之外，实在令人担心……只要把日本小鬼赶出国去，我相信我们是会重新欢聚的。
>
> 你母亲身体尚好，全家平安。南京、蚌埠的亲戚均无信，不知他们究竟逃往哪里去了？希望你常常来信，我们是不动的……你此次去往前方，虽是做政治文化工作，诸事仍要小心谨慎，万万不可冒险……敬祝抗战胜

利，一切平安！

第二封信，行军途中信被磨损残缺，日期不详：

……

接到你第三、四两封信，得知你在前方一切均好，我心已安。现将杞县现在的情况写给你看看：（一）杞县堤内周围仍然积水，同去年夏天一样大，境内除去县北阳堌集驻有敌人百余名外，其余就是睢县有敌人不足二百名。这两部分不时向杞县游动，意图骚扰……（二）关于地方团队更觉可笑，自一些县城失陷后，各地都组织一些游击队，著名的匪首一跃变成了司令，但他们的行为仍不改旧。听说日军来了，他比哪个跑得都快。每住一个村庄就拿百姓的被子棉衣，锯人家的树木，要粮食要钱，种种行为无一不是苦害百姓的。最可恨的是他们这些司令队长合计起来每天要吸五千元的白面……

第三封信，5 月 28 日：

……

最近十天，杞县情况突变。前些时敌人以全力攻徐州及台儿庄等处，受我军重创后，复改变计划由济宁攻曹州，又由曹州攻考城、兰封。十九日内黄车站及兰封、罗王等地相继失陷，杞县大为恐慌。是日敌机一架来县投弹两枚，落于来远街南口，炸死炸伤多人。次日城内民众纷纷外逃，可谓之空城一座，我家同陈家全数逃往晁村汤老孝家避难。这几天杞县大军云集，伤兵纷纷归来。敌机每日前来侦察，二十一日投弹十数枚。惟二十二日最危险，敌人已到阳堌、黑木，距城不过二十里，幸我军及时赶到将其击退。现陇海线已收复，人心稳定。所以我个人于二十五日早晨回来看看，下午就接到你的信。你母亲等仍在乡间未回。昨日敌人又有反攻，据说各守阵地未动，惟炮声隆隆日夜未息。刻下敌人距城不过六十里左右，将来如何情形尚不敢定。

你在外要安心服务，替民族复仇，亦不要挂念家乡，必要时我同你弟也要加入大同学校的游击队，杀敌图存……祝诸位同志健康，要努力杀敌!!!

第四封信，7月2日：

……五月二十八日，在杞县与你发去一信，大约你收到了。在那个时候，兰封的敌人已经歼灭了，所以我们全家又回到县内，不料三十一日那天，敌人迫近杞县，炮火激烈，不堪言状。我率领你母等6人在枪林弹雨下再次逃往晁村。六月二日敌即入城，当即大队攻通许，而晁村又当其冲。我又往西南，颠沛流离者念余日。二十七日始平安来到周口，拟日内往陆城探望你外祖母，不过暂为寄住，俟杞县光复后再行回去……这次弃家出逃，衣物等件损失净尽，所幸人口无恙，我儿不要挂念。要努力杀敌收复失地吧！我的心乱如麻，也不知写什么好了……恭祝第八路军胜利万岁！

与最后这封信一同寄来的，还有姐姐给他织的一件浅咖啡色的毛衣，他已经穿在身上。

穆青把头久久地埋在信里，泪水从眼睛里流出来。这个夜晚，父亲的信就像一只温暖有力的手抚慰着他的孤独、思念和脆弱。他感觉有一种热乎乎的东西在心中升起，那是爱，是恨；是满含着期望的父亲的眼睛，母亲的眼睛，姐姐的眼睛，是黄河故道上流亡的难民们的眼睛，是所有他认识和不认识的正遭受着民族苦难的百姓的眼睛……

> 我珍重这些家书，固然出自父子亲情，但更重要的是，它们对我说来还具有一种精神上的力量。在那些艰苦卓绝的战争年代，每当我思念家乡思念亲人，或遇到挫折和困难的时候，看看这些信，便会从中得到安慰和激励，增强自己的斗志和力量。

这是很多年后穆青的回忆。

晨曦微露时的晓月，散发着清朗、辽远和庄严。月光下，这位年轻的新战士拿出笔，展开一张发黄的纸，写下战火年月里他给家人的最后一封信，其中给姐姐的几行字中写道：

> 姐姐织的毛衣我已经穿在身上，我全身都感到温暖。部队马上就要开赴前线杀敌，但愿这件毛衣能沾上敌人的血！

爱，让穆青变得坚强起来。

1938 年冬天，冀中平原战事紧迫，中央决定 120 师一部分部队开赴冀中，巩固发展冀中抗日根据地。12 月 22 日，师长贺龙、政委关向应率领 358 旅的两个团以及师部机关部分人员，越过同蒲路封锁线，于 1939 年 1 月 25 日到达河间县的惠伯口，与冀中部队会合，穆青所在宣传队也跟随部队开始了更为艰苦的冀中游击生活。

2002 年 5 月，穆青在山西向老乡问路，寻找当年战斗过的地方。

冀中属战略要地，既得平汉、津浦、北宁铁路之便，又兼沧州、石家庄公路之利。自抗战以来，日伪军就急于控制这块地方，在其周围驻扎了两个日本师团，一万多兵力的伪军，不时向冀中抗日根据地发动进攻，这一地区的局面一直处于紧张状态。

闻悉 120 师到来，敌人求胜心切，想乘其立足未稳，予以消灭。1 月 25 日起，日伪军对冀中区连续发动了两次大围攻。其中最激烈的一次战斗是著名的齐会之战，这也是穆青经历的第一次大战。

3 月中旬，日伪军集结兵力 9000 余人，分三路向 120 师进犯。贺龙、关向应集中了 7 个团的兵力，在河间的齐会做歼敌的准备。

大战一触即发的前夕，酷爱篮球的贺龙建议师机关举行一场篮球赛，活跃战前气氛，他亲自到场观看，为队员助威。穆青和宣传队员们组织起拉拉队，在场外摇旗呐喊。比赛正在激烈的当口，不远处传来炮声。通信员骑马飞奔而来，向贺龙报告：一线部队已经和敌人接上了火。赛场顿时安静下来，大家都盯着贺师长。只见贺龙大手一挥说："继续比赛！他们打他们的，我们打我们的。"

把这一幕看在眼里的穆青，大为振奋，心想，这样的人带领的队伍是不可战胜的。

事实正是如此。齐会战斗连续打了三天三夜，贺龙、关向应一直蹲在前沿指挥所，狗急跳墙的敌人向指挥所施放了毒气弹，贺龙不幸被袭倒。当他从昏迷中醒来，嘴上捂块湿毛巾，又继续指挥战斗。将帅的榜样就是无声的命令。120 师的官兵们打得英勇顽强，许多人重伤不下火线，直到拼尽最后一口气。战斗结束，日军一个大队共 700 余人被全部消灭，伪军死伤不计其数。

这场战斗是 120 师平原歼灭战的第一次大胜利。它鼓舞了全国军民的士气，也极大地震撼了日伪军。当时，北平等地的许多报章惊呼："贺师长此来，直接威胁京津。"

作为宣传队员，穆青没能上前沿作战，但这场激烈的战斗却陶冶了他的情感。个人的悲悲喜喜，在血与火的战场面前显得那样的渺小。他懂得了，一个战士的最高品质，就是勇敢、顽强。

不久，120 师的队伍重新进行调整，穆青所在的宣传队被编入 120 师独立第二支队，改名"战火"剧团。剧团有 50 多个人，穆青任文化教员。这期间，他除了教战士们学文化，还写过表现抗日斗争的短剧《十一点半》《野孩子》。战士们都很喜欢他，称他为"小秀才"。

65 年后，曾担任"战火"剧团指导员的鲁勒还记得他对当时穆青的印象：

> 17 岁，很白很瘦，非常老实，不多说话，心里很有主意。给战士们教字，教歌，讲形势，说快板，什么

都行。就是唱歌老跑调。行军时，总是一手拉着一个十一二岁的小团员。有一次，他领着两个孩子与部队走岔了，碰到一个汉奸，汉奸问小孩子“八路军在哪?”穆青拉着孩子就走，那汉奸老跟着，结果一直把他引到部队抓住。还有一次，他正在吃烧饼，一颗子弹擦头而过……子弹再低一点，就中脑袋了。

他文笔很好，写过许多快板、短剧，挺受战士欢迎。有一次，他跟着副社长张治写了一个反映战地生活的戏，写咱们部队不认识罐头，敌人退下去后，留下几辆大车，有一个战士摸到车上，抓了两个东西回来，一个牛肉罐头，一个梨罐头，大声说，这是什么？不像手榴弹，又不像炸弹。有一个战士说，是炸弹。一下子扔了出去。文化教员来了，说画着牛的是牛肉，画梨的是梨。这个小剧在军区演出时，还没演完，贺龙大叫：“闭幕！闭幕！这不是帮倒忙吗?”

穆青在“战火”剧团的生活是艰苦而昂扬的。战争岁月在他的一生中留下了非同寻常的烙印。他曾在50多年后的一篇日记中记道：

今天，我一二〇师三五八旅战火剧团的七八位老战友齐集麦琳家里团聚了一次，实在令人兴奋。

老战友中有当年的指导员鲁勒，支书高萌，女演员王祥云、段其贞、麦琳，还有舞蹈组的三个小鬼王崇信、韩仕学、杜子。当时都是十几二十岁的人，现在都成了白发苍苍的老头老太了，最小的杜子（北影原副厂长）也已七十二岁了。

老战友聚在一起，话题自然都是五十多年前的往

穆青在延安访问原抗日根据地时，高兴地扭起了秧歌。

2002年5月，穆青在山西参观八路军总部纪念馆。

事，有对已牺牲战友的缅怀，也有对前不久去世的陈滋德、张治、袁光轩的追思，但谈得更多的还是三九年我们在冀中前线那段艰苦紧张的战斗生活：张庄突围，程六市的被水围困，以及后来返回晋察冀第一次大胜仗——陈庄战斗等等。许多人都记忆犹新，特别是高萌（现名袁乃晨，是长影的导演）记性真好，许多我们早已忘掉的细节他都记得。尤其使我惊喜的是，三九年我在冀中写过一个歌词《小河流水》，由张治把它谱成了曲子。这事我早已忘得无影无踪了，但这些老战友至今还记得，而且说着说着就唱了起来，听着早已远去的歌声，大家都觉得仿佛一下子我们又都回到当年火热的战争年代，重温了五十八年前年轻时的生活。

日记里提到的张庄突围，穆青曾多次对人谈起，这于他有着特殊的意义。

那天部队转移到一个叫张庄的地方，这里看上去还比较平静，经过几天的奔波，大家已经人困马乏，便决定安营扎寨休整半天，炊事员特意找来了一些豆腐青菜。谁知一锅菜刚煮好，正准备起锅，突然枪声大作，日伪军一路扫射着从四面合围上来，部队顿时一片慌乱。老炊事员舍不得刚为大家做好的一锅好菜，把锅顶在头上夺路而奔。政委苏启胜一边在敌人的包围圈中左冲右杀，一边大喊："大家别慌，剧团快撤，沿着河堤跑！"穆青来不及多想，一手拉着一个小队员撒腿狂奔，子弹像风一样在耳边刷刷飞过，也不知跑了多久，只感觉枪声越来越远。直到遇见另一支八路军的部队，才停住脚，一下子瘫倒在地。

在这场突围中，为剧团背汽灯的两位支前民工牺牲了。穆青一直不知道这两个和他年纪差不多大、说话时总是露着腼腆笑容的年轻人叫什么，只知道他们是山西平遥县的刘氏两兄弟。他们的死，在穆青的心里激起很大的震撼，他第一次体味到“恩情”这两个字的分量。

这之后，穆青又有一次同样难忘的体验。

1939年，随着抗日战争的持续，游击生活进入最艰苦的岁月，部队开始断粮，一到开饭就是一锅用柿子皮、黑豆碾碎掺上麸子面做的窝窝头，这些东西不但难以下咽，吃下去大便都拉不出来，每次大便，都像上刑过堂，痛苦不堪。而就是这种东西有时一天还吃不上一顿，人常常饿得发慌。

渐渐地，队伍里的一位老乡引起了穆青的注意。这位老乡是在部队转战途中自动牵着毛驴为部队驮运行李的，一路上与战士一道风餐露宿，出生入死。部队断粮后，他和大家一样挨饿，偶然吃上一顿饭，也不忘省下一口给毛驴。有一天行军途中他饿得两眼发黑，昏倒在地，官兵们实在看不过去，劝他牵着牲口回家，谋条生路。可他说什么也不肯，铁了心要跟部队一块抗日，他说：“不把日本鬼子赶走，我到哪儿都没活路!”

有一天到了一个小集镇上，这地方的东西稍多一点，部队吃上了一顿荞麦面，荞麦性黏，不能多吃，吃多了胀肚子，但此时大家已顾不上这些，每个人都吃了不少。谁知当天晚上，那位老乡突然肚子疼得大叫，原来他的胃一连多日饥饿，已经萎缩，猛然间几碗荞麦面下去，把胃胀破了。部队缺医少药，毫无办法，第二天早晨，这个不到40岁的壮年汉子在痛苦中咽下了最后一口气。

那一天穆青感觉到一种锥心的伤痛。他不知道这位老乡家住哪个村，也不知道他家里还有什么人，甚至连他姓什么都不知道，然而他记住了他。

很多年之后，已经八十多岁的穆青，想到这位老乡依然泪流满面：

他跟着我们跑了多日，为我们运行李，要跟我们一块打鬼子，就吃了一顿饱饭……老百姓真好，死心塌地跟着你走，不要任何报酬。那时候很多老百姓就是这样参加八路军的。军队和老百姓真是鱼水之情。只有经过战争的人，才会理解这种生死与共、鱼水相依的感情！

交织着血与火、爱与恨、生与死的抗日战争的战场，使得年轻的穆青一天天成长起来。原先那些稚气、脆弱、缠绵渐渐褪去，他变得刚毅而坚定。原先在他脑子里曾是光环一般的名词：革命、理想、人民、未来，现在已经结结实实地融入他所经历的每一次战斗。正是在这光环融入的时刻，他读懂了它们。

一天，剧团党支部负责人袁光轩找穆青谈话，问他想不想加入中国共产党。

穆青十分惊讶："我都是八路军了，还能不是党员?!"

袁光轩一听哈哈大笑，耐心地解释说："参加八路军，并不代表你就是党员了。要想成为党员，你必须先自己提出申请，接受党的考察，党认为你合格了才能发展你。"

穆青这才明白，当即写了申请。

1939 年夏初的一天，在一个小村庄的一户农民家的堂屋里，"战火"剧团党支部为穆青等新党员举行入党仪式。堂屋的土墙上，临时挂起一面党旗和一张马克思的画像，穆青对着党旗和共产主义的创始人举起右手，庄严宣誓："我志愿加入中国共产党，粉身碎骨……"

四周静悄悄的，偶尔有风吹来。穆青能感觉到自己的心在怦怦直跳，那是一种无法抑制的兴奋。

突然远处传来炮声，通讯员前来报告：敌人正向村东头冲来，战斗队正在迎敌，师部让你们快撤！

袁光轩大吼一声："撤！"

穆青迅速收起挂在墙上的马克思画像，冲出门外，随部队消失在一望无际的青纱帐中。

从这一天起，穆青成为中国共产党的一名候补党员，半年后转正。

45 年后袁光轩去世的那一天，穆青闻讯悲痛不已，在日记中追忆了他难以忘却的心迹：

> 袁光轩是我的入党介绍人之一，而陈滋德是同我一起入党，一同宣誓。那是一九三九年五月在冀中敌后一个农舍里举行的。我记得我们面对一面党旗和一幅马克思像。宣誓时，敌人的炮火正在附近轰鸣，有几发炮弹已在村头爆炸。有人说这是为我们庄严的入党宣誓仪式鸣放的礼炮。它给我留下的印象是终生难忘的。我不会忘记我是在炮火硝烟中入党的。这情景始终激励着我不断在战斗中前进。

第二章 延安岁月

当他第一眼望见被万重黄土高坡紧紧簇拥着的洒满阳光的延安时，他想放声喊点什么，张了张嘴，没有喊出来，只是默默地笑了。

哦，摇篮

初升的太阳像一轮火球在东方的地平线上燃烧。巍峨苍茫的群山连绵起伏，横亘在天地之间。黄河水仿佛从天而降，浩浩荡荡，向着太阳升起的地方奔涌……

独自行走在黄河岸边的穆青，向着蓝天、向着太阳、向着黄河、向着青山，扯开嗓子大声地歌唱。他唱《游击队员之歌》，唱《大刀进行曲》，唱《毕业歌》……一首接着一首，几乎把这些年在部队上学会的所有歌都唱尽了。显然，他的嗓音并不怎么好，沙哑，还有一点不着调。性格内向的他，长这么大，从没在人前单独唱过歌。有一次，在剧团合唱时他跑了调，竟害羞了好几天。可是今天，在这位 19 岁的年轻人眼里，天地万物都散发出最迷人的光彩。他想，纵是有一千、一万人他也要唱。因为今天在他的心里，装着一件他想让全世界都知道的大喜事：我要去延安了！

是的，穆青要去延安了。

1940 年前后，在抗战最艰苦的阶段，党中央为了保存一批知识分子，决定在八路军前线部队选调一些有文化知识的年轻军人送到延安培训。穆青为什么会被选中？很多年以后据他回忆，可能是因为 1939 年 11 月他在《八路军军政杂志》创刊号上发表的一篇战地通讯《红灯》而被组织上看中。这篇一千多字的文章，反映了河北平汉线一带群众与日伪军斗智斗勇的故事。文字清新、自然，充满生气。曾在部队中传诵一时。

1939年《八路军军政杂志》创刊号为穆青战地通讯《红灯》所配的木刻插图。

当时穆青已从冀中转战到晋西北，继续在120师所属一个前方旅里搞宣传工作，住在晋西北临县一个小村里，离师部兴县不远。一天，穆青正在河边洗衣服，正碰上老领导现在已是师部的宣传部长徐文烈来检查工作。

他一见到穆青便惊奇地问："你怎么还不走？"

穆青十分纳闷："走？到哪里去？"

徐文烈更惊奇了："到延安去啊！师部早就调你去延安学习了，你还没走？"

"我一点都不知道这件事。"穆青又惊又呆。

徐文烈急忙打听，原来穆青在旅部宣传队是一把"刷子"，到哪儿写抗日标语、宣传大纲顶漂亮，旅政委舍不得放他走，把调令压下了。

穆青真的是有运气，与徐文烈的不期而遇，让他最终没有失去这次去延安的机会。他被放行。

穆青匆匆赶到师部，其他一些被选去延安的同志都已经走了。他从师部拿了介绍信，又到总务科领取了15块大洋的路费和粮票，背着一把盒子枪，里面装着三发子弹，一个人上了路。

从山西兴县到延安这时还没有交通工具，全要靠脚板跑下来。6月骄阳似火，穆青顶着酷暑，爬坡越沟，挥汗如雨，热得实在受不了，就跳到黄河里去洗个澡，结果每一次洗完澡钻出来都是一身泥，正所谓“跳到黄河洗不清”。可一想到延安，心里便像冲了泉水似的，那感觉就是一个字：爽。

13天的路程，穆青只用了9天的时间。

当他第一眼望见被万重黄土高坡紧紧簇拥着的洒满阳光的延安时，他想放声喊点什么，张了张嘴，没有喊出来，只是默默地笑了。

这一天是6月30日。

此时的延安已经汇聚了来自四面八方的知识青年，每一个人都希望从这片革命的圣地汲取精神的营养。当时延安有抗日大学、陕北公学、鲁迅艺术学院等学校，前两所学校主要是培养干部的，后一所则是培养文学艺术人才。八路军总政治部组织部的同志找穆青谈话，问他愿意到哪个学校去学习。他一口回答“鲁艺”。

这是他在路上就已经想好的了。他喜欢文学，早就知道“鲁艺”有一个专门培养作家的文学系。“作家”这时在他心里还是一个未被触动的梦，不过爱好却强烈地吸引着他。

那位同志看着这位单纯、腼腆带着几分土气的青年，笑着摇了摇头说：“上那个学校的都是艺术家，你可能考不上。”

穆青执拗地坚持要去试一试。他内向的性格里一直有非常倔强的一面。

又过了几天，那位同志面带喜色地通知穆青："前方又回来一批艺术工作者，总政决定成立一个部队干部艺术训练班，由鲁艺的老师来教课。你就去那里吧。"

青年时代的穆青。

当时的训练班简称部干班，就设在"鲁艺"大院里，两排石窑洞紧挨着大教堂的两侧，穆青是第一批到那里的学员。不几天，马烽、西戎、孙谦等陆续来到，这些后来成为著名作家的人现在是穆青的同班同学。担任部干班文学课的是"鲁艺"的老师天蓝，他写作的长诗《队长骑马去了》曾在延安轰动一时。穆青是班上文学小组的组长，常把自己或同学写的文章拿去请他指教。天蓝很快就喜欢上了穆青，从这个年轻人身上，他看到了从事文学创作所应具备的最重要的素质：激情与诗性。

部干班办了几个月之后，在这个基础上部队干部艺术学院（简称部艺）成立，要离开"鲁艺"搬到桥儿沟的东山去。那两天，穆青心神不宁，他很想留在"鲁艺"。天蓝深知穆青的心愿，便找到"鲁艺"文学系的系主任何其芳，极力向他推荐这个有潜力的学生。何其芳相信天蓝的眼力。穆青终于如愿以偿插班进入"鲁艺"文学系第三期，成为"鲁艺"的一名正式学员。

当一个饥饿的人扑到面包与清泉面前，那种状态被称为如饥似渴，进入"鲁艺"的穆青正是处于这样一种状态中。当他在图书馆里第一次看到一书架一书架的世界文学大师的名著时，便一头扎了进去。

阅读，阅读，仍然是阅读。穆青每一天都在不停地阅读中。

每到图书馆借阅的时间，穆青就会早早等在门口。有时候听说哪本书图书馆没有，在另外一个单位，他就会翻山越岭，跑十几里路，甚至几十里路到那里去求借。只要借到一本书，就恨不得立刻把它从头到尾吞下去。晴天又不上课的日子，是穆青最惬意的时光。他常常爬上教堂背后的山腰，往铺满干草、秸秆的山坡上一躺，手捧一本书，沐浴着温暖的阳光，整个人儿沉浸在书的世界里。

这似乎是他等待已久的幸福日子。从儿时祖父教他读《三字经》，二姑母给他讲岳飞传，中学老师给他讲鲁迅，一直到今天他扑进世界文学的作品堆里，他体验到一种为此而生的归属感。在“鲁艺”两年的时间里，他几乎读遍了在延安能够找得到的所有文学名著：《母亲》《战争与和平》《安娜·卡列尼娜》《猎人笔记》《父与子》《悲惨世界》《红与黑》《茶花女》等等。

他最喜欢的还是苏俄文学作品。在部队那些年，他曾一直读着一部苏联小说肖洛霍夫的《被开垦的处女地》，这本书是刚到部队时一位老同志送给他的，他背着这本砖头厚的书，在战火中走遍了晋西北、冀中平原的广大土地。行军途中，作战间隙，有空就翻，也不知读了多少遍，书边书角全部都磨烂了。小说中对俄罗斯农民的描写和对俄罗斯自然风光的描写给了他深深的感动。不打仗的日子里，他常常清早起来，模仿着小说里的笔调，把眼前的天空、土地、树木、流水一一记在本子上。这竟影响了他的一生，一直到晚年他都保持了早上起来记日记的习惯。

眼下，当他读到更多的俄罗斯作品时，他除了感动，已是痴迷。在他的感觉上，俄罗斯这个苦难深重的古老民族，与同样苦难深重的古老的中华民族有着灵魂上的某种默契，他读着这些作品似乎能感觉到自己民族的呼吸。

那几乎是一种无法割舍的情感，为了能长久地读到这些文字，他用铁丝把钢笔尖缠在小木棍上，蘸着用颜料兑制成的墨水，把他读过的每一本俄罗斯作品中的精彩段落抄录在用马兰纸订的小本本上。只要打开小本，那芬芳的草原，静静的山冈，伏尔加河上船夫的号子，高加索山脚下如诉如泣的悲歌就会扑面而来。俄罗斯文学对穆青的滋养在他后来几十年的作品中都可以找到影子。

“鲁艺”上课的时间并不是很多，一星期不过四次，一般都在露天，冬天找块太阳地，夏天躲到阴凉地，大家一人一个小板凳，走到哪儿搬到哪儿，膝盖就是各自的书桌。课虽然不多，却都是名师精品。茅盾讲《中国市民文学》，周扬讲《文学概论》，周立波讲《名著选读》，何其芳讲《古典文学和诗歌》。穆青的文学知识和修养在“鲁艺”这个大摇篮里日渐丰厚。

那一个夜晚，他在窑洞的麻籽油灯下，开始了第一篇小说习作。他一段段写，一段段抠，写完一段就停下来，朗读，修改，字斟句酌，甚至音调句子的结构都力求有变化。他就这样不停地改改写写，就像他后来曾经描述过的那样：“我写作很少倚马可待一挥而就，总是搜索前进。”而他写成的第一篇短篇小说题目恰恰就叫《搜索》。

小说写的是穆青在晋察冀陈庄战斗过后打扫战场时的一段经历，同时加进了别人的见闻。它写了一个伪军，面对日本侵略者的种种倒行逆施和在战场上的失利，产生弃暗投明的念头。他怀揣着八路军总部散发的通行证随时准备逃跑或投奔八路军，结果被日本鬼子发现，遭到乱枪穿身的凶残惩罚。小说里的“我”与这个垂死者相遇，通过垂死者求生不能、求死不得的痛苦不堪的面容、表情、呻吟、挣扎，深刻地揭露了日本法西斯的残暴和受难者的苦痛。

……在临终的痛苦里，他恳求我给他一个干脆的死亡。然而，望着他那双善良而悲惨的眼睛和起伏的胸膛，我是发不出那致命的枪弹的。这样，我痛苦着，来回地走动；许久，许久，我沉浸在深沉的悲哀里，我不知道究竟应该怎样做才能使我的内心得到安静；几次我举起了手枪，又慢慢放下去，那是因为我的心和手都抖得那样厉害的缘故。最后我甚至不敢再去看他了。我想不顾一切地从这里走开……

这篇作品带有明显的屠格涅夫《猎人笔记》中《活骸》的风格，展示了青年穆青已具有的对人物心理脉络的准确把握的能力，以及他内心的强烈的人道主义精神。

小说被“鲁艺”教员陈荒煤看中，交给了延安的文艺刊物《草叶》发表。

之后穆青又创作了小说《夜渡》《夜船》[①]。

“鲁艺”学员中这时还很少有人在报刊上发表作品。平时少言寡语、文静内向的穆青开始引起同学们的注意，大家欢呼雀跃地拉着他，用拿到的 10 元、20 元不等的稿费到桥儿沟街上打牙祭，一摞烧饼、一锅羊杂碎汤对于当时天天只能吃到南瓜、土豆的学生们简直是盛宴。

不知从什么时候起，穆青心底有一种叫“梦”的东西开始萌动。这个“梦”好像很早就藏在他心里，只是它一直朦朦胧胧。当他和同学们一起在延河边漫步，为曹雪芹笔下的林黛玉和托尔斯泰笔下的安娜两个人物的命运而比较思考时；当他和同学们一

① 这两篇小说分别发表在延安 1942 年 11 月 2 日和 1942 年 11 月 27 日的《解放日报》上。

起围坐在炭火前，为某一部作品中的情节、布局、人物发展争论得面红耳赤时，这个“梦”变得日益清晰。

1963年，穆青陪外宾参观延安，在当年住过的窑洞前留影。

其实，做梦的不仅仅是穆青一个人。他的同学贺敬之、张铁夫、冯牧、白原、黄钢等这些在后来中国文坛上各领风骚的作家和诗人们，也都在此刻各自做着自己的文学梦。这一群青年人的才华与友情，彼此之间曾是那样亲密地相互传递、碰撞、渗透。年轻的穆青心底的那个梦终于在文学的摇篮中苏醒了。他渴望着成为一名作家。他的对于生命的激情，他的看待世界的诗性的眼睛，他内敛而敏感的心灵都是通向这个梦的最佳的通道。

然而河流在意想不到的地方又一次拐弯了。

1941 年冬天，“鲁艺”的学生被分配到各部队实习，穆青和几个同学来到了驻扎在甘肃庆阳的八路军 385 旅教授战士们文化课，实习快结束时，作为文化教员，他深为战士们对文化的渴求所感动，写了一篇文章《我看见了战士们的文化学习》，投到延安的《解放日报》。报纸从延安到庆阳要走半个多月，当登载这篇文章的报纸还在路上走着的时候，穆青和同在一起的张铁夫突然接到学校的电报，让他们速回延安。

他们当日启程，从庆阳翻山越岭步行 5 天回到延安“鲁艺”，此时是 1942 年的 7 月，离正式毕业还有一个多月。系主任何其芳对他们说：“组织上已经决定你们去《解放日报》工作。”

穆青张大嘴，好半天没说出话。

原来就在他的文章投寄之日，正是《解放日报》正式改版之时，报社急需充实编辑和记者的力量。中央决定从“鲁艺”文学系选十几个人到报社工作，他的那篇文章简直成了一纸投名状，一下子被报社看中，点了名，穆青算一个。

正在做着作家梦的穆青，无法接受这个现实，他表示绝不去当记者。张铁夫也一样。何其芳、陈荒煤、严文井等文学系的主任、老师前前后后多次找他们俩人谈话，可说什么也谈不通。穆青坦率地提出他的两点理由：一是自己性格内向，不善与人交往，当记者得到处活动，与人交际，他不合适；二是自己的理想和兴趣都在文学创作上，根本不知道记者该怎么当。

无奈，“鲁艺”的院长周扬亲自出马。一天吃过晚饭，他约穆青和张铁夫两人到延河边谈心。

夕阳下的延河波光粼粼，凉爽的风从河面习习吹来，有不知名的什么鸟在远处时断时续地叫着。

周扬和一左一右两个青年人沿着河岸漫步谈天。这位中国文坛上大师级的人物，今天似乎对边缘学科有特别的兴趣。他从作家讲到记者，从小说讲到新闻，讲了很多很多，三个人在岸边来来回回地走着。

穆青一直静静地听着，静静地想。最终周扬的一句话让他心里发热，周扬说："记者和作家没有严格的界限，许多作家都有当记者的经历，比如爱伦堡、高尔基。至于性格，在共产党员面前没有攻克不了的城堡！"

第二天，穆青与张铁夫一起背起背包走进了清凉山《解放日报》的大门。

那一刻，他回头望去，远远的"鲁艺"沉浸在一片朝晖之间。

哦，再见，摇篮！再见，年轻的梦！

从清凉山出发

命运老人把一条可以一眼望到底的坦途对穆青关闭，给他开启的却是另一条层峦叠嶂的山道。它注定他一生都要攀登，因为他踏上了清凉山。

清凉山位于延安城东北的延河之滨，与隔河相望的凤凰山、宝塔山成鼎立之势。

自唐宋起，清凉山就是名胜之地。它山势雄伟，古迹荟萃，存有大量北宋年间完成的石窟雕刻艺术珍品，其中最大的石窟万佛洞的墙壁上，刻有神态各异、栩栩如生的浮雕佛像一万余尊，是宋代石刻艺术的精华。北宋时的政治家、文学家范仲淹曾登临清凉山，写下著名的诗句：

金明阻西岭，
清凉峙其东。
延水延中出，
一郡两雄城。

抗战爆发以后，由于日本飞机的狂轰滥炸，清凉山的古迹几乎全部被毁。然而，这时的清凉山却以它新的雄姿傲立于世。

从 20 世纪 30 年代至 40 年代，清凉山集中了新华社、新华广播电台、中央印刷厂、中央出版局和党中央的机关报《解放日报》等中共中央的全部新闻机关。中国共产党的声音就是从这里传播到全中国、全世界的。

百年积弱叹华夏，
八载干戈仗延安。
试问九州谁作主？
万众瞩目清凉山。

陈毅 1945 年写的这首诗，道出了清凉山新的神韵。

穆青来到《解放日报》时，正是这张党报历经改版的重要历史时期。作为延安整风运动的一部分，这次改版在清算原有的主观主义、教条主义、党八股、“客里空”等种种积垢的同时，确立了党报必须具有的四个品质：党性、群众性、战斗性和组织性。

对于刚刚踏进报社大门的 21 岁的穆青来讲，这一时期成为他人生链条上打造灵魂的重要一环。

这一天恰逢“九一”记者节。时任毛泽东秘书的胡乔木来报社与大家共度节日，他听说穆青和张铁夫是从“鲁艺”来的学生，便与他们说了不少的话，末了他说：“新闻反映现实斗争并为之服务，比文学更直接更迅速，值得为它贡献毕生的精力。”

《解放日报》社建在清凉山的半坡和岩底，编辑部的办公室分设在临山而凿建的十孔石窑洞内，石窑洞往东，有上下几排十多个土窑洞，这是工作人员的宿舍。再往东就是新华通讯社。《解放日报》社社长是博古，他同时兼任新华社社长。穆青和张铁夫被分配到报社的采访通讯科。

穆青的记者生涯是从采访一位边区老工人赵占魁开始的。

那是来报社的第二天，他和张铁夫接受了采访任务，俩人很激动，每人领了两支铅笔和两个用马兰纸订成的采访本，又各自找了一根爬山过河用的木棍，就直奔30里外的安塞县温家沟农具厂。

温家沟是一个不大的山村，农具厂设在它附近的山沟里，几排窑洞，几座大棚就是全部厂房，它名为农具厂，实际主要生产手榴弹、枪械，附带生产犁、铧、镢、锹等一些农具。

当他们在上千度高温的熔铁炉旁第一眼见到赵占魁时，由于太热，这位老工人正张着大嘴不停地喘气，他的棉袄上渍着一层白花花的汗碱，头上戴着一顶已被汗水沤破的草帽。听两位记者说明来意，他咧咧嘴笑笑。中午休息时，穆青和张铁夫围着赵占魁按照事先设计好的问题，连珠炮似的发问开了。

“老赵，你们翻砂做芯子，怎么会比以前多做出一倍？”

“老赵，你是怎么带徒弟的，他们怎么学得这么快？”

“老赵，听说你生病还坚持上班……”

1948年7月，穆青在哈尔滨再次采访赵占魁。

“老赵，……”

“老赵，……”

哪曾想任凭他们正面、侧面怎么问，这位老工人总是笑一笑，半天说一句“没啥”。他们急得满头大汗，刚来时的兴奋劲再也提不起来了。

农具厂厂长徐驰看到了两个记者的窘迫。这位同济大学毕业戴着眼镜的厂长对他们说了一番交心的话：“有些善于自我吹嘘的人总是把自己装饰得很圆满，甚至他能说得使人家把他很瘦的身体当成一个大胖子；可是你也能找到一种完全相反的人，那就不能不提到赵占魁了。对于自己的好处，他自己从来没有讲过。但是只要你和他在一块呆上三天，你就不会不佩服他。对于他，一个只看表面的人，是不能很正确地了解他的。”

穆青半天没有吭声，徐驰的话让他感觉脸上热辣辣的。

第二天，他和张铁夫走到赵占魁面前，对他说：“老赵，我们给你打下手来了。”

20 世纪 70 年代，穆青和张铁夫在北京。

接下去的日子，白天他们和赵占魁一起呆在炙热的熔炉旁，帮他拉风箱，做砂箱，晚上就和他并排睡在一个炕上聊家常。面对着这位老工人，穆青生出一种久违了的亲情。他开始意识到，对于有着一颗金子般心的人，只能以心换心。

二十多天的采访，使两位记者透过赵占魁黑红的脸膛、粗糙的双手，看到了他平凡而又高尚的主人翁的内心世界。

怀揣着记得密密麻麻的采访本，穆青、张铁夫回到报社，在他们住的土窑洞里开始写稿。

一天晚上写到半夜，两人困极了睡下。不想，突然山洪暴发，大水冲进窑洞，墙倒梁塌。张铁夫的床离门近，他一步蹿了出去，穆青靠在里面已经无法逃脱，他双手抱着头，一动也不敢动地贴着墙角，任凭土块、泥浆像雨点般地砸下。所幸这面墙竟始终没有倒。当他被赶来救援的人从烂泥堆里拉出来时，发现除了身上穿了一条短裤外，所有的衣物都被压在窑洞下了，包括写了一半的稿子和全部采访笔记。

他们搬进新窑洞，凭着年轻人的好记性，重起炉灶。

1942 年 9 月 7 日，《解放日报》第二版登出了穆青、张铁夫的第一篇报道《人们在谈说着赵占魁》。9 月 13 日、14 日《解放日报》又连续刊登了他们的长篇通讯《赵占魁同志》。通讯旁边还配了延安的木刻家张谔创作的木刻头像。这位朴实的老工人正露着门牙亲热地向读者微笑，脑门上有几道黑黑的皱纹。

穆青没有想到，这些报道竟在边区引起强烈反响。工业战线上纷纷掀起学习赵占魁的热潮，边区政府把赵占魁树为特等劳动模范，在随后召开的英雄大会上，毛主席亲切地和赵占魁握手。不久，敌后根据地来电响应，一场学习赵占魁的运动在全国解放区轰轰烈烈地开展起来。

穆青几乎被这样的反响震撼了。他拿着报纸看了又看，不断地问自己：这就是新闻的力量吗？

如果说穆青最初来报社很大的成分是服从组织分配，那么此时他开始真的被新闻这个事业所吸引。

随着《解放日报》改版的不断深入，报社每时每刻都充满了新旧不同思想、不同作风的碰撞与摩擦，中国共产党所倡导的无产阶级新闻观就在这种碰撞与摩擦中植入这里每一个人的头脑。对于年轻的穆青，这种植入更为深入骨髓。

有一次，穆青被派去采访苏联医生阿洛夫讲述苏联人民英勇抗击德国法西斯的报告会。阿洛夫是受苏共中央的派遣来延安帮助中国共产党发展医疗事业、并为延安居民看病的，深受人民的尊敬。

一进会场，穆青就被听众高涨的情绪感染了，特别是当阿洛夫讲到动人处，会场上不时响起雷鸣般的掌声。穆青从没有见过这样的场面，他坐在那里激动得不得了，跟着大家一起拼命地鼓掌，几乎忘记了自己的角色。回到报社后，稿件一气呵成，他特别满意的是，写出了会场的热烈气氛。

没想过了不久，社长博古把他叫去，手里拿着他交上的稿子：

“这稿子是你写的?”

“是的。”

“你去会场没有?”

“当然去了。”

“那阿洛夫做报告没有?”

“做了，很精彩。”

“你认真听了?”

“是的。”

这时，博古一下子严肃起来，说：“你看你这里怎么写的，‘会场上自始至终掌声不断’，既然自始至终大家都在鼓掌，那阿洛夫还怎么做报告，大家还怎么听报告?”

穆青的心“咯噔”一下，顿时满脸通红，一句话也说不出来。显然他由于一时激动顺手写出了这种夸张的句子，却没有想到，完全违背了事实和常理。他老老实实地向博古承认了错误。

曾一心想当作家的穆青与一个无产阶级新闻记者之间，无疑有着不小的距离。从修辞学上的夸张到实事求是，看上去只是那么小小的不同，但是他知道，要跨越这个距离，还需要痛苦的磨炼。

五十年前响在延安的掌声，至今仍在我耳边回荡。

这是他80岁时说的话。

接下来并非他亲历的一件事，再次让他铭记。

一天，延安的边区政府召开会议，被派出采访的记者事先赶到会场，要了一份当天出席大会的领导人及社会贤达的名单，就回去写稿子去了。第二天稿子见报后，不少读者向报社反映，你们的报纸真了不起，能让死人去参加会议。原来就在会议即将召开前，原定出席会议的一位同志突然暴病身亡，那位记者没有根据当天实际到会人员的情况进行核对就把稿子发出来，由此出了这样的“笑话”。博古十分恼火，把这位记者狠狠地批了一顿：“您这支生花妙笔可真不简单，竟能起死回生，把死人写活，还请他来参加会议！”

博古的气恼并非仅仅于此。在改版之前《解放日报》曾多次出现失实报道。其中1941年9月4日，报纸登了一条新闻“鄜县城内家家户户纺纱声”，真实的情况是，家家户户都有纺纱声的鄜县，竟然没有一辆纺车。还有一些生产和前线战报中也有夸大的数字。

毛泽东曾为此严肃指出：“不真实的新闻，对群众谓之不真实，对党内造成虚假作风。”陆定一针对这一问题，专门写了《我们对于新闻学的基本观点》，明确提出，“新闻的本源是事实”，“无产阶级新闻在事实上必须完全真实”。

“真实”成为改版中《解放日报》天天敲响在记者耳边的警

钟。博古形象地比喻："作为党报的记者，每到一地采访，不要像公鸡，趴在别人的墙头上哦哦地高啼几声就拍拍翅膀飞走了，而应该像母鸡在一个地方就要好好地下蛋，孵出小鸡。"

穆青把博古的话牢牢记在心里，尽管这篇稿子不是他写的，但是他知道，自己处在这个危险的边缘，一不留神，下一个就是他。

精神的磨炼的确是艰难的。不久，穆青经历了一次更深刻的教训。1943年春，国民党掀起第三次反共高潮，蒋介石密令重兵驻守在西北的胡宗南部队集结兵力，紧逼陕甘宁边区，并借共产国际解散之际，叫嚣要"解散共产党，取消陕甘宁边区"。一时，边境线上炮击和小规模的骚扰事件频频发生，内战危机迫在眉睫。

中共中央一面在军事上准备反击，一面利用《解放日报》、新华社等舆论工具，展开宣传反击战。

7月9日，延安召开3万人的"制止内战，保卫边区"的民众誓师大会。

《解放日报》的记者们全部被派到会场，分头采访。穆青的任务是为大会的特写收集材料。大会开得庄严隆重，记者们深受鼓舞，回来后大家在一起讨论了消息和特写的框架，把采访的材料交给执笔的记者，就都回去睡觉了。

半夜时分，穆青他们睡得正香，忽听有人敲门，说博古找他们，让赶快去。当他们赶紧跑到办公室时，博古已在那里等着了。他抖着手里的稿子，脸色铁青，几乎是吼着说道：

"这么重要的大会，又是非常时期，非常的新闻，你们这么多人去采访，写了这么久，仍然写不好，简直是一群笨蛋！"

报社的人都知道，博古这个人虽然平时容易激动，但还很少生这么大的气。显然问题很严重，谁也不敢说话。

原来，博古一整天一直关心着这次报道，晚上等了好久，仍不见送审稿，他坐不住了，直奔记者的办公室，拿起尚未写完的稿子看起来。这一看，他火了。稿子从一开始就写了很多程序性的东西，写到一大半还没有抓住大会的要害。最后博古实在看不下去了，便让人把参加这次采访的所有的记者统统找来，他有话要说。

望着眼前这些年轻的记者，博古确实有些恨铁不成钢。他说："从你们写的稿子看，你们对边区人民热爱共产党的深厚感情还理解不深，对国民党反动派进攻延安的危险还认识不够，对边区军民团结一心的威力信心还不足，因此没有把群众的激愤、决心和力量充分表达出来。"

他看看时间已到凌晨，拿起稿子当场改起来，记者们已睡意全无，老老实实地围在桌边看博古改稿。

其实与其说是改稿不如说是重写。很快，稿子出来了，博古拿着稿子，一字一句读给大家听。稿子开门见山，提纲挈领，把延安军民同仇敌忾，誓死保卫陕甘宁边区的决心和气氛表达得痛快淋漓。稿子读完，记者们竟一时说不出话来，每个人的心都在狂跳。

博古出门前，语重心长地对大家说道："你们似乎不懂政治，不懂政治就不懂新闻。"

清凉山这个不眠之夜，让穆青长久地思索：什么是政治？什么是新闻？新闻与政治有怎样的关系？无产阶级事业需要什么样的新闻？……

人生成长的要紧处，常常就是那么几步。这个夜晚成为穆青的无产阶级新闻观最终确立的一个重要契机。就像一只孵化的蛹，他在清凉山这个红色新闻的大本营里，一点一点完成着自己精神上的蜕变。当他最终由蛹成蝶时，已经没有什么力量能够动摇他所信仰的一切，就像不能动摇他生命本身一样。

和精神一起成长的是穆青的笔杆子。这期间，最引人注目的是他采写的反映白洋淀人民抗日斗争故事的《雁翎队》。

1990 年 8 月，穆青与当年“雁翎队”老战士在一起，右三为队长赵波。

这篇稿子的素材是穆青从一位由河北白洋淀军分区来延安学习的干部那里听到的。他兴奋不已，一连几个晚上沉浸在富有传奇色彩的故事中，写出了一篇充满浓郁诗情画意的稿子。他没把握，这样的东西能上报纸吗？稿子在抽屉里压了一段时间后，他把它悄悄地塞给了此时在报社副刊部当编辑的他的中学同学黎辛。黎辛看后，立刻转给了副刊主编舒模、严文井，他们大为欣赏。这样，1943 年 8 月 22 日的《解放日报》副刊上首次刊登了报告文学《雁翎队》。这篇不足三千字的文章，第一次展露了穆青带有明显文学色彩的新闻写作风格。这种风格他保留了一生。建国以后，《雁翎队》成为各大学新闻专业的必读篇目，并被列入各种版本的报告特写通讯集中。

清凉山上的生活给予穆青的还有许多。官兵平等的民主气氛、丰富多彩的文化生活，都使得年轻的他对这个如大家庭般的革命集体有着很深的眷恋。他曾在很多年之后的一篇日记中，清楚地记下了报社一次灯谜晚会的情景。

> 有一年《解放日报》编辑部举行春节联欢晚会，博古、陆定一、余光生等都和大家在一起跳舞、猜灯谜。我记得博古同志那次兴致很高，他亲自出了好几个灯谜，其中有这样两个字：“十”打一字；“TEN”打一字。他说，谁能够猜到这两个字谜，可得晚会的头奖。当时许多人都被吸引过来，我也参加了这一行列。大家想呀想呀，猜了许多，博古都摇头微笑。后来，我终于猜破了“TEN”字，谜底是“谭”字。人们要我解释，我说谭字不是“西言曰十”吗？博古很高兴。他说，还有一个“十”更难猜，猜对了才是真本领。于是大家又集中在这个谜上思考。一个多小时过去了，晚会上跳舞的人也散了，原来一些猜谜的人由于猜不着也陆续走开了。张贴的所有灯谜统统有了答案，惟独这个“十”字还高高地悬挂在那里，向我们示威。博古也很关心他这个难谜的命运，出出进进好多次，每次都问掌握谜底的陈企霞是否有人猜中？但每次都微笑着走开。时间一分一秒地过去，已经是第二天的凌晨一点多钟了，夜班编辑都去工作，其他人也大多回窑洞睡觉了。只有我和黎辛、王揖等五六个人还在苦苦思索。陈企霞看我们那副傻样，几次笑着说：“算了，睡觉去吧，这个谜底你们连边都摸不着，别浪费脑汁了，我要收摊了！”可我们坚决不答应。我说：“不猜出这个谜，我绝不睡觉！”正说着，博古又一次走进来，听到我们的豪言壮语，他哈

哈大笑，告诉陈企霞："让他们猜到天亮，看他们哪个秀才能最后夺魁!"那时我们都年轻，都有一股不服输的倔脾气，我心想，再难我也得破这个阵！洋十字都破了，还怕这个土"十"字。后来博古走了，艾思奇又走了进来，大家都请这位哲学家猜谜。陈企霞笑吟吟地说："这个谜别人猜不到，思奇同志应该猜到。"没想到，这句话竟像一道闪电立即把我满脑子的乌云统统照亮了。我心想，对，是艾思奇的思字。但我没有马上说出来，而是考虑再三，充分肯定之后，才向陈企霞说："是不是思想的思字?"陈企霞一听，立即欢呼起来："猜中了！猜中了!"这时，许多人都围上来问我，"为什么?""为什么是思?"我说："十是田字的心，田心加在一起不是一个思吗?"大家一听纷纷在手心里划起来，都说这个谜太精彩了。陈企霞也祝贺我终于夺了状元印。我说，这倒要谢谢你的指点，没有你说"艾思奇应该猜到"那句话，我也不会想到思字上。

后来陈企霞兴冲冲地把这件事的结果跑去告诉博古同志，博古同志哈哈大笑，埋怨他不该多嘴说那句话，但又说，年轻人一点就通，能猜出来也不简单了。

那一晚，我兴奋得一夜没有合眼。这两个谜和当时的情景至今还深印在我的记忆里。

到 1945 年离开延安，穆青在清凉山工作生活了 3 年。3 年，弹指一挥间，对于穆青却是一生一世。

半个多世纪以后，当穆青成为中国 20 世纪杰出的新闻记者，许多人好奇地问：为什么他对无产阶级的新闻事业倾注了一生的心血？为什么他的新闻作品总是回荡着鼓舞人心的主旋律？为什么他毕生都在讴歌先进模范人物？甚至有人问：为什么穆青很少写揭露性的新闻？其实，所有的答案都可以在清凉山上找到。

古稀之年的穆青曾记下自己的这一段心迹：

> 清凉山上的这段岁月，虽然充满了艰难困苦，犯过许多今天看来似乎是幼稚可笑的错误，也直接或间接地挨过很严厉的批评，但正是在这种“严”字当头的环境，给了我思想和业务方面严格的训练和培养，使我认识到了新闻工作的重要性和党报记者的神圣职责，树立了无产阶级新闻必须完全真实这一唯物主义新闻观，培养了记者必须深入实际、深入群众的作风，也摆正了政治和业务的关系。正是这些艰苦的锤炼，奠定了我半个多世纪新闻生涯的坚实基础。

水有源，树有根。穆青半个多世纪的新闻实践，其源在清凉山，其根也在清凉山。清凉山是他的出发地。

那个傍晚天空无云

半夜下起雨，风夹裹着雨水在窑洞的门前呜咽着，一直没有睡着的穆青被这声音噬咬着，心头一片空茫。

上午，清凉山整风学习委员会再一次召开大会，号召“失足者”速速坦白。会上公布了一批新的被抢救人员的名单，当他听到“穆青”这两个字时，好像被人迎头猛击了一棒。怎么会呢？怎么可能呢？整个上午、下午一直到晚上他都在想这件事，越想越理不出个头绪。他翻身下床，拉开门，夜黑漆漆的。

这是穆青延安岁月里的一段“悲歌”。

1942 年冬天，延安整风运动由学习文件、检查思想转入审查干部，清理队伍。毛泽东在中央党校的一次讲话中说：“延安的整风特别有味道，不是整死人，有些特务分子讲出了问题，也不是把他们杀了，我们要争取他们为人民，为党工作。你们整了风以后，眼睛就亮了，审查干部以后眼睛更亮了，两只眼睛都亮了，还有什么革命不胜利呢？去年有整风，今天有审干，使你们把问题搞清，两年之后保证你们提高一步。”

然而，审查干部的工作并没有像毛泽东设想的那样顺利发展。由于在审干中发现了个别特务，一些人便夸大敌情，把延安说成是“特务如麻，到处皆有”。1943 年 7 月 15 日，专门负责审干工作的中央总学委副主任、中央社会部部长康生在延安中央直属机关干部大会上作题为《抢救失足者》动员报告，提出“开展抢救失足者运动”。他说：“一个孩子失足河中，如果是平时还可以从容地去救，如果是涨大水的时候就要抢救。这是不说也懂得的简单道理。可是，自然界的失足者，主要要靠外边的人来救，而政治上的失足者，遇到要抢救的时机，却主要是依靠自己。因此，我们号召未坦白的人赶快地坦白，不要放松一秒钟的时间，失掉了这个最宝贵的时机，将永远陷于万劫不复的境地。”

至此，延安的审干运动变成了“抢救运动”，仅仅半个月就挖出了特嫌分子 1400 人。延安犹如夏季里遭遇一场突如其来的严寒，猝不及防。

身兼《解放日报》、新华社两家社长的博古并不是一个点火就着的人。他经历过党内多次斗争，也推行过“左”的错误的肃反路线，深知错误路线会给党内带来严重的损失；另外，他不否认敌人是会打进革命内部来的，但是清凉山朝夕相处的同志他大都了解，能有几个特务，需要这样大动干戈？因此，“抢救运动”一开始，他几乎按兵未动。

康生大怒，直接点名批道：“你们清凉山是特务成堆的地方，你们怎么就是抓不出来?!”他指定博古立刻派人去西北公学（康生的试点）学习受训。

博古无奈，派出了报社负责党的工作的陈坦。陈坦到了西北公学，正赶上那里召开“抢救失足者大会”，大会主持人做了言辞激烈的动员报告，劝告“失足者”自动坦白交代。大会树立了宽严的榜样，当场逮捕了一个“证据确凿”而又不肯主动交代的“特务”分子，同时又有好几个人主动上台“坦白交代问题”，大家鼓掌表示欢迎。最后由一批正在被审查的对象上台主动交代问题。就这样，一场大会下来，又抓出了十几个“特务”。

陈坦进一步了解到，这里抓特务的主要经验是一套“车轮战术”和“逼供信办法”。所谓“车轮战术”，就是组织“积极分子”分批对受审对象连续审问，疲劳轰炸，24 小时乃至 48 小时不让受审者休息和睡觉；“逼供信”则是向受审者提示其证据，强迫其承认，不承认决不罢休，一旦供认了，马上定罪。

博古等编委会负责人听了陈坦的汇报后，感到十分吃惊。但又慑于康生的批评，只好决定按西北公学的一套模式照办照抄。于是一场捕风捉影、大搞“逼供信”的“抢救运动”在清凉山上也轰轰烈烈地开展起来，中央各新闻机构无一幸免。《解放日报》成为这场风暴的漩涡。

一位记者拒不承认自己是“特务”，有位领导便把手枪往桌子上一放，大声吼道：“不坦白，我毙了你！”然而“逼供信”逼了半夜，没有一点结果。他实际上根本不是特务。

还有一位记者，因为自己的爱人被怀疑是“特务”，心中十分烦闷，吃不下饭。有人便说他是向党“绝食”，报社专门召开了一次对这个记者的批判会。这个记者据理力争，使参加批判会的人也批不下去了。

后来，“抢救运动”从知识分子扩大到了工人。一位总务科长在“逼供信”的高压下，愤怒至极，刎颈自杀。

再后来，甚至负责领导这场运动的干部也被怀疑、审查。副刊部主任、“抢救运动”领导人之一艾思奇，由于对这样的做法有意见，而被撤销了领导委员会委员的职务。

清凉山被怀疑的对象越来越多，不少人被看管，有的人被社会部抓走，一时人人自危。

年轻的穆青是第一次经历革命队伍内部如此惨烈的斗争。一开始，他非常惶惑，看到从敌占区来的同事们一个个被审查，也弄不明白这些人究竟有没有问题。不久，“抢救”范围扩大到他熟悉的人身上，甚至和他最亲近的两位“鲁艺”的同学也成了“抢救”对象，引起他的疑虑。再后来，运动越来越升级，如野地里的火狂乱地吞噬着周围的一切，眼看着一个又一个人被抓走，一个又一个人被停止工作、交代检查，情况最严重时，编辑部百分之七八十的人都受到审查，最后连值班编辑、采访记者都已经安排不开。他由疑虑变为深重的悲哀。

那一天，与穆青同住在一间窑洞的记者普金也遭到审查。普金学生时代即参加革命，秉性刚烈，无端蒙受冤屈，一时难以辨别，气得双手痉挛。穆青无言地坐在他身边，握住他的手轻轻地按摩，把他蜷曲僵硬的手指一根一根地掰开，又一根一根地拉直……

这之前的穆青，心中对革命内部的认识一直如一弯纯净的新月。他从来没有想到在这个纯净的世界里，也会刮风，下雨，下霜，甚至下冰雹。纯净的世界第一次在他的面前呈现出另外一种颜色，似乎是一种极不协调的颜色。只是在几十年之后，他才懂得，这个世界从来就没有绝对纯净的地方，即使是在革命队伍的内部。而眼下他太年轻了，无法理解这一切。

风雨仍在黑夜中肆虐。想起白天大会上那句“速速坦白”，穆青不禁打了个寒噤。坦白什么？他的脑子里一遍遍过电影：初中毕业后从家里跑出来参加了八路军，在前线打了两年仗入了党，然后由部队送到延安进了“鲁艺”，从“鲁艺”又分配到报社，既与国民党无瓜葛，更与特务无牵连，这样的历史简直如一潭清水，一眼见底。他想不明白：如果像我这样的中学生也要怀疑，那外来的知识分子还有可信任的人吗？

在这个风雨呜咽的晚上，来到延安后的穆青第一次想哭。这种来自革命队伍内部的不信任，比世界上任何一种打击都令他伤痛。

抢救运动依然如火如荼。尽管穆青向组织上一五一十地交代了自己的每一点历史，但是问题似乎没有得到解决，他仍然被要求一边工作，一边接受审查。

穆青性格中刚硬的一面，在这样的时刻又一次凸显。他对自己认定的道理有不为任何挫折所能动摇的坚持。也许他的表现只是沉默，但这沉默中有最坚韧的力量。对来自组织上无论怎样的审查，他始终有一说一，有二说二，实事求是地回答，既不减少什么，也决不夸大什么。

有一天，他与副刊部编辑黎辛在清凉山南天门的露天厕所相遇，他们是大同中学的同学，曾在一起办过《群鸥》杂志。黎辛早他一年从“鲁艺”毕业，又早他一年进《解放日报》。这时黎辛已经被审查多日。两人见面，相互想说什么，欲言又止。最后穆青问他：“你是特务吗?”“不是。”黎辛又问他：“你是特务吗?”“不是。”两人相互交换了一种只有他们彼此懂得的相互鼓励的目光，匆匆分手。

1949 年，穆青与黎辛在武汉。

穆青在委屈和愤怒的折磨中，也是在坚韧的沉默中一天天度过。

他时常想念起大同中学的老师和同学。组织上曾让他为自己交代的历史提供能信得过的证明人。他的老师同学人人都能证明，但是，眼下他们分散在各个敌后根据地，天各一方，音信皆无。他曾问过自己，如果他们听说穆青被当成特务审查了，是会大笑呢，还是会哭呢?

穆青真不知道该不该相信运气这个东西。正在他极度苦闷之际，突然接到一封从绥德抗大寄来的信，打开一看，竟是他中学最好的朋友冯若泉写来的。冯若泉这时候已经从前方随抗大来到边区的绥德，因为在《解放日报》上看到穆青的文章，估计他在报社工作，便试探着写来了这封信。穆青喜极而泣，两行热泪打湿了信笺。他随即把信交给了组织，说写信人可以为他证明一切。事情暂时就这样搁下了。他等待着。

一天，报社采访通讯部部长裴孟飞忽然通知穆青去采访。采访谁，采访什么，他都没有明说，只是告诉穆青去找359旅的王震旅长，由王旅长带他一同去。

穆青来到抗大，找到王震，王震让警卫员牵来一匹马说："走吧。"

"去哪？"

"去见毛主席。我们南泥湾有一个劳动模范，毛主席今天要接见他。"

"呵……"

陡然间听说要见毛主席，穆青的心不禁咚咚直跳。能采访毛主席的活动是难得的荣幸，可一想到当时的政治气氛和自己仍然被审查的处境，就不免紧张起来。他心里七上八下，跟随王震向毛主席住处走去。

毛主席住在枣园，当他们走进主席的窑洞时，毛主席已在院子里等候他们。

院子很宽敞，一棵大树下有一个石桌，几个石凳，他们在石凳上坐下。那位劳动模范还没有赶到，王震被通讯员叫走商量什么事去了，一时院子里只剩下毛主席和穆青两个人。本来就很紧张的穆青，这下更加坐立不安，两只手一会儿放在面前，一会儿又放在两边，眼睛也不知该向哪里看。见到他这样子，毛主席笑了，亲切地问他：

"你是《解放日报》的记者？"

"是的。"

"你叫什么名字？"

"我叫穆青。"

“是不是左昭右穆的穆，青春的青？”

“是的。”

“我们党内有一个与你同名同姓的同志，他从广东去法国勤工俭学，回国后不久就被国民党杀害了，他是一个很好的同志。”

片刻沉默。毛主席又问道：

“你是哪里人啊？”

“河南杞县人。”

“那是古杞国，‘杞人忧天’的地方。”

毛主席看着这个年轻人，又幽默地问了一句：“你忧天吗？”

“我不忧天。”

毛主席笑了。

这时，穆青紧张的心慢慢平静了下来。毛主席的和蔼、幽默和睿智让他感觉像面对一个可亲可敬的老师。

话题又转到报社的工作和生活，毛主席很关心地问他：

“报社伙食怎么样？”

“还可以，一个星期可以吃到一两顿馒头和肉。”

毛主席点点头说：“报社工作很辛苦，伙食应该搞好。”

随后，毛主席又问：“你们那儿整风运动搞得怎么样？审查了多少人？”

穆青的心一下子提到了嗓子眼，几乎连想都没来得及想，脱口回答：“大概有百分之七八十的人受到了审查。”

“有那么多人受到审查？”毛主席有些惊愕。

“是的，有那么多，光我们采访部十七八个人中，就只有三四个人未被审查。”这时候，穆青积郁多日的苦闷，再也无法控制，他也不知哪来的勇气，在毛主席面前一五一十地把心里话一股脑儿地倒了出来。

“主席，我也不大理解，不大相信会有那么多特务，我有一个同学在河南开封时，我们就一起搞救亡运动，后来到了延安又一道上了‘鲁艺’，一道在报社工作，怎么一下变成了特务?”

毛主席沉思片刻，问：“你怎么看啊?”

穆青率直地说：“延安是进步青年向往的地方，那么多青年和知识分子从全国各地汇集到延安，主要是投奔党和参加革命的。当然可能会有个别坏人趁机混进来，但大多数人可能没什么问题。”

毛主席严肃地点点头说：“如果大多数人都不可靠，共产党还有什么伟大可言？革命还有什么凝聚力？整顿党的作风，同时审查一下每个人的历史这是可以的，但不能扩大化，更不能搞逼供信。现在已有不少同志向中央反映这一问题，我说搞错了，要平反；戴错了帽子，要把帽子摘下来，要脱帽鞠躬。你回去跟博古同志讲一下，搞错了的，一定要平反，要赔礼道歉。”

穆青怔怔地望着毛主席，原来满脑子的困惑、不解，一下子全都烟消云散，一时竟不知说什么，只是咧着嘴一个劲地笑，鼻子却是酸酸的。

这时那位劳动模范来了，毛主席和他谈话，穆青便坐在一旁，边听边记。谈话结束已近傍晚，毛主席留王震、劳模和穆青一道吃饭。饭桌上，毛主席不时地向劳模和穆青的碗里夹菜。临走时，穆青问毛主席今天接见劳模的事报不报道？毛主席说：“不用报道了。”

回到报社，穆青没有找到博古，就把毛主席的谈话内容告诉了裴孟飞。裴孟飞听后笑着说：“这下你可以好好安心工作了，让你到毛主席那里去采访，不就说明党对你的信任吗?”

事后，穆青了解到在这次采访之前，组织上已经收到了冯若泉为他写来的证明材料。冯若泉在材料里写道：他以一个共产党员的生命向党保证，穆青的历史是清白的。

不知道组织上是因为收到这份证明材料才派给穆青这次采访任务，或者只是个偶然。但无论如何，这次与毛主席的谈话，在穆青的生命中刻下了他一生的信念：共产党是坚持实事求是的。

穆青 20 世纪 50 年代在上海工作时，又一次当面聆听了毛主席谈话。

这种信念成为他政治生命中的准星。在他其后半个多世纪所经历的大大小小的政治风浪中，他的目光始终盯着这颗准星，从无偏离。

又一个傍晚，穆青工作一天来到窑洞前的山坡上，心情就像雨过天晴般的灿烂。自打枣园回来不久，组织上便传达了毛泽东同志在党内的一系列重要指示。

7 月 30 日，毛泽东亲自提出了审查干部的九条方针，指出："必须拿这种实事求是的方针去和内战时期损害过党的主观主义的方针区别开来，这种主观主义的方针是逼供信三个字。"

10 月 9 日，毛泽东在批阅绥德反奸大会材料上指出，一个不杀，大部不抓，是此次反特务斗争中必须坚持的政策。

1944 年元旦，中央军委所属的通讯部门负责人王诤，因为所属部下有 1000 多人都被“抢救”成“特务”，无法进行工作，因此在这一天带着一批挨整被搞错的干部，来到毛泽东的窑洞前，站得整整齐齐，向毛泽东同志拜年。毛泽东出来一看，站了这么一大片，他明白了，讲了一番话：“这次延安审干，本来是让你们洗个澡，结果灰锰氧放多了，把你们娇嫩的皮肤烫伤了，这不好。今天我向你们敬个礼，你们回去要好好工作。你们还有什么意见？如果没有意见，也向我敬个礼！”毛泽东这番话，实际上是宣布他们解放了。大家高兴地向毛泽东同志敬了礼。

不久，中共中央确定由陈云同志负责进行甄别工作，平反冤假错案。清凉山上，博古代表党组织向受了委屈的人公开道歉，并且让他们提意见，提批评，让他们“出气”。

回想这一幕幕，穆青笑了。

抬头望去，天空湛蓝湛蓝的，万里无云。他猛然间记起，那个在枣园与毛主席谈话的傍晚也是这样湛蓝的天空，也是这样的万里无云……

第三章 似火年华

26岁已有10年革命历程的穆青，此时风华正茂，比起清凉山时期的那个小记者，现在他更像一只蓄满了力量的年轻猎豹，随时准备冲向下一个目标。

永远的雪原小屋

树白了，路白了，山也白了，天地万物到处是白茫茫的一片，分不清哪里是路，哪里是山崖。一支十几个人的队伍，手拉着手，在临近雁门关的一座雪山上艰难地向前移动。

这是很多年之后被穆青称为“艰辛的小长征”中的一幕。

1945 年 8 月，在中国人民坚持了 8 年英勇抗战之后，加之苏联出兵东北，美国在日本广岛、长崎施放了两颗原子弹，最终迫使日本宣布无条件投降。这一重大历史事件，急剧地改变了中国内外的政治形势，东北成为共产党和国民党激烈争夺的焦点。东北战略地位极为重要，不仅有丰富的物产和发达的工业（重工业占当时全国的 90%），而且紧靠苏联、蒙古、朝鲜。共产党如果掌握了东北，把东北建成重要的战略基地，便可使中国革命立于不败之地。

中共中央果断作出战略部署，派遣十万干部和军队开赴东北，取得共产党在东北大地上的主动权。一时间，各条战线迅速组织队伍，分别从晋东、山东、苏北、延安等地向东北进发。

9 月中旬，新华社和《解放日报》按照中央要求，抽调编辑、记者、翻译、出版、电务、印刷等部门共 16 人，由新华社副社长吴文焘任队长，组成挺进东北的先遣小分队。穆青是这支先遣小分队的一员。

东北在穆青的心里一直有着很深的牵挂。“9・18”事变后，当幼小的他第一次从一位泪流满面的路人口中听到“我的家在东北松花江上……”这首歌时，那片土地便成为他心中的第二故乡。他曾想，终有一天，他一定要到那里看一看。只是他没有想到，这一天竟然这样快地来到了。

10 月 5 日，16 人的先遣小分队离开延安，踏上征途。

从延安到东北，全程几千公里，不通汽车，也没有火车，小分队惟一的代步工具是一匹骡子，刚好吴文焘的妻子是队里惟一的女性，这只骡子便理所当然地给她骑了，其余的人则完全要靠双脚走到目的地。

眼下，被困在风雪中的这支小分队，刚刚走出全部路程的三分之一。雪还在继续下着，从延安出发时，每个人换的一套新衣服已经破烂不堪，身上的粮袋也早就瘪了，风夹着雪花狠命地扑打在身上，寒气像钢针一样往骨头缝里钻，劳累、饥饿、寒冷一齐袭来。更要命的是，夜幕已经降临，他们只能借着积雪的光亮一步一步地往前挪。谁也不知道今夜他们还能不能走出这座雪山，没有人说话，只有粗重的呼气声。

突然，有人在山窝窝里发现了一丝光亮，16 个人跌跌撞撞向着灯光扑去，一户山里人家的两间茅屋、一盘热炕、一缸仅有的可以用来充饥的大烟籽把他们救下了。

第二天，小分队赶到雁门关下。

雁门关地势险要，号称“天下雄关”，是历代兵家必争之地。穆青和几个队友兴奋地登上了雁门关的城墙。但见关内关外白雪茫茫，峰峦耸峙，悬崖绝壁之间惟有一条连接关内外的通道，正是一夫当关，万夫莫开。穆青触景生情，不禁想到古往今来曾有多少民族英雄血染沙场，如今山河破碎，国难未已。他的眼里涌出了泪水。

下了城墙，穆青和队友王揖走进瓮城。由于这里避风，集中了不少做小买卖的人，有一个烧饼炉，新出炉的烧饼黄焦油亮，香味四溢。两人正饥肠辘辘，于是全身上上下下摸口袋，除了这里用不上的边区票，竟找不出一个铜板。当时穆青身上背着一个盒子枪，实际上盒子里没有枪，只有一个红皮枪套，是缴获日本鬼子的，很漂亮。卖烧饼的人说："你拿这个东西可以换我的烧饼，枪我不要，只要那个套套。"穆青、王揖想了半天，还是咽着口水恋恋不舍地离开了这里。

出雁门关，小分队继续向北挺进。这时的他们，近看是一支队伍，远看就像一群逃难的人。他们从延安随身携带的生活用品已消耗殆尽，仅有的一点大洋也用光了，走到哪儿吃饭都是向老百姓打借条借，就这样，他们还是饥一顿饱一顿。

有一天，在行军路上，穆青竟迎面碰上了冯若泉，这意外的相逢使他们彼此十分激动。原来冯若泉所在的抗大绥德分校全体师生，此时也奉命赶赴东北支援新区建设。很多年以后，穆青在纪念这位一生如兄的亲密友人的文章中，回忆了当时的情景：

> 他看到我须发蓬松，衣衫不整，腰里系着一条空米袋，脚上还穿着草鞋，一双棉袜竟露出脚趾……他几乎流下泪来，当即打开背包，拿出一双崭新的布鞋和一条白毛巾，不容分说地塞到我手里。大部队行军他不敢久停，临别只说了句"保重，咱们东北再见"就匆匆上路了。

小分队依旧每天饥一顿饱一顿地行进着，这样的日子直到他们到达张家口才有了改善。

张家口这时已经解放，原晋察冀边区的首脑机关全部迁移到此。他们一行受到《晋察冀日报》总编辑邓拓的热情接待。他们第一次吃上了饱饭，换上了新衣服、新鞋，住进了日本人逃离后留下的洋房。晚上穆青和同住一屋的王揖，望着由一根细线控制，一拉就亮再一拉就灭的电灯，好奇得不得了。那一夜，他俩拽着灯绳一拉一关玩了大半夜。

1945 年 5 月，穆青和冯若泉（右）在延安合影。

这应该算是穆青第一次接触“现代化”，他充满新鲜、好奇，就像他直到老年依然对生活中的新事物充满好奇一样。不过，第一次的接触也让他有些窘迫。第二天，他走进街上的一家理发店，理发师用通了电的推子在他头上“嗡嗡”地推着，他感到头皮一阵阵发麻；好不容易推完后，理发师又拿起一个类似手枪的玩意儿“呼呼”地响着，向他的头伸来，他再也不能忍受，放下钱，夺门而逃。后来他知道了那玩意叫电吹风。

三天的城市生活，大家恢复了体力，继续上路。邓拓派报社的同志把日本人仓库里囤积的白糖给他们每个人分了几斤，千送万送，挥手道别。

路上的人烟渐渐稀少，大片大片的庄稼地荒芜凋零，远处的村庄偶尔传来几声狗叫，透出一种令人窒息的哀凄。

他们终于踏上热河①的地界。

这就是他千思万想的东北大平原吗？这就是歌里唱到的“有漫山遍野的大豆高粱”的黑土地吗？穆青一遍一遍地问自己。

这片饱受日寇铁蹄蹂躏的国土，满目疮痍，遍地赤贫。街道

---

① 热河是当时日本侵占我东北时被称为东北四省中的一省，后划归辽宁与河北。

上到处坐着一堆堆披着破衣烂衫、面黄肌瘦的男人，在靠阳光取暖，有些人身上胡乱裹着几块麻袋片，连站起来的力气都没有。路边不时能看到饿得奄奄一息的人横七竖八地躺卧着，不知是死是活。许多人家，女人没裤子穿，出不了门，白天就只好用破被子围坐在炕上。

小分队到达宿营地，很多人围上来向他们哭诉；等到开饭他们拿碗去盛时，周围竟有一圈碗伸过来。看着那一双双混浊而无助的眼神，每一个队员都内心酸楚，常常一口饭含在嘴里，哽在喉头。有一次，老百姓看到他们带有白糖，就像见到宝贝，纷纷乞讨。原来这里好多年都没有见过白糖了，孩子们根本没尝过糖的滋味，就连老人们吃药要用点白糖做引子，也无处寻找。就这样，几斤白糖他们自己没吃多少，都分给这些可怜的同胞了。

若非亲眼所见，穆青无法想像亡国奴的生活竟到了这般惨不忍睹的境地！

如果说，他参加革命时，曾在黄河故道上看到的那一幅难民“流亡图”是民族苦难的序幕，那么这一次他看到的则是这一场苦难之后的结果。作为一个中国人，穆青空前强烈地体味到四个字：民族耻辱。这种耻辱像钢钎一样深深地嵌在他的心里，成为他一辈子的创痛。

12 月 24 日小分队到达奉天[①]阜新 。

东北的气温此时已在零下 30 摄氏度左右，他们穿的棉衣根本挡不住这种严寒，不少人的手和脚都冻伤了。驻守在这一地区的林彪、黄克诚得知情况后，立刻派人给他们每人发了一顶皮帽子，一件皮领大衣，还有一双皮靴子。他们总算有了充足的御寒装备，得以继续前进。

辽西丘陵地带遍地冰雪，每天早上起来看到的都是白茫茫的

---

① 奉天，后改称辽宁。

一片，积雪常常深到膝盖，风刮在脸上像刀子割一样疼。有一天，雪下得特别大，一步一个深深的雪窝，每走一步都要花很大的力气才能把脚从雪窝里拔出来，裤子上的雪越沾越多，最后结成了冰疙瘩，腿像棍子似的完全失去了知觉。好不容易走到宿营的村子，天已经完全黑了。

穆青和王揖住的那户人家，屋里只有一对老夫妇，得知他们是关内过来的抗日队伍，两位老人高兴得团团转。老妇人赶紧生火烧水，老汉则忙着招呼他们上炕取暖。看着王揖已经脱掉靴子上了炕，穆青也急忙拽住靴子往下脱，没想到靴子和腿已经冻在一起，怎么也脱不下来，他急得便让王揖帮忙拽，老汉连忙上前制止："孩子，千万不能硬拽，也不能拿热水猛浇，你的腿脚已经和靴子冻在一起，成了冰砣砣，硬拽连皮肉都要撕下来。要是用热水浇，肉就要烂，一烂恐怕连腿脚都难保住"。

老汉端来一盆冷水，把穆青的双脚连同靴子一起浸在冷水里，过了一会儿，冰碴渐渐化开了，他又小心地拽下靴子，然后解开自己身上的棉袄，把穆青两只冰凉的脚搂在胸前，用两只手慢慢地揉搓、按摩。过了好久，穆青麻木的双脚开始感到发痛，又过了一会儿，逐渐发热，最后终于恢复了知觉。那一瞬间，他能清楚地感觉到老人胸怀间的温热透过双脚传到全身，一直传到他的心里。

他张开嘴想对老人说句什么，只见在昏暗的灯光下，善良的老人还一直抱着他的腿吃力地按摩着，一双眼睛里满是慈祥与爱怜。刹那间，穆青突然想起远在千里之外的父母，一种亲人般的温暖漫过他的心，只觉得鼻子发酸，喉头哽咽，说不出话来，泪水顺着脸颊大颗大颗地落下……

很多年以后，穆青回忆：

多少年过去了，这个雪原上的小屋，这个如慈父般的老人，一直深深印在我的脑海里，我常常告诫自己，你的这双腿甚至生命都是老百姓保护下来的，今生今世，无论任何时候都不能忘记他们。

第二天清晨，穆青又重新上路了。这座雪原上的小屋，成为他心底深处一生的珍藏……

1946年2月春节前夕，先遣小分队经过4个多月的跋山涉水，胜利到达东北局驻地海龙县，与《东北日报》的同志们汇合。

谁是东北大地的主人

时光跨越：

1961年8月间，时任新华社副社长的穆青在北戴河休养。一天中午，他从海里游泳回来，看到沙滩上坐着一位老人和一位年轻的姑娘，感觉面熟。走近一看，惊喜万分，连忙上前问道："周司令还认识我吗?"

老人愣住了，眯缝着眼看了看穆青，摇摇头说："对不起，想不起来了。"

"我是关寄晨[①]呀。"

老人猛地站起来，紧紧抓住穆青的手，颤抖地说："哎呀，是你呀，你把我想得好苦，我到处找你就是找不到!"

他转身指着姑娘说："这就是嘉丽呀，嘉丽，你还记得关叔叔吗?"

姑娘笑了笑，腼腆地说："记不得了。"

"我还抱你照过相呢，你那时才4岁!"

这一晚，穆青失眠了。他称为"周司令"的老人，扯出他的万千思绪。他和他的交往，记录着他在东北这块土地上留下的第一个脚印。

---

① 关寄晨为穆青在《东北日报》时的笔名。

1945年底和1946年初，随着日军的无条件投降，日寇在东北的关东军全部解除了武装，中国面临着一个谁有权接收东北的问题。过去对日寇侵略一直抱着不抵抗主义的国民党，此时却胡说："日本投降前，东北没有共产党军队，只有国民党有权接收。"他们以此为借口，继续增派军队，企图在东北挑动内战。

为了批驳国民党的谎言，揭露国民党阴谋独霸东北的行径，《东北日报》遵照中央的指示，决定反击。

1946年，穆青在《东北日报》。

海龙时期的《东北日报》正值它的青年时期，生机勃勃。而此时26岁已有10年革命历程的穆青，则是风华正茂，比起清凉山时期的那个小记者，现在他更像一只蓄满了力量的年轻猎豹，随时准备冲向下一个目标。

穆青到达报社的第三天接到任务，采访原东北抗日联军负责人周保中将军。

周保中是一名威震敌胆的民族英雄，在东北沦亡14年当中，他跟随杨靖宇将军率领抗日联军出生入死，打击日寇。杨靖宇牺牲后，他独撑危局，继续战斗，在东北抗日史上写下了可歌可泣的一页。

中央的意见，请周保中将军对当前东北的形势发表谈话，同时撰写一篇详尽介绍抗日联军14年斗争史的文章，以正视听。

穆青接到任务当天，赶赴梅河口。驻扎在梅河口的东北宣传部为穆青派了一个班的战士护送，同去的还有作家魏东明。他们乘坐一辆卡车，冒着零下30摄氏度的严寒，走了两天两夜，到达东北抗联司令部所在地——北满。

抗联的司令部设在镇中一座宽敞的院子里。穆青一跨进大门，就见一位身着将军服的中年人急切地迎上前来，紧紧地拥抱他们。他就是周保中将军。

穆青打量着眼前这位抗联将领，感觉似乎同想像中的传奇人物有点不同。他身材不高，说话不多，神态和蔼质朴，像一个温厚的长者，惟有眉宇间透出的英武之气，显示出他的不凡。

周保中与党中央失去联系十多年，今天见到延安的亲人，格外激动。中午他备下丰盛的午餐，欢迎穆青一行。下午他又特邀穆青、魏东明到家中做客，让他的夫人和女儿同延安来的亲人见面。周保中的夫人王一知本是一位知识分子，十几年中跟随将军转战于白山黑水之间，久经沙场，已经锻炼成为一名能骑在马背上双手打枪威震敌胆的女英雄。这时她才 30 岁，一身戎装，说话干脆，透出一股英武之气。将军的女儿嘉丽才 4 岁，见到客人毫无怯意，跑前跑后，像只快乐的小鸟。晚上，将军夫妇热情留餐，不到一天时间，穆青已与他们亲如家人。

第二天一早，穆青跟随周保中的部队出发前往磐石，到达磐石后，部队刚安顿好，采访便开始了。

这是让穆青感到心灵震撼的一次采访，东北抗日联军英勇抗日的悲壮历史，如歌如泣。

从 1937 年起，东北抗联便与中央及关内失去任何联系，完全陷入孤军奋战的困境。在最艰难的日子里，他们想念延安，真像孩子想娘一样。有一次，他们找到一份毛主席的《论持久战》，如获至宝，你传我，我传你，抄的抄，摘的摘，毛主席的话使他们犹如在茫茫大海中看到灯塔。他们按照《论持久战》中提出的战略思想，把部队分散组成许多小分队，依托完达山、老爷岭等地，不断骚扰打击敌人，不仅在极端艰苦的条件下保存了自己，而且牵制了大量的敌人不能进关。

日寇对周保中恨之入骨，到处画像，悬赏捉拿，宣布“谁割得周保中一两肉，可换一两金子”。同时实行封粮政策，企图把抗联的队伍活活饿死。

1939年10月初，东北已是千里冰封。周保中率领警卫大队120多人转战到黑龙江省宝清县的兰棒山，当时他们已经有七八天未见一粒粮食了。周保中从望远镜里看到山下有一座小木房，便派副官陶雨峰带领两个人下山找点吃的。三个人下去后，左等右等不见回来，大家以为他们买了很多东西走不动了。谁知结果等回来的却只是陶雨峰一人，而且两手空空，身上背着三条枪，大家立即明白出事了。

原来，那座小窝棚里什么都没有，只有锅灰，看样子人已走了个把星期。同去的两个人见到这种情景感到绝望了，他们说：“陶副官，放我们走吧，给我们一条生路，我们去找点吃的。”

陶雨峰说：“你们要走，把枪留下。”

于是，他们两人把枪挂在树上，子弹放在地下，转身走了。走时流着泪说：“陶副官，请转告周总指挥，我们只是想留条活命，相信我们绝不投敌，也绝不会出卖周总指挥。”

周保中把大家召集来，沉重地说：“同志们，陶副官的话你们都听到了。现在我们确实面临着生与死的问题。眼下，已是深秋，草也不能吃了，棉衣也没有。我们可能会饿死、冻死。他们走了，请同志们决定，愿走的走，只要把枪留下，尽可以去找条活路，就是剩下我周保中一人，也要抗日到底！”

120多人齐刷刷地站起来，不约而同地高喊：“我们不走，死也要和周总指挥死在一起！”

周保中抹去流出的眼泪，说：“好，我们活要活在一起，死也要死在一起。但是，我们绝不轻易去死，我们正是为了活才去斗争。我相信，困难总是可以度过的，胜利一定属于中国人民！”

他们整理好队伍，又整整齐齐地下山了。

1940年，日寇实行一种更为残酷的“集团部落保甲连坐”政策，把山沟森林中的零星居民全部集中起来，深沟高垒以军警驻守，彻底切断了联军与群众的联系。

这是东北抗战最困难的时期，抗日联军几乎面临绝境，许多部队弹尽粮绝，白天以菌类野草为食，夜晚以荒林冻土为床，大批战士死于冻饿之中，活着的，行军走不动路，站岗要背靠着树干支撑。冬天，大雪深达腰际，常有冻掉脚、冻烂脸甚至冻僵而死者。当时，虽有很多老百姓冒死在夜间偷偷把粮食、食盐、火柴等物品埋在林边、地头，任联军挖取，但是他们十有八九都遭到日寇残害。

敌人总是过高地估计自己的力量，就像他们到处张贴的一张漫画上画的那样：抗日联军站在一棵树上，“皇军”正在下面锯树，树已倾斜，眼看抗日联军就要掉下来。

事实是，无论形势怎样险恶，抗日联军在周保中的带领下，依然顽强地坚持在东北的土地上。抗联战士们指着那张漫画大笑：“我们永远也不会掉下来，总有一天，我们要从天上扑下来歼灭你们!”

历史正如英雄们的预言。到了1945年8月，当苏联红军参加对日作战时，周保中将军领导的抗日联军从东北大地的各个角落，火山般地喷发起来，给日军以最后的痛击，并很快发展到十余万人，改编为东北人民自卫军。

周保中将军和抗联将士为中华民族写下了一部震天撼地的英雄史诗。

穆青在磐石近半个月的时间里，每天都被这些英雄故事激励着。他处于极度感奋之中，常常边谈边写，边写边哭。最后终于完成了12000字的《中国共产党与东北抗日联军14年斗争史略》。这篇署名关寄晨的文章，以我党在东北坚持14年浴血斗争的大量详尽的史实，向全中国、全世界说明：只有中国共产党及其领导的抗日军民，才是东北大地的真正主人。

26 岁时的穆青。

文章在《东北日报》和延安的《解放日报》上同时发表，之后，中共中央东北局又把它印成单行本广为发行。这之前，穆青还完成了《周保中将军答记者问》，文中以周保中的话指出：“如果国民党企图以各种方式以一党一派独占东北或攫取优势，而不给人民以自治权，新东北的建设是不可能的。”这两篇文章对这一时期共产党与国民党的斗争形势产生了重要影响。

这次采访之后，根据周保中将军的建议，中共中央东北局又指示穆青立刻赶往朝鲜，向金日成将军采访杨靖宇烈士的事迹。

杨靖宇是中共早期党员，东北沦陷后，他最早遵照党中央指示，在东北发动群众组织武装抗日，领导抗联与日寇进行了艰苦卓绝的斗争，最后不幸壮烈殉国。他死后，日寇曾残忍地解剖了他的尸体，发现他胃里除了草根、树皮和棉絮之外，竟找不到一粒粮食。这位共产党人钢铁般的意志，令敌人也为之叹服。

周保中说，只有写出杨靖宇，才能更全面地反映东北抗联的历史。而最了解杨靖宇的人是长期与他并肩战斗的金日成同志。

这是穆青第一次出国。他先到达通化，恰巧碰到正在这里采访的新华社东北总分社的骆风，得知他要去朝鲜，骆风一再要求同去，后来经请示得到批准，这样穆青便有了一个同伴。两天后，他们来到集安准备过鸭绿江大桥。

当时鸭绿江大桥还有苏联红军把守，那时去朝鲜既不需要外交签证，也没有护照，只需集安政府开一张介绍信。信开好后，他们由县上一位向导和翻译带他们过桥。谁知到了桥边，几经交涉，守桥的苏联红军就是不放行。后来向导想了一个点子，他说：“苏联人喜欢喝酒，你们只要给他们几瓶酒，保准能过。”于是，他们就在当地买了几瓶通化葡萄酒，没想到还真管用，守桥的红军看到酒，一个个笑逐颜开，马上挥手放行。就这样，几瓶葡萄酒竟成了穆青第一次出国的通行证。

过了鸭绿江，他们取道熙川进入平壤。当时的平壤，规模相当于中国东北一个稍大些的中等城市，没有多少高大的建筑物，但街道却古色古香，街头到处张贴着土地改革和反对美帝侵略的标语，洋溢着一种革命的激情。

朝鲜劳动党中央机关报《正路报》接待了穆青一行。

他们是第一批到朝鲜采访的中国记者，报社编委会为此专门开会商量接待事宜，为了让中国同志了解一下朝鲜的民俗，决定用朝鲜人民接待贵宾的方式来欢迎他们。

报社在一家酒店里举行了一次纯朝鲜式的宴会，席间有几个女子陪酒，敬酒时你如果不喝，她们就跪在地上不起来，而且不停地唱歌。穆青哪里见过这种场面，在尴尬和为难之中，这一次宴会上，他几乎被灌醉了。

穆青见到金日成是在一天晚上，他被接到金日成的家里。

当时这位朝鲜革命的领袖住着三间小屋，一个小院，既无警卫，也无服务员，生活极为简朴。在一间会客室兼餐室的房子里，金日成用流利的汉语向穆青着重介绍了杨靖宇英勇牺牲的经过，谈到了抗联的组成和历史，谈到了中朝两国抗日游击队患难与共、并肩作战的情况。金日成同志深情地说："在我所接触到的中国共产党党员中，我最佩服的是杨靖宇和周保中同志，他们不单是优秀的共产党员，更是中华民族的英雄，应该好好宣传"。

采访从晚上7、8点钟起，一直谈到子夜时分。因为太晚了，金日成让穆青在他家里留宿。那天，只有他的祖母在家。这位慈祥的老人给穆青送来了被子，又亲自为他在会客室铺好了床，第二天清晨，金日成和穆青共进早餐时，老祖母端来一大盘煮熟的鸡蛋，一碟盐，一再劝穆青多吃点，并亲手为他剥去蛋壳，把几个大鸡蛋放在他面前的盘子里……

朝鲜归来，东北形势急剧恶化，战事频繁，穆青一直无法安定下来。几经奔波，这次去朝报道终是拖了下来。

40年后，当穆青重访朝鲜，在万寿台金日成的故居看到已去世的那位老祖母与金日成紧紧拥抱的照片时，流下了愧疚的泪水："一切都追悔莫及了。"

爱情如酒

或许生命中很多事早已在冥冥中注定。

穆青1940年到达延安，就在同一年，有一个女孩子也由西安来到延河岸边；穆青1945年9月从延安启程挺进东北，就在此时，这个女孩子也参加了开赴东北干部团中的“鲁艺”工作队；穆青1946年2月走进《东北日报》，就在这之前两个月，这个女孩子已成为《东北日报》的记者。这时的穆青怎么也不会想到，这个他从未见过面的女孩子，已经踏着命运的节拍随他而来。

25岁的穆青还从没有品尝过爱情的美酒。他曾经喜欢过一个叫白居的女孩，她是他在大同中学的同学。那年，他们一起从家乡赴山西参加八路军。穆青对她曾有一种朦胧的好感，只是没等他对这个女孩有过任何的表示，他就与她在战火中分手了。当他们在延安重新见面时，她已经结婚。他的心中曾有一丝淡淡的伤感。

错过的本不属于自己，应该来的终究会来。现在有一个人正在走向他。当他在报社的院子里第一眼与她清澈、帅气、阳光般的目光相遇时，他便知道：她来了。

她叫续磊。

续磊生于著名爱国将领门下。

其父续范亭，1893年生于山西省崞县（现为原平县）西社村的一个中农家庭。他少年即以“何当歼彼丑虏，痛饮黄龙”的救国之志加入同盟会从事民主革命活动。辛亥革命时，任山西忻（州）代（州）宁（武）公团远征队队长，率部赶走清朝统治者，占领大同。1914 年被窃国大盗袁世凯通缉，复遭封建军阀阎锡山迫害，离晋入秦，进行反袁（世凯）倒阎（锡山）斗争。1918 年后参加靖国军胡笠僧部反北洋军阀的战争。1924 年曹锟政府被推翻后，续范亭任国民军第三军第二混成支队参谋长；1926 年任国民第三军第六混成旅旅长；1927 年任国民联军军事政治学校校长；1932 年任陕西绥靖公署驻甘肃行署参谋长、陆军新编第一军中将总参议。

九一八事变后，国内民众抗战情绪日益高涨，以蒋介石为首的国民党政府却奉行“攘外必先安内”的反动主张，旨在消极抗日，积极反共，民族危机日趋严重。

续范亭多年来一直追随孙中山为民族图存奋斗不已。时值国难当头，他忧心如焚，曾到南京劝谏蒋介石，力陈停止内战，联合抗日，但被蒋介石拒绝。

1935 年 11 月，国民党召开“五大”，国内民众寄期望于能在这次会议上形成抗日主张。可是蒋介石置国难于不顾，仍然叫嚣“攘外必先安内”。时任国民党陆军新编第一军中将总参议的续范亭，按捺不住心中的激愤，从兰州千里迢迢赶到南京，试图劝谏，但再次受挫。

此时，国内抗战情绪已十分高涨，相继爆发了一系列大规模的爱国学生示威运动，却遭到国民党当局的镇压。目睹蒋介石政府对日寇的屈辱退让，续范亭愤怒陈言：“有死难之学生，无死难之将军，此耻最盛!”

国之将亡，续范亭悲愤不已，他痛恨蒋介石之阴险和当时政府之无能，自身又感到无力回天，决心以一死震惊国人，唤起政府之良知。

1935年12月26日傍晚，续范亭来到中山陵前，放声痛哭，抽出短剑，切腹自杀……幸遇救脱险。

自杀前，他写下震撼人心的《哭陵》和《绝命诗》[①]。

《哭陵》写道：

谒陵我心悲，
哭陵我无泪；
瞻拜总理陵，
寸寸肝肠碎。
战死无将军，
可耻此为最；
靦颜事仇敌，
瓦全安足贵？

续范亭将军。

《绝命诗》写道：

赤膊条条任去留，
丈夫于世何所求？
窃恐民气摧残尽，
愿将身躯易自由。

续范亭的悲壮爱国之举，登上各报端，一时震动全中国，激励了全国各界的抗战斗志。

他自杀遇救之后，继续奔走，呼吁抗日，参加对日战斗，为中国的民族解放竭尽全力，直至1947年9月12日病逝，享年55岁。

① 续范亭《绝命诗》共5首。

毛泽东为他亲书挽词：

范亭同志千古
为民族解放，为阶级翻身，事业垂成，公胡遽死？
有云水襟怀，有松柏气节，典型顿失，人尽含悲！

中共中央根据他生前愿望，追认他为中国共产党正式党员。

身为这样一个“拔剑长歌一世雄”的爱国将领的女儿，续磊的情感、气质、性格从小就得到来自父亲的丰厚滋养。

父亲剖腹自杀那年，她7岁，当时她和妈妈还住在兰州。那一天，她是从家里来来往往惊慌的人们以及妈妈的失声痛哭中感到爸爸发生了什么可怕的事。她猜想，是爸爸死了吗？她知道，人死了，就是永远也不能相见了。想到可能再也见不到爸爸，她的眼泪一下子流了出来。

她是爸爸36岁时才得的第一个孩子，深得爸爸疼爱，凡去别人家做客或看戏，爸爸总是把她抱在膝上，任凭她抚摸他那清瘦多皱的脸颊。爸爸每次出远门，因为想爸爸，她总要生一场大病。“慈爱的爸爸呀，您那么疼我，为什么要去死呢？怎么会舍得扔下我和妈妈呢？”小续磊一边抹泪一边想，怎么也想不明白。

她跟着妈妈匆忙奔赴南京。她在中央医院里见到爸爸时，爸爸已经脱离危险期。她轻轻地摸着爸爸腹上的伤口问：“爸爸，好些没有？”爸爸的眼圈红了，不断地抚摸着她的头。

第二天，爸爸吟诵了一首诗：

为灭东邻不顾家，
英雄儿女两咨嗟；
小侬千里随娘至，
问道爸爸你好些？

小侬是她出生时爸爸依妈妈的名字玉侬给她取的小名。那时，这个小侬并不能理解父亲诗中的含义，就像她不能理解为什么爸爸想要离她与妈妈而去一样。直到她逐渐长大，才慢慢懂得了爸爸的心志。

爸爸在《绝命诗》中就有这样一首：

灭却虚荣气，
斩删儿女情。
涤除尘垢洁，
为世作牺牲。

此后的几年，续磊与父亲依然是离多聚少，父亲为民族解放斗争继续奔波操劳。西安事变后不久，续范亭闻听张学良仍在被监禁，杨虎城也被囚贵州阳明洞一带，屡请缨杀敌不果，焦急得鬓发俱白，他气得一夜睡不着觉，当晚写下了《深夜不寐忆张、杨》一诗：

团结抗战资群力，
同舟共济少二人。
君子之行如日月，
况复张杨系知音。
阳明洞口云深处，
爱国将军鬓森森。
出师未捷先囚弃，
多少英雄泪满襟。

因时局这一突然变化，日寇侵犯华北日急，续磊的父亲不等和家人团聚过年，就要离开妻女和不满三个月的小儿子，以杨虎城将军代表的身份，赶赴山西抗日前线去。

临行之前，小续磊哭着闹着要和爸爸一同去，拉着爸爸的衣襟怎么也不放。爸爸一边耐心地给她讲道理，一边动脑筋，终于想出了一个“脱身”之计。他告诉女儿，他要去前方打日本鬼子，威风地骑着马打仗，回来时带一匹小红马给她骑。

小续磊破涕为笑。马，她多么熟悉又多么喜爱它，爸爸在兰州常常骑马上班或郊游，有时妈妈还和他并辔而驰，那时她多么想骑上一匹小红马跟在爸爸后边飞跑啊！正当小续磊兴奋地沉浸在幻想之中时，爸爸已经走远了。她还是忍不住大哭了一场，事后照例又生了一场大病。

1940 年，续磊的母亲带着她与弟弟去晋西北看望父亲，途经延安时，把她留在了这里上学。次年，父亲积劳病重，被党中央派人接来延安治病，续磊终与父亲重逢。这时候她已经 13 岁了。第二年，妈妈带着弟弟也来到延安，全家人团聚。

续磊在父亲身边度过了她最快乐的少女时光。她目睹了父亲与毛主席、周副主席、朱总司令、叶剑英、林伯渠、吴玉章等许多中共领导人的亲密交往；目睹了父亲如饥似渴学习马列主义、毛主席著作和整风文件；还目睹了父亲在大生产运动中盘腿坐在地上纺线线。

续范亭有“将军诗人”的美誉，他在延安时期写下了许许多多的诗。小续磊特别爱背父亲写的那首《赠毛主席》：

领袖群伦不自高，
静如处子动英豪。
先生品质难为喻，
万古云霄一羽毛。

她虽然并不懂其中深意，但她能体会出父亲对毛主席、共产党的景仰。父亲病重期间，吐血不止，他就这样吐着血，依然写下了一篇又一篇传播共产党抗日主张的文章。他对人讲："惟有中共才是中国之未来，余向往之。"

东北时期的续磊。

抗战胜利后的1945年，续磊在延安中学毕业，考上了"鲁艺"文学系。同年她和"鲁艺"文学系的几位同学参加了开赴东北干部团中的"鲁艺"工作队。那年，她刚满17周岁，并已加入了中国共产党。

当时，续范亭正在重病之中，他却热情地鼓励女儿为革命远征的志愿。告别时刻，续磊看见父亲的眼里蕴满泪水，用刚毅的语调对她说："去吧，奋斗去吧，革命工作是艰苦的，永远跟着党走，只有共产党才能救中国！"

工作队出发之际，全体在"鲁艺"礼堂前合影，续磊抓住这个机会，让人给她拍了一张单人小照，托付同窗好友洗印后送交给父母留念。父亲看到这张照片后，在背面仿《木兰词》替女做诗一首：

阿爷无大儿，
续磊无长兄，
愿随工作队，
从此替爷征。

革命事业大，
非可期速成。
临行拍此照，
聊以慰双亲。

直到1949年，续磊才从父亲的遗稿中看到这首诗。而此时，她是怀揣着一首自己写给自己的诗《铁花赋》踏上了北上的征途。诗曰：“风，你爱吹就吹！雨，你爱打就打！一株待放的铁花，看你怎样摧毁她！”

当这株铁花在东北土地上刚刚落土，穆青来了。

穆青对续磊一见钟情。她的单纯、洒脱、清朗深深地吸引着他。

年轻的姑娘对穆青的最初感觉则是一种敬重。她先是知道他是延安来的大记者，后来读到了他的文章。再有一天，她在屋里听到对面宿舍有人唱京戏《春闺梦》中的一段，那有板有眼的程派唱腔一下子吸引住了她，循声望去，知道了唱戏的人是穆青。

说起来，穆青对京戏的爱好得益于延安的平剧院。那时平剧院设在《解放日报》社对面的山坡上，他常常听得到演员们练唱，日久天长竟成了戏迷。就这样，对京剧的爱好成了他工作之余的最大享受。直到老年，他在一篇日记中津津有味地表达了自己对京剧的感情。他写道：

躺在床上听京戏录音带，言兴朋的一出白帝城凄凉哀婉动人心脾，给了我极大的艺术享受。这盒录音带百听不厌，我在国外出差旅行都把它带在身边，它帮助我度过了漫长的旅程，也曾为我打发走一些寂寞的黄昏和夜晚。每当我在国外时间长了想念祖国时，它又为我消除了思乡之情，使我在异国一片嘈杂声中，得以独享祖国乡音。它给我以安慰，也给我以享受，某些时候它还会给我以灵感。也许这种神奇的作用，别人是无法理解的，但对我来说，确是如此。

在另一篇日记中他又写道：

我爱听京戏，已经保存了不少名演员的录音带、录像带，现在又有了光盘。

我说过，作为中国人的幸福之一，就是有京剧。

眼下，他没有想到的是，京戏竟是他和日后成为他妻子的人共同的爱好。续磊从小跟着酷爱京戏的妈妈，也早就熏陶成了个小戏迷。

年轻的续磊率性、活泼，带有一点男孩子的好奇心。为了弄清楚这个既会写文章又会唱戏的大记者是怎样生活的，有一天，她趁穆青不在宿舍之机，推门而入，看到这间房子的主人与别人的生活似乎没有什么两样，一张桌子，一把椅子，床上的被子叠得有棱有角，只是床头上摆了不少书。那份发现的得意和满足，日后很多年，她都还记得。

穆青没有续磊的勇敢。他性格内向，平日里就少言寡语，面对自己喜欢的姑娘更是不知道该怎么表达，他只是试图用自己的方式传递出他对她的感情。

终于，有了机会。一天，穆青偶尔听到续磊在房间里的哭声，赶忙走进去，一问，原来是续磊的一个同学从延安到了东北，驻在海龙附近的东丰县，她想去看看他，因为当时东北一带常有土匪出没，组织上考虑她的安全不批准，她就哭了。

穆青宽厚地笑了，在这个他喜欢的人身上，所有的脆弱与稚气依然让他疼爱。他像兄长一样地安慰她，给她讲道理。续磊破涕为笑。

这是他们的第一次单独见面。在这之前，对这个延安来的大记者，续磊一直为其才华所吸引。现在，她感受到了他的温情。

1946 年 4 月，《东北日报》由海龙迁到刚刚解放的长春。5 月，国民党军队开始进攻东北根据地，形势恶化，报社又从长春向哈尔滨撤退。这次撤退时，报社人员分乘一列货车的两个车厢，穆青与续磊在同一个车厢里。途中货车遭遇敌机轰炸，车停下了，人们纷纷跳下车，拼命地往铁道两旁的高粱地里跑。续磊从没经过战火，碰到这个阵势，吓坏了，站在车厢门口，不知所措。穆青上前一把拉下她，一路向高粱地狂奔。躲过了这场劫难，他们的感情也升温了。

报社撤到哈尔滨后，穆青担任了通采部主任。尽管穆青的情感表达默默无言，但是聪慧的续磊都“听”到了。爱，通常是不需要语言的。而且正是在这种默默无言中，她更为他的质朴、厚重、恃才不傲所吸引，她同样热烈地爱上了他。

爱情给两个年轻人的生活带来了如酒一般的醇美。

当时正是夏季，工作一天后的傍晚，他们最喜欢坐在松花江边，吃着冰棍，观赏天边如火烧一般的晚霞，直到夜幕落下，江面上亮起点点渔火。

土改运动开始后，续磊被抽调参加土改报道，经常下乡采访，一去就是一个多月。那时没有电话联络，穆青就把自己的思念写在纸上，每当专门负责下乡取稿子的通讯员宋长义要骑马出发时，他就把厚厚的一封信交给他带给续磊，宋长义回来自然也有续磊的信交给他。时间长了，成了佳话，被大家笑为“飞马传书”。

不过，他们有时候不仅传书，还传物。穆青看到续磊日夜在外奔波，担心她冻伤脚，便买了当地最暖和的毛毡靴子捎给她。续磊心更细，有一阵子，哈尔滨备战，穆青剃了光头，她担心

《东北日报》时期的穆青与续磊。

他夜里睡觉着凉，就把自己的一件旧毛衣拆了，织了一顶睡帽给他带去。

爱情是两个亲密灵魂的默契，这种美好的情感让穆青有一种生命飞扬的感觉。长这么大，除了少年时的那一丝朦胧，他还没有真正爱过哪一个女孩。他不是轻易抛洒感情的人，但是，一旦爱了，便爱得深挚，爱得纯粹。续磊对他则有着更多女孩子的痴情依恋。他们日益走进彼此。

有一次，续磊从乡下回来遇上穆青感冒发烧。晚上她写完稿子已经很晚，但放心不下，又跑到穆青那里给他端水吃药。病中的穆青当夜写下一首诗送续磊：

无限深情两知晓，
昼夜辛勤何辞劳。
只因识汝男儿志，
身在病中心在笑。

爱情如酒，如酒的爱情给穆青、续磊那段艰苦的岁月增添了无尽的浪漫与甘美。此时的穆青已基本符合当时部队关于干部结婚的“土政策”：“287 团”，即 28 岁，7 年党龄，团级干部。幸福向他们招手。

这其中有一段小插曲，续磊与穆青恋爱后，她写信告诉了在延安的父母，并寄去了一张穆青的照片。父亲对这个没见过面的未来的女婿心中无底，恐生性天真的女儿嫁错人，便拿着照片向徐向前的秘书宋侃夫打听，宋侃夫是从“鲁艺”调来的，他一见照片乐了：“这个人我太熟了，他是‘鲁艺’的优秀学生。”至此，父亲才放下心来。

1948 年元旦，穆青与续磊结婚。

报社新年会餐的酒席就是他们结婚的盛宴。大家举杯祝福这

穆青和续磊的结婚照。

对新人幸福和睦，白头偕老。续磊准备了一大块红绸布，参加婚礼的人都在上面签了名，有华君武夫妇，刘白羽夫妇，白朗夫妇等每一位记者、编辑，还有在场的孩子们。

那个晚上，这对相爱的人醉了。

东线无战事

1948年夏天，东北战局发生根本性的变化，随着解放军攻克四平和吉林等大中城市和解放大片乡村，国民党在东北仅据守沈阳、锦州、长春等几座孤城。眼看最后一场消灭东北国民党军队的决战即将打响。

穆青的性格中有一种特质，那就是猎豹式的敏锐与激情。在这场大战的前夜，他已经无法平静地坐在屋子里编稿。此时报社记者刘白羽、华山等人已前往锦州和沈阳前线。经穆青一再要求，得到批准，他单枪匹马去了长春。

长春是这一时期中国最现代化的城市之一，它曾经是伪满的首都，也是蒋介石在东北最重要的战略据点。因此国民党在这里投入了巨大的兵力。驻守长春的是兼任国民党东北剿总副司令的郑洞国，他手下的新七军和新三十八师是蒋介石的嫡系精锐部队，全部美式装备；此外还有从云南起家的六十军，加起来号称“十万守军”。如此强大的兵力，再加上层层现代化的防御工事和坚固的建筑物，使得这里一直被国民党认为是座固若金汤的城市。

穆青赶到长春前线，看到这座固若金汤的城市已经被由司令员萧劲光、政委肖华率领的解放军东北野战军第十二兵团层层包围。战争的一切已准备就绪，战士们摩拳擦掌，情绪激昂，只等总部一声令下，即刻开始总攻。穆青深为自己即将亲身经历和报道这样的大战感到幸运。

然而时间一天一天过去，进攻的命令却迟迟不见下达。

这时，长春城内开始陆续传出饿死人的消息。为了最大限度地减少老百姓的牺牲，解放军的部队每天开放通道，向城外放人；同时在城边处支起几口大锅，熬稀饭，供出城的百姓食用。

20 世纪 50 年代，穆青与华山在北京。

穆青住在离长春城不到百里的兵团政治部。眼看盼望中的大战一直没动静，他有些沉不住气了，开始三天两头地往前沿阵地跑，想发现点有用的材料。后来又向那些经常乔装进城的侦察员打听情况，从他们口中了解长春城内敌军的动向。有时候他还和一些偷偷跑出城的老百姓聊天。但这一切似乎都看不出有什么开战的迹象。

有一天，兵团政治部主任唐天际看到天天来司令部打听情况的穆青一副焦急的样子，笑着说："别急，再等等，后面有好戏给你看哩!"似乎是为了稳定穆青的情绪，他拉着他下棋。最后看他实在没有心情，才对他说："现在的作战部署已有改变，中央决定，先打锦州，而对长春则实行长期围困，不用强攻，一旦打下锦州，长春势必就不战而降。"

穆青恍然大悟，感觉中央的这一步棋的确英明，只是原先想像中的战争场面碰不上了，他该写点什么呢?

就在这时，有一件意外的事引起了他的注意。一次，国民党给长春守敌空投物资时，降落伞落在了我方阵地上。在这些物资里，除了整包整包的大米、面粉等食品外，还有四捆邮件，里面装满了报纸和公私信件。

穆青脑子一动，连忙通过政治部宣传科的同志把这些邮件要了过来。打开一看，上千封信件都是长春守敌的亲属从蒋管区的各个角落写来的，从收信人的身份来看，有东北剿总副司令郑洞国的，有伪长春市市长尚传道的，有敌参谋长和师长的，还有普通士兵的。寄信人的身份更是五花八门，有郑洞国的老婆，有各位官员的同僚，有他们以前的下属，还有母亲写给儿子的。信件的内容更是丰富，有企求平安的，有担忧安全的，有出谋划策劝其弃城逃跑的，也有千方百计帮其安排善后的，但有一点是共同的，那就是所有的字里行间都充满了担忧、恐惧和绝望的情绪。

郑洞国的老婆在信的一开头就是一连串的惊叹号："你孤守

长春已数月，中央竟不体念顾及！殊使人心寒！我只求上天保佑你平安！得不着你的一切情形，我真焦愁万分！”

结尾又说：“我心乱极，不知要如何来安慰你，更不知要向你说些什么才好……”

穆青凭着一个记者的敏锐立刻意识到，如果把这些东西整理出来，不就是一篇反映蒋家王朝已面临末日的现场写照吗？

事实证明了他的想法。他连夜赶写出的通讯《空中飞来的哀音》在《东北日报》刊出后，社会为之大震，街头巷尾人人争说国民党走投无路的困境。文章结尾中的一句话被许多文章引用：“这些空中飞来的哀音，早已为长春孤城唱出了末日的挽歌。”

转眼到了阴历八月十五中秋节，在这个万家团圆的传统节日里，解放军围城部队向长春守敌展开了强大的政治攻势。

节日那天，穆青一直呆在前沿阵地。黄昏刚过，战士们就忙着给敌人送月饼、西瓜和纸烟等礼品。他们在月饼馅里放进了传单，纸烟上印上标语，并且用刀子在每个西瓜皮上都刻上了“反蒋起义”的口号。这些礼物对于长期饥饿的守敌来说，无疑是雪中送炭，不等送到长官那里，就已经被一抢而光。很多人还给我军捎话说：“感谢你们的中秋礼物，日后自有面谢的一天。”

夜幕低垂，月亮升起来了，长春城外就像铺了一层银霜。解放军阵地上到处都响起了锣鼓。战士们在丰富的会餐之后，成群结队在月光下做着各种游戏，笑声、叫声、掌声此起彼伏。而一线之隔的敌方阵地，此时却死一般寂静。

不久，解放军开始了对敌人喊话。有的喊：“蒋军弟兄们，你们过节过得好吗？你们在家乡过节是怎样过的？你们南方的月亮是不是比这里更美呢？”有的喊：“蒋军弟兄们，你们想家吗？今天是中秋团圆节，我们应该在阵地上玩玩，我们唱个歌给你们听好不好？”

这样喊了一阵子，随后一曲低沉的箫声从我军阵地上响起，伴着凄凉的调子，一个战士慢慢地唱道：“八月中秋月光明，照着长春一孤城，解放军过节多欢乐，你们守碉堡多苦情，解放军过节吃的是鱼和肉，你们吃的是酒糟掺豆饼……”这箫声、歌声伴着清冷的月光飘落在敌方的阵地上。

第二天天还没有亮，敌方阵地就陆续跑过来 20 多个人，他们一见到解放军就说：“昨夜，你们的歌都唱到我们的心里了，你们的箫更是把我们的兄弟统统吹哭了”。

穆青又一次抓住了这个难得的战争瞬间，很快，《东北日报》再次刊出了他写的通讯《月夜寒箫》，全文以白描的手法，再现了中秋之夜两军阵地对比强烈的生动景象。这篇文章后来成为中国战地通讯的范文。

进入 10 月，随着解放军围困战的继续，长春孤城陷入最后的绝境。国民党外无支援，内无粮草，每日仅靠有限的空投物资苟延残喘。严重的饥饿和惊恐彻底瓦解了他们的斗志。虽然蒋介石一再电促郑洞国抓紧时间迅速突围，甚至亲自下“手令”限定他们的最后突围时间，否则便以违抗军令罪予以制裁。但在解放军重重包围下，他们怎能突得出去呢?

堡垒终于从内部开始瓦解。10 月 14 日下午，六十军军长曾泽生首先率部起义，并写信给郑洞国，希望他以长春数十万军民的生死安危为重，放弃无谓抵抗，共举义旗。

六十军的起义极大地动摇了新七军的军心。面对大势已去的现实，新七军和新三十八师的士兵纷纷投降，甚至整连、整营、整团的人员自动整好队伍，架起枪支派代表来请解放军受降。一时间，解放军入城指挥所竟应接不暇。

18 日上午，郑洞国 7 位谈判代表终于出面。他们同意集体缴械投降，惟一要求就是希望保证他们自兵团司令官以下全体官兵生命财产的安全。经过谈判，最后决定 19 日上午 10 时，解放军正式受降。

19 日这一天，天气晴朗。一早，穆青便跟着肖华政委坐着一辆吉普车进城巡视。但见宽阔的马路上，百余辆受降的汽车正向四面八方飞驰，成群结队的蒋军官兵，一批批地向指定地点集中，阵地附近，到处堆满了美式枪械和弹药。偌大的一个广场上排满了坦克、重炮、战车和吉普，纵横成行，场面十分壮观。至此，号称“天下第一军”的国民党新七军精锐之师竟不费一枪一弹全部被解放军接收。所谓固若金汤的长春亦遂告解放。

可笑的是就在这一天，美蒋的通讯机关还在播放什么“19 日长春竟日激战，新七军死伤惨重，市区激战仍在进行中”云云。

新七军集体投降后，按照双方的协定，郑洞国的司令部也应在指定时间缴械出降。为此，穆青同摄影记者徐肖冰早早就等在中央银行的大门前，准备亲眼目睹郑洞国出降的情景，记录下这一历史性的场面。可是等来等去总不见郑洞国人影。

事后得知，郑洞国带着特务团 400 多名亲信官兵坐在中央银行大楼里不肯出来，是为了苦思如何应付蒋介石。作为蒋介石的心腹干将，他一方面知道大势已去，一方面又想保全面子，为此他亲自起草了最后一封致蒋的电文，除说明 19 日如何激战，现仅据守中央银行一座大楼，兵伤弹尽，今夜恐难度过之外，然后写道：“缅怀受命艰危，职以德威不足，曾部突变，李军覆灭，大局无法挽回。致遗革命之羞，痛恨曷已。职当凛遵训诲，克尽军人天职，保全民族气节，不辱钧命……”

21 日晨 6 时，国民党东北剿总副司令郑洞国在坚持要对天放一阵空枪之后，才终于携带随从官兵数十人从中央银行大楼低头掩面而出。

这时候天色阴沉微雨，市民们冒雨围观。

郑洞国在指定的地点，与他的冤家对头解放军第十二兵团司令肖劲光和政委肖华会晤。由于他坚持不见记者，穆青便以肖华的秘书身份参加了这次见面。

穆青很多年以后都还记得双方将领各说的一句话。

郑洞国在承认自己失败后说："现在你们在东北已经胜利了，但蒋介石仍有上百万军队，还有长江天险的屏障，你们要想打过长江去，可就不那么容易了。"

肖华笑着对他讲："看来你还不了解人民军队的力量，我们既然能解放全东北，一条长江又算得了什么？它绝挡不住蒋家王朝覆灭的命运！"

后来的历史证明了肖华的话。穆青在东北北线这场历时两个月的战场上，痛快淋漓地目睹了人民解放军战争史上没放一枪一炮而夺得整座城市的精彩大戏。他写下了东北战场上的最后一篇长篇通讯《一枪未放的胜利》。

东北战事结束后的穆青。

不久，穆青又奉命去葫芦岛港口采访国民党海军“重庆号”起义的消息，为他在《东北日报》的记者生涯画上了最后的句号。只是这个句号画得有点惊险。“重庆号”上有几个国民党的顽固分子，他们在一天夜里，趁人不备，企图把军舰偷偷开向台湾，幸被起义官兵及时发现，未遂。当时，穆青出了一身冷汗，心想：万一他们把船开走了，我岂不成了台湾的俘虏？

南下记忆

一列满载士兵的南下列车从北京出发，一路奔驰。车厢的一角坐着两名新华社的特派记者穆青、刘白羽，他们奉命跟随第四野战军南下中南。

这是1949年的春天。

刚刚由《东北日报》调入新华总社的穆青，第一面见到总编辑胡乔木，便接到了这个新的任务。他记得，临行前，胡乔木与他和刘白羽有一次长谈，这位领导向他们分析了人民解放战争胜利发展的形势之后说："这是解放大陆的最后一战了，能够参加这一战役，是很光荣的，也是值得自豪的。报道不要局限于军事，范围可以扩大，新解放地区的经济情况、群众生活、社会面貌，都可以报道。"并嘱咐，写好的稿子直接发给他。穆青当时没有多说什么，只讲了六个字："坚决完成任务！"

列车一路穿越河北、山东，进入河南。

望着车窗外飞速闪过的中原大地，穆青的心开始变得不平静。整整12年了，从那个大水汪洋的清晨离开家乡，他就不曾再踏上这块土地。父亲、母亲、姐姐和弟弟妹妹们……一个又一个亲人的面孔在他眼前闪动，思念像无边的潮水袭来。

不知怎的，火车慢慢停下来，前面的车厢传来话，说这段铁路线塌毁，需要改乘汽车。几乎就在同时，穆青做出决定，借这个机会回家看看。经过部队批准，他带着战士小王直奔河南周口。早些时候他已经得知，自杞县沦陷后，他的父母逃难来到这里，就一直没再回去。

1949 年，穆青在南下途中。

打听到周口德华镇穆家住址，穆青推开一扇低矮的屋门，昏暗的光线下，有两位瘦削干枯的老人瞪着一双藏满苦痛和哀怨的眼睛直勾勾望着他，他一步扑上前去：“爸！妈！”

片刻的宁静，接着是撕心裂肺的爆发：“乖乖，我的乖乖……”母亲悲怆的哭声淹没了周围的一切。

在家里的几日，穆青慢慢了解了这些年家人所遭受的苦难。那年杞县沦陷，姐姐跟着王毅斋去了开封，父母带着两个弟弟和两个妹妹逃难来到穆青母亲的娘家周口，一家人寄住在大姑姥姥家三间靠墙搭建的简易平房里。房子破旧不堪，冬天往里灌风，夏天往里漏雨，更难的是全家6口人的生活仅靠17岁的三妹去农村教书每月挣一点口粮回来维持，一家人常常吃了上顿等下顿，弄到一把烂菜叶用水煮一煮都是好东西。

穆青背地里掉过几次泪，他默默地把痛苦埋在心里。那些天，他起早贪黑，上房爬墙，换瓦、抹石灰，给家里修补房子。有一点儿空，他就拉着母亲的手说说话。临走，他把身上不多的一点钱全部留给了家里。邻居们看得感动，一片感慨："都说共产党不要爹娘，你看这穆家当了共产党的儿子对爹娘有多好！"

在家乡的几天，穆青看到的不仅仅是自己一个家庭的悲剧，还看到了与自己家一样遭受日寇和国民党匪帮统治多年的众多劳动人民的苦难。他按捺不住内心的激情，写下了散文《在河南故乡》。

我离开河南已经整整十二个年头了，这中间河南一直在日寇或国民党匪帮的统治之下，水、旱、蝗、汤的灾害，加上敌人残酷的榨取，那种满目荒凉的景象，使我几乎认不得这就是我的故乡了。

我走过开封、郑州等城市，那里早被蒋家匪徒们破坏得不像样子。过去许多高大的建筑，宝贵的古迹，如今只剩下一片瓦砾。我也走过辽阔的豫东平原，穿过无数的城镇和村庄，我看见没有一处不是百孔千疮，呈现着劫后的创伤，流浪着成群的乞丐。特别是在风沙弥天的黄泛区，更是一幅人间惨相的图画。那里像塞外的沙漠一样，一片黄沙几乎是寸草不生。过去被黄河洪水淹没的村镇，至今仍可以看到埋在黄河中间的个别楼房的屋脊。许多无家可归的居民，如今以芦席帐篷为屋，聚集在一起熬着痛苦的岁月。在家乡十天小住中间，我亲眼看到了也听到了许许多多“血泪仇”的故事，我的两个舅舅被活活饿死，两个姑母在沿门要饭，在亲戚朋友中，被抓丁抓去的青年人不下六七个之多，其中包括我一个未成年的表弟，至今也没有下落。我的父亲曾三次逃难，至今仍在靠亲友接济过活，这些仅是我个人周围的灾难，整个河南人民的痛苦又何止千万倍。

……

这些痛心的事实，仅仅是故乡的一面。让穆青欣慰的是，河南已经解放，一个新生的强大的力量正在渗入这片土地。他在文章中写道：

新的社会、新的力量，正在使我的故乡经历着一个脱胎换骨的过程。

家乡的土地与穆青似乎有着某种心灵感应，只要踏到这片土地上，他的情感神经、思维网络便会敏锐地触摸到这片土地的脉搏。欢乐也好，痛苦也好，都是心连着心的。

故乡是穆青生命中一个永恒的支点。

告别父母，穆青继续南下。

十天后他赶到汉口，与刘白羽会合。汉口刚刚解放，他们暂时住在新华社汉口分社，一时无事可干。两人多次找到部队，但部队领导总是说：“别急，别急，我们也正在部署，暂时没有仗可打，你们就安心待命吧。”

一晃一个多月过去了，一天他们突然收到胡乔木的电报，电报里乔木言词激烈：“已经去了一个多月，怎么还不见一篇东西，你们究竟在干什么？马上把情况汇报一下。”与此同时，总社向前线各路军事报道小组通报批评穆青与刘白羽。

这一下他们再也坐不住了，立即给乔木写了一份检讨，刘白羽提出，此处暂无行动，呆着也是呆着，希望能让他去刚刚解放的上海参加报道。他的要求很快被批准。刘白羽一走，中南战线的报道就剩下穆青一个人了。

1949 年摄于南下途中。

情急之下的穆青直接找到四野政治部主任陶铸。陶铸与他在东北时期就很熟悉，一见面便知他的来意，笑着说："别急，任务来了，我们马上就要跟程潜、陈明仁谈判，你就跟谈判代表团去湖南吧。"

7 月 22 日，穆青随华中军区湖南和平协商代表团，在暮色苍茫中渡过长江，沿着湘鄂公路，乘车两天两夜，赶到湖南平江。他参加了人民解放军与程、陈谈判的全过程。

8 月 3 日，程、陈两将军发表起义通电，8 月 5 日，长沙城四门大开，人民解放军渡过浏阳河正式进城，长沙和平解放。

是夜，全城灯火辉煌，50 万市民彻夜狂欢。穆青带着通讯员几乎跑遍全城，记录下一幕幕动人心魄的场面。

他看到，在遮天蔽日的旗帜中，欢迎解放军入城的群众队列一直排出城外十几里，给解放军预备的茶水，也同样摆满了十几里；他看到，人群中许多老太太被挤得东倒西歪，仍一直欢笑着不肯退去，一定要看看自己的军队；他看到，无数的工人、学生潮水般地涌向解放军，献旗献花，把每一个战士都打扮得像一个新人；他还看到，为保证部队的顺利行进，最后人们手拉手形成一条臂链，让队伍从中间通过，而站在最前面的群众，自动集中了无数把白扇子，为满身汗水的战士不停地扇风。欢迎的人群一直到凌晨3时才慢慢散去。但锣鼓声、鞭炮声一直响到黎明。

穆青回到住处，挥笔疾书。8月的长沙，气温高达摄氏40度，热浪炙人。没过多久，他觉得自己好像进了蒸笼，汗水浸透全身，脑子昏昏沉沉。苦恼中，他忽然想到了不远处的湘江，一步冲出门，跑到江边，纵身跳下，全身一下子爽快了。就这样，一个通宵，他三次跳入湘江降温，写下了通讯《狂欢之夜——长沙市民欢迎解放军进城速写》。

第二天清晨，穆青带着通讯员走进长沙的电报局，准备向北京电传稿子。没想到一进邮电局的门，眼前的场面把他搞懵了。邮局的全体职工站成一排，一边热烈地鼓掌，一边喊着：“欢迎大军接收！”

原来邮局的人看他们穿着军装，腰里别着手枪，以为是接收市政府设施的解放军代表。穆青赶忙解释：“我不是来接收的，我是解放军的记者，我要发新闻，你们这里能不能发？”

邮局的人一口应下。穆青心里踏实了。他在稿子上工工整整写下：“北平新华总社胡乔木收”。

第二天，穆青从电台里听到了全文广播的这篇通讯。

在湖南的日子，穆青遵照胡乔木的嘱托，除完成军事报道外，还深入新解放区做了大量的采访调查，先后写出了《湘鄂道上》《活捉白狐狸》《长沙的向导》《二十年不屈的斗争》《湘中的红旗》《湖南农村调查》等一大批反映新解放区人民斗争历史和现实生活的文章。这时期是他作为战地记者收获最丰的一段时光。后来他把这些文章，结集为《南征散记》出版。

南线战场上的报道经历，给了穆青很大鼓舞，延安时期种下的那个梦又在他心里苏醒，他渴望在写作上有进一步的发展。

穆青在武汉。

他在给妻子续磊写的一封家信中，透露了他的思想，同时信中还浸满了家乡亲人的贫困所带给他的不能释怀的疼痛，这一切都永远地留在了他南下的记忆中。

续磊：

……

在汉口停留一周多，又给生活报写了四篇稿子，约一万字。如此，南征散记就够它登两个月了。另外还写了一篇“革命又回来了”，是反映湖南老苏区情况的，自己认为还相当精彩，不知总社用不用。从8月初到现在，我一共写了10篇稿子（生活报在内），两篇情况报告，加起来约3万余字。多写的目的是初步达到了，似乎写起来也不那么吃力了，这是一个好现象。如果这样继续下去不要一年，我就可以搞出些名堂了。但请放心，我绝不会骄傲的，不要批评我。你还记得我说30岁开始搞事业的话吗？现在已经开始了。祝我成功。

这次去广西我将深入连队好好写写，取得一战，并给将来写小说准备一点材料。现在我是下决心在写作上发展了，工作情绪之高空前未有。

妈妈什么时候要去西安取东西，我看还是让我将来去代劳吧。这么远跑一趟也不容易的。父亲的皮袍子不是我夸口，而是我不忍打断他老人家的希望，总之，书一出版，必定给他买一件，宁可我和孩子受点罪，也要办成这件事。老实说，这半年来我在外面相当苦的，有时吃不下大米，也不肯买一碗面，晚上写稿子，一写半夜，饿得要命，也咬牙忍耐下去了。一夏天从没有买过一次水果和冰棒汽水之类的东西，也没有尝过西瓜是什么滋味。可以说除去抽烟之外（公家发一些不够），我什么钱也不花。因为家里的凄凉贫穷使我太难过了。算了，不提这些事吧。

你的身体协和医院检查的怎么样，究竟是不是肺病呢，望赶快告诉我。东儿最近怎么样，身体好吗？为什么那么厉害呢？男孩子不秀气可以，但牛脾气大可不好。他既有克服困难的精神，望好好培养他这一点，给他经常出一点难题做做。我想他想得厉害，以后来信还是多描写描写吧。这对远在江南的我是有很大安慰的。

祝你好。

穆青九月二十四日

这封信，续磊保存了54年，至今仍然在她的箱底。与这封信同时保存下来的是续磊写给穆青的回信，那是穆青南下记忆的另一种安慰。

南下前，穆青与续磊在北京合影。

穆青：

你等得着急了吧？向东北要的稿子还没有寄来，我先把生活报上登的《在河南故乡》一文寄给你，你可以尽先编好，那两篇都是很早以前的文章，如果赶不上寄给你的话，不编进去也可以的，或者我随后寄给黎辛同志。

这几天北京真热闹极了，十月一日的开国典礼更是狂欢异常，晚上我去看了游行的队伍，毛主席在天安门上不住地兴奋地喊口号，会场上到处是红灯、火炮和口号声，那情景不看真是冤枉，是想像不出来的。我不知怎么忽然来了诗兴，回家写了一篇《歌颂祖国的新生》的纪事诗，把会场描写了一番，自己觉得还满意，于是便大胆地寄给报社了，不知能否采用。管它用不用，总是替我发泄了一下感情，对自己是个很大的安慰。另外，我前几天还写了两篇庆贺政协会议和写空军的诗，只为是写着玩，倒满可以解解闷。

我最近到防痨协会去照了相，还没有最后结果，不过据透视的结果，说我的肺病似乎在发展，以后再不能当儿戏了。我准备好好听医生的话，吃药治疗，再不去乱投医了。在防痨协会，看到肺病传染的厉害说明，想起你最近身体消瘦，不思饮食，几乎快不能支持工作的情景，我真怕是我传染给你肺病了。为什么在我们幸福的生活上要出现这倒霉的障碍？为什么要给我们增加这无谓的烦恼？我每想起来就禁不住要哭。愿上帝保佑，让我们胜利地拔除这个障碍吧！

东儿最近又长胖了些，又学会了一样敬礼的本事（用手捂头的滑稽样子），如果你在的话，不知怎样疼爱他呢。我常常抱着小东在思念你，昨天偶然想起一首诗，送给你解解闷：

秋风瑟瑟树叶黄，
怀抱东儿望南方。
若非革命事业大，
岂肯放你远离乡。

望来信，并望多告诉我一些你身体的近况，但务必保持报道的真实性，否则要整你的“客里空”（一笑）。

握你的手！

小东给爸爸敬礼！

续磊十月三日晚

翌年底，穆青回到北京。

第四章

放飞的日子

上海分社这支年轻的大鸟矫健地飞翔着。飞翔，曾经历了那样多的艰难，然而所有的艰难都是它飞翔的力。飞翔，是勇者的选择。穆青在这个选择中，展露出他作为一个新闻官的最初的亮色。

那个黄昏的孤独

当中国的历史翻开新的一页，穆青的人生道路也进入了一个新的里程。就像他从来没有想到自己会当上一名记者一样，此刻他也一点没有想到他会成为一个记者的“头儿”。而且他更不知道的是，这个“头儿”会越做越大，一直到他成为新华社社长。

眼下，是他上任记者“头儿”的第一站。

1951 年 11 月 26 日，穆青从上海火车站出来，直奔南京西路 1376 号。

初冬的上海已是寒气逼人，风夹着潮湿的空气吹在脸上，凉凉的。穆青把黑色的棉袄用力地裹了裹，不经意间望去，周围来来往往的人们还都只穿着毛衣或夹层外套，他这身厚厚的穿着在这所南方第一大都市里，显得格外抢眼。想想北京这几天，有的人已经穿上棉鞋，戴上棉帽，不觉心里好笑，正是一方水土养一方人。

南京西路 1376 号原是汇丰银行高级职员的宿舍，现在是新华社华东总分社的驻地。院子不大，但非常精致，进门便是一片草坪，几棵法国梧桐散落在边边角角，四座造型典雅的小洋楼错落有致地排开去。

穆青走进中间一座被称做业务楼的二层，华东总分社几位负责人已经在那里等候他了。从今天开始，他将在这里履行华东总分社暨上海分社第一副社长的职务。这一年他 30 岁。

人说三十而立。穆青也一直期望自己在这个岁数能有大的发展，比如写作。然而他无论如何也没有想到，命运是以这样的形式标定他的而立之年。

两个月以前，时任新华社总编辑的吴冷西曾带着邓岗和穆青来上海处理华东总分社领导班子问题。当时穆青刚从前线回来，在总社国内部任农村组组长，这是他第一次来上海。刚解放不久的中国这座最大城市的繁华与喧嚣，和他长期经历的战争与农村生活相比，完全是两种世界，他感到陌生甚至有一点胆怯。在南京路和大世界，他曾被身边密如潮水的人流和飞来跳去节奏极快一个字也听不懂的上海话，弄得头晕耳鸣，急急逃出。

离开上海时，他长呼了一口气，心想这也算见世面了。他万万没有想到，他所逃离的，正在下一个拐弯处等着他。

回到北京没几天，吴冷西找穆青谈话，开宗明义：总社调他去上海华东总分社暨上海分社任第一副社长。

穆青一听，大为吃惊，立刻表示没有思想准备。

吴冷西态度坚决，没讲很多道理，只是说："去吧，你需要在这样的环境里多加锻炼，经受摔打。"

7 天后，穆青告别妻儿，来到上海。

上海呈现在穆青眼前的，依然是喧嚣、繁华和那些节奏极快他一个字也听不懂的方言。然而继续待下去以后，他才发现，摆在他面前的困难绝不仅仅是对这个城市表象的陌生，更大的挑战是整个分社上上下下所面临的由农村到城市、由地方到全国的报道思想的艰难转变。

过去战争年代，为适应被敌人分割包围的状况，各解放区采取分散管理的办法，新华社作为地方报纸的通讯部，带有浓厚的分散性、地方性。1951 年新华社从组织上、业务上开始集中统一，总编辑吴冷西在新华社工作发展规划中第一次提出"全国观点"。新华社的报道进入一个新的历史时期。

转变是痛苦的。华东总分社和其他分社一样，最初还无法理解什么是“全国观点”，往往是地方上做什么就报道什么，从来不考虑它在全国的意义。结果经常是总社迫切需要的稿件，分社没有供给，总社不需要的稿件，分社却发了很多。而且很多工业、财贸方面的稿子，只是一个生产技术的图解和产量报表，没有揭示出其中的社会价值，到了总社基本上都被“枪毙”掉了。

分社的记者和编辑面对这种转变很不适应，感觉新华社没干头了，不少人想转到报社或学校去，一时人心浮动。

另外，总分社领导班子的不团结也使穆青深感头痛。常常是这个人的意见，那个人到底下去散布反对观点；那个人的意见，这个人又到上面去说不同看法。有一次，穆青主持会议，研究“三反”、“五反”的报道，参加会议的都是分管领导和记者，既然是谈报道，不可避免地要涉及到一些内部政策和精神，而且会议也按惯例对大家提出了保密要求。但会后不久，分社有人向上海市委告状，说穆青在公开的会议上透露机密。为此，总社和市委都对穆青提出批评，他觉得很是委屈。

这时穆青的家还没有搬来，他过着单身汉的生活。

那个黄昏，编了一天稿子的穆青没有到分社食堂去吃饭，他想出去吃一点，顺便买点日用品，也散散心。来上海几个月了，他很少上街，一是没有时间，二是怕那个上海话。

上海已入严冬，他还是穿着那件黑棉袄，脖子上围了一条围巾。他坐上电车，经过几站，在一个看着挺热闹的地方下了车。

身旁，人流如织；眼前，高高矮矮的建筑物上五颜六色的霓虹灯让他感觉晕眩。他迈着军人的步子急匆匆地进了两家商店，没有找到要买的东西，便再也没有耐心了，决定返回。四面八方的电车不停地穿梭着，他前后左右望了半天，竟想不起回去的路该怎么走。他硬着头皮拦住几个过路的人，用带着河南味的普通话向他们打听，谁知这些人瞥他一眼，不是摇摇手，就是一句：

“勿晓得。”有个中年妇女走过去了，还拧着脖子甩出一句：“乡下人！”

穆青觉得心里有一块东西在往下沉，他说不清楚是生气还是委屈或是其他什么。当他总算摸回分社，饭也没吃，一头扎进宿舍。

1952 年穆青在上海。

躺在冰凉的床上，穆青感觉上海这个冬季的黄昏出奇的冷。回想在分社的这些日子，样样事不顺心，好像走进了一个本不属于自己的世界。那个一天能跑上百里山路的生气勃勃的小记者不见了；那种一夜能挥洒几千字的激情生涯远去了；还有那个梦，那个在延安“鲁艺”的作家梦几乎没有了踪影……

穆青并不是一个畏惧艰难的人。战争年代他经历了无数的艰难困苦，甚至生死考验，那样的生活使他激情迸发。然而当另一种他陌生的、不那么透明的、甚至有时不能直来直去的生活来到面前时，他却很难接受。他无法忍受投向内心的一丝云翳，这让他感觉不痛快、不阳光，感觉有满腔的激情却迸发不出来。他性格中有很逻辑的一面，也有很感性的一面，但他终究是一个性情中人，很多时候后者大于前者。这个黄昏，他感到一种孤独，他为自己能否在这个“十里洋场”待下去，发生了动摇。

不久，穆青回总社向吴冷西汇报工作。工作汇报完后，他提出自己的要求：离开新华社去当作家。

哪料吴冷西态度强硬：“这事你连想都别想！你现在的任务，

就是把上海的报道尽快搞上去！”

分社院子里几棵法国梧桐树，经过一个冬天的长眠，又吐出了新芽。

穆青终于留了下来。这是他性格中逻辑的一面，说得更准确一些是党性。

这一年，穆青把妻子和 3 岁的儿子大东接到了上海，续磊这时正怀着老二。时隔不久，穆青把父母也接来上海小住。

20 世纪 50 年代初，冯若泉（右）与穆青一家人在上海合影。

母亲一辈子简朴，来到大城市依然是省吃俭用地过日子。有一次，家里买了一只活鸡，母亲一时舍不得吃，养在阳台上，不想被前来串门的东北时期的老朋友华君武看到。这只正吃着剩面汤的鸡激起了漫画家的兴趣，他的脑子里立刻浮现出一幅漫画的腹稿，寓意：河南人养的鸡只吃面不吃米。穆青笑答：“我可是什么都吃！”[1]

这自然是一句玩笑，却透出他此时开始明亮的心态。

1954 年，穆青参加了新华社组织的赴莫斯科学习塔斯社工作经验代表团。这期间，他曾给续磊写过两封家信。从这两封至今保存的家信中，可以更明显地感觉到，他与刚来上海时相比内心的变化。其中一封信写道：

续磊：

我们已平安到达莫斯科，在火车上整整坐了九天九夜，一路上大大欣赏了西伯利亚的风雪，看见了贝加尔湖黎明前的奇景，同时也亲身领受了新西伯利亚和欧木斯克零下四十九度的寒冷。苏联真是一个伟大的国家，西伯利亚无边无际的森林，使我们感到它天然宝藏的丰富，莫斯科美丽的建筑，又使我们感到苏联科学和文化的进步。这些印象虽然还只是极其肤浅的，但也是难忘的。我想一个人一生能到苏联来看看，那的确是最大的幸福。

现在我们住在红场附近一个古老的旅馆里，楼下便是繁华的大街，汽车川流不息地来来往往，四周高大的建筑显得非常雄伟，下午四点以后，全市灯光如画，但却没有在上海那样吵闹。塔斯社对我们这次访问，早已做好了安排，现已决定的节目是上午听报告，下午座谈和参观游览，塔斯社这次共准备了四十六个报告，从通讯社的任务作用，一直讲到一些细小的技术问题，内容十分丰富，而且他们表示愿把塔斯社所有的经验全部告诉我们，充分满足我们的要求。当然我们对这样的老师

[1] 穆青生肖属鸡。

是感激的，因此也决心努力学习，不解决问题不回去。

……

1954年，穆青赴莫斯科学习塔斯社经验。同年穆青（左二）、华山（左一）、戴邦（右二）、莫艾（右一）在莫斯科合影留念。

穆青后来回忆这一段往事时说："那时候，我就没再想什么时候从上海调回北京，根本没想。就是觉得非要把这个上海分社搞上去不可！"

他就是这样一个人，不会轻易屈服于对他的各种挑战。嘴上虽不一定誓言诤诤，心里却是钢硬钢硬的。

至于他的作家梦，他再一次默默地收藏起来。尽管直到他成为新华社社长，有时偶尔想起来，内心还会浮起一丝涟漪。他曾在 66 岁的一篇日记中写道：

> 明年如果让我退出第一线，也许可以多写点东西，出点成果。否则，工作更多更艰苦，恐怕不会有多少时间和精力从事写作。我一生都在这种矛盾中挣扎，但为了党的事业，我一直把自己的爱好放在时间的夹缝里。现在的问题是夹缝越来越小，年龄越来越老，真有点令人不安。

不久，他在一篇日记中又写道：

> 看了半天文件，开了半天会，机械化的生活又照常运转起来了。说不上是喜爱还是厌倦，几十年都是如此，早已习惯了。
>
> 有些人可以这样蹉跎一生，但有些人却在这机械化的运转中做出了丰硕的奉献，完成了不朽的业绩。我相信脚踏实地，事在人为，在任何生态环境中都能找出适应的规律。

的确，夹缝里的爱好使穆青一生都在矛盾里挣扎。但正是这种矛盾，从一个方面磨砺了他一生奋进的脚步。在任何生态环境中，他都不曾泯灭他的锐气，他的追求，他的梦想，他的激情。他因此成为中国新闻界璀璨星座中夺目的一颗：不仅仅是一个出色的记者，还是一个出色的新闻官；不仅仅是一个出色的新闻官，又是一个出色的记者。

走出那个黄昏的孤独之后，穆青最终踏入了属于他的轨道。

飞 翔

上海分社业务楼二层办公室，穆青与赵棣生的办公桌面对面地摆放着。

此时是1955年，中央决定撤销大区，华东总分社暨上海分社机构也相应做了调整，撤销华东总分社，穆青被任命为上海分社社长，赵棣生担任副社长，上海分社编委会由穆青、赵棣生、杨瑛、郑伯亚四人组成。

说不清从哪一天起，社长办公室开始热闹起来。

记者来来往往，有的是来送稿子的，有的是来谈题目的，还有的是为稿子的某处改动来找社长讨说法的。到了晚上，大家不约而同，不管有家的还是没有成家的，吃罢晚饭都往办公室跑，写稿改稿，或研究报道题目。本来一到傍晚就人走声息的这座业务楼，现在夜夜人头攒动，灯火通明，常常到了夜里十一二点，整个楼还像一座不夜城。即使是寒冬腊月，滴水成冰，没有暖气和火炉的办公室，依然挤满了裹着围巾、穿着大衣工作的人们。

是什么东西让上海分社生出这番景象?

穆青心里最明白。

1953年，新华社第二次全国社务会议提出：新华社应成为全国消息总汇。穆青意识到这是把记者的眼界带到全国平台的一个重要契机。

他首先在分社采编人员中发起了“关系大排队”的业务活

动。

所谓“关系大排队”，就是一项项排出最近党的有关方针政策，排出上海的实际情况，分析记者所采访的各行各业、各项工作之间有什么样的相互关系和相互作用，从中提出近期的报道思想和具体线索、题目。这个“排队”把记者带上一个“瞭望台”，眼界变得开阔了。许多原来只是孤立的、局部的事物，现在看到了它在全局中的地位；许多原来没有看到的事物中的价值，现在显现出来。定期排队，使“穷记者”逐渐变成了“富记者”。

穆青还倡导起不定期的“问题晚会”。

“问题晚会”是记者以非正式的会议形式聚在一起，相互交谈讨论自己分工报道范围内出现的新问题。通过讨论，选择出最有现实意义的重要问题组织报道。这种做法，推动了记者找问题、钻问题，以及独立思考把握问题本质的能力。

还有一种形式叫“点子会”。

1957年，穆青在新华社上海分社与副社长赵棣生合影。

这是运用群体力量帮助记者的有效形式。某个行业报道平平淡淡，某个记者遇到困难，就开个“点子会”，大家出主意，使遇有困难的记者茅塞顿开，大获丰收。

另外则是“十大措施”。

穆青对“十大措施”的解释是“综合素质的全面提高”。它包括要求记者学习唯物辩证法、中外文学名著、诗词古文；提倡自学英文；鼓励记者学写评论、散文、杂文、小品文、游记、小说，甚至外文稿；并定期派记者赴外地采访开阔眼界。

在分社编委会上，穆青提出一个响亮的口号：上海分社要成为“三出”分社：出报道，出经验，出人才。

至此，分社人心大振。

那个年代，在新华社各分社的领导岗位上，最常见的是三种类型的领导人：一类是首长型的，工作只提总的原则，具体业务不问；一类是编辑型的，有稿签稿，没稿看报；一类是记者型的，和记者滚在一起，抓稿子。

穆青属于第三类。

他所做的一切工作，都是从稿子开始，从题目到采访到写作，环环把关。记者的稿子常常被他逼得一改再改，有的人甚至被逼得哭鼻子。有一位叫周永康的年轻记者，写了一篇关于老工人的稿子，一遍、两遍、三遍……穆青一直给他打回到第六遍。他泄气了，说：“我吃奶的力气都拿出来了，还写不好，报废吧。”

穆青严厉地批评他：“你刚参加工作，找到这样一个好典型，为什么不下决心把它写好？碰到这一点困难就打退堂鼓，以后怎么挑重担？不行！还得写！还得改！”

结果这篇稿子一直改到第七遍。总社播发后，被《解放日报》全文刊登。

一个人为人做事的方式，常常取决于他的性格。穆青的领导特色正是他的性格使然，也是他纯粹、直接而务实的思维方式的结果。在他看来，做农民就要种出庄稼，做工人就要生产出产品，做一个记者就要写出稿子，而作为一个记者的“头儿”，不抓稿子抓什么呢？他说：“当一个社长，一天也不能离开记者，一天也不能脱离业务，否则就没有办法进行业务领导工作。”

业务是穆青全部的关注点。而他自始至终融于其内的“以人为本”的思想，则是激活这个关注点的不可或缺的力。

上海分社的业务完全民主。穆青和赵棣生的办公室，记者们可以随时推门而入，任何人对报道或稿子有什么意见，都可以找社长提出来，甚至争论。社长的稿子记者们可以改，社长改过的稿子，记者也可以不同意，乃至有些记者养成了和社长寸字必争的习惯。

“改你的稿子就像割你的肉，”这句话成了穆青与记者相持不下时的一句口头禅。不过，只要他认为记者有道理，绝对让步。

他常说：“把群众所有的脑子都开动起来比一个社长强十倍，”“要培养记者成为一个独立工作的战士，决不能把记者训练成木偶。”

感情上，穆青与记者有着最平等的交流。他平日里不喜欢坐办公室，经常串门子，看到记者有空，彼此就天南海北地聊起来。他不但了解他们的工作，而且了解他们每个人的兴趣、长处、短处、特点、脾气。记者有什么苦闷愿意跟他说，高兴了愿意跟他玩。当时分社最流行的娱乐活动一是跳舞，二是打扑克，穆青对跳舞不感兴趣，最喜欢玩扑克，每天午饭后都要玩上几把，输了的时候，也会自认挨罚钻桌子底。

他常说：“社长和记者生活在一起，不要成为高出记者的人，”“事业是共同的，感情是一致的，社长和记者是一条心。”

1956 年 1 月 14 日到 21 日，上海进入了社会主义改造高潮。这是上海空前热闹的一周，也是上海分社的报道起飞的时刻。

在这场云集全国200多名记者的新闻大会战中，穆青提出四个字："又快又好"。

他和记者每天晚上都要讨论制定出第二天的报道题目，从主题到内容都有详尽的方案。同时，他把记者分布在全市每一处可能出现新闻现场的地方，他自己则每天至少去一个现场，以便始终保持一种敏锐的感觉。

1月20日，上海广播电台传出批准全市资本主义工商业实行公私合营。这是一个有巨大历史意义的时刻，全市十万零六千家工厂和商店要挂公私合营的新招牌。那一天，穆青也与记者们一起早早等候在他们事先精心选定的市中心的南京路。到了那一时刻，果然看到了家家换招牌、户户放鞭炮、全市霓虹灯大放光明的情景。

穆青挤在欢腾的人群中，跑得满头大汗。回到分社便与记者一起写稿子，一直忙到夜里11点。稿子发出后，大家兴奋得依然毫无睡意，便又玩了一通"捉猪"。

在上海这次社会主义改造中，一个尤为世人瞩目的尖锐的问题是"资本家为什么都争先恐后、欢天喜地地搞公私合营"？

总社提出，我们的报道一定要回答这个问题。

穆青决定找一个有代表性的资本家进行采访，以期作出令人信服的回答。经过与上海市委商量，最后找到了民族资本家的代表荣毅仁。穆青把采访荣毅仁的任务交给了记者徐中尼。他对徐中尼说："采访地点要选在荣毅仁的住宅，要写出这个资本家家中的设施，以回答许多外国读者的一个疑问，中国的资本家是否有自由的物质生活？"

另外，对采访中问什么问题，穆青也都做了详尽交代。

不日，稿子写出，穆青从头至尾做了修改。

《访上海资本家荣毅仁》一稿播发后，轰动上海滩，影响全国乃至海外。各地报纸争相刊用，海外报纸也纷纷转载，其中有评论讲，“这篇稿子是对上海社会主义改造最精彩的诠释”。

社会主义改造高潮短短紧张的七天中，上海分社共发了 32 篇稿件，11 篇被总社评为好稿，其中《访上海资本家荣毅仁》唯一获得了一等奖，上海分社受到总社通报表扬。许多报纸开始与上海分社签订供稿条约。

上海分社如一只蓄满青春力量的大鸟，向着蓝天起飞。

1956 年开始，上海分社的报道进入了它的丰收季节。

这一时期代表性的名篇有：《“梁山伯”结婚了》《大姐们的婚事》《上海最后两辆人力车送交博物馆》《上海的严寒》《四千多位失主领回失物》《被旧社会遗弃的人》《恶媳妇逼死婆婆》《发生在马路上的故事》《六百万人民的管家人》《特殊商店》《科学家的烦恼》《上海奢侈浪费现象开始抬头》等等。

每一篇稿子都渗着穆青的许多心思。

《被旧社会遗弃的人》这篇稿子，是穆青从记者的议论中得到启发而确立的一个题目。在旧上海的社会底层，挣扎着一批经不起生活煎熬被迫铤而走险或者出卖灵肉的“小人物”。上海解放了，这些人们怎么样了呢？这是一个非常有价值的题材。

他派出四路记者分头采访，最初采访回来的素材他感觉还不够丰富，就让记者再做补充，有的来来回回采写了三四遍。最后几经修改的稿子到他手里，他左推右敲，总觉得不称心，决定给它做大手术。

当时正值 7 月酷暑，分社办公室没有空调，人坐在屋里就像蒸桑拿，根本定不下神。他带着记者叶世涛跑到分社对面的中苏友好大厦，上海市正在那里开人代会，有冷气。两人就坐在一进门大厅里的一个小圆桌旁，买了两瓶汽水，一字一句整整改了一天，差不多等于重新写了一遍。突出了一个主题：旧社会把人变成鬼，新社会把鬼变成人。稿子由总社播发后，上海市民传诵一时。

《六百万人民的管家人》这篇稿子，谁也不知道在穆青的心里酝酿了多久。叶世涛所知道的是在一次支部会上，坐在他旁边的穆青忽然从口袋里掏出一个小字条塞给他，他打开一看，上面写着一行题目“六百万人民的管家人”。穆青让他考虑一下，随后细谈。两天后穆青找到叶世涛，谈了他对这个题目的构想。

1956年冬季，上海市场供需矛盾很大，部分日用品、副食品脱销，居民对商业部门意见纷纷。商业工作者则有埋怨情绪，认为自己辛辛苦苦，很少被群众了解。穆青考虑，应该从大城市管家人的高度来报道上海的商业工作，既让商业人员理解自己工作的意义，又让百姓了解管家人的艰辛。题目就这样在他的脑子里出来了。

叶世涛等人很快行动。稿子写出来后，上海的几大报纸又喜又遗憾，他们说，这么重大的题材，天天在我们眼皮底下晃，竟没发现，还是被你们新华社抓到了。这篇两千多字的新闻被复旦大学新闻系收入教学用书。

《特殊的商店》是穆青带着记者用脚板跑出来的一篇稿子。他更多的用意在于带兵。

那些日子，他和刚从大学门出来不久的年轻记者叶世涛一起，跑遍了上海的大街小巷，采访了包括旅馆、饭店、浴室、洗染店、服装店以及销售扇子、戏衣、假肢、兽鸟等各种特殊商品的小店铺。有些街道不通汽车，他们就步行；有些小店地处偏僻，他们常常要跑上大半天才能找到；吃饭的时间，两人就在街头买几个包子充饥。

他们采访以服务方式多样著称的浴德池那天，赶到时是上午10点钟。浴池经理介绍说，浴室要在中午12点半以后开业，现在服务员正在做准备工作，别去看了。但是穆青坚持要看。于是他们把大池、盆堂、雅座一一看过。听说浴池有洗快衣服务，即顾客洗澡时把脏衣服换下来交给服务员，待洗完澡躺在躺椅上休息时，服务员已把洗好、烘干的衣服熨得平平整整送来了。穆青很感兴趣，坚持等到浴池开业，非要亲眼看一看顾客享受这个洗快衣服务的过程。

写稿时，穆青的阑尾炎发作，他忍着疼痛躺在沙发上，与叶世涛逐句逐段推敲，他讲，叶世涛记，直到稿子写完改好发出，他才去医院做了手术。后来，这篇稿子《人民日报》刊用时，配发了很长的评论。

一个社长为一两篇稿子如此辛苦值不值得？有人对穆青的做法提出质疑。然而在穆青看来，一两篇稿子是没有什么，但是一个老记者通过稿子传达给年轻记者的那些无形的东西，却不是几篇稿子可以计数的。

很多年之后，叶世涛在一篇文章中说：

> 两次随穆青同志采访，我学到的东西远远超过这两篇报道。在以后的商业报道中，怎样从人民的生活角度来捕捉新闻，提炼主题；如何运用既深刻又通俗的新闻语言；尤其是财经记者应该怎样时时考虑关心人民生活的大局，同人民呼吸与共，到群众中去发现和调查与群众切身利益有关的问题加以报道，从这两次见习采访中给了我很深的启发。

其实，不仅仅是一个叶世涛，被称为分社“三脚鼎”的徐中尼、张家炽、张风，还有贺昌华、周永康、鲁影等一批青年人，都是从这一时期开始成长为上海分社的明星记者。

“精彩报道纷呈，业务经验成套，骨干人才辈出”。1957 年，新华总社派出工作组专程去上海分社总结了他们的经验。一时，上海分社成为全国各分社比、学、赶、超的榜样。

上海分社这支年轻的大鸟矫健地飞翔着。飞翔，曾经历了那样多的艰难，然而所有的艰难都是它飞翔的力。飞翔，是勇者的选择。穆青在这个选择中，展露出他作为一个新闻官的最初的亮色。

港　　湾

连续多日，穆青心事重重。

1957 年，随着一场大规模的疾风暴雨式的反右运动的开展，上海的反右运动也风生水起。“引蛇出洞”，“让魑魅魍魉，牛鬼蛇神大鸣大放，让毒草大长特长”等一个个战役在上海的许多单位，特别是新闻单位搞得热火朝天。

上海分社多次接到上海市委的指示，要求迅速把这场运动开展起来，并取得成果。

这是建国以后中国历史上的一个非常时期，出于对“反动资产阶级”进行反击而发动的这场运动，在人们还不可能想像到它的结果时，已经声势浩荡，席卷全国。

穆青沉默着，没有人知道他在想什么，但是他的确在想着什么。

他想起了 1942 年发生在延安的“抢救失足者运动”；想起了枣园窑洞前与毛主席在一起的那个下午；不知怎的，他还想起了 1949 年南下途中母亲对他说的话：“乖乖，多帮助人，多成全人……”他感觉内心深处有一种东西在顽强地浮上来，与现实发生的一切抗衡。这是他最痛苦也最冷静的时刻。他默默地清理着这些看过去有些杂乱的思绪，寻找着那条通往内心彼岸的路。

穆青是一个坚定的共产党人，党性是他政治生命中具有钢铁般强硬的逻辑。同时他又是一个有着深厚的中国传统的“仁爱”

思想的人本主义者，善良、宽厚、重感情。这两种元素在他身上混合着，构成了他的风骨。

风骨的东西，常常在最关键的时刻显现。

这一天，穆青主持召开分社编委会会议。他在会上说："我们分社绝大多数都是年轻同志，热情高，思想单纯，不应该是这次运动的对象。"

由此，会议作出决定，先集中力量完成报道，机关内部的整风会议向后推移。

1957 年 8 月 3 日，分社在给上海市委宣传部的报告中说："总社也曾指示，如果有一些分社没有右派分子或资产阶级右倾思想不严重，为了集中力量搞好报道，可推迟整风时间。故编委会决定先集中力量完成报道任务，然后在报道任务稍稍缓和时再动员全社召开进一步的整风检查，彻底批判右倾思想。"

这样，在上海分社出现了一个与大形势相悖的景象，正当社会上大"鸣"大"放"处于高潮时，分社的院子里却静悄悄的，记者们全部被派到第一线，投入到对这一运动的报道中去。在这段暴露右派的关键时刻，分社内部既没有"鸣"，也没有"放"，当然也就无从抓"右派分子"。

穆青的心里似乎轻松了许多。

1957 年 8 月底，上海市委宣传部召开新闻单位负责人会议，再一次督促上海各新闻单位加强整风运动的领导，积极开展本单位的反右斗争。这次会议后，上海分社不得不召开编委会和支部委员会联席会议，成立了上海分社整风领导小组，穆青任组长。这一次，穆青已无法沉默。

9 月 11 日分社召开全体人员大会，穆青做动员报告。会后开始"鸣放"。到 10 月上旬，分社院内共贴出大字报 281 张，意见 726 条。

其后，分社给市委宣传部写了报告，报告中是这样评价这次

“鸣放”的：“无论是大字报的用语和座谈会的发言都非常谨慎”，“主要问题是，记者在报道中，对整风反右一套方针、步骤很熟悉，因此从‘鸣放’到现在，大家都合乎冷静，任何场合都表现的恰如其分，适可而止。”

这份报告，实际上也就是向上级报告了上海分社没有右派和严重的右派言论。

不多日，从市委宣传部传出话，时任上海市委第一书记的柯庆施在一次非正式场合，问到新华社上海分社的反右运动。当听说分社没有右派，非常吃惊，他说：“上海哪个新闻单位没有右派，分社怎么会没有？”

柯庆施的吃惊，自然有他的道理。按照当时反右运动的狂热，上海分社的确不可能没有“右派”。

“鸣放”一开始，就有大字报对分社“三脚鼎”之一的张家炽提出诘难。张家炽早年曾是清华大学学生运动的领袖之一，1948年被国民党逮捕入狱。北平解放后，他从监狱出来，到《人民日报》做记者，1951年调入新华社采访部。穆青来上海后，点名把他与同在新华社做记者的妻子高洁双双调入上海分社。

大字报的诘难理由之一：他早年与胡风很熟悉，曾在胡风家住过一个晚上，必与胡风集团有联系。诘难理由之二：他是“第八方案”的主笔，主张自己办报，即意味着“不要党的领导”等等。

第二条理由有一段背景。1957年，根据新华社开始向现代化的通讯社发展的新形势，总社编委会发出通知，要求各分社讨论并提出改革方案。各分社积极响应，陆续提出了7个方案。有主张多发专稿、办同仁报的；有主张大刀阔斧裁减人员，抽出人力搞对外报道的等等。上海分社也投入了这场讨论，最终由张家炽集中大家意见，整理成文字，称为“第八方案”。它的核心是主张新华社自己创办一张内容丰富、适合各阶层人民需要的以新闻为主体的报纸。为表示郑重，“第八方案”上交总社前，从分社社长到所有采编人员无一例外地在方案上签了自己的名字。

对张家炽的诘难，穆青一直沉默着。恰在这时，上海市委布置了一项近期下放部分干部到农村劳动锻炼的任务。穆青立刻把张家炽列入分社第一批下放人员的名单，他很快就去农村了。

大字报还盯上了分社“三脚鼎”之二的徐中尼。理由很简单，就是他写了那篇有着广泛影响的《访上海资本家荣毅仁》，说这是“对资本家的美化”。穆青火了：“这篇稿子的题目是我出的，里面内容怎么写是我定的，稿子是我签发的。现在看这篇稿子也没有错，它符合党的统一战线的思想和政策。如果硬说稿子错了，要打就打我！”

“三脚鼎”之三的张风也被盯上。理由更为简单，说他对分社的工作提过意见，矛头涉嫌对党有不满情绪。穆青开口：“这些意见都是有关工作上的内容，不涉及对党的态度，没那么严重。”

还有两个记者也面临同样的险境，穆青都以各种理由把他们一一解脱。

然而，眼下柯庆施亲自过问分社反右一事，问题有些严重。上海市委宣传部向分社表示，还是要报一些材料过来。

对于穆青这样一个经过政治风浪的人，他深知“材料”意味着什么。

那几天，他放下了手头的一切工作，与分社整风领导小组的另一位成员胡小为一起，把分社勉强整理出来的三个人的材料拿来，从头至尾一字一句反复推敲，就像他平日里精心推敲稿子一样，甚至比对稿子还用心。他尽量把每一点每一丝可能引起注意的词句统统抹平。

材料报到上海市委宣传部。宣传部专门召开会议，讨论各单位的上报材料。当讨论到上海分社时，副部长白彦说：“这三个人看过去都不够条件。”

部长石西民接话：“新华社没有（右派）就算了。”

一场劫难至此终于过去。

穆青多少年之后都忘不了石西民的那句话。恩若救急，一芥千斤。

石西民这位1928年参加革命、曾任新华社副总编辑、为中国新闻出版和文化事业作出过杰出贡献的人，为穆青一生所感念。

40多年后，穆青曾向一位记者透露，反右这段日子，他所承受的远比人们看到的要沉重得多。柯庆施并不仅仅只是过问了一下分社反右情况，还为此专门找穆青谈过话。只是他回来没有向分社任何人“传达”，一个人默默地“消化”了。他想，如果上面“问罪”下来，就由自己一个人承担吧。

在白润生编著的《中国新闻通史纲要》一书中有这样的记载：

> 疾风暴雨式的反右运动，直到1958年夏天才基本结束。全国共有55万人被划为右派分子；据统计，仅《人民日报》从1957年6月到9月，点名批评的新闻界右派分子就有104人；到1958年2月，上海市揭发出的新闻界右派分子72人，其中《文汇报》有21人；1957年6月至7月，《光明日报》有18人被划为右派。

时任新华社广东分社社长的杜导正很多年以后回忆说：

> 刚开始打右派，我想不通，等到铺天盖地大字报一上来，说“杜导正，广东分社没有右派就因为你是右派”，我就动摇了，被逼下去了。这里面有个人利害问

题，我不划他，别人就要划你。结果我签字划了四个右派，四个最优秀的记者。我佩服穆青，他是冒了个人风险的。而我没顶住。

1964 年，穆青在北京与上海分社部分同志合影。

反右运动结束这一年，新华总社有 83 人被划为右派，全国 29 个分社有 27 个分社都有右派，惟上海分社和山西分社没有一个右派。处于中国第一大城市风口浪尖上的新闻要地——新华社上海分社竟然没有右派，这成了中国反右历史上的一个奇迹。

穆青的风骨在风高浪大的危急时刻绽放出属于他的光彩。他不跟风，不畏惧，不投机，实事求是地看待自己的同志；他善良、宽厚、仁义、助人，不惜冒风险保护自己的同志。他的政治品格和人品成为他生命中始终如一的亮点。

这段历史其实还有一个小续曲。

1956 年，上海分社一位同志调入总社国内部。这之前他刚从莫斯科参加完世界青年联欢节归来，整个人还沉浸在热情美好的海洋中。一到总社，正赶上反右倾运动，一位他熟悉的记者跑来告诉他："我已被打成右倾分子。"他听后无法理解，这个很早就参加革命的同志怎么会是右倾分子呢？一定是搞错了。于是他奋笔疾书，为这位同志写下申明冤情的"万言书"。

"万言书"交上去了，那位同志没有得救，他却立刻成了被批斗的靶子。

他有些书生气，人很单纯，根本无力抵挡如此复杂严峻的政治风浪。他悲愤欲绝，在一次又一次的批斗之后，他不想再活下去了。

他从小向往大海，蔚蓝的海洋在他心里纯洁而富于尊严。他买下一张去青岛的火车票，决定把自己投入大海之中，永远不再回来。

出发前，他想总应该去向自己最敬重的人做一个告别，因为他想到了穆青。这是 1959 年，穆青已从上海分社调回新华总社任副社长兼国内部主任。

他走进穆青的办公室，语无伦次地说着一些没头没脑的告别的话，眼睛里满是忧伤。凭借丰富的人生阅历，穆青很快就明白了。穆青的心感到了疼痛。他了解这位同志，热情、正直、充满理想，像这样一个人竟然想到了死，真的是活着的人的悲哀！他一定要救下他！

桌上的钟表滴滴答答地转着，穆青的烟抽完一根再点上一根。他从古谈到今，从自然界谈到人类社会，从理想谈到现实。他谈了很多很多。那个同志一直静静地听着。

"党和人民最终会给每一个受冤屈的同志以公正的。无论我们现在遭受到怎样的不被理解和不公正的待遇，都不应该抛弃自己的国家，不应该抛弃自己的革命事业。你一辈子活了还不到半辈子，国家和人民还有多少事等着你做啊！你一定要……”

死亡的念头终于坍塌了。来自一个自己敬重的人的挚言比阳光更温暖。那位同志无法抑制内心的万千起落，埋下头，恸哭。

很久很久，他抬起头，从口袋里掏出那张去青岛的火车票，放在穆青的面前，慢慢走出门外。

不久，在穆青的安排下，这个同志又回到上海分社。在以后的岁月里，他用行动证明了穆青对他说的话。

风浪中的港湾是宁静的。对于在穆青手下工作的每一个人来讲，他就如同这样的一道港湾，让你遮风避雨，让你安全踏实，让你懂得在这个世界上，最高贵厚重的一种同志间的情感是什么！

第五章 不弯的脊梁

生者与死者永无相见。但生者与死者的心灵终可交融。在这个冬天的晚上，穆青与焦裕禄——一个生者和一个死者，一个新华社首席记者和一个县委书记，一个共产党人和另一个共产党人，他们的灵魂紧紧相拥！

就像喝醉了酒一样

“大跃进”，这个在今天听来如梦魇的字眼，折射了那个时代狂躁的心态。

1956 年，中国的社会主义改造基本完成。

1957 年，中央八届三中全会在批评 1956 年反冒进的同时，改变了八大一次会议确认的在经济建设上既反保守又反冒进的方针。全会决定在农村开展关于农业生产建设的大辩论，以推动农业的迅速发展。这年冬季，全国范围掀起以兴修水利为中心的冬季农业生产高潮，实际上拉开了“大跃进”运动的序幕。

1958 年 5 月召开的中央八大二次会议，正式提出“鼓足干劲，力争上游，多快好省地建设社会主义”的总路线。

这一条路线的提出，表明中央力图在探索中国自己的建设社会主义的道路中打开一个新的局面。它能够发动起来，反映了曾长期遭受帝国主义列强欺凌的中国人民，站立起来之后求强求富的强烈渴望。正如毛泽东发动“大跃进”时所说：“中国经济落后，物质基础薄弱，使我们至今还处在一种被动状态，精神上感到还是受束缚，在这方面我们还没有得到解放。”另一方面，从新中国成立到社会主义改造基本完成，短短几年内一连串接踵而至的胜利，使得人们相信中国富强的目标可能在一个较短的时间内实现。这就种下了它致命的祸根——片面强调经济建设发展的速度，过分夸大人的主观意志的作用，忽视了经济建设必须遵循的客观规律。

从此中国进入以“高指标、瞎指挥、浮夸风和共产风”为基本特征的“大跃进”年代。

作为党的宣传工具的新闻界，此时蜂拥而上。新华社也不例外。

1958 年 6 月 8 日，《人民日报》刊登了由新华社播发的河南省遂平县嵖岈山农业社 2 亩 9 分地小麦总产 10238 斤，亩产 3530 斤 7 两 5 钱的新闻，放了全国第一个农业卫星。

采写这篇消息的新华社记者方徨在许多年之后的一篇文章中记道：

> 1958 年 6 月初，中州平原进入大忙的麦收季节。我当时在新华社河南分社当记者，主要负责农村方面的报道。一个炎热的下午，突然接到我在信阳地区采访时结识的地委秘书长赵光打来的电话。他当时下放到遂平县工作，兼任县委副书记，在这个县的嵖岈山农业社蹲点。赵光在电话上说：“嵖岈山夏季小麦大丰收，出现奇迹啦！你赶快来吧。”
>
> 众所周知，1958 年，发热的河南中州大地上，已经开始涌动着一浪高过一浪的“大跃进”潮头，而且，随着由春入夏的自然气候的加温，人们大脑中的水银柱也不断升温上涨。不过话又说回来，我国小麦主产区的河南省，那一年从黄河两岸到南边的淮海之滨，从伏牛山区到南阳盆地，几千万亩小麦长得实在是好，大丰收有望，人人心里都揣着一团火，我当然也不例外。接到电话的第二天，就匆忙背着背包乘火车南下，赶往遂平去了。下车后找到县委，可县委机关只留下几个留守人员，其余的人都下乡参加麦收去了，县政府也一样。我

原来是想先在县里了解一些面上的情况，然后再去嵖岈山，看来计划落空了，就决定直接去嵖岈山。嵖岈山农业社离县城有将近六十里路，因那里有一座名山——嵖岈山而闻名。不过那时代尽管有名山，可没有旅游业这一行，通往嵖岈山的还都是崎岖山道，我一个女同志背着行李又无人领路，独自一人走这么远的路，实在有点胆怯。我请县里的同志帮忙找一辆顺路车或找个同路人相伴去嵖岈山。可是县里同志为难地说："哎呀，现在各机关的人大半都下乡了，到哪里去找车找人呀。"我一听，心想求人不如求己，歇息一夜，第二天一早就踏着露水一个人上路了。前半晌还好，县城附近平畈里的大路虽不是柏油路面，倒也平坦宽广，加上早晨空气清凉，伴送着田野里麦香阵阵，一上午倒也顺顺当当地赶了近一半的路程。可是越近山区，越近晌午，天气越热，山路旁又无大树遮荫，到处都是裸露的岩石和黄土，我实在是走得疲惫不堪了，或许是因高温中暑，竟呕吐起来，就这样昏昏沉沉，天擦黑才摸到了嵖岈山农业社。赵光见到我这副狼狈相就喊："怎不在县城打个电话来，派人半路上迎一下也好哇。"可那年月，大忙季节电话也不好打呀。

在我来之前，嵖岈山农业社有五亩多小麦平均单产两千多斤，也够高的了，这次赵光打电话让我来，是因为又发现了一处两亩九分地高产试验田，平均单产可能超过三千多斤，这在当时全省已发现的小麦高产记录中是最高的，是了不起的奇迹，要我好好宣传报道一下。

我听到这个消息确实也很兴奋，但我也摸不准一亩小麦最高产量究竟能达到多少，按照我过去采访农业新闻时所获得的知识，解放前小麦平均亩产百十来斤就算是很好的了，解放初期平均水平是二三百斤，能达到五百斤左右就是大丰收了。如今一亩麦田产量在三千斤以上，相当于500斤水平的麦田有七八亩，这是多么令人兴奋的消息呀！盲目的兴奋感和幼稚的荣誉感几乎使我一夜无眠，第二天清晨我就赶到几里地外的出现奇迹的生产队去采访了。

在我到嵖岈山的前几天，小麦已从地里割下来，并已部分脱粒。宽大的打麦场四周，高高地垛着好几大堆金字塔形的麦垛，在阳光直射下发出耀眼的金光；靠麦垛一溜边排列着装满麦粒的鼓鼓囊囊的大麻袋；场地中央还铺着厚厚一层等待复打的麦秸……偌大的打麦场与附近已收割还未收割的田野、甚至整个村庄的上空，都弥漫着一阵阵熏人欲醉的麦香，确实是壮观，让我激动，我不由得惊呼一声“嗬！有这么多麦呀！两亩地能插得下这么多麦秆儿吗?”我不喊还好，这一喊把周围正在忙碌着的男女社员都引过来了，都激恼了，他们顿时就叽叽喳喳地叫起来。有的说：“你不相信我们。”有的说：“你们这号连麦苗和青草都分不清的人，咋知道一亩小麦能打多少。”有的甚至把“保守派”的帽子都摔给我了（当时，在河南省已经开始划分“跃进派”与“保守派”的阵营了）。一个女社员手执麦杈，隔着场地对我大喊：“我看你不是记者，你是‘保守派’吧!”面对这个场面，我赶忙摆手解释，申明我不是不相信，而是过于兴奋了。

当天晚上，社员们接着打了第二场、第三场。高悬着的几盏汽油灯，把打麦场照耀得如同白昼。我也奉陪了一夜，在场上找干部、找社员谈，等待最后的数字。第二天上午，脱粒的最后结果公布了：二亩九分地小麦

> 总产10238斤，平均每亩单产3530斤7两5钱。这是当时全省、也是全国见报的小麦单产最高纪录。我当天就发了一条消息，随后又发了一篇记述我采访经过的通讯《麦场上的风波》（《人民日报》采用时将题改为《“卫星”社里放“卫星”的故事》，这两条消息《人民日报》都在显著位置刊登）。而且，当时嵖岈山农业社已将社名改为“卫星”农业社了。

这一篇消息播发后，全国新闻单位的放“卫星”报道出现了你追我赶的局面。不仅宣传小麦亩产几万斤、十几万斤，甚至几十万斤；每天可炼钢80多万吨、100多万吨，甚至200多万吨。发消息，写通讯，登照片，配社论，出“号外”，极力为“大跃进”推波助澜。

一位报社的记者回忆当时的情景说：

> 当时的报纸宣传，当时的人的思想，真实与想像，现实与幻想，纷纷然交织一起。我们是在办报，又好像在做诗；是在报道事实，而又远离现实。

1958年4月，穆青就在这样的时刻，由上海分社调回新华总社任国内部主任。回到北京的穆青，一下子置身于全党全民全社上下波涛汹涌的大跃进的热潮之中，头脑立刻升温。

当时，新华社办公楼后面有一片旧房子拆除后的废墟，全社各部门人员白天上班，晚上就到这里挖土窑炼钢。所谓土窑只不过是十几个大大小小的土炕，人们找来木头，从大老远的地方拉来一些据说含铁的土，还有人捐来铁勺、铁铲，甚至把新华社的两扇大铁门也拆了下来，每天晚上开炉起火，奋力炼钢。从办公楼的窗户里往下望去，偌大的一片空地，火光冲天，黑烟弥漫。

穆青也是这支炼钢队伍中的一员。只是到了也没炼出钢来，两扇铁门炼成了铁疙瘩。

在新华社国内部的办公室，人们的热情同样高涨。编辑部里白天人声鼎沸，晚上灯火通明。穆青负责的国内报道几乎囊括了全国工业、农业等所有拔尖的卫星新闻。1957年全国钢铁产量为535万吨，1958年8月中共中央决定，当年的钢产量要比去年翻一番，达到1070万吨。穆青立刻组织记者采写了豪情万丈的通讯《1070礼赞》、《帅旗飘飘》，《人民日报》通栏大标题采用。还有“思想解放无边无岸”、“不怕做不到，就怕想不到”、“人有多大胆，地有多大产”等等一个个忽视和否认客观条件的唯心主义口号，也是通过新华社的稿子传遍全国。

这期间，穆青还去了后来成立的全国第一个人民公社嵖岈山参观。只见那里满街住着来自全国各地参观的人，早饭烧饼、油条、豆浆，白面馒头随便吃；脸盆、肥皂、毛巾都是新的，不要钱；南瓜、茄子、西瓜个大色亮，一派诱人的丰收景象。穆青看得激情澎湃。

不久，他有事去上海，柯庆施拉住他说：“你离开上海时，留不住你，这次你来一定要给我们讲讲嵖岈山的情况。”穆青推辞不过，就在柯庆施安排的上海市上千人的干部大会上做了报告。40分钟报告完毕，掌声雷动。会后有人对他说，这次报告是他讲话讲得最精彩的一次。用穆青后来的话说：“所谓精彩，正说明这次报告对浮夸风起了推动作用。”他报告后不久，柯庆施立刻组织大批人员到嵖岈山参观，在上海掀起了不小的热潮。

当心中怀有一种美好的愿望，而这个愿望又恰恰遭遇全民“发烧”，这种情况下，人是很难保持理智的。从某种意义上说，这比在政治风浪面前保持理智更难。很多年之后，穆青都不否认，最初他对“大跃进”是完全相信的，思想上没有任何怀疑。他说，那时的感觉，大家就像喝醉了酒一样。

两个月之后的一天，穆青在报纸上看到一张新华社发的图片，一个小孩子站在地里已经结穗的稻子上。图片解说词是讲水稻密植如何如何。他觉得有点儿不真实。

又有一天，他在《河南日报》头版头条看到一篇讲他的老家杞县小麦平均亩产 500 斤。他真的不相信了，他知道杞县是盐碱地，最好的年头小麦也不过 100 多斤，怎么一下子会产出那么多呢？他想，这肯定是瞎说。

后来河北、河南的一些县相继宣布进入共产主义，穆青颇为疑惑。再接下来，各地的"卫星"像发了疯似的互相攀比，放得一个比一个高，都离谱了。穆青开始怀疑这一切。

一天晚上，广西分社发来一篇稿子，报道广西鹿寨县日生产 20 多万吨铁，国内部一位工业编辑有所怀疑，便找到了部里，部里又把这篇稿子送到了穆青手上。穆青看到稿子，也感觉这个数字太高了，让人无法相信。他决定去请示当时分管生产的副总理薄一波。

这时已是晚上 11 点钟，他和国内部的编辑王文卿、记者冯健三人一起坐了一辆吉普车，直奔薄一波驻地。由于门卫限制，冯健等在门卫室，穆青、王文卿两人进到里面。

薄一波还没休息。穆青说明来意，并表明自己的看法，他说："不能再发了！再发，没人相信了！?"

薄一波看过稿子，皱着眉头在屋子里走来走去，足足有 20 多分钟没有说话。最后他说："我也没权，这篇稿子你们先发，以后的稿子我请示中央后答复你们。"这篇稿子当晚发出。

从这以后穆青开始冷静下来。国内编辑部开始大量扣压来自基层的浮夸的稿子，但是省里的稿子还是不敢压。

这时，为大多数普通中国老百姓还不十分清楚的事情，正在发生。党的主席毛泽东通过调查研究较早地觉察到运动中出现的严重问题并努力加以纠正。

1958年11月2日至10日，毛泽东在郑州主持召开有部分中央领导人、大区负责人、部分省市委书记参加的中央工作会议，后来被称为“第一次郑州会议”。他在会上提出并要求纠正已经觉察到的“左”的错误，“要压缩空气”。

1959年2、3月间，中央政治局召开第二次郑州会议，从公社内部所有制分级的问题入手，进一步纠正“共产风”。

1959年7月2日至8月1日在庐山召开中央政治局扩大会议。会议初期起草的《庐山会议诸问题的议定记录（草稿）》，基本精神是纠“左”。

7月14日，形势急转直下。这一天，政治局委员、国防部长彭德怀给毛泽东写信陈述意见，着重指出“大跃进”以来工作中存在的一些严重问题及其原因。7月16日，毛泽东批示将彭德怀的信印发与会全体同志。张闻天、黄克诚、周小舟等人分别在小组会上发言，支持彭德怀的基本观点。7月23日，毛泽东在大会讲话中对彭德怀等人的不同意见进行了批驳，认为是右倾机会主义的表现。于是会议主题由纠“左”变为反右。

在随即举行的党的八届八中全会之后，中央在全党范围内展开了大规模的“反右倾”斗争。

“反右倾”斗争的后果是严重的。它损害了党内的民主生活，中断了纠正“左”的错误的进程，使“大跃进”的错误在庐山会议后得以继续，加上自然灾害和苏联政府背信弃义地撕毁合同，中国面临建国以来前所未有的严重经济困难。

农村开始大闹饥荒，安徽、河南、山东等地的农村相继出现饿死人的事，而且形势发展越来越严重，有的地方甚至发生人吃人的惨剧。当时，有许多带着血和泪的歌谣在民间流传：“天不怕地不怕，就怕政府说假话”，“夺高产、放卫星，饿死的社员填满坑”，“今反右，明反右，反得社员吃人肉”。

新闻界此时也遭到百姓的蔑视。新华社威信一落千丈，它报道的许多“卫星”后来都被揭穿是伪造。那个站在水稻上的小孩，实际上是站在水稻底下搭的一个木架子上。嵖岈山二亩九分地小麦总产 10238 斤的产量，实际上是从 20 多亩麦地集中起来计算的等等。

此时的穆青心情极为痛苦、内疚，他意识到新闻界在这个问题上是犯了罪的，甚至从某个角度讲是犯了杀人罪的。他曾痛心疾首地说：“这是我在 1958 年干下的一件坏事。”

然而，痛苦似乎还要继续。

由于当时中央一味反右倾，作为党的喉舌的新华社要讲真话十分艰难。从 1958 年整风补课到 1959 年反右倾期间，广东分社的杜导正、浙江分社的尤淇、四川分社的纪希晨、云南分社的陈勇进、福建分社的孙明、青海分社的程光远、贵州分社的吴振全七个分社社长，都因为通过内参等各种渠道反映了所在地区的真实情况，被当地党委打为“右倾机会主义分子”，撤了官职，酿成新闻界著名的“七司马”事件。直到 1961 年陆定一仗义执言“七司马事件搞错了”，这七个同志才得到平反。

穆青只能把痛苦压在心里。

这个时候，新华社每一个人包括他和他的家庭也正在吞噬着浮夸风之后的恶果。

社里的食堂，现在已是巧妇难为无米之炊，缺米少面。很多人闹浮肿病，腿上、脸上一按一个坑。无奈之下，总社号召全社人员自力更生，搞粮食的代用品，打树叶子交给食堂，制作一种据称是高级营养品的“叶蛋白”。

穆青和大家一样经常背着一个麻袋，拿着一根竹竿去外面打树叶。这样的感觉常让他回想起小时候拿着竹竿在春季里采摘槐花的情景，不过，现在他可没有小时候的那般无忧无虑。

城里的树叶打光了，他们就跑到几十里路外的郊区去打。有一次，他和国内部的编辑田林、章海兰跑到广安门外，一连去了两天，走了很远的路，沿途的叶子都被人打光了，最后好不容易打了一麻袋，拿回来一试根本不能吃，苦得很。就这样大家辛辛苦苦地忙碌着，“叶蛋白”始终也没做出来。

正值中年的穆青，有一大家子张口吃饭的人。四个正在长身体的孩子，他的父亲、母亲，一个保姆，加上他和续磊共有九张嘴。尽管这时候他已经是新华社副社长，一个月有28.5斤口粮，几斤鸡蛋，几斤黄豆，一斤糖，算是特殊待遇了，但日子依然艰难。一天三顿常常就是水煮萝卜缨子。有一段时间，续磊在中央党校学习，享受大学生待遇，每月粮食定量32斤，比穆青还多3.5斤，她就省吃省喝把余下的粮票补贴给家里。母亲也是顿顿舍不得吃饱，从自己的嘴里省给四个孙子。穆青看着这一家老小，一到吃饭就觉得喉咙发堵。那时上夜班，食堂会给每个人供应一个小馒头或一片面包当夜宵，他从来也舍不得吃，总是把这份夜宵包起来，带回家悄悄放在母亲的床头，母亲又悄悄给了孙儿们。

穆青还带着孩子们在自家窗前的一小块空地上种了玉米、花生，到了秋天，还真收获了好几脸盆的果实，那些天，孩子们把肚子撑得像小面鼓。

有一次是意外收获。一个星期天，穆青带着孩子去北海划船，划着划着船里突然跳进一条小鱼，这下可把大家乐坏了。等带回家把鱼做熟，全家犯难了：这条小鱼该给谁吃呢？大家你推我让，最后母亲执意给孩子们一人分了两口。

这期间最让穆青心疼的是他的父亲。老人患重病，到医院做了许多检查不能确诊，只说要加强营养。可那时谈营养根本就是奢侈，老人的病情日益严重。穆青四处给父亲寻药，又托人从香港给父亲买来血浆输血，一天的花费就是80元。为此，他不得不借债。母亲看在眼里心里不忍，有一天拉着穆青的手说：“乖乖，别再花这钱了，这一家大大小小不易啊！”

1959 年，穆青与孩子们在一起。

穆青含着泪对母亲说："妈，你让我花吧，80 元我有个爹啊！"

可怜的父亲终于没有逃脱病魔，于 1959 年底去世。去世前老人想吃一口羊肉，全家人跑遍大小肉铺、饭馆，竟然找不见半点肉星。很多年以后，穆青一提起父亲这口没吃上的羊肉，便止不住地流泪。

中国百姓吃糠咽菜、勒紧腰带渡过了1959、1960、1961三年极度困难时期。1962年1月，中央在北京召开有7000人参加的扩大的中央工作会议，刘少奇代表中央总结“大跃进”以来经济建设工作的教训，毛泽东做了检查，称自己对“大跃进”“负领导责任”。

为检查、纠正“大跃进”以来的错误，恢复党的实事求是的传统，毛泽东、刘少奇、周恩来、朱德、邓小平等中央领导同志开始带头深入基层调查研究。

刘少奇从4月1日起，带领调查组到湖南农村连续进行了44天的调查研究，发现了大量问题。他与同时在这里蹲点调研的新华社和《人民日报》的两个记者做了三次长谈，对“大跃进”以来新闻报道中的错误给予了不留情面的批评。他说：

> 你们报上登的新闻有多少是真的？你们天天用大字登头条新闻，今天说这里生产如何好，明天说那里的食堂办得好，究竟有多少是真的？你们想用这些典型事例来指导实际工作，典型本身就不真，怎么能指导实际工作呢？你们报喜不报忧，只登好的，不登缺点错误。这样做，到底是做了好事，还是做了坏事？

他要新华社、《人民日报》好好总结一下三年来办报的经验。他说：

> 三年来，报纸在宣传生产建设成就方面的浮夸风，在推广先进经验方面的瞎指挥风，在政治宣传和理论宣

传方面的片面性，这些，对实际工作造成了很大恶果。你们宣传了很多高指标，放卫星，使我们党在国际上陷入被动。

他还说：

这几年，你们喜欢搞表面现象，搞形式主义的东西，搞耸人听闻的报道，还没有完全摆脱资产阶级新闻观点的影响。报纸是斗争最尖锐的工具，几年来报纸在敌我界限方面分得比较清楚，有敌我观念；但是是非界限方面就分不清楚，是非不明，什么是不正确的，不应该宣传的，还搞不清楚。比如登大办养猪场，是好，是坏，你们登的时候没有搞清楚，登了以后也不去亲自调查，结果弄得祸国殃民。

刘少奇的批评传到新华社，每一个人为之汗颜。

这一年，新华社组织了一个班子，由穆青挂帅，对“大跃进”期间的报道工作进行总结，检查虚假宣传的错误，对今后的工作提出改进方案。

穆青与国内部副主任方实、戴邦等人在香山一个宾馆住下来。他提出，要像科学界搞“十四条”、文艺界搞“八条”一样，也搞出个新闻界的“八条”，使以后的新闻工作有章可循。

穆青似乎已经等待这一天很久了，他的内心有一种赎罪的感觉。他们在香山闭门思过半个月，最后搞出了一个“八条改进意见”，主旨是12个字：深入实际，调查研究，尊重事实。“八条改进意见”是对新华社在“大跃进”报道上所犯严重错误的一个清算。

令人悲哀的是，由于稍后召开的八届十中全会上，毛泽东又尖锐地提出“阶级斗争必须年年讲，月月讲，天天讲”，新华社这个“八条改进意见”最终还是胎死腹中了。

但无论如何，“大跃进”的虚假报道，却让穆青记了一辈子，在其后的年月里，他常常讲给后辈人听。这个被他称为自己在1958年“干下的一件坏事”的记忆，使他有锥心的伤痛。

穆青并不畏惧把解剖的锋芒朝向自己。因为他知道，只有这样，他所做的一切才更接近真理。

精神营养品不能搞“瓜菜代”

三年困难之后的中国，像一个伤了元气的病人，被一种透彻心骨的苍凉笼罩着。

物质依旧极度贫乏，然而比物质贫乏更让人茫然的是精神力量的流失。曾是那般高涨的热情跌落了，曾是那般火热的生活熄灭了，曾是那般美好的梦想坍塌了，人们的心凉了。还有什么比让一个人、一个民族失去了精神的光芒更为哀伤?!

穆青沉郁着。他深切地体味到这种哀伤。然而，仅仅哀伤是没有用的。哀伤之后，他心中沉淀下的更多的是责任，是对党、国家和民族的一种无法放弃的忧患意识。如何寻找一种精神的光芒，让这种光芒在全民族燃烧，帮助党团结人民、战胜困难，成为穆青这一时期大脑思维的全部指向。

他在新华社国内部的会议上提出两句话：一句是“要打大老虎”；一句是“精神营养品不能搞‘瓜菜代’”。他对这两句话的解释分别是，“打大老虎”就是要抓出能深刻反映人民群众不畏困难，越是困难越向前这一主题的典型人物，典型事情；“不搞‘瓜菜代’”就是指越是在物质匮乏、经济困难的情况下，新华社越是要拿出高水平、高质量的能给人民群众以力量和信心的高级精神营养品，鼓舞人民群众在精神上站起来。

他说：“我们八百子弟兵弄一年下来的话，能留给全国人民几篇东西就不错。”

这一时期，新华社参与的第一个重大典型报道是大庆。

在中国地图上，原来并没有大庆这个地名。1959 年 9 月 26 日，中国的石油开发者们在黑龙江西北部大草原上一个叫萨尔图的地方第一次发现了工业性油流，此时正值中华人民共和国建立十周年前夕，这里的建设者们就把这个油田取名为“大庆油田”。

1960 年，在苏联政府单方面撕毁经济合同、撤回苏联专家，使处于困难时期的我国经济雪上加霜的危急时刻，中央支持石油工业部，向松辽地区调集了 3 万名解放军退伍官兵，开始了艰苦卓绝的石油大会战。到 1963 年，历史上一直依赖进口石油的中国向全世界公开宣告：“石油产品已经基本可以自给”，中国“使用‘洋油’的时代即将一去不复返了。”这在当时国际上有人试图用石油扼住新中国喉咙的年代，无疑给中国人民带来了极大的惊喜！只是，全国人民这时还一点也不知道，是在松辽地区极其艰苦的环境中已经奋战了近四年的大庆人，为此作出了历史性的宝贵贡献。

1963 年底，中央决定公开报道大庆油田，由首都主要新闻单位联合组成记者团，1964 年元旦过后出发，前往大庆采访。这将是大庆油田自开发以来首次向世人亮相。

1963 年岁尾的一天，时任《人民日报》总编辑兼新华社社长的吴冷西从彭真那里领受了这项重要报道任务，迅速成立了由新华社、《人民日报》、中央人民广播电台、《工人日报》《中国青年报》等多家人员组成的赴大庆记者团。《人民日报》副总编辑王揖任团长，新华社国内部冯健任记者团临时党支部书记。新华社的文字记者有冯健、袁木、李人怡、罗漩、余志桓、吕新初；摄影记者有袁苓、牛畏予、雪印、王纯德、李基禄、刘军等；《人民日报》记者有王揖、田流、范荣康、胡济邦、陆超祺；中央人民广播电台有铁云、柯云、邹大昌；《工人日报》有李冀、胡辅臣；《中国青年报》有马鹤青等。

1964年1月12日，记者团离京奔赴大庆。行前，时任新华社副社长的穆青把新华社参加记者团的成员召集到一起，谈了两点意见：一、要把大庆报道好，首先自身要学好大庆创业者的精神；二、这次报道，采访作风和稿件质量都要“过得硬”。他说，第一次公开报道大庆，必将引起全国人民和全世界人民的关注，任务很重要，也很光荣。那里冰天雪地，你们要准备吃点苦，相信你们能完成任务，社里等待你们的好消息。

穆青没有参加记者团，但的确是等来了记者们的好消息。

一踏上大庆的土地，一行记者便被震撼了。严冬季节的松嫩大草原天寒地冻，被人称为“白毛风”的暴风雪，裹着密集的雪粒呼啸在旷野上，旷野的温度一般在零下40摄氏度左右。大庆工人就是在这样艰苦的地方，住“干打垒”，吃粗粮，创造出了让全世界震惊的业绩！

两个多月后，新华社和《人民日报》合作采写的第一批稿件《大庆精神大庆人》《永不卷刃的钢刀》《在岗位上》由大庆传到北京，又从北京传向全中国、全世界，举世震惊！

大庆的首批报道，给处于三年困难时期的中国人民带来了巨大的鼓舞，也使得世界对中国刮目相看。大庆成了一个家喻户晓的地方，大庆人成了中国人心中的英雄。

如果说大庆报道是首都新闻界的一场会战，那么大寨报道则是穆青直接指挥下的新华社的一场攻坚战。

大寨原来是山西省一个先进生产大队（村）。1963年遭了一场百年不遇的大洪灾，地毁房塌。大队党支部书记陈永贵谢绝了上级给的救济款和物资，带领社员依靠自己的力量，战胜洪灾，夺取丰收，开始建设一个新大寨。大寨的事迹在当地迅速传开。

山西分社主持工作的副社长马明立刻派出记者范银怀、冯东书赶到北京，向总社“游说”大寨的情况。国内部农村组的编辑听说他们准备写一篇长通讯，有点拿不准这件事。两人一着急，第二天一上班，径直闯进了穆青的办公室。

他们敢这样，是因为对穆青并不生疏。早在1958年，范银怀就和穆青打过交道。那时刚从上海调回总社的穆青到山西分社调查，他住在分社客房，没有随行人员，分社派的一辆华沙小轿车他也不要，每天拉着二十岁出头的范银怀，一人骑一辆旧自行车，走街串巷，为分社出了不少好的报道题目，记者按他出的题目采写的稿子，接连上了《人民日报》。

此时，两个记者相信，他们在穆青这里一定会有收获。

穆青细心地听了两个记者的汇报后，很快意识到大寨精神的新闻价值。他对两个记者嘱咐：“要着重从政治思想上挖掘主题思想，陈永贵这个人物形象比较难写，要下功夫。”

记者回到太原后，分社立即行动，派出宋沙荫、范银怀两人赴大寨采访。没几天，他们写出近万字的初稿《大寨之路》。他们到昔阳县委用铅字排印后，打印了两份，一份寄给穆青，一份带回太原交给分社。穆青看了初稿后，感觉大寨的事迹的确令人振奋，但稿子的主题思想不够鲜明突出。他坐不住了，立刻乘飞机赶到太原。他对分社的记者说：“我这次来有两件事，一件是帮助你们总结调查研究经验，一件是帮助你们修改《大寨之路》，后一件是主要的。”

宋沙荫是这篇稿子的主笔。这时他正发高烧住院卧床，见总社领导前来督战，便什么也不顾了，硬撑着倚在床头改写稿子。穆青要来了有关大寨的全部原始材料，看过之后，对文章的布局、结构、材料的取舍等提出了十分具体的意见，并让范银怀通过电话又向昔阳县补充采访了一些重要情节。

穆青对两个记者说：“1964年是‘比、学、赶、帮’年，工业战线有了大庆，农业战线还没有典型，为推动农业战线的比学赶帮运动，一定要把《大寨之路》修改好。”显然，他对这篇稿子抱定了必胜的信心。

范银怀坐在宋沙荫的病床前，两人逐句逐段修改，一直干到下半夜，拿出了修改稿。

穆青把《大寨之路》带回北京，又找几个人做了修改，最后征求了朱穆之的意见。

2月6日，署名宋沙荫、范银怀的《大寨之路》由新华社全文播发，《人民日报》配发了题为《用革命精神建设山区的榜样》的社论，在一版刊用。各大报纸都在显著地位登载。一时轰动全国。

《大寨之路》发表一个月后，毛泽东外出视察，专列停在邯郸，要山西省委第一书记陶鲁笳汇报工作。陶鲁笳汇报了大寨自力更生建设山区的事迹。毛泽东要看大寨和陈永贵的有关材料，陶鲁笳便当场将登有《大寨之路》的《人民日报》递给了毛泽东。毛泽东说："我先看一看。"

不久，山西省委常委会议传达了毛泽东的讲话："那两个记者的文章我看了，看来农业要靠大寨。"

1964年5月，周恩来总理派出当时的农业部长廖鲁言到大寨和昔阳调查了20天，回到北京，他向毛泽东、周恩来写了调查报告。周总理在同年12月召开的全国人民代表大会上所作的《政府工作报告》中确认："大寨是依靠人民公社集体力量，自力更生发展农业生产的典型"。1965年1月，毛泽东主席亲自主持制定的《农村社会主义教育运动中目前提出的一些问题》（简称"二十三条"）中第一次以中央文件形式向全党发出学习大寨的号召。它写道："全国所有社（人民公社）、队（生产队）都要像大寨那样自力更生发展农业生产。"从此，参观学习大寨的人潮水般涌向大寨，大寨成为中国农业的一面旗帜。

穆青再一次感受到战争年代的激情，只是，他现在已经由一个记者成长为一名指挥员。他在指挥了《大寨之路》的同时，还组织策划了一系列在全国唱响的好稿子，其中有：《管得宽》《“一厘钱”精神》《洞小风大》《人心齐泰山移》《太行愚公》《九龙江上抗天歌》等等。这些稿子，有不少成为中国新闻史上的名篇。

1974 年，穆青在山西大寨采访，与陈永贵等人合影。

物质上极度匮乏的困难时期，恰恰成为新华社出重点稿、出好稿的一个高峰期。这是新华社历史上永远值得骄傲的一章。

与稿子同时大获丰收的，是一大批优秀记者崭露头角。

有一位叫李峰的记者，早年在部队上做摄影工作。1944 年夏天，他随军在同蒲路沿线拍摄下的广大群众为阻击日寇掀翻铁轨的镜头，不断被收入多种摄影作品和历史展览，这幅被题为《人民的力量》的照片，成为抗日战争在人民心中最深刻的印象之一。1951 年，李峰转业到新华社做文字记者。这个人最大的特点之一是敏锐，爱动脑筋，就像后来有人称他的大脑像不停歇的“磨盘”。穆青很欣赏他的这一点，并帮助他不断飞跃。

1962 年初，李峰、余辉音到工厂采写了一篇通讯《“一厘钱”精神》，稿子送到穆青手上。穆青看后说：“这稿子很有希望，只是最后一段好像缺点什么东西。”李峰问：“缺什么?”穆青说：“发挥你们的聪明才智，自己去想去改。”

那时，记者们对从穆青手里过稿之难都深有领教。他曾经说过：“人家都说我门槛高，我就是高。要不，你就不要把稿子送给我。送到我这里，就得高。”记者们虽然发怵，但都服气，他们知道，这样出来的稿子差不了。

李峰回去冥思苦想，整整憋了三天，突然醒悟到，“一厘钱”精神的实质不仅仅是爱国主义和主人翁思想，它最核心的东西是显示了一个颠扑不破的真理：伟大的事业要从最小的事情做起。穆青说的那个“缺”，缺的就是这个灵魂。

李峰兴奋地把改写后的稿子，再送穆青。当时穆青正和干部处一位同志谈工作，他中断了谈话，接过稿子看起来，当看完最后一段“一个真理”，他笑了，高兴地站了起来，右手举起稿子大声说：“好！通过了!”

《“一厘钱”精神》播发后，其反响热烈，出人意料。20多个省、市、自治区的领导机关发出决定或通知，号召学习“一厘钱”精神。几天之内，“一厘钱”精神就成了中央决定的全国开展增产节约运动的行动口号。后来，“一厘钱”精神还先后上了中央文件和国务院文件。直到80年代改革开放后，还有地方仍在提出要学习“一厘钱”精神。

40多年后，已成为中国新闻界一代名记者的李峰感慨道：

> 倘若穆青定稿时，没有指出那一个“缺”字，倘若他不鼓励或不相信记者会改好原稿，就此放行或“枪毙”，那肯定不会有“一厘钱”精神轰动全国的效应。

《九龙江上抗天歌》是李峰经穆青的“高门槛”写出的另一篇佳作。

1963年，穆青去福建出差。当时闽南正遭受千年不见的大旱，他偶尔听到当地同志讲到九龙江上抗旱的故事，觉得很感人。因总社有事，传他急回，他没及细问，便启程返京。在火车上，他与延安时的老熟人郭小川不期而遇，俩人兴奋地谈了一路。郭小川时任作家协会副主席，在《人民日报》当特派记者。穆青与他谈起了很多有关新闻的话题，其中谈到刚刚听说的九龙江上抗旱的事。诗人眼睛发亮，立刻说："我去采访！"

穆青回到总社没几天，得知郭小川已经跑回福建采访九龙江抗旱的事去了。

这天，穆青把李峰叫到他的办公室，说了这件事，问他愿不愿意去试试。李峰跃跃欲试，但又感觉郭小川这样的大诗人已经捷足先登，自己再去是不是多余？穆青说："没关系，去吧，他写他们的，我们写我们的，不用有什么顾虑。"

李峰匆匆启程，赶往福建九龙江。而这时郭小川已经采访完毕，写完稿子，打道回京。

吴冷西这时是《人民日报》总编辑兼新华社社长，两家关系十分亲密。穆青给吴冷西打电话说："线索是我提供的，我已派了记者李峰去采访，能不能等几天两家一块发？"

吴冷西那边十分爽快："可以。"

穆青立即让人打电话把这一情况告诉了李峰。李峰得知后受到鼓舞，但更多的却是压力，甚至近乎一种自卑。心想：他与大诗人写的是同一题材，还要在同一时间发稿，肯定要"献丑"。不过，他又想到：我也不一定全不行。我年轻，能跑，抓现场的东西肯定不会差。

结果九龙江一带24个山头，李峰跑了21个；郭小川跑到的，他必去；郭小川没跑到的，他也要去，从而采访到大量第一手材料。为了抢时间，李峰写一段便往总社发一段。穆青坐镇编辑部，组织了袁木、田林等几个优秀的记者编辑，稿子来一段就编一段，最后再由他改一遍。初稿传到总社的题目是《九龙江上抗旱歌》，李峰一直感觉这个“旱”字太白。有一天，他忽然想到“旱”字可以改成“天”字。一字不同，分出意境高下。于是，立刻雇了一辆自行车，从工地上直奔镇子的邮局，给穆青发了一个电报：

“穆青，‘九龙江上抗旱歌’请改为‘抗天歌’”。

稿子在紧张的接力赛跑中终于完成。

《九龙江上抗天歌》与郭小川的《旱天不旱地》同时发表。《九龙江上抗天歌》以生动的现场描写、明快突出的主题抢尽风头，中央和地方报纸争相刊用。这篇稿子给处于困难时期的中国人民又一次带来激励。

穆青20世纪60年代采访照。

穆青为稿子和人才的双丰收深感振奋，他对人才的培养有了进一步的想法。一天他找到李峰说：“我已经给值班室打过招呼，你们几个已经在社会上有影响的记者，不要草率署名，要写一篇是一篇，写不好就不要署名。好记者就是要这样才能出来。”

穆青的苦心没有落空。这一时期，随着新华社一篇又一篇唱响全国的精彩报道，一支优秀的记者队伍也在成长起来，越来越多的读者开始记住了他们的名字：冯健、袁木、李峰、周原、宋莎荫、谷峰、余辉音……

一个内心有理想，而又富于感知的人，是会在胜利中有更多的激情和更深的自省，从而更加大步向前的人。困难时期新华社的成功报道，使穆青的精神上发生了一个新的飞跃。1963 年春天，他去上海分社开会，中间给续磊写了一封信。从这封信中，可以看出他当时的心路印迹。

信中写道：

……

很久不出京，像小鸟飞出了樊笼，心情简直舒畅极了，一路上青山绿水，春色迷人，连绵数千里的好庄稼，琳琅满目的土特产……又是一片兴旺景象。

到上海真像到了家，小赵、杨瑛双双去车站上接我，一下车就拉我去文化俱乐部吃西餐，在那里小为和老杨正在等我，晚上又去旅馆一直谈到深夜。

分社的同志见到我都非常亲热，带着我看这看那，说这是我留下来的，那是我建设的，甚至连办公室的布置还是我当时的老样子。行政人员也是热情得很，他们的副业生产一定要我去尝尝，他们为我专门做了几个菜，不去吃实在过意不去，季群、张风、周永康等一定要和我比乒乓、抓猪。我去的第二天，正赶上分社评奖，叶世涛、杨溥涛等八个人得了奖，一定要我去发奖、讲话。由于感情激动我讲了一个小时，无非是鼓励一番，谁知像点了一把火似的，刚讲完就有许多同志站起来发言表决心，说我们一定不辜负我们的老社长，我们一定忘不了上海分社老的光荣传统。同志们那种真挚的热情和激动的心，使我深受感动。评奖会变成了回忆会，变成了欢迎我的会，也变成了一九六三年准备大干一场的誓师会。真是有意思极了。会后，又照了一个全体像，到十一点多钟才散。

躺在床上我很久不能入睡，我想分社同志对我的感情，给了我最大的鼓励。我完全有责任、有信心把这支可爱的队伍带好，在党的新闻事业上尽我毕生的精力。

另一件鼓舞的事情是，李峰、佘辉音写的“一厘钱精神”在上海读者中引起了极大的反响，许多工厂企业把它作为必读文件让全体职工学习，机关干部谈起来也认为很有启发，无疑它在增产节约运动中起了很大的作用。这件事对我来说，足以感到鼓舞，不仅是有我的心血，更重要的是它反映了我前一个时期一直所提倡的业务思想。看来，我们的业务方向是正确的，它坚定了我的信心，鼓舞了我的雄心壮志。亲爱的夫人，你知道当一个人的辛勤劳动得到社会上公认，而且在现实生活中眼看着产生一些哪怕是很小很小的作用的时候，他的心情是多么的不能平静啊。作为新华社的一员，眼看着新华社的新闻在群众中产生如此深远的影响，可以想象它给我的鼓励是多么巨大。

我很后悔前两年为什么那么没有精神，简直是浪费生命。现在请放心，我已经彻底翻过身来了，不仅是身体好了，更重要的是精神振奋了。四十岁的中年大关我总算闯过来了，我相信，我还会像在东北和上海分社的后期那样，朝气蓬勃的，不管在什么岗位上，至少再为党工作三十年。

……

现在的穆青像一个登上又一座山峰的攀登者，遥望前方，他渴望着更高的目标……

到灾区淘金去

1965 年 12 月的一天，一列由北京开往郑州的火车终于驶入中原境内，一位乘客的眼睛再也没有离开过车窗。一片片土地从他面前退去，又一片片土地朝他飞来，他感觉胸口有一股热乎乎的东西往上翻，静静的，一行泪水落下……

他是穆青。

这是一个令人浮想联翩的时辰。28 年前，在硝烟弥漫的抗日烽火中，他揣着一个少年的热情从这片土地上出发，走上了为人民大众谋幸福的革命道路。16 年前，在南下途中，他怀着一个战地记者的豪迈，重踏这片土地，目睹了它冲破黑夜的新生。今天，当他以 44 岁的中年，再次投入这片如父亲般厚重、母亲般深情的故乡的土地，他会看到什么呢？

车窗外，飞速闪过的原野是灰蒙蒙的，寒冬中那星星点点瘦小的庄稼苗像一根根枯草，时隐时现的小村庄如同蜷缩在寒风中的老人，没有一点生气。穆青紧缩着眉头陷入深思。

从 1961 年到 1965 年，国家实行“调整、巩固、充实、提高”的八字方针，初见成效，中国的国民经济开始进入复苏时期。这时，作为负责国内报道的新华社副社长，穆青脑子里思考的还是他的主旋律，那就是如何发掘出蕴含于人民之中那种打不垮、压不倒的英雄精神，把这种精神通过新华社的稿子，播撒到每一个中国人的心头。这也是他此行所思所想所盼。

这次行程他本来是去西安，总社不久将在那里召开分社会议，讨论下一步报道计划。为了能先找到一个突破口，他决定绕道河南。他熟悉自己的故乡，这片土地历史上就是一个饱受“水、旱、蝗、汤[①]”灾难的地方，“大跃进”又是全国的“重灾区”。常言说，“道高一尺，魔高一丈”，“沧海横流方显英雄本色”，他盼望能在这里找到他心中的英雄。

1966 年，穆青在河南农村。

穆青把目光从窗外拉回来，对面坐着的是与他同行的记者冯健。

冯健原名樊煦义，生于河南新野县。他的父亲是当地一位著名的小学教师，他自幼受到父亲良好的教育。1944 年，19 岁的冯健从家乡跋山涉水数千里到达山城重庆，考上了中央大学政治系。在大学读书期间，他接受了共产党的影响，积极参加进步的学生运动，于 1948 年春在南京加入中国共产党。由于共产党组织在南京处于地下状态，入党时他改名冯健，寓意“锋剑”。大学毕业前夕，他受南京地下党组织派遣，前往安徽采石矶镇中学教书，以开辟

① 汤，指汤恩伯，中原国民党军队司令。

党的工作。不料，国民党南京政府于 1948 年 8 月 19 日授权中央社发布通缉令及通缉名单，对共产党员、进步人士、进步学生进行大逮捕，“樊煦义”的名字被列入通缉名单，他不得不连夜乘北上的火车离开小镇，经河南开封转辗到了豫西解放区。44 年之后，他曾写过一篇散文《我怨过月光》，记下了他在这个逃离之夜的心情。

> 那晚，我期待着一个伸手不见五指的黑夜，好躲开鹰犬们的眼睛，却偏偏是朗朗的明月，遍野月色溶溶。我盯着轮盘似的满月，怨它，恨它，咒它助纣为虐，为坏人掌灯笼。但当我凝望月亮四周那淡淡的晕，那淡黄的月色，又好似看到它在流泪。

冯健在豫西解放区进入新华社中原总分社，被分配到刚创建的新华社开封分社，开始了新闻生涯。次年他南下参加了江西分社和《江西日报》的筹建工作，1951 年调入新华社中南总分社当了 6 年多记者，1958 年进入总社国内部。他曾参加了震惊全国的 1954 年长江特大洪汛的防汛报道，日夜奔波在百里防洪堤上，他采写的通讯《英雄搏斗一百天》，记录了武汉人民在这场防汛斗争中可歌可泣的英雄事迹。那年，他被评为武汉市防汛抗洪的二等功臣。他曾参加过我国第一批采访大庆的记者团，在零下 40 摄氏度的气温下，和同事们身穿为油田工人特制的“四十八条杠”的棉袄棉裤，外面再套上羊皮大衣，奔波到野外作业的钻井台采访，写出了长篇通讯《永不卷刃的尖刀》。

厚重的激情、理性的思考、严谨精细的作风，是冯健作品的鲜明特质。多年之后他结集的《冯健通讯选》《管窥集》《一斑集》，都体现了这一特点。

眼下，时年 40 岁的冯健望着列车外飞闪而过的故乡土地，同样心绪难平……

河南分社会议室坐了一屋子记者，穆青高兴地与大家见面。这是他的老习惯，他最喜欢听第一线的记者们谈基层的情况。大家一个接一个地发言。

会场的一角坐着一个37岁的记者，从头至尾一言未发。

他叫周原。穆青对他很了解。他是河南偃师县人，出生在一个世代书香的名门大户，祖父乔竹坡是当地一位著名的教师，与抗日英雄吉鸿昌为至交，日本鬼子进城的前一天，他不愿当亡国奴，含恨自缢。周原的父亲乔秋远是北大的学生，上世纪30年代曾任河南《民国日报》主笔，后赴延安参加范长江领导的国际新闻社，任特派记者，1942年5月赴太行山随左权的部队采访时，牺牲在抗日战场上，时年36岁。

周原16岁那年夏天，以皮定均为司令的八路军豫西支队挺进中原。八路军进村后，宣传抗日救国，周原看见自己的队伍，挤过人群，一直扑到演讲人身上大声哭喊："我要跟你走！我要跟你走！"演讲者问了周原的姓名，几天后，皮定均派人把他接到解放区，周原从此以革命部队为家。1945年周原加入了中国共产党，1947年他到开封做地下工作，1948年开封解放后，组织上派他当区委书记，周原却选择了新闻工作，成为新华社开封分社的一名记者，时年20岁。

1952年，周原结束随军南下的采访任务回到北京，组织上安排他留在总社做记者，可他不安心。他想，当记者就应该到基层去，只有在那里才能采集到最能反映生活本质的新闻。他向组织申请："我热切向往基层的新事物、新空气。"

组织上批准了他的恳求，1956年他携妻带子回到河南分社。一头扎进了建国以后我国第一个大型工程——三门峡水利枢纽工程的报道中。

周原是一个一接触生活就会迸出火花的人。进入采访后，他很快发现了问题。当时工程还没有正式动工，先是在离工地 20 多里以外的地方建一座城市，浪费现象惊人。他坐不住了，一连给中央写了三篇内参，反映问题。他在内参中尖锐地指出："铺张浪费是官僚主义造成的恶果。"

被触及的有关当权者暴怒。

这一年反"右"斗争开始。周原遭到报复。一顶"攻击社会主义"的帽子横天飞来，他被打成"右派"，开除党籍，接受批判。

性情刚烈的周原，不甘受辱，举刀断指，写下"血书"，表达对革命的忠诚。

他招致更为惨烈的批斗。

当时的河南分社领导胡敏如见此情景，深为悲悯，偷偷托人把他送到林县县委书记杨贵那里，杨贵又把他送到了一个山村的农民家里，终是九死一生。

很多年后，周原曾自述那时的心境：

> 一腔愤怒，在人的身上造成的力量是不可估量的。无理的迫害，只能使弱者躺倒。能在遭难时站立起来，才是生活的强者。只要自己不放弃努力，什么也剥夺不了生活本身的力量。

1962 年春节前，随着政治形势变化，周原成为"摘帽右派"，回到新华社河南分社，恢复了记者工作。

他对生活依然保持着特别的嗅觉系统，只要投入其中，就能感觉到时代的脉搏。

这年春天，在河南一次会议上，他听了新乡县七里营公社刘庄村党支部书记史来贺的发言，立刻意识到那里有新闻。他奔赴刘庄，采访了一个星期，写出了通讯《刘庄的道路》。这是一篇歌颂刘庄人大公无私，在国家最困难时期将余粮余棉自觉卖给国家，支持社会主义建设的稿子。这种国家有难、百姓尽责的爱国主义典型，紧紧扣住了时代的主题。《人民日报》配发社论在头版头条刊用。

这是周原从农村改造后回到分社的第一篇作品；而更重要的是，这是刘庄第一次走向全国，后来刘庄成了名扬全国的社会主义新农村典型，史来贺的名字从那时起响遍全国，成为优秀共产党员典范。

其后，他和冯健一起采写的另一新闻名篇《管得宽》，被选进中小学教材。

这样一个优秀的记者，理当是分社的宝贝。但是处于“左”倾思潮统治的年代，在某些领导眼里，“摘帽右派”仍然是右派，属于另类。所以在与穆青见面的座谈会上，他事先没有被安排发言。

穆青一直佩服这条硬汉子，喜欢他性格率直，特别欣赏他深入群众、善于在基层采访的本事。他向他发问：

“周原，你为什么一言不发？”

“没有指定我发言。”周原实话实说。

“你谈吧。”穆青口气不容置疑。

周原心头一震：也有不嫌弃“摘帽右派”的领导？

接下来，他把自己近期在豫北原阳、延津、封丘等灾区采访7个月的情况，倒了个底朝天。他说：“灾区的确困难重重，但也有积极因素，关键在于地县两级领导只看到消极面，有的甚至放弃领导。”

他讲了一个故事：原阳县农村有位老太太，经常在粮店一坐就是半天。工作人员问她坐在这里干什么？她说，俺年年吃国家的救济粮，啥时候能提一兜自己种的粮食来这里坐坐，心里也舒坦些。

穆青听着听着激动起来。周原谈的与他想的正在一个点上。他插话："在河南当记者，不去灾区采访，就不是一个好记者！"他以否定的形式对周原做出肯定。

第二天，穆青一行去了西安。临走他让分社领导给周原留下话，叫他先到豫东灾区摸摸情况，物色几个采访线索，10 天后他们回来听取汇报。

周原的心热了。8 年右派，黑锅压身，受尽屈辱，谁愿沾他的边？而今穆青不单沾了他的边，而且信任他，给他压担子。一个人在逆境中遇到的知遇之恩是难以忘怀的，几十年之后，已是七十多岁的周原，谈及当年这一幕往事依然泪眼婆娑：

我感激穆青。在感情上我一辈子也忘不了他！

穆青一生很少给人做锦上添花的事，他做的更多的就是这种雪天送炭。这是他的情感，更是他的品格。无论是他的朋友，还是对他有不同意见者，对此，都绝无二话。

周原在穆青走后的当天就直奔豫东灾区。

穆青为什么选定豫东灾区？或许他是被周原讲的灾区人民的那种闪光点所触动，或许是因为他对豫东灾区——自己家乡的苦难有所了解；或许他早有考虑，但无论如何，这看似不经意的决定，已经蕴藏着发现。

豫东是河南重中之重的灾区。这里有历史遗留下的三害：内涝、风沙、盐碱。自南宋以来，横穿豫东的黄河屡屡决口，十年九灾。旱时禾苗枯焦，涝时平地行舟。起伏的沙丘连绵无际，寸草难生，酷似戈壁沙漠。盐碱滩里则是"风吹白云起，六月遍地雪"，夜里走路不用打灯笼。

穆青了解豫东人民的苦难，更知道豫东人民身上那股子百折不挠的顽强。他坚信，在豫东灾区一定有比灾情更强硬的东西！

豫东对于周原是陌生的，他还没来过这一带。他坐上长途汽车第一站到达杞县。县里正在开公社三级书记会议，县委书记不谈，说晚上要看戏，没空，派了个水利局局长来应付。一无所获，周原着急，第二天天蒙蒙亮就跑到汽车站，在小食摊上刚吃了一碗元宵，只见一辆车子正要开，他“噌”地跳了上去。

车开出去好远，他才问：“这车是去哪儿？”

售票员奇怪地扫了他一眼，冷冷地回答：“兰考。”

“兰考就兰考，反正还在豫东圈里。”周原想着，心里踏实了。

他掏出空白介绍信，在颠簸的车厢里，一笔一画填写起来。

车到兰考，周原摸到县委大院，迎面碰上县里新闻干事刘俊生。

刘俊生把周原领到办公室。

周原说明来意：“我们新华社副社长穆青同志，想写一篇改变灾区面貌的报道，他让我先探探路，打个前站，摸摸线索……”

刘俊生抢过话头就说：“兰考开展除‘三害’斗争，把俺们县委书记都活活累死了！”

周原一愣，忙问：“谁？”

“焦裕禄！”

说着，刘俊生从床底下抱出了一堆破棉鞋、破袜子、破衣服，旁边还有一张破藤椅。这些都是焦裕禄的遗物。办公桌的玻璃板底下压着一张字条：“兰考人民多奇志，敢叫日月换新天”。这是焦裕禄临终前准备写的一篇文章题目，内容他还没有来得及动笔。

接下去的日子，周原哭肿了眼睛。

刘俊生孩子般呜呜地哭诉；县长张钦礼抹着泪珠子一口气20多个小时的回忆，一一让他痛断肝肠。他没有想到自己随意乘车来到的兰考，竟有这样一个顶天立地的共产党人！

为了证实这一切都是真的，他拉着张钦礼去了张庄，他要从这个县长身上做最后的验证。张庄是张钦礼蹲过的点，在点上最能看出一个干部的为人，从而便能推断出他所说的一切是否可以相信。

走到张庄村口，遇到一位白发苍苍的老人。

“大娘，我来看您。”张钦礼招呼道。

“哎，听声音像是张县长吧？”老人颤巍巍地伸出手。“老张，你走近点，我想摸摸你的脸，瘦了……”

县长伏下身子，像儿子贴在母亲的怀里。

周原胸口发热。

中午吃饭，桌上摆出一大碗热气腾腾的鸡汤。周原心里一凉。

这时，张钦礼进屋，看见鸡汤，色变，命人端下。可是谁也不吭声，只见在场的五位老贫农哗哗地淌眼泪。

周原问：“你们咋了？”

原来这碗鸡汤有来由。

一位老人抹着眼泪说：“张县长在俺这里蹲点，和俺们一起封沙丘。吃‘派饭’时，没有吃的，那时家家都在外面要饭，他就顿顿和俺们一起吃那要来的‘百家饭’。他走后，俺们大哭一场，发誓等生活好转了，一定要煮只老母鸡给县长补补身子。可他……”

周原心里酸酸的，他踏实了。

12 天之后，周原回到郑州。穆青一行刚好从西安回来。一见面，穆青就从周原的眼睛里知道：灾区有金。

不过，他们的时间表至少晚了一年。他们刚刚得知，1964 年 11 月 20 日，《人民日报》已经发表过由新华社河南分社记者张应先、鲁保国等人写的焦裕禄的人物通讯。《河南日报》转载了这个通讯，还配发了社论。

穆青找来那份《河南日报》读了一遍，挥挥手：“计划不变!”

翌日，省委派出一辆北京吉普，分社领导与穆青等人同行。上车前，那位领导不想让“摘帽右派”参加，瞅着周原说：“他去干什么？车子坐不下。”穆青不悦，接话：“我汇报还没听完呢。你坐前排，我们几个在后面挤挤。”结果后座上挤了穆青、冯健、杨居人、周原四条汉子。车子开动了，穆青再一次发话：“咱们这个采访组，秘书长是周原。在哪些县停，每个县停留多长时间，不在哪儿停，统统由周原统一安排。”

车子在寒风料峭的中原大地上飞奔。

生者与死者

开封——杞县——睢县——宁陵——民权，穆青一行乘坐的吉普车一路走过。按照周原的安排，他们在这些地方只有短暂停留。

那一日，车子终于驶进兰考境地。

兰考是一个古县城，据说最早可以追溯到汉章帝时代。它方圆1800多平方公里，90多万亩土地，位于黄河边上，黄河历次改道都由这里经过，现存黄河故道就有三条。连年不断的沙荒、盐碱、内涝、水灾使兰考成为豫东重灾区中的“黑锅底”。12年中全县36万人，逃出去的有3万8千人，剩下的全部靠国家救济活命。在河南一带，提起“兰考大爷”、“蹬大轮”无人不晓。第一个称呼，是因为出去逃荒的人走到哪儿，人家问：“哪里的？”便答：“兰考的，大爷。”到处是这样的回答，由此被笑传为“兰考大爷”。第二个称呼，是因为每逢麦收之后，兰考人成群结队地扒货车外出逃荒，于是被人戏称“蹬大轮”。

1962年12月，焦裕禄来到兰考上任县委书记，1964年5月14日病逝，终年42岁。一段如此短暂的人生轨迹，将会向后来的人讲述什么呢？

1965年12月17日上午，穆青一行走进兰考县委大院。

大院里有两排破旧的平房，白花花的盐碱漫地而生，爬上墙头、窗台，红砖墙被盐碱咬蚀得斑驳鳞体，有的地方成了白粉。

院子中央有一棵不高的石榴树，在满地盐碱的衬托下，就像一株褐色的铁枝。

县委会议室内正面墙上挂着马、恩、列、斯、毛的画像，西面墙上有一只老式挂钟，钟摆“嘀嗒嘀嗒”地在走动。屋子中间是一个破旧的长方形的木桌，两面对摆着几张破木条钉起来的连椅。

穆青感觉有一种熟悉而又遥远的气息在四周弥漫着，他静默无言。

张钦礼、刘俊生，还有焦裕禄的秘书李忠修有些紧张，兰考这个穷县很少有记者来，可今天……他们把已经熟识的周原悄悄拉到一边，问：“没想到来了这么多北京的大记者，这该咋个讲法？”

周原说：“你们第一次怎么跟我讲的，就怎么跟他们讲。是啥说啥，一句不要夸大。”

“讲焦书记还用夸大？”三个人的眼圈红了。

他们拿出了珍藏的焦裕禄的三件遗物，一双旧棉鞋，一双破袜子，一把破藤椅，还有焦裕禄生前仅有的几张照片。照片上的这位县委书记清癯、消瘦，有一双沉静而深邃的眼睛。

时光在这一刻倒流……

……那晚下大雪，我看见焦书记房间里的灯光亮了一夜。大清早他挨门把我们干部叫醒，干啥？他说快去看看老百姓，“在这大雪封门的时候，共产党员应该出现在群众面前！”这一天焦书记硬是忍着病痛，在没膝的雪地里转了九个村子。在许楼村一间低矮的茅屋内，一个无儿无女的瞎眼老大娘问他，“你是谁？”焦书记答，“我是你的儿子！”

……那次暴雨下了七天七夜，焦书记一刻不停，打着伞在大水里奔来奔去，亲自测绘洪水的流向图。到了吃饭的时候，村干部张罗着要给他派饭。焦书记吃过灾民讨来的“百家饭”，喝过社员家的野菜汤，可这会儿他说啥也不吃。为啥，他说下雨天，群众缺烧了。

……焦书记家里也困难，没条像样的被子，烂得不行了翻过来盖。我们县里补助他三斤棉花票，他就是不要，说群众比他更困难。

……他后来被查出肝癌，人都不行了，还在病床上念叨，张庄的沙丘，赵垛楼的庄稼，老韩陵的泡桐树。临死前还要我们去拿把盐碱地的麦穗给他看一眼。

……焦书记得病的消息传开后，四乡八村的老百姓涌到县委，都来问焦书记住在哪家医院，非要到病房里去看看他。县里干部劝也不听，东村刚走，西庄的又来了。后来焦书记的遗体运回兰考，老百姓扑在他的墓上，手抠进坟头的黄土里，哭天哭地地喊：回来呀回来……有个叫靳梅英的老大娘，听说焦书记去世了，大黑天摸到县城，看见宣传栏里有焦书记的遗像，不走了，就坐在马路上，呆呆地看着遗像一动不动。那时，天上正下着雪……

伤痛、伤痛、依然是伤痛！心被撞击着！撕扯着！震撼着！一屋子记者早已哭成泪人。

穆青悲恸得不能自持，他站起身，在屋子里不停地来回走动，眼泪抹了一把又一把。

中午，炊事员做好了饭，谁也没去吃，一个个都在哭。

下午继续谈，更不行，一开口就哭，伤心得连钢笔都捏不住。

晚饭热了又凉，无人动筷，咽不下。

窗外夜幕降临，寒气愈加浓重，北风呼呼作响。穆青站在一盆炭火前，望着蓝色的火焰，心里翻江倒海。

周原推门进屋。穆青劈头吼道："写！现在就写！立即写出来！"

"谁写？"

"你写！"

"不等迁坟了？"

"马上写！"

"怎么写？"

"就原原本本地写。这么一个县委书记很少见到。他这么全心全意为人民服务，群众又这么热爱他，怀念他。在他身上体现了一个共产党员全部的优秀品质。一个共产党员应该做到的他全做到了。我们一定要把他写出来！再笨也要把他写出来！不把他写出来，我们就对不起人民！"

他接着说："今晚继续召开座谈会，把县委了解焦裕禄的人召集起来继续谈。"

当晚，参加座谈的人除了张钦礼、刘俊生、李忠修，还有除"三害"办公室主任卓兴隆，经常跟焦裕禄下乡的张士，以及陪焦裕禄看病的赵文选等。哭声、谈话声一直持续到深夜……

穆青一夜无眠。寒风吹打着窗纸，细细的黄沙从门缝、窗隙间钻进来，静静地落在脸上、被子上。他蜷缩在被窝里，一闭上眼睛，焦裕禄的面孔就在眼前晃动。

焦裕禄，山东人，1922 年出生，小穆青一岁，年轻时参加革命。作为与穆青经历了同一段革命历史的同一代的共产党人，穆青对这位已故的县委书记有着太深的理解，太多的感受。

焦裕禄是在兰考遭受空前自然灾害的关头，毅然接下党交给的重担。他说："穷不怕，困难也不怕，越是穷，越是困难，越能锻炼人的革命意志，培养人的革命品格。共产党员，就是要在困难中逞英雄嘛！"这是多么熟悉的话语。穆青想起三年困难时期，他在国内部报道会议上讲的话："我们在物质上不行了，但我们的精神不能垮！我们要在困难面前逞英雄！"

焦裕禄在狂风暴雪的冬夜，带着县里的干部来到火车站，面对着眼前扶老携幼逃难的灾民，他沉痛地说："党把担子交给我们了，把群众交给我们了，我们不能领导群众去战胜灾荒，反而让他们流离失所，这是我们的失职，是我们最大的责任！"责任，这两个字让穆青脸上发烧。他想起了清凉山上那个夜晚，博古对失职的报社记者们的严厉批评。就是从那个晚上，穆青牢记下自己的责任。

焦裕禄风雪天访贫问苦，当那位双目失明的老人问他："你是谁啊？"他俯下身回答："我是你的儿子。"这句话让穆青痛断心肠。他想起战火年代那些为了保护八路军牺牲的百姓；想起南下途中那些推着小车、担着挑子的支前民工；想起雪原小屋那个把他的冻脚捂在怀里的老大爷……"我也是人民的儿子啊！"

"焦裕禄，好同志，好兄弟，我们有太多共同的理想，我们有太多共同的责任，我们有太多共同的感情！然而你更忘我，更纯粹，更高尚！"

穆青的泪水洒满枕头。许久以来积蓄在他心底的种种寻找、期待、思考、情感……这一刻，如长河决堤。

生者与死者永无相见。但生者与死者的心灵终可交融。在这个冬天的晚上，穆青与焦裕禄——一个生者和一个死者，一个新华社首席记者和一个县委书记，一个共产党人和另一个共产党人，他们的灵魂紧紧相拥！

1986 年重返兰考时，穆青双手拥抱住焦裕禄当年亲手种下的泡桐树。

太阳出来了，已是新的一天。

周原继续在县里基层采访。

穆青一行，先是去了黄河拐弯处的险地东坝头，之后又去了韩庄、张庄等村子。在韩庄他们到了老贫农肖位芬的家，他正在吃馍，一提焦书记，一口馍就是咽不下，吐了出来。他流着泪讲述了焦书记坐在地铺上和他扯了三天三夜的情景。焦裕禄正是听了这位老人的建议，在兰考大栽泡桐，取名“兰桐”。肖位芬指着屋前大片的泡桐林说：“焦书记要是活着，看到这些林子，他该多高兴……”

张庄是焦裕禄提出“贴膏药扎针”封沙丘办法的第一个试验点。这里原是清朝的黄河故道，有一个沙丘叫“九米九”，走上去，沙子流进鞋窝。“九米九”旁有个下马台，这里过去有一个彭庄，被沙丘埋没了。苦大仇深的看林人赵发财对穆青说，他爷爷想发财，穷死了；爹爹也想发财了，生了他就取名赵发财。来了焦书记领着封沙丘，用胶泥糊，再栽上洋槐树，叫“贴膏药”、“扎针”，又把封住的水井挖出了，河也挖开了，又种上了果园，现在真要发财了！

在姬庆云家的牛屋里，穆青听他讲述了焦书记和村里人一起翻淤压沙。吃派饭时，就吃各处要来的“百家饭”。姬庆云说着哭着，一把鼻涕一把泪……

穆青在村里所见所闻，再一次感受着焦裕禄——这位死去的共产党人的不朽。

兰考成为穆青一行人情感无法承受之地，他们在这里吃不下、睡不着，开口就想哭，去哪儿都泪流。最终，穆青决定，离开兰考，去距此地最近的开封写稿。

这一天早饭后，穆青一行离开兰考，到达开封。

当晚讨论稿子。

他们碰到的第一个问题是写不写灾荒？

这在后代人看来简直算不了什么问题。灾荒有什么不可写的？然而在此时，它却是一个不成文的清规戒律。不要说大的自然灾害，就是飞机失事，山体滑坡诸如此类，都是不能随便报道的，要报，必须要有上面的指示。国防部长彭德怀等高级官员，当年被革除官职的重要原因之一，就是因为如实反映了灾情，这叫“给社会主义抹黑”。

眼下，穆青想：焦裕禄上任的关口，正是兰考灾难最严重的时候，县里的4个火车站，天天挤满了外出逃荒要饭的灾民，见什么车扒什么车，夏天回来了冬天又走了，兰考在河南被称为“铁道游击队的故乡”。这都是事实啊！焦裕禄正是在这样的困境中来到兰考，带领兰考人民顽强抗灾，喊出了“兰考人民多奇志，敢叫日月换新天”的豪迈誓言。如果不写灾荒，又哪来的焦裕禄呢？

穆青思忖良久，决定：“写！”

稿子棘手的第二个问题，是写不写阶级斗争？这又是一条犯忌的问题。曾任新华社社长的朱穆之多年后回忆那段形势时说：

> 党的八大以后，明确要搞经济建设，到了八大二次会议又转了。因为当时毛主席在党内提出整风，主要是整官僚主义主观主义。结果整风放出许多比较偏激的意见，毛主席一看，觉得不行，认为思想领域谁战胜谁的问题还没解决，主要矛盾还是阶级斗争。于是，国家从主要搞经济建设转为搞阶级斗争。

就是在这个时候，毛主席提出“阶级斗争必须年年讲，月月讲，天天讲”，“要以阶级斗争为纲”。

在这种形势下，如果不写阶级斗争，风险很大。

但是穆青想，兰考当时面临的主要矛盾是饿死人还是靠双手改造环境，确实没有搞阶级斗争。没有的东西怎能乱写？

穆青终于作出决定：“兰考没有阶级斗争，我们不写！”

拦路虎被扫除。

在穆青的内心，真的没有一点顾忌吗？有的。多年后从他留下的一本采访笔记里可以看到，里面记录的当时兰考的贫困情况比稿子里写出的要悲惨得多。不仅仅一般的老百姓靠讨“百家饭”度日，就是焦裕禄、张钦礼等这些国家干部，也时常要靠讨来的“百家饭”充饥。没有写这些，不是穆青的过失。他已经迈出了在那个年代需要有足够的胆识和勇气才能迈出的一大步。这一步，是靠了20年前清凉山在他心中奠定的“实事求是”的信念，这是他不曾动摇的。

周原很多年后讲过这样一句话：

> 没有穆青参加，这篇稿子是发不出来的。他的地位和权势决定了他在这中间要担当很多东西。

开封交际处（国际旅行社）二层的5个房间，彻夜明灯。

穆青给每个人分配了任务，周原写焦裕禄通讯初稿，冯健写一路跑下来的豫东抗灾全景通讯，另外两个人写评论。穆青不停地在几个房间走动，像个“监工”。半夜他走进周原的房间，看到稿纸上有一句话：“他心里装着全体兰考人民，惟独没有他自己”，不禁击掌叫绝：“好！这样的话多来几句！”

后半夜，穆青见他们4个人写得正酣，便在自己的屋里埋头记日记。这已是他多年的习惯了。在这一天的日记中，他一边流泪一边记下采访焦裕禄这些日子的种种印象、感受。这些文字有的后来就用进了那篇通讯中。“文革”抄家时，他所有的采访资料几乎丧失殆尽，一天他偶然从儿子的课本堆中发现了这本日记，上面斑斑泪痕依稀可见。

1994 年 5 月，穆青、冯健、周原与焦裕禄的部分亲属合影。

1990 年 6 月，穆青、冯健、周原在兰考焦裕禄生前种的泡桐树前合影。

这期间有一个小插曲。家住开封的穆青的大姐穆镜涵得知弟弟来此地写稿，便到宾馆看他。只见弟弟双目红肿，两颊塌陷，站在那里一动，挽着的裤腿上沙土直往下掉。她心疼得不得了。再看看一行人个个都一样。那时候宾馆伙食清汤寡水，于是她回家烙了饼，又在街上买了一只烧鸡，送到宾馆给他们当夜宵。“文革”中这成为穆青的一条罪状，说他带着一群记者住高级宾馆吃烧鸡，大吃大喝。此辱令穆青恶心了很久。这是后话。

一天一夜没有停笔，一万二千字的初稿，周原挥泪一气呵成。

穆青、冯健带着这份初稿回到北京。

穆青首先向吴冷西汇报。当时吴冷西是新华社社长和《人民日报》总编辑。那天吴冷西很忙，他对穆青说：“没空。”“只要半个小时。”穆青坚持。半个小时的汇报后，吴冷西被深深地打动了。他站起来，连声说：“写！发！”对穆青提出的一要写自然灾害二不写阶级斗争的意见，他完全同意。同时，吴冷西让他先在新华社内部做个报告。结果那场报告，台上的穆青泣不成声，台下的听众哭声一片。

稿子先由冯健修改，再由穆青修改。

北京其时已入三九。每天夜晚穆青穿着棉衣、棉裤坐在桌前改稿，后半夜气温降至零下十几摄氏度，寒气逼人，他就干脆钻进被窝里，头靠着墙，双手端着稿子改，一段一段字斟句酌。床头那盏台灯彻夜不息。日子长了，床头的白灰墙壁上竟然磨出一块巴掌大的脑油印。他后来曾回忆这一段情景：

> 满脑子都是他，耳朵里回响的是他的声音，眼睛里看到是他的形象，如醉如痴一样。

稿子改到第5遍，他们拿给了吴冷西。吴冷西看了稿子，一边流泪一边对家人说："多少年没有看过这么感人至深的作品了。"但是他觉得稿子的结尾"哭坟"一段写得太悲惨，太压抑。他建议："应该有一点昂扬的气概，尾巴不能耷拉下去，要翘起来。"

尽管穆青还真有点舍不得删那段动人心魄的结尾，但认为吴冷西的建议是正确的，便忍痛割爱。

第 7 稿改好，穆青再拿给吴冷西看。吴冷西通过。

穆青让人把稿子打出清样，寄给周原，让他带着稿子到兰考核对。一再嘱咐："必须保证全部事实绝对无误。"

周原带着稿子到兰考，正赶上县委召开公社、大队、生产队三级干部大会。张钦礼拿着稿子在大会上念，刚一念就泪流不止，念不下去了。卓兴隆接过来念，他哭得更厉害。周原只好自己念，中间几次哽咽无语。就这样，一篇稿了换了三个人才念完。在场两千多干部哭成一片。最后除订正了几个人名地点，大家都认为事实全部准确，一致举手通过。

稿子终于完成了。在穆青的感觉中，就好像是随着这位死者、这位优秀的共产党人、这位心灵的至交重新活过一遍，他心中许许多多的东西都在焦裕禄的身上找到了。

正像他后来与青年记者谈心时说过的：

> 我们是把他作为一个共产党员的典型来写的。突出了他作为一个党员领导干部身上的许多优秀品质。这是一个真正的共产党员的形象，我们三个人是含着热泪写这篇文章的，我们把全部的思想感情都融入到焦裕禄的事迹里面去了。为什么？因为他体现了我们的思想。

生者与死者心灵的相拥相融，构成了这篇重要稿件独具魅力的情感力量。

稿子最后决定要发的时候，由于当时的政治气候，是否能如实地反映兰考的灾荒，实事求是地对待所谓阶级斗争等敏感问题，吴冷西感觉难以最后做主。于是他带着穆青找到此时主持中央书记处工作的彭真同志，当面陈述了他们的观点。

彭真拍板：发！

感动中国

1966年2月7日清晨。北京。中央人民广播电台录音室里，气氛凝重。

长篇通讯《县委书记的榜样——焦裕禄》就要播出，可是录音制作却遇到了前所未有的艰难局面，稿子还未念完一半，中国头牌播音员齐越已泣不成声……

中断。中断。录音不得不一次一次中断。到后来连录音编辑都挺不住了，趴在操作台上长哭不起。闻讯赶来的几十位播音员、电台干部，肃立在录音室窗外，静静地听，默默地看，悄悄地擦眼泪。

终于齐越念到最后一句：

> 焦裕禄同志，……你没有死，你将永远活在千万人的心里！

千千万万人听到了，千千万万颗心震颤了，山河为之动容，泪飞顿作倾盆雨……

这天上午，一个伟大的名字传遍了中国。

这一刻，兰考的街头闹市变得鸦雀无声。哪里能听到广播，人们就伫立在哪里。这一天晚上，整整一夜，县邮电局一刻不停地接到电话，询问刊载焦裕禄事迹的报纸来了没有。第二天天未亮，寒风中等候在邮局门口的队伍一眼望不到头。

华北平原上一个叫王文华的普通农民听了广播，给中央人民广播电台的播音员写信，信中错别字很多，信封连自己的县名也没写上，信却写得烫人心窝：

敬爱的广播员同志：

我是中越公社霍营大队梁庄生产队的贫民社员，我听到你们广播的县委书记焦裕禄同志的光辉事迹，使我深受感动。我一连听了三遍还是听不够，我又组织全家听了两次，晚饭后我们全家开始讨论，题目是“焦书记为谁死的？他为什么这样不要命地工作？”大家认为焦书记的死是为我们穷人过好日子，他代（带）着病风里来雨里去，不怕辛苦不怕累，为了我们贫农过上幸福的生活牺牲了自己的生命，虽然他人死了，但是他的精神永远是存在的。我们表示要以实际行动追念这位永垂不朽的好干部。最后敬希你们多扩（广）播几次，特此敬礼。

文化小（少），白字多，请原谅

社员：王文华

二月十一日

这一天，全中国工厂、农村、机关、学校、部队、商店，全中国的男人、女人、青年、少年都在用眼泪表达着共同的感动。一位省委书记哭着吼道：“听了‘焦裕禄’，不流泪的不是共产党员！”

这一天，胡乔木在上海读到报纸，当晚让秘书东生给穆青打来电话，表示祝贺。他说，这篇通讯写得很好，非常感人。新华社应该多发这类宣传先进典型的报道，以榜样的力量鼓舞群众前进。他建议新华社要做连续报道。

这一天，《人民日报》总编室值班的副总编辑李庄，感动之余还有一种“雪中送炭”的谢意。《人民日报》自 1965 年 10 月开办了“实现县委领导革命化”的讨论专栏，全国 2000 多个县，就有 904 个县委领导同志写文章，有些问题谈得很深。但为时不久，李庄感到这个专栏越办越难。原因是姚文元的《评新编历史剧“海瑞罢官”》发表了，他所景仰的几位领导人受到严厉批判和处理。“阶级斗争为纲”喊得震天响。他担心会出什么事，为作者和报社着想，意欲偃旗息鼓，又不甘心。正在犹豫之时，“焦裕禄”给他推出一个好榜样，有了好题目。

在刊登这篇通讯的当天，《人民日报》配合发表社论《向毛泽东的好学生——焦裕禄学习》，接着在不到一个月的时间内，又连续发表了 7 篇社论：《要有更多这样的好干部》（2 月 9 日）、《最可贵的阶级感情》（2 月 12 日）、《在用字上狠下工夫》（2 月 13 日）、《用整风精神学习》（2 月 14 日）、《调查就是解决问题》（2 月 20 日）、《最有力的领导》（2 月 23 日）、《思想改造永无止境》（3 月 3 日）。报社把“实现县委领导革命化”的讨论同学习焦裕禄结合起来谈，内容更加扎实，也避开了某些当时不好说的政策问题。

中央各部委，全国各大中央局，中央军委各总部，各省、市、自治区，各大军区，乃至地、市、县，都纷纷做出各级领导干部向焦裕禄同志学习的决定。

兰考成为全国人民瞩目的中心。一批批的记者往兰考结集；一批批的作家、画家、导演、演员…… 也在往兰考跑；还有成千上万的干部、工人、学生…… 都向兰考奔去。

途经兰考的快车本来在兰考是不停站的，当时，滞留在郑州火车站等候慢车的乘客人山人海。铁道部为此作出特别决定：所有的快车在兰考一律停车；同时增开郑州至兰考的专线列车，每天早上 6 点从郑州出发，下午 6 点从兰考返回。

兰考县委每天接到来自天南地北的信件堆积成山。有的寄来御寒的衣物，有的要求到兰考最艰苦的地方经受锻炼。

有一封来自吉林边远地区的信，激情澎湃地写道："请给我寄来兰考大地上的一撮沙土吧，焦裕禄同志曾为它献出了自己的生命，我要把它当做鞭策自己的力量!"

有一位不安心艰苦地区工作的同志，用鲜血写下了几个大字："决心干一辈子!"

一位化名"豫松"的人寄来 600 本书和钱款。县委把书留下，钱款按原地址退回。

但是更多的汇款却是无法退回。有一封 1000 元的汇款单，地址是"东半球"，汇款人是"余学焦"。

焦裕禄如一颗精神原子弹，炸响在华夏的土地上，他使每一个中国人都感受到灵魂的震荡。他让许许多多的人懂得，人应该如何生，如何死。

焦裕禄如寒冷中的熊熊烈火，烧热了千千万万中国人的心。他分赠他们的是一种勇气，一种奋斗的欢乐。

焦裕禄如一股温暖的风，抚慰了千千万万人心底的隐痛。他让人们感受到了在阶级斗争高压下久违了的共产党人深厚的人性。

焦裕禄如一杆高高飘扬的旗帜，他昭示着无数的人民挺起腰杆，冲破艰难险阻，奔向胜利!

焦裕禄是不死的。因为他正是中华民族的心魂。

第六章 那是个冬季

这一天，穆青在家门口的大杨树下站了很久。寒风吹动着他已经谢顶的缕缕稀疏的头发，一夜之间，人仿佛苍老了许多。很多年以后，他还记得，这一刻，他在心里默默地念出鲁迅的《自题小像》……

在黑暗的深渊里，心高昂着头

新华社所在的北京市宣武门西大街，旧时称国会街，民国初年的“国会议会大厦”就坐落在这条街上。它青砖青瓦，不太显眼，却饱览历史风云。这里曾上演过现代史上臭名昭著的曹锟贿选“五千大洋一张选票”买得“大总统”乌纱帽的闹剧。1913年前后，国民党为在国会议员中发展势力，还在此摆桌设案“填表即入党”。北洋政府倒台后，它也从喧闹归于平静，成为北京大学四分院。新中国成立后，这座“国会议场”成为新华社大礼堂。

穆青时常出入其中，他在这里听过报告，也做过报告。1966年1月，他从兰考采访归来，就是在这里流着泪向全社职工报告了焦裕禄的感人事迹。

历史常有出其不意的闹剧上演，即便是在阳光照耀下的共和国国土上。

1966年8月9日，穆青的头被人扣上用纸糊制的高帽子，脖子上挂着写有“打倒黑帮分子穆青”的标语牌，反剪胳臂，身体向前弯曲，成“喷气式飞机”状，又一次站在了他所熟悉的这座礼堂的台上。同台登场的有副社长朱穆之、缪海稜、邓岗、石少华和一批中层领导干部。“文革”风暴的骤起，使他们一夜之间成为“不齿于人类的狗屎堆”，被揪出示众。

这个时间，距离焦裕禄的稿子发出仅仅6个月又2天。

穆青出奇地镇静，他很快就想到了当年延安的“抢救运动”，只是眼下所发生的一切似乎比那一次来得更激烈，更残酷。

这时的新华社已经是硝烟弥漫。楼道里、走廊上、礼堂、食堂、临时搭建的席棚上，到处都糊满了大字报和标语：“揪出新华社内反革命黑帮！”“横扫一切牛鬼蛇神！”“誓将无产阶级文化大革命进行到底！”

这一天，朱穆之、缪海稜、邓岗、石少华、穆青等这些新华社的“黑帮”们被连续批斗 4 小时之久，又围着新华社的院子游街三圈。邓岗年大体弱，经不起这样的折腾，昏倒在地，批斗者们冷眼相看，无人理睬。穆青上前把他扶起来。愤怒令穆青以不低头表达内心的抗争，他立即尝到苦头，脖子上拴着标语牌的细钢丝被人狠狠地勒了几把，脖颈间顿时皮破血流，手腕也被抓扯得鲜血淋漓。

他对批斗者大声说：“这不符合党的政策！”

批斗者冷笑：“你还配要什么政策？”

穆青的确没有想到，这场风暴不但比“延安抢救运动”更激烈，更残酷，而且其黑白颠倒、是非混淆的程度也是空前的。在“穆青是修正主义的吹鼓手、二月逆流的黑干将”的通栏标题下，他的罪状被一一罗织。

其一，他“光抓稿子，不抓脑子”，是“白专道路”的典型。

其二，他是贺龙的“二月逆流”的黑干将。因为他早年在贺龙的 120 师当过兵；《县委书记的榜样—— 焦裕禄》又刚好发表在 1966 年的 2 月，这正是与贺龙、彭真的所谓“二月兵变”遥相呼应，密谋策反的有力罪证。

其三，他一手炮制了“焦裕禄”这棵大毒草。稿子避而不谈阶级斗争，却大肆描绘自然灾害，借以“攻击党的领导，给社会主义抹黑”等等。

在一个黑白颠倒的疯狂世界，语言除了谩骂、侮辱、强奸民意，再没有任何功能。穆青愤怒而沉默着。

他这时候还不知道，几乎是在同一时间，河南分社的周原也被人揪上街头示众。揪斗者们举着他当年断指写下“血书”的那只残手，大声吆喝：“看呦，老右派周原就是用这只手写下了大毒草‘焦裕禄’的！”

“以太阳的名义，黑暗在公开地掠夺”。这是一个没有廉耻的时代。

游行示众的第二天，穆青被抄家。当时他住在北京皇亭子新华社宿舍21号楼二层的一个单元。造反派一进门，看到了墙上挂着穆青在内蒙古大草原骑马的一张照片，从鼻子里哼出：“你这个走资派还这么神气？”立刻上前把照片扯下来，摔在地下，又踏上一只脚狠狠地踩了几下。接着把家里仅有一个花瓶、台灯也全部摔烂了。

穆青质问：“为什么要摔这些东西？”

他们反问：“贫下中农家里有没有？”

穆青平日收集的一书柜中外文学名著，也被他们作为“封、资、修”的黑货全部拉走。

最后，他们还要勒令这个“走资派”交出“吸人民血汗”的钱款来。结果，翻箱倒柜找不到一张存款单，只翻出一张300元钱的借条，那是穆青为给生病的父亲买药向国内部借下的。造反派大怒，逼他立刻还债。穆青无奈，只好把大儿子东平准备买自行车攒下的80元钱拿了出来。

这时本来就十分简朴的家已是一贫如洗，屋里只剩下一张床，两把椅子，一个小饭桌。然而就是这个家也待不住了，造反派限令他们24小时内滚出去。

第二天，穆青带着一家人搬进了宿舍区里刚刚给建筑工人临时搭建起来的简易工棚，一间半房间，黄土地面泛着潮气和霉味，地面和墙上抹的水泥还没有干。

从此，穆青开始了另一种生活。

1961 年，穆青在内蒙古草原。

他的“出入证”被没收了，发了一块小牌子戴在胸前，上面写着“坦白从宽，抗拒从严”。他每天去社基建队接受“劳动改造”，扛水泥，搬砖，挖土，打扫厕所……偶尔还被派去给在职的人搬家。有一家不知是否出于要彻底改造“黑帮”的想法，曾执意让他端尿壶，令他深受侮辱。

他更主要的任务是要随时接受批斗，有时几个战斗组织同一天开批斗会，他就得像赶场一样，这一边被批完了，再接着去那一边继续挨批。碰到批判会密集，他竟会被当成“战利品”由几个战斗队抢来抢去，抢到的便找个小黑屋把他藏起来，以备独自“批用”。

那些日子穆青剃光了头发，没有头发供批斗者们揪抓，他可以少受一点罪。

这一天，他患感冒发高烧，被几个人强行拉到批斗会场，他站在批斗台上，两腿发软，头上直冒冷汗，不知被批了多长时间，只觉得眼前一黑，晕倒在地。他趴在地上，已经没有一丝力气，但脑子还清楚，知道批斗会依然在有序地进行着，并且清晰地听到了一句诅咒：“穆青，你是业务挂帅的黑典型。等你死了，不给你盖党旗，就把稿子盖在你身上！……”他想说什么，可是说不出来。他就这样趴着，直到批斗会结束。当他被人押回皇亭子大院时，坐在离家不远的一块大石头上，足足有两个小时，挪不动一步。

这一天晚上，小儿子毛弟一身土、一身泥地扑在他怀里哭着说：“爸爸，我不要上幼儿园了，小朋友骂我是‘走资派’的小‘狗崽子’，他们用手推我……”

上小学二年级的三儿子晓枫，因为惧怕同学的嘲讽、侮辱，已经连续三天逃学而被老师追问到家中，这时他也瞪着一双充满疑虑的眼睛问道：“爸爸，‘走资派’是坏人吗？你怎么变成坏人了？坏人都要死吗？”“你看爸爸是坏人吗？”“不是！”

穆青抱着两个孩子，全身都在发抖。他心里喊着："孩子们有什么罪?! 他们有什么罪啊?!"

刚硬的穆青为幼小的孩子无辜受辱而伤痛，半夜，他用被子蒙住头，第一次失声痛哭……

秋天，穆青一家又被传令搬到甘家口钓鱼台对面的宿舍，一间半房间，十多个平方米。续磊带着毛弟住里面小半间，穆青带着另外 3 个儿子住在外间。空间小，住不下，穆青就找来一块木板接在床边上，晚上他和孩子们一个挨一个横着睡在木板床上。

生活的艰难穆青已经习惯，他毕竟是吃过苦的人。惟让他揪心的是"文革"运动的不断升级。眼看着从中央到地方一批又一批在他心目中德高望重的老同志被揪出来、被打倒。刘少奇成了最大的走资派；贺龙被踏上一只脚永世不得翻身；陶铸、彭真也成了黑帮；就连他岳父续范亭的老朋友南汉宸先生，也在这场运动中含冤死去。他无法接受这样的现实。在他眼里，这些人是共产党人的楷模，连这样的人都被当成对立面，那就注定了这场运动的荒谬。他终于作出判断："文化大革命"完全错了。

这种判断反让穆青产生一种踏实的感觉。清凉山的记忆告诉他，凡是共产党错了的，共产党最终一定会自己纠正自己。

出于一个记者的职业本能，他决定把这段历史记录下来，以鉴后人。1967 年，他翻开已中断多时的日记本，每当夜深人静，便开始记下他看到的、想到的一切。

有一天，他把自己的做法告诉了在一起劳改的陆拂为，这是国内部的一个记者，因妻子"反革命罪"而受株连。陆拂为佩服他的勇气，同时劝他："小心，给人抄走，又成罪证了。"他说："不要紧，我大半用的是隐讳的语言。无论如何，我要给历史留一个见证。"

后来事情的发展，竟不幸被陆拂为言中。

1968 年的一天，孩子们的三叔出差路过北京住在家里，他带了一架照相机。穆青读初中的二儿子晓方对照相机十分新奇，约了家住五楼顶层的新华社外事部主任李炳泉的儿子李京，顺着天窗爬到楼房的屋顶上拍照。没想到被阶级斗争的弦高度绷紧的公安人员发现，怀疑他们是在偷拍钓鱼台的秘密，于是穆晓方、李京立刻被逮捕，他们的家遭到彻底“查抄”。这一下，歪打正着，穆青的那本日记“落网”了。

日记中“隐讳”的语言，不知道查抄者看懂了多少，但有几句他们的确是看懂了，在他们看来，仅仅这几句，足以定重罪。

一句是四行诗：

一片丹心向延安，
风雨笔戈三十年。
半百未通阶级论，
方知书生是混蛋。

另一句是十二个字：

文化大革命是一代人的悲剧。

穆青被冠以“现行反革命”，再次遭受严酷批斗。他的全家也又一次被扫地出门，搬到皇亭子北面一排破旧的工棚里。搬家那天，穆青只因为稍稍表示“半天假搬家，时间太过仓促”而被人用穿着大皮鞋的脚一脚踹倒在地。很多天，他的胸口都在疼。妻子续磊像每一次被逼搬家一样，拖着多病的身体再次操劳。

让穆青更疼的是儿子晓方。他和李京拍的照片冲印出来后，被指为“罪证如山”，说是前有钓鱼台，后有西山，三点一线，正利于轰炸云云。这个刚满 15 岁的孩子因此而被投进北京海淀公安分局拘留所。在 108 天的关押中，令晓方终生难忘的感觉就是一个字：饿。他和在押人员每天两顿饭，一顿饭一个小窝窝头，一碗清汤。每到吃饭时，他会学着大人们的样子，在地上铺一块小手绢，用来接那些从嘴里掉下来的窝头渣，窝头吃完了，再把手绢里的渣子一点一点送进嘴里。

晓方被释放回到家中，穆青第一面见到瘦成一根麻秆儿似的儿子，呆呆地望着，竟然久久无语。他那悲苦、凄伤的眼神深深地烙痛晓方的心，成为儿子收藏在心底的一个永远的“定格”。

这段日子，是穆青生命中最惨淡的。

1970 年，新华社的干部陆续下放山西永济干校，朱穆之也去了。穆青却连下放干校的资格也已失去，作为全社最顽固的“黑帮分子”和最具反动性的“反面教材”之一，他被留在总社。没有人敢接近他，更没有人敢和他说话，他的一举一动都被人监视。

这时，新华社已有惨剧接二连三地发生。不时传来有人自杀或被迫害致死的消息。

令穆青最为痛心和震惊的是，5 月 2 日，外事部主任、全国记协书记处书记李炳泉死在他劳动改造的锅炉房地下室。穆青记得，仅仅就在几天之前，他与李炳泉一起劳动时，曾悄悄对李说：“你一定要挺住！当年延安‘抢救运动’搞得那么凶都过来了，现在无非是比那一次更凶一些。”李炳泉默默地点点头。

他万万没有想到，几天之后，李炳泉竟然离去。这个为中国革命解放事业出生入死几十年的优秀战士，没有倒在敌人的枪口下，却死在自己的阵营中。回想他的一生，穆青寒彻心骨。

李炳泉 1940 年加入中国共产党，长期从事党的地下工作，他为党所做的贡献堪称卓越，其中有两件大事在中国革命的历史上，永入史册。

1948 年初，中共中央迁移到河北省平山县西柏坡以后，蒋介石为挽救华北败局，亲自到北平督战，部署傅作义部队偷袭石家庄，进犯我党中央所在地平山西柏坡。这时李炳泉正以新闻记者的身份在北平做地下工作，他和他的战友获悉这一情报后，立即报告中央，使中共中央得以转危为安。这就是后来毛泽东在一次讲话所笑谈的“空城计”。他说，当时中央身边部队很少，便唱个“空城计”，由新华社发表新闻，说我军已经获悉这个诡计，现正严阵以待云云，说得有鼻子有眼。前来偷袭的蒋系 94 军及鄂友三的骑兵等，闻知计谋败露，落荒而逃。

1948 年北平和平解放前夕，李炳泉受党指派，作为中共地下党的代表，多次会见国民党华北和北平的最高军政当局首脑傅作义将军，转达中共中央关于北平和平解放的意图，并陪同傅作义的代表前往解放军平津前线指挥部谈判。1949 年 1 月 31 日，北平这座中国文化古城终于获得和平解放。只是傅作义将军没有想到，中共中央派出的第一位代表，竟然是他自己的报社——“剿总”机关报《平民日报》的采访部主任、中共地下党员李炳泉。

1949 年，李炳泉调入新华社，先后任国际部副主任、外事部主任、中国记协书记处书记等职务。在上世纪 50 年代新华社国外事业的创立和发展上，作出了重要贡献。

就是这样一个共产党人，现在，他死了。他是戴着反革命修正主义新闻路线的“黑帮”、“叛徒”、“特嫌分子”的帽子死去的，死在不见天日的地下室，甚至尸骨无存。他被宣布为“畏罪自杀”，“自绝于党和人民”。

李炳泉的妻子和战友刘可兴怒问苍天：“如此一位对党和人民的事业忠心耿耿、无私奉献、成就卓著的人，竟取其性命，扬其骨灰，天理何在？”

李炳泉的死，让穆青遭受重创。明天、后天、大后天……还会发生什么呢？谁也无法预测。

一封朝奏九重天，夕贬潮阳路八千。
本为圣明除弊政，敢将衰朽惜残年。
云横秦岭家何在？雪拥蓝关马不前！
知汝远来应有意，好收吾骨瘴江边。

有一段日子，他的脑子里老是缠绕着韩愈的这首诗。那种绝望的感觉时常在夜深人静的时刻悄悄袭来，甚至会让他有一种激动。古人云：进不丧己，退不危身；进不失忠，退不失行。或许，那是有道理的，当你的忠诚，你的信仰，你的人格，都像荒野的草芥一样被任意践踏、凌辱，死亡便是保持尊严的一种最好的解脱。

穆青曾经向他的大姐穆镜涵袒露，他想到过死。然而，他最终否定了它。因为他终究是没有绝望。

在他的脑海里，延安的“抢救运动”是抹不去的；1957 年的“反右”运动也是抹不去的。这一切在他的生命里奠定了坚硬的基石。他有一种信念：错误的东西一定不会长久。

有人曾讲，穆青这一辈子内心很苦，每一次政治风浪中，他都在努力寻找一个平衡点。其实，这个平衡点就是他对党的信念。

穆青没有绝望，除了信念，还因为有另一种支撑：人间真情。

他“劳改”所在的新华社基建队，淳朴善良的工人们给了他人与人之间最珍贵的感情。只要没有监管的人在场，工人们就会把最轻的活交给他，诸如拿拿工具，扫扫垃圾，或者是把旧砖上的水泥铲铲干净等等。只要听到有风声说要来揪斗他，他们就会让他赶快跑。穆青有时为难地说：“我走了，工具怎么办？”工人们说，工具就甭管了，我们给你带回去。揪斗的人来了，工人们便对来人讲，穆青到远地干活去了，一会儿半会儿回不来。

有一次，他感冒了，一个叫靳平均的青年工人硬是拉着他去绒线胡同的北京第二医院瞧病。看病的一位大夫见这个病人灰头土脸、胡子拉碴、一身油污，心里有些轻蔑，冷冰冰的。靳平均急了，在一边说："大夫，你知道他是谁吗？他就是写焦裕禄的穆青。"那位大夫闻言，立即起身让座。

当年和他一起投奔革命的中学同学冯若泉，此时刚从外地调入北京，听说穆青的遭遇，几经打听，一天夜里找到他蛰居的工棚，穆青大惊："现在鬼都不敢上门，你怎么来了？"他说："因为我不是鬼，我是人！"他与他谈了很久，有一句话反反复复说了多遍："越是在逆境中越要坚强，越要自信。"穆青的眼泪下来了："永清哥（即为冯若泉，永清为他的别名），你放心，个人的生死虽微不足道，但我绝不会做那些无谓的牺牲。我相信颠倒的是非，迟早会再颠倒过来，再长的长夜也总有天亮的时候。"

新华社国内部的很多记者编辑，当面不敢跟他说什么，背地里却不断地托他的孩子给他捎去口信："一定要挺住！我们都相信你！"甚至他的专案组和批判他的战斗队里，也有人在暗中表达他们对他的敬重。有两个分别叫陈日、章墨渊的女同志，经常和家人做一些好吃的，悄悄塞到他的手上。她们与穆青的友谊正是从这个时候开始，保持了几十年。

分社的同志们也通过各种方式传达他们的感情。在四川分社做社长的孙振到总社开会，一天晚上悄悄地走进穆青的家，带来众人的问候。穆青好久没有这样和人痛快地说话了，这一晚，他畅所欲言："刚抓生产，又说生产压革命了；老同志刚出来，又都被打倒了。像这样子搞法，还像什么共产党？像这样的共产党，不成个共产党。老实说，像这样的共产党，我也不想做这个党员了！"

兰考的农民听说穆青挨批斗，也坐不住了。肖位芬、张金岭、孙玉堂等几个老农民商量着说："咱上北京去吧，去找毛主席说说，他是愿意听老百姓的话的，咱给穆青讲个情。不能当官，就回咱兰考种地吧！老穆没一点官架子，一说起焦书记他就哭，没有感情，他能流泪？他是和咱焦书记一样的好人啊！”他们委托人四处奔走，直到后来看到毛主席在天安门城楼上接见了焦裕禄的女儿，他们心才安了一些。

穆青的大姐穆镜涵专程从河南老家赶来，只为了让弟弟答应一件事：不管将来事情发展到哪一步，千万不能走绝路、寻短见。大姐声如洪钟：“姐相信你不是反革命！将来处理你的时候，你哪儿都别去，就回咱河南老家当农民。等你老了，穆家的第二代、第三代都会养活你的！”说完，姐弟抱头大哭。穆青说：“姐姐，你放心吧，我都依你！”

穆青没有绝望，还因了他对他的家对孩子们的深爱。他有四个儿子，依次为穆东平、穆晓方、穆晓枫、穆也平，当时他们最大的十几岁，最小的只有几岁。由于妻子续磊很长一段时间在干校劳动，穆青便是又当爹又当妈。

穆青在家庭观念上一直保持了传统的北方男人的习俗，男主外，女主内。多年来，他把自己全部的精力都投入到工作中，对家里的事很少过问，不仅下厨房之类的家务事基本不沾手，即便是孩子们的学习也很少顾及。不过，他并不寡情，他的温度都在他的内心，妻子续磊称他是典型的“热水瓶”。现在他的工作没了，孩子们恰恰有机会更多的享受到父亲的爱。

穆青白天劳动，晚上便被逐回家中，这个时间成为他在压抑痛苦的生活中最快乐的时光。他给孩子们讲故事，从《三侠五义》《封神榜》《三国演义》到《说岳全传》《儒林外史》每天晚上就像连续广播一样，一章接着一章。他讲得绘声绘色，孩子们听得如醉如痴。有一次，老二晓方奇怪地问他：“爸爸，你肚子里那么多故事从哪里来的？”他说：“是我小时候从二姑奶奶和说书的那里听来的。”他的几个孩子就是在这样口口相传的过程中完成了他们的文学启蒙。

穆青不善烹饪，加上有一段时间他被停发了工资，每月仅有30元的生活费，所以常常买十几斤挂面放在家里，每天晚上回来和孩子们清水煮面条。偶尔他也会炒个青菜，最让孩子们来胃口的是他的炒菠菜，火旺，时间短，恰到好处。他说，这是跟食堂的师傅们学的。这道菜在后来几十年里一直受到他们全家人的钟爱。逢星期天，穆青会带着几个孩子上街转转，看看大字报，顺路给他们买瓶当时北京最流行的白瓷罐装的酸奶，甚至带他们下个小饭馆解解馋，最好的东西吃到过“四川凉面”。多少年后，孩子们都还记得吃那碗面时幸福的感觉。

为了给孩子们找个乐，穆青还买了几只小鸡，用砖头砌了个鸡窝。每当看着几个孩子围着小鸡那股子兴奋劲，他就会笑眯眯地点上一根七分钱一包的“黄金叶”香烟，一边抽一边看着他们，很是满足。

不久，老大老二先后去了山西农村和云南农场插队落户。身边一下子走了两个孩子，穆青心里总觉得少点什么。从孩子们的来信中，他得知老二那边生活还过得去，只是老大那边很艰苦，一个月都吃不到一顿见油水的菜，他心里很不是滋味。说来也巧，这时孩子们喂养的几只鸡已经长大，其中有两只母鸡开始下蛋，穆青乐了。他一个鸡蛋也舍不得吃，每天领着老三、老四从鸡窝里掏出热乎乎的蛋，用彩笔依照鸡蛋出生的顺序在上面标上序号1、2、3、4……整整攒了40个鸡蛋。那晚，他把鸡蛋用一只大锅全部煮熟，结果发现上面做的标记都煮没了，颇让他懊丧，好在鸡蛋一个个很完整。他把它们一只一只小心地装在篮子里，第二天托人给山西的老大捎了去。

这一时期，给穆青全家带来惊喜的是大儿子恋爱了。他的女朋友宋若华是他的中学同学，在穆家处于最悲惨的境地，这个美丽的女孩子带着一身阳光和清纯走进了他们的生活，并与他们的大儿子一起下了乡，直到她成为穆家的媳妇，并为穆家养育了后代。她让穆青夫妇有一生的感动。

穆青从小是秉承着祖父为人成才的愿望长大的，他把这种家族对后辈儿孙的期望延续下来，他希望他的四个儿子们，个个都能成为对国家有用的人。即便是在最悲惨的日子，这种期望依然不减。那一年，上高中一年级的老三晓枫按学校的要求要去基层搞社会实践，他征求父亲的意见。穆青对他说："你去红旗渠吧，找你华山叔叔[①]，去那里看看对你有好处。"晓枫走时，穆青和他从家门口坐上公共汽车，一直把他送到火车站站台。

第二年，高中毕业的晓枫在学校报名参军，将赴甘肃戈壁深处。孩子出发那天，穆青坐公共汽车又一次把他送到学校集合地。分手时，他从口袋里掏出一本《毛泽东选集》合订本放在晓枫手上，书的扉页上有他写给儿子的一首诗：

知儿有大志，
赠书壮远行。
无穷智与力，
尽在此卷中。

满载新兵的汽车启动的瞬间，晓枫看到站在人群中的父亲流泪了。

身处极度逆境之中，让人生出决绝之念，常因绝望之心；让人能活下来，则更多的是种种支撑的结果。

穆青终于挺了下来。不仅挺下来，而且挺得傲骨铮铮。

在这个若想给自己寻条活路必要以昧着良心揭发别人或大骂自己为代价的日子里，穆青从不揭发任何人，也从不贬低自己。

① 华山此时在红旗渠体验生活。

每一次站在批斗台上，他都镇静自若。他以他的原则应对着。

当有人揭发他每天擦拭办公桌上那只印有父母头像的瓷盘，说他是“地主阶级的孝子贤孙”，他大怒，把瓷盘狠狠地摔在揭发人的面前！

81岁的穆青在老战友华山的墓碑前黯然神伤。

当有人批他“只抓稿子，不抓脑子”，他反问：“稿子不是从脑子里出来的吗？”

当有人一脚把他踢倒，按住头，要他承认当年签发的《斯霞和孩子》[1] 这篇稿子是宣扬资产阶级人性论的“大毒草”，并声称是毛主席指示要批的“大毒草”，穆青字字平静：“我没有接到

① 《斯霞与孩子》，作者徐文、古平，“文革”后这篇稿子被平反。

毛主席的指示。”

当有人气势汹汹地拍桌子大声质问：“你说‘焦裕禄’是不是大毒草?”穆青的回答落地有声：“大毒草不大毒草，历史会作出公正鉴定的!”

当有人以此时被发配到东北“劳改”的上海分社记者徐中尼为例，批他是新华社最大的“漏网右派”，因为他曾在上海包庇了一大批“漏网小右派”。穆青强硬地说：“我的权还不够大，不然，我早就把徐中尼调回来了!”

亭亭山上松，瑟瑟谷中风。
风声一何盛，松枝一何劲。
冰霜正惨凄，终岁常端正。
岂不罹凝寒，松柏有本性。

多少年之后，有人把“建安七子”之一的刘桢所写的这首诗送与穆青，以念他在那个非常年代的高洁人格。他是无愧的。

也就是从这个冬季起，穆青开始练习祖父从小传与他的书法。他找来一大堆旧报纸，每天晚上以床板为桌，挥笔泼墨。他一遍又一遍写下诸葛亮的《出师表》，写续范亭的《绝命诗》，写“士可诛不可辱!”

他把他的痛苦，他的愤怒，他的忠诚，他的希望……都尽情地挥洒在这一横一竖一撇一捺之间。

我以我血荐轩辕

比起历史上常有的出其不意的闹剧，因果报应似乎更具有铁的法则。

1971 年 9 月 13 日，林彪发动反革命武装政变，阴谋败露，外逃叛国，摔死在蒙古温都尔汗。这一事件，使中国的政治形势有了一线新的转机。身为一国总理的周恩来，以他高超的政治智慧抓住契机，开始竭尽全力使被打倒的一大批老干部重新站起来。他的目光很早就投向新华社。

1972 年 3 月，外交部召开每年一次的外交使节会议，按惯例周恩来要在会议一开始作一场关于国内外形势的报告。这一次，当他从与会人员名单上看到新华社参加会议的有国际部副主任陈佩明时，立即把她从后排座位上叫了起来，让她到前面他自己身边坐下。陈佩明在“文革”运动中一直挨整，已经几年没有参加这个例会了。

总理低下头轻轻地问道：“你的头发怎么白了？”

陈佩明顿时满眼泪水，咬着牙一声也不敢吭，生怕一张嘴就会哭出来。

总理没再说话，他明白一切。他开始作报告。

这时，陈佩明悄悄退回到原来的座位上。

当总理谈到老干部问题时，他突然说：“那个溜回去的人呢？”

陈佩明只好又站起来。

总理问："新华社老干部多吗？"

陈佩明回答："多。"

周恩来用一种少有的激昂的语调说："老干部要气贯长虹！"

这是周总理向新华社发出的第一个信号。

7月，周总理针对新华社近期稿件错误不断的情况，在一次会议上当面询问新华社军管小组组长张纪之："你值不值夜班？"

张纪之回答："不值。"

总理又问："参考消息发行多少万份？"

"大概是600万。"张纪之答。

"怎么是大概呢？"

周总理火了，发出一连串的反问："军管快5年了，怎么不把报道抓起来？你不亲自看稿子，这怎么行？这不是十足的官僚主义吗？你为什么不能少睡一点，把报道抓好？朱穆之在哪里？为什么不让朱穆之他们那些老同志出来工作？"

总理向新华社再次发出信号。

8月，周总理在一次外事活动中见到新华社记者李琴，他问："朱穆之怎么样？"李琴如实相告："朱穆之在我们山西永济干校劳动，听说他盖房上瓦还挺有技术"。周总理略有所思，没说什么。

两天后，张纪之在新华社党组会议上传达了毛主席的话："朱穆之可以工作嘛！我知道这个人。"

显然，总理在其中起了关键作用。

3天后新华社党的核心小组开始筹备。朱穆之由山西永济干校调回北京。

这次已经是信号之后的行动。

最终1972年9月8日，中共中央发出关于新华社党的核心小组组成和社长、副社长配备的通知。朱穆之、石少华、邓岗、缪海稜、穆青等一大批老同志获得解放。穆青成为党的核心小组成员之一，并恢复副社长的职务。

那一天，穆青有一种重见天日的感觉，6 年风雨弹指一挥间。然而过去了的并不会消失，许许多多东西将成为一种永久的回味和积淀，就像几天后他与孩子们照下的那一张照片一样。

这时穆青的两个儿子老大、老二已从他们插队的地方到了天津当兵，他已有很多年没有见到他们。恢复自由之后，他第一件事就是想去看看孩子们。他内心对他们一直有一种很深的怜惜，孩子长这么大，他给予他们的欢乐和关照太少，更多的是因了他的牵连带来的种种创伤。他真想把孩子们搂在怀里说一声“对不起”。

解放了的穆青在天津与儿子们合影。

他带着三儿子晓枫来到天津，见到了当兵的两个孩子。孩子们都已经长大了，大到他已经不好意思把他们搂在怀里，只是当他们相互对望时，眼圈都红了。

他默默地把他们带到天津的起士林饭馆，请他们吃了一顿他们小时候一直想吃而很少吃到的西餐。随后他又默默地带他们来到一家照相馆，四个人并排站在镜头前，严肃地像四个兵。照相馆的摄影师看着这父子四人一脸沉重，又纳闷又着急，他用劲逗他们："老师傅，你看你多有福气啊，有这么好的三个大儿子！笑一笑，笑一笑！""孩子们，看你们和父亲在一起多幸福啊！笑一笑，笑一笑！"他们终于笑了，那笑容里，带着几丝僵硬。

回味是苦涩的，然而一旦苦涩伴着思考在心中沉淀下来，它就会成为生命中新的更强硬的力量。穆青正是如此。

1974 年，中国的进步与反动两种政治力量进入激烈交锋的时刻。以国务院总理周恩来为首的先进的主流力量，重申国民经济的发展是国家的头等大事，提出在本世纪内实现工业、农业、国防和科学技术的现代化。翌年，国务院在全国各行业开始了恢复经济秩序的全面整顿。而与此同时，以"四人帮"为代表的反动势力，加紧抢班夺权，大批"唯生产力论"，矛头直指周恩来。

重新登台工作的穆青，没有改变他的一丝一毫，包括他的信念，他的品格，乃至他的性情。

这年春天，他派出国内部的李峰、章墨渊，与黑龙江分社记者一道，奔赴大庆油田，采写了长篇通讯《大庆油田的新会战》。稿子着力体现了"发展经济"的思想。《人民日报》以整版篇幅全文刊登。

接下来，穆青又主持了经济建设成就的调研采访，最后产生出以郭超人《驯水记》为代表的一批重要报道，再为国民经济发展叫好。

这期间被"四人帮"吹捧成"反潮流战士"的张铁生正喧闹一时，上面有人指定要新华社给予大力报道。穆青不予理睬，他说："我不报道他这个'反潮流战士'，也是反潮流！"

有人拿来小学生黄帅造老师反的稿子，穆青一语枪毙："我们不发这些东西！"

这时候的穆青更为坚定成熟。他知道自己的党、自己的国家正处于光明与黑暗的搏斗与挣扎之中，他十分清楚自己应该做什么。

1975 年，是中国极为艰难的一年。周总理病情日益严重。经毛主席提名，这一年 1 月，邓小平先后出任党的副主席、中央政治局常委、国务院第一副总理、中央军委副主席等职，全面主持党政军日常工作。他以大无畏的革命魄力和决胜千里的领导才能，抓生产，抓整顿。这是"四人帮"一伙最不愿意看到的，他们为了篡党夺权，竭力疯狂地阻挠和抵制邓小平在各个领域所做的整顿工作。

8 月 14 日，毛主席谈了对古典小说《水浒》的看法，"四人帮"立即抓住这个机会，在全国掀起一个所谓评《水浒》的宣传学习运动。人们都很清楚，这场运动的矛头是指向周恩来等老一辈无产阶级革命家的。

然而，这时"四人帮"却遭到一个打击。毛主席在一次内部谈话中点名批评了"四人帮"。江青气急败坏，她把账记在周恩来等老一辈革命家的头上，伺机反扑。

9 月 15 日，国务院在山西昔阳召开农业学大寨会议，毛主席要邓小平去主持。出人意料，江青先于邓小平和其他领导人来到大寨。她骑着马，穿一身灰色制服，学着当地老百姓的样子，头上缠着一条白羊肚毛巾，在虎头山上挥锄刨地，装模作样，极尽丑态。

北京新华社总编室的发稿人，这几天个个都窝着一肚子气。会议开幕那一天，前方记者报告，江青在开幕式上乱插话，干扰会议正常进行。而江青的文秘班子草拟的消息中却说"江青同志作了重要讲话”。

拿到这篇消息，朱穆之表情沉郁，说：“送姚文元。”

不日，前方又传来一张江青、陈永贵两人头扎白毛巾、抡着镢头挖防空洞的照片，要求播发。

拿着这张被大家嘲讽为“兄妹开荒”的照片，朱穆之再次冷冷地说：“送姚文元。”

9 月 17 日、18 日两天，江青在没有跟任何人打招呼的情况下，突然私自召集文艺界人士和一些记者约 100 多人吃饭。席间，她发表讲话：“毛主席发表评《水浒》的讲话，就是有所指的。宋江架空晁盖，现在有没有人架空主席呢？我看是有的。”针对前不久毛主席对“四人帮”的批评，江青大耍政治流氓手段，尖声尖气地背诵起北宋年间爱国诗人张元干写的一首《贺新郎》：

> 梦绕神州路。
> 怅秋风、连营画角，故宫离黍。
> 底事昆仑倾砥柱，九地黄流乱注？
> 聚万落千村狐兔。
> 天意从来高难问，况人情老易悲难诉，
> 更南浦，送君去。
> ……

她把“更南浦，送君去”改成了“君且去，莫回顾”。

当天晚上，参加会议的记者再次从大寨打回电话，如实汇报了发生在大寨的情况。穆青一听，大为震惊。江青这不是在指桑骂槐、向周总理和邓小平发难吗？

第二天，穆青立即派国内部记者再去大寨了解情况，并让他们把江青在大寨的讲话录音稿火速送回。

三天后，新华社党的核心小组在会议室听取从大寨回来的记者汇报。汇报完毕，全场鸦雀无声。

最终穆青打破沉默：“这个事应该向中央反映。”

有人问：“向谁反映？”

穆青想了片刻：“要不要向主席报告？以新华社党的核心小组名义。”

有人接话：“我不同意。不能以核心小组的名义反映。”

性格沉稳的朱穆之也摇摇头：“这事不好以组织的名义向主席反映。”

核心小组惟一的女性、总编室副主任李琴脱口而出：“个人反映呢？”

朱穆之说：“个人当然可以。这是一个共产党员的权利。”

会散了。穆青回到家里，坐也不安，站也不宁，来回踱步，内心无法平静。江青如此恶毒的讲话，竟是在没有任何一个负责人的情况下发生的，如果不及时向毛主席汇报，事情的发展不堪设想。

怎么办？到底怎么办？穆青一遍一遍地问自己。

他从来都不是一个锋芒毕露的人，内向、寡言甚至有点腼腆是他的性格特征。然而，他对党的忠诚和责任使他在面临生死关头，有最无畏的勇气。仅仅一刻之间，穆青已经做出决定：以个人的名义向毛主席反映江青之举。

这个决定在当时无异于虎口拔牙。江青是毛泽东的夫人、政治局委员、中央文革小组第一副组长，她不动手只动动嘴就能置人于死地。如果没有为真理牺牲一切的精神，大概只能对其侧目而视。

穆青深知这个决定的分量，他郑重地把自己的想法告诉了妻子续磊。

“凭你一封信能起多大作用？说不定又捅了马蜂窝！”续磊难

免担心。

穆青说："江青肆无忌惮地出来干扰邓小平的工作，再这样下去国家还要大乱。作为党员，我们有权利向上反映情况，新华社也有责任反映情况，不反映就是失职！"

续磊终究是爱国将军的女儿，在最后的时刻，她表现了她的英豪之气："写吧，你要是进了监狱，我给你送饭！"

这一晚，穆青彻夜未眠。

第二天他找到朱穆之，把自己的决定向他汇报。

朱穆之一直是穆青信赖的领导和同志。他久经革命考验，青年时代在北京大学读书期间就参加了著名的"一二九"抗日救亡运动，1937 年他大学毕业后，一直为党的统战和宣传工作出生入死。1948 年 5 月，他到了西柏坡，在新华社总编辑胡乔木领导下组成"小编辑部"，工作在党中央身边。丰富的革命斗争经验，锻造了他坚强的党性。

"文革"以来，朱穆之对江青一伙早已心生厌恶。那年，他在周总理的关怀下出来工作后不久，与他从不相识的江青竟亲自给他写信，送材料，后来又送来两个萝卜，说是她自己种的，给新华社的同志们尝一尝。他曾在一个非公开的场合说："这是非常不正常的"。还有一次，他在人民大会堂参加周总理主持的一个会议，见到江青在这个会议上大哭大闹。当时他看着周总理生气痛苦的表情，对这个女人反感到了极点。

两个心灵相通的人，一拍即合。朱穆之经过慎重考虑，同意穆青的意见，决定两人联名向毛主席反映。

另一边，在党的核心小组会议上已经表明态度的李琴开始行动。

很快有了机会。毛主席在中南海会见外宾，李琴见到了这时任外交部副部长的王海容，她向王海容讲述了江青在大寨的表现，请她向主席汇报一下。王海容点点头。这次会见邓小平也在座，会见结束后，李琴在会客厅外的大厅里赶上邓小平，悄悄地把江青在大寨的言行向邓小平做了简要汇报。邓小平点点头说："啊，知道了。"

李琴回来立刻把情况通报给穆青，穆青说："最好能搞个文字的东西，争取主席有个批示。"

李琴赞同。

按计划，到年底毛主席还有两次接见外宾的活动。穆青找到国内部副主任王文卿。这位与穆青见肝见胆的老同志二话没说，立刻组织了 4 个记者整理材料。最后，王文卿将材料全部修改定稿，并草拟了一封给毛主席的信，交给穆青。信文写道：

主席：

新华社记者汇报了江青同志在大寨的讲话，其中涉及一些问题，影响重大，送上请参阅。

穆青在信中结尾处署上自己的名字。朱穆之看过后也签了名。

通过什么渠道把材料送到毛主席手上呢？穆青想到了他多年的老上级、此时在邓小平直接领导下的国务院政策研究室工作的吴冷西。

穆青对吴冷西一直怀有很深的敬意。这是一位长期工作在共产党新闻战线上的领导者。1952 年 12 月，他被任命为新华社社长，翌年，他第一次提出：新华社要成为全国、全世界的消息总汇。1957 年，中央任命他为《人民日报》总编辑同时兼任新华社社长。他为新华社的发展、壮大乃至走向世界都作出了杰出的贡献。

吴冷西还是对穆青有着真挚情意的人，这一点曾在穆青后来的日记中有过详尽的记述。

二〇〇二年六月十七日

冷西同志于十六日下午四时许在家洗头时突然晕倒，十分钟后医生赶来抢救，已回天乏术，不幸去世了。享年八十三岁。

今天我赶到他家吊唁，他的夫人肖岩见到我，相抱痛哭，说想不到他竟这样突然离我们走了，连句话也没有留下……

此情此景，真让人肝肠寸断……

我和冷西自四二年延安解放日报相识以来，至今整整六十年，结下了深厚的友谊。他是我的老领导，更是一位在事业上一贯鼓励我支持我的知心朋友。在我们共同度过的六十年风风雨雨中，他对我的关注和提携使我终生难忘。建国初期，当他走上新华社领导岗位后，是他把我调往上海，在这个“冒险家的乐园”里经受磨炼。后来我们做出了一些成绩，又是他派人帮助我们总结了经验，并号召全社向上海分社学习。五十年代后期，上海市委要调我到市里工作，当时的市委书记柯庆施已多次找我谈话，我不愿留在上海，只好向冷西同志汇报，是他采取了果断的措施，抢先一步把我调回了北京。现在看来这一步棋对我毕生的事业和发展至关重要，否则，我真不知会是什么样的后果。

六十年代中期，我采访焦裕禄回来后，曾给吴冷西同志详细汇报了焦裕禄的感人事迹，他深受感动，当即决定不仅要把稿子写好，还让我必须向全社同志作一次报告。以后稿子写好，他看后又提出了意见，让我在结尾处增加一点昂扬的气氛，不要使人过于悲痛。至于稿件中如实地反映兰考的灾荒，实事求是地看待阶级斗争的观点，他都表示支持。最后还是他带我去彭真同志处一同定稿，由彭真同志拍板发表的。这篇报道在国内引起很大反响，应该说冷西同志也有一份功劳的。

至于文革后期的所谓“朱穆李事件”，最后还是冷西同志帮助我下了决心的。最使我不能忘怀的是九〇年中央派考察组到新华社考察时，曾有意要调我去全国记协担任主席，当冷西奉命来动员我时，我向他坦诚表明了我之所以不能离开新华社的理由。他听后表示理解我的处境和考虑，不仅不再说服我，反而全力支持我的想法，说记协之事你不必担心，为了新华社的安定和发展，你不要去了，我去向中央反映再干一届记协主席就行了。此事可以说是冷西同志在我最困难的时候，对新华社面临危难的关键时刻，给了我最大的帮助和支持。此情此义我终生难忘。

冷西的去世，使我失去了一位知友，党失去了一位优秀的新闻领导干部。本来我在回忆六十年记者生涯时，还有不少的问题要和他探讨，如今，他突然离去，一切都无法弥补了……

从这篇日记中不难看出，吴冷西是在穆青事业上的每一个关键时刻向他伸出臂膀的人。眼下，正是其中的一次。

穆青给吴冷西挂通了电话：“有重要事商量，地点要比较不引人注目。我在新华社后门等你。”

电话那边，有着丰富革命经验的吴冷西感觉到事情非同寻常。他坐上车，从中南海北门出来，在城里绕了一大圈，来到新华社后门。穆青上车，吴冷西又让司机把车子向南掉头到宣武门向东驶去。车上，穆青拿出材料：“这是江青在大寨对一批新闻、文艺界人士的讲话，我觉得事情非常重要，必须马上报告中央，你看该怎么办才好？”

吴冷西说：“你先把材料交给我，然后你下车先走，在家里等我的电话。”

1989年10月1日建国40周年庆典上，江泽民和李鹏同志与新华社四任社长吴冷西（左一）、朱穆之（左二）、曾涛（右一）、穆青（右二）在天安门城楼上合影。

车子北折东单，经过东西长安街又绕到新华社后门，穆青下了车。

家中，穆青焦急不安地等在电话机旁边。

这时吴冷西已回到中南海的办公室，他把材料仔细看了一遍，感觉问题果然重大，立即找到胡乔木。胡乔木看后，马上拉着他一同来到邓小平家里。邓小平看后认为这个材料非常重要，他说：“必须马上报告主席，但不能经过我，你们另想办法。要赶紧办。”

吴冷西跟着胡乔木回到中南海办公室，商量该怎么办，终于想出了一个办法，他马上打电话给穆青。

穆青这边早已“望耳欲穿”，电话铃一响，他立刻抓起听筒，吴冷西只有一句话：“你还在新华社后门等我，我这就去。”

吴冷西的车照样兜了一个圈子，来到新华社后门，穆青早已等在那里，他迅速上了车。吴冷西对穆青说：“你找一位新华社的外事记者，利用工作之便，在采访主席接见外宾之机，通过王海容、唐闻生直接把材料转到主席手里，这样中途不会发生什么意外。虽然不是正式渠道，但准能办成。王海容对江青早有看法。”

穆青心里有了底。回来后，他找到李琴，把写给毛主席的信和材料交到她手上。没有更多的语言，李琴在材料上毫不犹豫地签上了自己的名字。

李琴是新华社带有一些传奇色彩的女性。她与穆青一样同为河南人，青少年时代曾两次乔装扮成不同身份的人物，机智勇敢地通过敌人的封锁线，投奔革命。她 1949 年调入新华社对外部从事工农业报道，同时负责报道毛主席、周总理等中央领导同志的外事活动。她的丈夫是新中国第一任解放军后勤部部长杨立三，长征途中他曾为病重的周恩来抬担架。50 年代初杨立三病逝，周总理、彭德怀等中央领导人亲自为他执绋送殡。

应该说，穆青的行为的发生绝不是孤立的。这其中有很深厚的人文环境的土壤。新华社自 1931 年诞生之日起，就一直在党中央直接领导下工作，它有着优良的革命传统，有着大批久经考验、具有很高政治素质的老同志。穆青的行为是这一个群体心态的代表。

机会来了。那一天，毛主席在中南海接见外宾，李琴把信和材料交给了王海容。

李琴回到总编室见到穆青，兴奋地说：“那件事我办成了！”

穆青立刻给吴冷西打电话：“事情已经办了。”

时间一天天地过去。然而，事情并没有以善良的人们的意志为转移。1975 的冬天很快到了。中国的政治气候也如寒潮袭来。

2001 年 1 月，穆青与朱穆之、李琴在中国记协举办的春节茶话会上。

11 月，毛主席听信“四人帮”一伙的诬告，动摇了对邓小平的认识。小人得志。“四人帮”开始策划公开发动“批邓、反击右倾翻案风”的运动。

11 月 18 日，清华大学铺天盖地的大字报中贴出“反击右倾翻案风”。

一天深夜，穆青接到一个电话，是当年在河南省委任候补书记时支持穆青采访焦裕禄的纪登奎打来的，他现在在中央工作。他意味深长地说：“天气要变了，你要注意身体啊!”穆青回答：“我已有些感觉，会注意的。”

11 月的一天，在北京机场接见外宾的候机室，王海容把信和材料退给前来采访的李琴："现在形势变了，不好再送。"

朱穆之看风声吃紧，就在办公室把材料毁掉，但把信保存了下来。他想，向中央反映情况，这是我们共产党员的权利和责任，即使追查起来，也不会把我们怎么样。

这一天，穆青在家门口的大杨树下站了很久。寒风吹动着他已经谢顶的缕缕稀疏的头发，一夜之间，人仿佛苍老了许多。很多年以后，他还记得，这一刻，他在心里默默地念出鲁迅的《自题小像》：

灵台无计逃神矢，
风雨如磐暗故园。
寄意寒星荃不察，
我以我血荐轩辕。

哀　兵

1976年1月8日上午9时57分，中国人民爱戴的周恩来总理逝世。

这一天北京奇寒而阴冷，天空青灰青灰的，北风像一只受伤的巨狮在天地之间咆哮呜咽。

新华社最早接到消息，编辑部一片哀痛。

穆青跌跌撞撞地从总编室走出来，只觉得眼前天塌地陷，什么也看不到，什么也听不到，要去哪里也不知道，只是这样走着。直到路上遇到国内部副主任王文卿，俩人放声痛哭。

周恩来，这位在中国最混乱的日子里殚精竭虑、力撑危局的人，在穆青心里有着最深重的寄托。他清晰地记得最后一次见到周总理的情景：1975年6月9日，贺龙同志的骨灰安放仪式在八宝山革命公墓举行。那天穆青来到会场，仪式还没开始，他默默地看着贺龙的遗像和挽联。忽然，总理打身边走过，他穿一身灰色制服，袖子上戴着黑纱，两颊凹陷，衣服似乎空荡荡的，脸上的老年斑也增多了，眼睛里充满了忧虑。穆青的眼泪一下子流了出来。他望着总理的身影，在心里祝愿他老人家身体健康。他无论如何没有想到，这竟是他见到总理的最后一面。

含着泪水，穆青回到办公室，当天晚上他和总编室的同志处理完中央送来的周总理逝世的讣告以后，又一道研究了如何搞好这一重大事件的报道。大家有一个共同的心愿：要把对敬爱的周总理的无限哀思化为最出色的工作。

1月9日上午，穆青赶到北京医院向总理遗体告别。医院附近的大街小巷，聚拢着数不尽的前来向总理告别的人流，人们胸佩白花，臂戴黑纱，双目垂泪。穆青随着人流缓缓走进医院太平间旁边的一个小礼堂，周总理静静地仰卧在一方白布平台上，身上覆盖着一面党旗。每一个走过总理身边的人，都把脚步放慢放轻，似乎怕惊扰了总理的安睡。小礼堂的空间是那么狭小，汇聚而来的人却越来越多，人群中传来悲愤的议论：

“为什么把周总理放在这里？”“为什么不把灵堂设在人民大会堂？”

这正是穆青心里在发问的。他望着总理的遗容，泪水一次次模糊了眼睛。他老人家一生为党和国家做出那么巨大的贡献，在群众中享有那么崇高的威望，死后都不让群众好好瞻仰他的遗容，这到底是为什么？

回到新华社，穆青一个人坐在办公室，悲伤如潮。

他忘不了，周总理生前一直关怀爱护着新华社，“文化大革命”运动以来，如果不是周总理力排干扰把住航向，新华社会发展到哪一步，不堪设想。

他忘不了，新华社的人对周总理的那个亲切称呼“总编辑”。这些年，每天凡有涉及国际问题和外交关系方面的重要稿件，周总理都要亲自审定。稿子常常是在夜里12点送到总理处，总理一般是夜里两三点钟从外面处理完公务回到中南海后开始为新华社审稿。总理看稿十分严谨，总是逐句逐段地删改推敲，连每一个错别字或使用不当的标点符号都要一一订正过来。当“总理是新华社的总编辑”这句包含敬意的话传到总理的耳朵时，他说：“好嘛，我每天最后一件工作就是为新华社做的。我是个新华社的‘编外总编辑’。”

他更忘不了，就在总理去世的前一年，他和每一个值夜班的同志都发现，总理在退回的稿子上签的“周恩来”的“来”字，中间一竖变得不连贯，笔画断断停停，成为点状。显然总理的手开始颤抖。大家心痛万分。穆青无力做什么，只是他每一次值夜班时，总是把稿子看了又看，凡是自己能够处理的就绝不送交总理；必须送交总理的稿件，他则一字一句反复推敲，连一个标点符号也不放过。他希望通过自己的努力，减轻总理的负担，让他老人家有多一点、再多一点的睡眠时间。

现在周总理终于安睡了。仿佛是要弥补他这一生所短缺的觉，他再也不能醒来。

“再有重要的稿件，我们送谁审定呢？遇到重大问题，我们向谁请示呢？”穆青伏案痛哭。

第二天，新华社国内部的十几位记者编辑联名给毛主席写了一封信，建议在人民大会堂或劳动人民文化宫举行周总理遗体告别仪式，在天安门广场隆重举行周总理追悼大会。

送上去的信石沉大海，后来听说信落入“四人帮”之手。

紧接着“四人帮”向全国发出禁令：不准设灵堂，不准开追悼会，不准群众发唁电，不邀请外国使团来京参加悼念活动，惟独允许文艺团体照常演出。

1 月 9 日，新华社向姚文元送去一份报道计划，拟大量、及时地组织人民悼念活动的报道，发表怀念周总理的文章。姚文元一口否决：“悼词尚未发表，现在不组织。悼词发表后是不是组织反映，仍应再请示。”

1 月 11 日是周总理遗体送八宝山火化的日子，这一天整个北京城沉浸在巨大的悲恸之中。

冒着彻骨的严寒，一个又一个怀抱婴儿的母亲，依杖而立的老人，双腮垂泪的孩子，悄悄走出家门；一队又一队工人、农民、战士、青年学生、机关干部、街道居民，含泪步上街头。他们像无数条溪流，不约而同从四面八方静静地流淌到长安街两侧，默默等候着周总理灵车的到来。

穆青乘车沿北京医院到八宝山的长安街来回跑了两趟，眼前的场面让他颤栗！他迅速返回社里给摄影部值班人员打电话，要他们立即派人到长安街，把这一历史的镜头拍摄下来。接电话的同志声音呜咽地说："上面明确指示，不准记者去拍照。谁拍照，就没收谁的照相机。"穆青木然地拿着话筒，半天说不出一句话来……

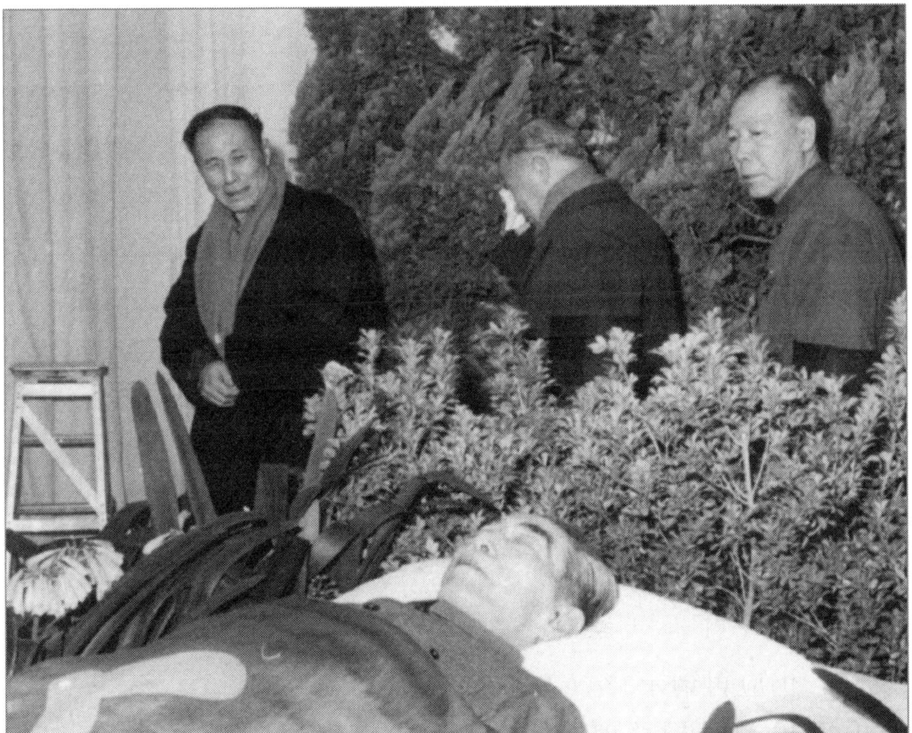

1976年1月10日，穆青含泪告别敬爱的周总理。

新闻照片不行，穆青便想在文字报道上补救。考虑到专门把这一场景写成特写和通讯，姚文元那里肯定通不过，就想在消息上动脑筋。当天晚上，国内部把向周总理遗体告别的消息送到穆青手上，他找来几个人仔细琢磨，推敲来推敲去，尽量删去了一些带有感情的词句，仅在稿件上保留了这样一句话："从北京医院到八宝山的大道两旁站满了向灵车致敬的群众。"他想，这句话穿插在其他内容之中，不太惹眼，也许能蒙混过姚文元的眼睛。

消息送上去了，他们焦急地等待着。时间一分一秒地过去，每一个人的心头都揪得紧紧的。终于，送审稿退回，穆青急忙抓过来一看，姚文元这个刀笔吏偏偏砍掉了他们费尽心思留下的那句话。犹如五雷轰顶，穆青眼前一阵漆黑，泪水淌了下来。

"狗日的，真不愧是文痞呀!"他在心里狠狠地骂道。

周总理的追悼会订于 15 日举行。在这之前 3 天，全国各地人民群众自发地举行了各种形式的悼念活动，穆青决定在追悼大会之前播发一篇综合稿，反映全国人民的悼念盛况。这一设想再次被姚文元否定。原来，他早已指示一些人精心炮制了一篇关于清华大学的"大辩论带来大变化"的稿子，强令新华社于 13 日播发。这篇报道开头竟然胡扯："近来，全国人民都在关心着清华大学关于教育革命的大辩论"。

这种公然违背事实、强奸民意的报道，在 14 日的《人民日报》头版头条刊登之后，激起了全国人民的极大愤怒。许多群众打电话到新华社质问：

"你们对总理是什么感情?"

"现在发这样的报道是破坏悼念周总理！是借反击右倾翻案风反对周总理!"

还有读者写信给《人民日报》社，信封上写着"人民日报戈培尔收"。

更有许多群众聚集在人民日报社门前，将这天的报纸撕得粉碎，或当场焚烧。

人民群众的抗议行为，呼出了穆青心中的激愤，也激发了他与他的同事们的斗志。

姚文元不让发新闻，新华社就按惯例播发周总理的生平照片。可是选出的照片被姚文元砍掉一大半。新华社再想办法，利用大量的照片资料赶印了一本“周总理画册”。姚文元得知后下令不准发行，就连已经发给干部职工的也要全部收缴。很多人硬顶着就是不交，终于使画册保存下来。

周总理逝世后，国际上反映强烈，每天都有大量唁电和评论像雪片一样飞来。全世界不同信仰，不同种族，不同制度的人同声盛赞周总理。新华社大量公开播发国外的唁电。先是一个国家一个国家地发，8个版的《人民日报》常常占到5个版。姚文元发怒：“太多了！”编辑们就把几个国家合并起来发。这还不行。他们又一个洲一个洲地发。姚文元气急败坏，下令：“禁止再公开刊登唁电！”

不让公开发，新华社就将世界人民悼念周总理的稿件全部转到《参考消息》上。《参考消息》是当时中国人民惟一能看到的一份内部报纸，发行量很大，这时它发挥出它的特殊作用，填补了公开报道的空白。

人们含着眼泪在《参考消息》上读到国外各界人士对周总理的评价：

“本世纪的巨人”

“第三世界最可靠的朋友”

“20世纪世界上最伟大的领导人之一”

“当代最杰出的政治家、外交家”

“解放事业、社会主义事业、争取世界和平事业的伟大战士”

……

仅1月11日百万人民送别总理的盛况，《参考消息》就刊登了合众社、路透社、美联社、法新社等大量现场报道。

路透社记者戴维斯·罗杰写道：

> 千千万万送殡者今天哭泣着站在北京街道上向周恩来总理致敬，气氛肃穆。
>
> 长安街沿路好几公里长都排满了人群……
>
> 有车队经过的事情事先没有宣布，但是看来这个消息在北京人民中间传播开了。他们来到了街上，向这位自从共产党中国诞生以来一直担任总理的人物表示敬仰之情，此情此景使人深为感动。目睹的人估计上街的人有几十万。很多人在呜咽。有些人戴着黑纱，少数人拿着白花，表示哀悼。

这的确是一场对抗战。就在姚文元1月16日宣布结束丧事报道之后，《参考消息》登载的悼念文章一天也没有中断，一直登到1月28日。这一天《参考消息》刊发了日本前外相小本善太郎的文章《周恩来总理给我的印象》，还刊登了新加坡诗人椰玛的一首悼诗。

这是世界新闻史上罕见的一幕：一个国家的人民对自己总理的爱戴和悼念活动，要借助外国人的笔来表达。这种连最黑暗的中世纪都没有发生过的事情，竟然发生在20世纪、建国已经27年的中华人民共和国。

这是一个悲剧。

这悲剧中动人心魄的亮色，是新华社和中国新闻界的英勇抗争。他们就像一支悲怆的哀兵，顽强地、不屈地、殊死地要在刀丛中杀出一条路来，向全世界表达出中国人民对周总理的挚爱！

向世人昭示着这支队伍的勇气、智慧和不泯的灵魂。

这一年的《参考消息》发行量猛增到900万份，创下历史最高记录。

一位读者来信说："惟一充分悼念周总理的是《参考消息》，给我们一个透气的窗口。"

一批外交战线上的老同志给新华社写来真挚的话语："感谢编辑部同志们。你们关于举世悼念周总理的报道做了一件大好事，功德无量！"

也有读者来信责问："周总理是中国人的总理，还是外国人的总理？为什么你们只发国外不发国内人民悼念周总理的报道？"

人民的良知让穆青感受到激励。尽管对这个问题，新华社暂时无法做出回答，但是他知道，历史终会将真相大白天下。

1月28日，被《参考消息》巨大威力惊慑的姚文元，立刻把这条中国人民惟一可以呼吸的渠道也封杀了。

整个新华社只剩下了一条可以有限制地刊登悼念周总理文章的渠道——"内部报道"。

一天，国内部将内蒙古分社发来的一篇内部稿件送穆青审定。稿件中有一段非常醒目的话："当地群众希望党中央尽快决定新的国务院总理人选。他们认为，邓小平复出后的工作实绩证明，他完全胜任国务院总理的重任，由他出任总理是众望所归。"

穆青看后非常兴奋，他对编辑说："这段要求邓小平同志担任总理的话，不要删掉。"

编辑很为难："如果这样发，肯定会挨批的。"

穆青心里明白编辑说得有道理。凭他多年的政治经验和新闻敏感，他知道当时的邓小平处境艰难，已是全部斗争矛头所向。但是，无论是一个共产党员的党性，还是一个新闻工作者的责任，都促使他必须把人民的意愿反映上去。

他再次对编辑坚决地说："这段话排上。责任由我承担！"

晚上值班时，他仍惦念着那篇稿子，担心那段话会被删掉，便专门跑到印刷厂的车间，调出这篇稿子的小样仔细阅读了一遍，发现那段话依然安在，才放心回家。

第二天上班后，当日“内部报道”迟迟不见，穆青四处询问。最后得知，有一位同志清晨一上班就发现了这期内部报道，他问是谁签发的，别人告诉他是穆青，他说“不能让他再闯祸了”，立即下令把已经发出去的这期内部报道统统追回来全部扣下。他对穆青说：“你这么写，叫姚文元知道了不得了！”

姚文元还是从内部报道中嗅到了人民的心声。他气势汹汹地给新华社打来电话：“悼念周总理的内部报道太多了，看不过来！”两天后，他又在一篇内部稿件上批道：“难道悼念周总理就连反帝反修都不要宣传了吗？”他下令国内内部报道不许再刊登有关周总理逝世的群众反映。至此，新华社所有反映群众意愿的通道全部被堵死。

穆青吩咐，把已经编好的内部报道印成本本，全部保存在印刷厂里。他想，它们总有一天会见天日的。因为中国有句古话：义者必得，哀兵必胜。

黎明之夜

欲悲闻鬼叫，
我哭豺狼笑。
洒泪祭雄杰，
扬眉剑出鞘。

1976 年 4 月 5 日，这是一个不寻常的清明节。中国人民对“四人帮”的仇恨和反抗像火山一样爆发！如同古代那些身穿白衣白甲的哀兵举起丧旗发难一样，压制对周恩来总理逝世的悼念，激发了一场酝酿蓄积已久的革命风暴。成千成万的男人、女人、老人、孩子涌进天安门广场；成千成万的工人、农民、干部、知识分子和解放军官兵，涌进天安门广场；50 万人民大军用诗歌、用挽联、用花圈向“四人帮”宣战。从这里传向世界的声音有哭泣，有怒吼，有血有泪，这些声音汇成一个主题：要社会主义的民主和法制！要推翻“四人帮”的法西斯统治！

这就是震惊中外的天安门事件。

惊恐万状的“四人帮”向人民挥舞起屠刀。当日晚，他们动用法西斯专政手段，残酷地镇压了人民群众的反抗行动。把这次事件定为“天安门反革命政治事件”。

5 年之后，新华社记者李耐因在关押“四人帮”的秦城监狱读到了姚文元在这一天写下的日记：

> 今天经历了惊心动魄的阶级斗争，我目睹了反革命暴徒在天安门广场的表演，并自始至终参加了镇压反革命分子的斗争。我先到人民大会堂北京厅外看了广场上的全景，这是触目惊心的反革命事件。一切都在眼前出现了，从望远镜中看，看见一个家伙爬上纪念碑，放了一个花圈，用绳子把它围起来。阶级斗争是这样尖锐！这已经是武装暴乱的性质。九点二十五分，民兵开始行动。晚上开会听汇报，战果辉煌。

被姚文元称为“战果辉煌”的北京，白色恐怖笼罩。

这是中国最黑暗的时刻，日头被狗吃了。

这时的穆青正在上海。

天安门事件爆发前，他已经预感到将会有一场风暴发生。他从参加革命那一天起，就懂得了一条道理：哪里有压迫，哪里就有反抗。他相信“四人帮”的日子是不会长久的。此时，姚文元开始对新华社实行严密控制，所有的公开、内参稿件一律要经过他的审阅批准。穆青感到一种被人胁迫的屈辱。面对即将爆发的革命，他不愿再在姚文元的淫威下干违心的事。还有，新华社这支队伍也要想办法保存下来，特别是一些可能“出事”的人，要重点关照。

有一天，他把国内部记者陆拂为找到办公室，问他：“你在干什么？”

“编稿。”

“你给我下去，到辉县蹲点去。”

陆拂为一下子并没有完全理解穆青的本意。

停了片刻，穆青说：“可能要出事，我们新华社要是写了一篇文章，将来就对不起全国人民。我也准备走，到上海去。”

陆拂为明白了。

这期间，穆青陆续将几个在他看来有“风险”的记者安排去了各地基层。多少年之后，他坦言：“把你们撵下去，就是想给新华社留下几个人。”

此时的穆青安排好身边的事后，便和国内部副主任冯健以及国内分社管理组的李年贵等四人以召开“蹲点调研”会为名去了上海。

被“四人帮”视为重要舆论工具的新华社，这时已悄然地做出它自己的选择。在家的编辑记者们心领神会，个个按兵不动。结果姚文元一再要求必须集中火力、痛加揭露的所谓“天安门广场反革命事件”前前后后，新华社几乎喑声息鼓。

在上海，穆青等人住在国际饭店。他把江苏分社孙振、浙江分社尤淇、云南分社于明、广东分社杜导正等六个分社社长召集在一起，白天搞所谓调研，晚上就关上门讨论中国的局势。他们得出结论：“文化大革命”是完全错误的；再这样搞下去，党和国家就要完蛋。同时，他们也注意到，无论在党内军内还是在人民之中都有一股巨大的反抗的力量在崛起。杜导正向穆青透露，当时已经 70 多岁高龄的广州军区司令员许世友，每天腰间别着枪，身上背着子弹，天天带着部队搞军事演习。

这时的穆青已陷入革命爆发前夜的激情之中。他准备着与黑暗的势力做最后的较量。

不日，天安门事件爆发。

第二天，时任上海市委书记的徐景贤来到国际饭店，向穆青等人传达了昨天发生的所谓“天安门反革命事件”，并描绘了“暴徒”们如何爬上人民英雄纪念碑向周总理敬献花圈。

穆青从头至尾沉默着，眉头紧锁，一声没吭。

徐景贤走了。穆青等 4 人回到他住的房间。他半晌没有说话，两眼盯着墙壁。突然间他说出一句：“中央有‘四人帮’。现在华国锋只是个过渡人物，他们将来还要把华国锋推倒。”

穆青向分社的几个同志迅速宣布：散会，大家赶快回去。

离沪时，他特别对杜导正说：“老杜，我们要分手了。我回到北京以后还不知道什么结局，你回到广州也不知道什么结局。在现在的情况下，我们只能有策略地抵制，我有心理准备，第一准备被免职，第二准备坐牢。你们也要有这样的心理准备。”

杜导正说：“我已经早准备好了。”

穆青微微地笑了。

穆青没有马上回到北京，他先是到了浙江杭州。在杭州，一天之内他接到总社三个电话，催他火速回京。这时，他还不知道，他和朱穆之、李琴状告江青的事已被告发，“四人帮”正要拿他归案。

回到北京，一进新华社大楼，穆青就感受到了来自“四人帮”的杀气。有冷言冷语：“穆青是向西湖做最后的告别去了吧！”

同时传来江青气急败坏地叫喊：“新华社的领导最坏，竟敢告老娘的刁状！”

姚文元杀气腾腾地指示：“新华社核心小组有人整江青在大寨会议的黑材料，这是大是大非问题，核心小组要把这件事的盖子揭开！”

这个文痞还恶狠狠地说：“一系列事实表明，新华社不是跟不上，而是不想跟！新华社有个反党小集团！”

穆青很快意识到，“四人帮”要来秋后算账了。

这是一个并不奇怪的事实，历史上任何一次激烈的大革命中，冲锋陷阵者有之，胆小投机者亦有之。3月初批邓反击右倾翻案风刚开始不久，新华社一名知情的记者便向江青写黑信告状：“新华社有人整你在大寨的材料。”

“四人帮”早就为新华社的种种“消极抵抗”、“暗中动作”

而怀恨在心，此时他们终于抓住了一颗重磅炸弹。震动中国新闻界的“朱穆李事件”终于爆发。

4 月 16 日，朱穆之、穆青、李琴被停职。

4 月 27 日至 5 月 17 日，按照姚文元的旨意，新华社连续召开了 8 次核心小组扩大会议，批判朱、穆、李。

之后，朱、穆、李开始接受新华社各基层单位大会小会的批判。

7 月 16 日，新华社全体职工集中对朱、穆、李进行总批判。

在这期间，姚文元一天一个电话询问批判进展情况，并不断作出新的指示。

他对新华社就事论事的批判“水平”十分不满意，亲自定纲上线，称“朱穆李事件”是“紧跟邓小平，大搞右倾翻案风，分裂毛主席为首的党中央的反党阴谋活动”。

穆青和朱穆之、李琴三人都清清楚楚地感受到，“四人帮”意欲置他们于死地的屠刀已经架在他们的脖子上。然而，这三个共产党人没有辱没他们的称号。

这是几十次批判会中的一次场景：

“说！谁是主谋？”

朱穆之回答：“我是社长，应负主要责任！”

穆青说：“是我建议写的，一切由我负责！”

“老实交代，谁是后台？”

穆青回答：“没有后台。我是凭党性办事。向党中央反映情况是新华社的责任，是我们的责任！”

“你们的矛头是反对毛主席。”

穆青坦然相对：“不！我们没有反对毛主席。如果是矛头对准毛主席，我们怎么还会向毛主席反映情况呢？”

批判者转向李琴：“你好大胆子，竟敢告江青同志的状?!”

李琴平静地说：“毛主席还批评过江青，我作为一个党员，反映问题有什么不对?”

批判会成了三个共产党人真情告白的讲台。

他们是不孤立的。他们的后面站着很多人。

一次，李琴在看大字报时，身后传出悄悄的声音：“要保重身体啊!”她没有回头，但她斜眼瞅了一下，看出说话的人是对外部一位叫缪宝根的同志，平素他们并无多少往来，但此时一句简单的话，却饱含了无尽的理解和信任。

穆青到他曾经呆过的国内部工业组接受批判，主持会议的人无精打采，参加会议的人神情木然。批判会宣布开始后，一屋子人个个都闭着眼，昏昏欲睡，只听得桌子上的小钟表“滴答滴答”一分一秒地走着。就这样一直挨到规定的两个钟点，主持人如释重负高声宣布：“散会!”

有一个编辑叫郭永文，平日里嘻嘻哈哈，爱说俏皮话，似乎什么也不放在心上。然而，“文革”初期，在穆青极为落魄、困难的时刻，他曾冒着风险托穆青的孩子回去给父亲捎话：“一定要挺住!”眼下面对来势汹汹的“朱穆李事件”，他依然不屑一顾，头一天通知他开批判会，第二天他就跑到郊区养猪场采访去了。一天，他偶尔看到一份批判朱、穆、李的简报，上面有姚文元写的一大段批示，大意是：正告朱、穆、李，你们的反革命行为其用意极为险恶，一是反对毛主席、毛泽东思想；二是分裂党中央；三是幻想邓小平上台……云云。郭永文片刻不停，冲下楼，骑上自行车，赶到穆青的大儿子穆东平上班的北京出版社(他现已转业)，把人叫出大门外，说了大致的情况，然后一再叮嘱：“转告你爸爸，咬紧牙，绝不能承认这三条!这不是硬给人头上栽赃把人往死里整吗?!”

工业组的几个女同志开批判会发言没词，可当看到穆青身上穿的一件毛衣已经破烂不堪时，她们却待不住了，悄悄买了毛线，每人分工一部分，给这个正在挨批的“反革命”织成一件毛衣。

“莫愁前路无知己，天下谁人不识君。”

在最黑暗的时刻来自同志们的真情，让穆青感受到了万劫不泯的民心。

批判结束，朱穆之、穆青、李琴被分别指派到新华社印刷厂、基建队、图片社劳动改造，听候发落。每个人都清楚，等待他们的将是牢狱之灾。续磊为穆青买了毡子，又把一件皮大衣改成布面皮袄，以备他在牢狱里过冬之用。

这时，在兰州部队当兵的三儿子穆晓枫出差绕道北京，他是从郑州大姑那里得知父亲出事了。几年分别，晓枫看到父亲苍老了许多，话比以前更少，只是父亲的眼神里的平静让他感觉到一种力量。晓枫是一个性情豪爽、却又内心细致的孩子，他一字不提“朱穆李事件”，生怕再给父亲增加哪怕任何一点点压力。他围着父亲说了很多话，都是关于部队上对“四人帮”如何如何地反感；他们如何如何地丧尽民心等等。父亲偶尔间会露出一丝微笑。每当看到父亲笑，他便也笑，许许多多没说出的话都在他们相互的微笑间传递。

晓枫在家呆了一天，第二天就要返回部队了。穆青说：“我送你。”父子俩默默走出家门，乘地铁来到北京火车站。在站台上等车的时刻，晓枫望着父亲，心里堵得满满的，真想说点什么。

在他的一生中，这是父亲第三次送他出远门。第一次是送他去红旗渠搞社会实践，第二次是送他当兵。那两次，父亲都对他嘱咐了许多话，惟有这一次父亲默默无言。晓枫知道这无言的背后意味着什么，他几乎想哭。他不知道这次分别之后，何时何地再能见到父亲？他真想拥抱一下父亲，但没有。因为那样他会哭出来。这一刻，他觉得他与父亲甚亲，而心甚戚。

他们就这样一直无言地站着，直到火车进站。

晓枫上了车，在窗口向父亲挥挥手，示意让他回去。可父亲摇摇头，一动不动。火车开动了，在晓枫的视线中，父亲单薄的身影越来越远，一直消失在站台的尽头。

接下来的日子是一天一天无言地等待。等待到的会是什么呢？

很多年之后，穆青依然无法忘记那些日子他内心的挣扎。

那一天，穆青望着新华社院子里的伫立的几棵青苍的松柏，感觉它们就是他的朋友，它们就是他的兄弟，霜雪所不能摧残的信念已由它们无声地说出：生或者死，爱或者恨，我们可以被消灭，但不可战胜！

他似乎又听到那穿透了人类无数个冬季的诗句，像鞭子一样抽向这寒冷的季节：

> 让预言的号角奏鸣！哦，风啊，
> 如果冬天来了，春天还会远吗？

他还听到了鲁迅的预言：

> 万家墨面没蒿莱，
> 敢有歌吟动地哀。
> 心事浩茫联广宇，
> 于无声处听惊雷。

他想：惊雷迟早是要爆发的，中国共产党和中国人民一定会收拾“四人帮”，太阳终究会照耀在共和国的国土上！

历史以它铁的法则，顽强地运转着。

1976 年 7 月 28 日，河北唐山发生 7.8 级大地震，波及天津、北京。

1976 年 9 月 9 日，中国共产党主席毛泽东逝世。

1976 年 10 月 6 日，“四人帮”一夜之间被全部擒获。

10 月 7 日清晨，朱穆之的妻子周萝从电话里听到一个熟悉的女士的声音：“祝贺你们了！”

同一天上午，李琴接到王海容一句话的电话：“四个人都被抓了。”

同一天晚上，国内部军事组组长刘回年悄悄走进穆青的家，告诉他：“‘四人帮’完蛋了！”

10 月 8 日，党中央派出郑屏年、李普、杨家祥、黄宗汉、徐桂宝五人小组进驻新华社，接管了新华社的领导工作。他们代表党中央向包括朱穆之、穆青、李琴在内的新华社党的核心小组成员宣布：“过去领导你们的那个人（指姚文元）不再领导你们了。”同时宣布对“朱穆李事件”平反。工作小组同志对他们说：“你们的事中央都清楚，中央认为你们完全正确。”

粉碎“四人帮”的消息让中国沸腾！

这一天，一生不喜爱跳舞的穆青，随着新华社欢庆的队伍涌入沸腾的天安门广场，尽情地笑，尽情地跳！

这一天，一生不喜好喝酒的穆青，设家宴约来亲朋好友开怀畅饮！

这一天，一生不曾有过抱憾的穆青，垂泪感慨：“整整 10 年，是我 45 岁到 55 岁的黄金年月，可以写多少文章啊！”

然而，这一天，穆青不知，历史早以无字的形式将他的这 10 年人生写在了他有字之文的背后。无字之文成为他有字之文的辅读，人品与作品相映，他让许许多多人读懂了一个字：人！

第七章

冲破思想的牢笼

他很少给家人谈及工作中冒了风险的事，这些事成为他记忆中的收藏，令他品味。在这种品味中，他体验着只有战场上的战士才有的一种激情与豪迈。

闯　　关

一座沉重的冰山在阳光的烘烤下四分五裂，然而，那些巨大的残冰依然挤轧着，纠缠着，盘踞在河流的通道上。对于消亡，它们似乎并不甘心。这或许是发生在地球某一处的自然景观。但从另一种意义上讲，20 世纪 70 年代下半叶刚刚经历了十年浩劫的中国，正处于这样的一种局面。

1976 年 10 月 25 日，《人民日报》、《红旗》杂志、《解放军报》发表社论《伟大的历史性胜利》，强调“要坚持以阶级斗争为纲，坚持党的基本路线，坚持无产阶级专政下的继续革命”，“要继续批邓、反右倾翻案风”，“巩固和发展无产阶级文化大革命的胜利”。

10 月 26 日，中央宣传口成立。华国锋在对宣传口的负责人谈话中指出：应集中力量揭批“四人帮”，“四人帮”的本质是极右；批判中要注意，主席点过头的不要去批；当前要批“四人帮”，可以附带批邓，批邓要按毛主席的重要指示为准，以四号文件为准。[①]

1977 年 1 月 8 日，是周恩来总理逝世一周年的日子。全国各地群众都展开了不同形式纪念活动。而一个月以后即 2 月 7 日，《人民日报》、《红旗》杂志、《解放军报》联合发表题为《学

① 四号文件即 1976 年 3 月 3 日中共中央关于学习毛主席重要指示的通知。

好文件抓住纲》的社论。这篇社论第一次公开提出了“两个凡是”的方针，“凡是毛主席作出的决策，我们都坚决维护；凡是毛主席的指示，我们都始终不渝地遵循。”

“两个凡是”像一副“紧箍咒”，把中国人民的思想牢牢地钳在昨日的枷板上。“四人帮”虽然被打倒了，但“四人帮”赖以产生、得势、造孽深重的“文革”却依然头顶光环，连打倒“四人帮”也被称做是“文革”的伟大胜利。

“文革”后的穆青。

中国往何处去？人们在“鬼打墙”式的劫后废墟中踯躅徘徊。

这些日子，穆青一直在思虑中。他时常想起《国际歌》中的那句话——“让思想冲破牢笼……”的确，一个思想上戴着手铐脚镣的民族，是不会有真正意义上的解放，只有冲破思想的牢笼，中国人民才能最终获得新生。

时间一天天过去。

1978年初，新华社山西分社记者廖由滨给总社发来一篇稿子，题目叫《棒打不回头的种棉模范吴吉昌》，写的是山西闻喜县一个叫吴吉昌的老农民科学种棉花的故事。稿子写得技术性很强，而且逻辑是倒过来讲的，说吴吉昌在“文革”中因为受到冲击，从而得到教育，所以搞出了成绩等等。不过里面有一点非常感人，那就是这个老农民为了完成周总理交给的任务，打成反革命也不罢休的那股子劲头。

国内部农村组编辑苟玉升看完稿子，对组长陈大斌说：“人物不错，但写得很幼稚。”陈大斌又把稿子拿给记者陆拂为，让他出点主意。恰在这时，穆青来到国内部，像平常一样随便看看，几个人便把稿子给了他。穆青看完稿子，立刻让把廖由滨叫来总社，请他详细介绍吴吉昌的情况。

廖由滨来到总社，连夜向穆青汇报。他谈起吴吉昌为了种棉花，偷着在自家院子里育苗；谈起吴吉昌为了种棉花惨遭毒打，腿被打伤了，左臂被拧得脱了臼，成了残废；还谈起吴吉昌为了种棉花，饱受折磨，身患重病，快要死了也不给他治病……穆青听着听着落泪了，他问廖由滨："你为什么不把这些写出来？"

廖由滨回答："事迹很感人，但处处都涉及'文革'的阴暗面，怎么敢写呀！"

穆青半天没说话，他理解记者的难处，但他意识到，这个难处正是他思虑多日的问题。这个叫吴吉昌的种棉花的老农民，竟一下子把他推到了"两个凡是"的禁区边缘。

很多年后，穆青在一次接受记者采访时这样回忆他的心情：

> 一九七八年初，十年动乱虽已结束，但历史的惰性力量，仍在阻碍人民前进。那时，关于"文化大革命"怎么提法，思想上还没有解决，还是"三七开"，"不能全盘否定"等等。后来碰到吴吉昌这篇稿子，一个很尖锐的问题就是提不提"文化大革命"？如果不提，这篇文章就写不出来。因为吴吉昌的遭遇都是因为"文革"而来，他为了周总理的嘱托种棉花受尽迫害。如果对这些事实都回避了，这篇文章就没意思了。所以，我决定重新组织力量，去山西深入采访。

穆青派出国内部记者陆拂为与廖由滨一道再赴山西闻喜县。他指示：改变报道路子，不写或少写有关种棉花方面的技术问题，实事求是地反映吴吉昌身处逆境的献身精神。

春节前，陆拂为从山西回到北京，他到穆青家里，详细汇报了采访情况。穆青边听边抽烟，激动地一次次站起来，在屋子里来回走动。

> 当掌握了大量动人的事例和细节之后，我们进一步认识到：吴吉昌的遭遇具有时代的典型意义，一个共产党员被当做党的“敌人”时，仍然不屈不挠的为科学、为真理而奋斗，这不正是在那惊心动魄的年代，许多优秀共产党人精神面貌的写照吗？但是，要表达这种革命精神，就无法避开当时的典型环境，还必须冲破政治上的“禁区”，作出不同于当时流行提法的新论断，这就难了！

这是穆青在后来的回忆中继续说到的。

现在他们面临着两种选择：第一种，后退，平安大吉；第二种，闯关，凶多吉少。对后一种选择，作为一个普通记者，廖由滨不敢写，从山西回来的陆拂为依然犹豫，他对穆青忧心忡忡地说：“难度的确很大，党中央负责人再三强调‘文化大革命’七八年一次，要正确对待。这种题材能出关吗？”

穆青狠命地抽着烟，半天没作声，心里却已是下定决心。

> 一定要写。不仅要写，而且要通过吴吉昌的遭遇，控诉“文化大革命”对那么多人的迫害！
>
> 对吴吉昌不是一个认识问题，而是一个胆识问题。就是你认识到了，敢不敢讲？我想，只要是事实，是真理，代表了大多数群众的意见，代表了全党大多数干部的思想，这样的东西，我们就敢讲！当然，这要有一点风险，那就随它去吧。将来要挨整，挨整就是了。我就

是这么认识的。

穆青多年后的这段回忆一直保存在一盘磁带里，从他激愤的语调中，仍能清晰地体味出他当年痛下决心时那一刻的义无反顾。

穆青让陆拂为先设计个方案。

或许，这个问题太尖锐了，陆拂为先后设计了几个提纲，都因为顾虑“文革”问题而绕来绕去。

几个提纲被穆青一个个否定。他对陆拂为说：“你没有放开手。你要放开手写，我来把关!”

他同时再三叮嘱陆拂为，这篇稿子未定稿前的所有清样，不经过他的同意，不能给任何人看。

陆拂为的感觉有点像作战，那几个提纲被穆青否定后，反倒激励了他的斗志。他开始苦苦思索，如何真实地去表现吴吉昌和吴吉昌所处的时代?

当时报告文学家徐迟的《哥德巴赫猜想》正轰动一时，很多单位请徐迟去作报告。陆拂为想取一点经，也去听了一场。

由于当时“文革”未被否定，徐迟讲自己如何写出《哥德巴赫猜想》时，也是用了倒过来的逻辑，说自己是在“文革”中受了教育，所以写出了这篇东西。陆拂为注意到，当徐迟讲到这样的意思时，底下哄堂大笑。

陆拂为很同情徐迟，但感觉却是无论如何不能再走这条路。那该怎么办呢?既要如实反映历史，又不能被人抓辫子。

他去找了他的朋友、作家林斤澜。林斤澜听完他讲的故事后说：“事迹很感人，作家虚构都虚构不出来，事实和形象已拥有足够的力量把读者打动，不宜添加主观的抒情和议论。玫瑰香酿制原料差，需要加香料；茅台酒原料好，不需要加香料。喝酒讲究品原味，我建议你用白描笔法去写。”

陆拂为茅塞顿开。

这时，恰逢吴吉昌来北京参加全国科技大会，穆青把老汉接到新华社，与陆拂为、廖由滨一起与老汉又谈了两个晚上。他们对这篇稿子充满信心。

“施工”采用流水作业法，陆拂为写一段，送穆青改一段，写出初稿，又坐在一起，反复推敲。当时穆青身体不适，他边服药边改稿。稿子改了五天五夜，先后送印厂排了四个清样，光题目就改过五个：“光荣的使命”、“庄严的使命”、“周总理的重托”、“为了周总理的重托”、“为了周总理的嘱托”，最后定下的第五个题目是国内部主任李普的主意。

那一晚，他们对最后一个清样又涂改增删。穆青通读了一遍，皱着眉头说：“太白描了，还应该点明主题。”

陆拂为斟酌良久，在结尾处添加了一句这样的“潜台词”：“历史揭开了新的一页，像吴吉昌这样的遭遇连同产生他的时代背景，都一去不复返了。”

穆青看着这句话，沉思了片刻说：“就说这么点意思罢！”

多少年之后，穆青都不能忘记这个改稿的最后一晚。他曾在一篇文章中记道：

> 当时，我、陆拂为和廖由滨三个人在我们报刊楼的办公室里，开了一盏台灯，陆拂为坐在我对面，廖由滨坐在我旁边，三个人就一个字一个字地抠。改着，改着，廖由滨插不上嘴就瞌睡了。吃过夜餐后他就困了，我说：“你就躺在沙发上睡吧，我和陆拂为有什么搞不清楚的地方再问你。”我和陆拂为两个人都是大烟鬼，抽的烟头装了满满一大烟灰缸，还堆起了老高。就这样一直搞到天亮，搞完后，一推开窗户，一缕阳光照射进来，大家精神都为之一振。陆拂为说：“可以了，可以

> 了，别弄了。”我说：“不行，还是再看看。”我又通读了一遍说：“行了。”这时，天已经大亮。

就在这一天，穆青让陆拂为把稿子打出清样，嘱咐他“找几个年轻人看一下，如果他们都感动了，就是定稿了。要不行，我们再来磨。”

陆拂为把稿子分别送给了几个年轻人，包括他的女儿和邻居家的中学生，他们读着读着都哭了。穆青得知后说：“好了，就这样发吧。”

陆拂为问：“还需要送中央审吗？”

穆青说：“送谁审啊？出了问题我来负责！”

陆拂为心头一热，他知道，既是作者又是发稿人的穆青，正承担着双重政治风险。

3 月 13 日，《为了周总理的嘱托》播发前，穆青亲笔写信，把清样送给《人民日报》负责人征求意见。《人民日报》副总编辑李庄一口气读完，立即给穆青打电话，说：“写得好！”并告之，报社决定加编者按。夜里，胡绩伟细心读了播发稿，建议穆青再做某些文字订正。新华社随即按他的意见补发改稿。

多年以后，陆拂为在一篇文章中如此回忆那个夜晚他的心境：

> 中央两家新闻单位一起，发挥历史主动精神，“擅自”对史无前例的“文革”做史无前例的公开批评。尽管措辞比较含蓄，不难听出“弦外之音”。全国人民会有何反响？中央负责人会怎么说？我兴奋、激动、紧张，彻夜失眠了。

1978 年 3 月 14 日，新华社播发的署名穆青、陆拂为、廖由滨的长篇通讯《为了周总理的嘱托》在《人民日报》头版刊用，报纸在配发编者按的同时，还刊登了吴吉昌一幅头扎白毛巾的照片。

这时，五届人大第一次会议刚刚结束，在这次会议上，党中央和国务院的主要负责人仍在说："文化大革命，七八年来一次。"

这篇稿子无疑是犯禁的。

稿子播发后第二天，全国各省市报纸登载的不到一半，因为底下都吃不准，甚至有人说："这样的稿子怎么可以发?"那些没刊用的报纸，当看到《人民日报》加编者按全文刊登，似乎找到了保险的办法，第三天又纷纷将稿子连同编者按一起补用。

不久，山西传来消息，有人指责"穆青借写吴吉昌发泄自己对文化革命冲击的不满。"省里还有人向闻喜县追查"有无事实夸大"?县里曾陪同采访的通讯干事作了否定的回答。显然，要是在真实性上出了差错，一场"官司"会没个完。

最尖锐的反映还是来自上面。就在稿子见报的当天上午，穆青在总编室接到一个用红机子打来的电话，自称是中南海的。

对方问："这个稿子经哪里审过?"

穆青反问："你是哪位领导同志啊?"

对方一时摸不透"底"，气呼呼地说："我是一般干部。"随即"啪"地一声把电话挂断了。

陆拂为得知后说："这位'一般干部'的口气倒很不'一般'。"

穆青说："不去理睬他。"

很多年后，穆青一直不知道打电话的这个人究竟是谁。

《为了周总理的嘱托》其更大意义是对多年来被禁锢和僵化了的人们思想的一种冲击与解放。稿子见报不久，一家新闻单位举办的一个业务培训班提出请这篇稿子的作者来讲讲，穆青派出了陆拂为。陆拂为问："怎么讲？"穆青说："你就讲技巧，不要讲政治。"但这篇稿子的要害处就是政治。不过穆青的话让陆拂为心中有了底。

讲述中有人向陆拂为提出三个问题。一问：毛主席说，"文化大革命"要三七开，你们在吴吉昌身上怎么体现三七开的？

陆拂为回答：毛主席说的是整个"文化大革命"三七开，具体到每个人身上不能三七开，比如贺龙就不能三七开（那时中央已为贺龙平反）。

二问：中央讲，"文化大革命"七八年来一次，你们怎么就讲"一去不复返了"呢？

陆拂为回答：你误会了，我们讲的背景是指林彪、"四人帮"的干扰，而他们恰恰是在"文化大革命"之中。

三问：你们有没有考虑这个问题，写吴吉昌会导致怀疑否定"文化大革命"？

陆拂为回答：像吴吉昌这种类似遭遇的人你听到过吗？如果你听到过类似的故事，你对"文化大革命"怀疑了没有？反对了没有？假如说，你听了这些故事，你对"文化大革命"怀疑了，否定了，那你就不要怨这篇稿子。如果你听了那些故事没有怀疑、否定，那么你听了吴吉昌也不会怀疑否定。这就好比一桶酒，吴吉昌是其中一杯，你喝了一桶没醉，喝这一杯也不会醉；如果你已经醉了，也不要怨这一杯。

陆拂为机智的回答，既没有留下辫子，却又让人深思个中滋味。

这篇稿子的最热烈的呼应者是广大的人民群众。

当时吴吉昌正在北京参加全国科学大会，向他致敬致意的电报信件，雪片似的飞来。有位医护人员专程从外地赶到会场，要为老汉治疗被迫害造成的残疾。当身穿黑棉袄、头扎白毛巾的吴吉昌走上街头，人们对着报纸上的照片认出他来，纷纷簇拥问候。他走进地铁站台，乘客从车厢里蜂拥而出，连司机也“擅离职守”，请老汉进驾驶室就座。在人们心目中，他成了“文革”中横遭摧残、始终坚强不屈的“精神象征”。

> 历史揭开了新的一页，像吴吉昌这样的遭遇连同产生他的时代背景，一去不复返了。

全国人民都听懂了这句潜台词。

许许多多的读者给新华社、《人民日报》打电话、写信说，是流着泪读完报道的。

一位读者说：“稿子中的‘潜台词’，表达了大家想说又不敢说的心里话，人们会记住并感谢作者的。”

一位老同志说：“我惭愧啊，在那个时候没能像吴吉昌一样坚持下来，而是说了许多违心的话！”

当然，读者中也有对那句“潜台词”表示不同意的。

《人民日报》在 4 月 13 日特辟专栏，登载读者来信感言。

无论反对、赞成还是怀疑，《为了周总理的嘱托》这篇在中国新闻史上被称为“最早公开发表的对‘文化大革命’持否定态度的人物通讯”，促使人们对“文革”进行思索和诘辩，“大一统”的思想被冲破了。它预示了一个思想解放运动将在中国的土地上不可阻挡的到来。就像后来没有多久，一场“真理标准大讨论”，使“文革”由“禁止亵渎”的“神器”成为“内部争鸣”的“怪物”。这正是作者所希望的。

青山遮不住

1978年5月11日，新华社编辑部里一片欢腾。人们争相传阅着发表在当天《光明日报》上的一篇署名文章《实践是检验真理的唯一标准》。穆青捧着报纸反反复复读了好几遍，兴奋得有些坐不住。这是他久已盼望的时刻，就像听到了战场上的总攻战传来了第一声枪响。

这是一个不安分的僵滞与生机并存的春天。

“两个凡是”的思想依旧是中国各项工作的指导方针，它使得“文革”中造成的许多是非问题难以纠正，社会的发展处于停步不前的状态。但同时，中国的理论界、思想界、文学界等等开始有越来越多的文章把反思的锋芒指向“两个凡是”的禁区。

人们在思考：“两个凡是”最具精神钳制力、最虚伪的支撑点是什么？它最本质的要害又是什么？显然，这把锁不打开，一切问题都难以推进。

中南海里那位纵览历史风云的睿智老人是最早关注和思考这一问题的人。

1977年4月10日邓小平致信华国锋、叶剑英和党中央：“我们必须世世代代地用准确的、完整的毛泽东思想来指导全党、全军和全国人民，把党和社会主义的事业，把国际共产主义运动的事业，胜利地推向前进。”

同年5月24日，邓小平同王震、邓力群谈话时指出：“‘两个凡是’不行。按照‘两个凡是’就说不通为我平反的问题，也说不通肯定1976年广大群众在天安门广场的活动‘合乎情理’的问题。这是个重要的理论问题，是个能否坚持历史唯物主义的问题。”

同年7月，邓小平再次重申了要完整地、准确地理解毛泽东思想这个辩证唯物主义的科学原则。

邓小平的观点得到叶剑英、陈云等一批老一辈革命家的支持和响应。1977年底，中央党校根据此时主持工作的副校长胡耀邦的意见，明确规定研究党的历史要遵守两条原则：一条是完整地准确地理解毛泽东的有关指示；一条是以实践为检验路线是非的标准。胡耀邦说，这是判断思想是非、理论是非的标准问题，也是一场具有重大意义的马克思主义教育运动和思想解放运动。

真理的光芒是无法遮蔽的。思想解放运动在中国已是山雨欲来风满楼。

南京大学教员胡福明是这一场运动的直接引发者。他经过长时间的思考，写出一篇上万字的文章《实践是检验真理的标准》，文章通过对唯心主义反动本质的揭露，从理论上动摇了“两个凡是”的根基。

这篇文章经过中央党校几位同志的合力修改，由胡耀邦审定，最后以《实践是检验真理的唯一标准》为题，于1978年5月10日的中央党校《理论动态》上首次刊登，第二天《光明日报》将它全文发表。

检验真理的标准只能是社会实践，理论与实践的统一是马克思主义的一个基本的原则，任何理论都要不断接受实践的检验。

这一观点迅速传遍全国。

穆青在办公室兴奋而焦虑着，满脑子只有一个念头：新华社应该全文转发这篇文章。

但是，按照发稿惯例，新华社要转发政治领域的重要社论、文章，必须要有上面打招呼。此刻，上面静悄悄的。

电话响了，是社长曾涛打来的，他们想到了一起。

国内部主任杜导正，政治组组长刘回年，编辑庄重拿着报纸，找到总编室，大家想到了一起。

总编室像一个作战室，气氛严肃而紧张。新华社的最高领导者们正在作出选择：发，还是不发？发，上面没有指示，这本身就是态度，转发必然承担很大的风险；不发，违背民心，贻误战机。他们都是打过仗的人，知道贻误战机意味着什么。不能再犹豫了，就这样定了：发！

当天，新华社自作主张，全文转发了《光明日报》的特约评论员文章《实践是检验真理的唯一标准》。

第二天，包括《人民日报》《解放军报》在内的全国绝大多数省、市、自治区的报纸，将新华社的转发文章全文登载。

中国打破了它的僵滞与平静。

在中央，华国锋和主管宣传工作的汪东兴反对这场讨论。很快，上面传下话来：对此文“不要表态”。随即有风声四处蔓延，“新华社不守纪律，自作主张，犯了错误”。一时间，新闻单位风声鹤唳。

但是在另一个阵营里却是另一番景象。胡耀邦针对“凡是派”的反对意见，组织中央党校写出了另一篇重要文章《马克思主义的一个基本的原则》，从理论上驳斥了对于坚持实践是检验真理的唯一标准的种种责难。文章以特约评论员的名义发表在《解放军报》上，新华社再次自作主张全文转发。

一场思想解放运动在中国拉开了序幕。

穆青与刚刚被任命为新华社副社长的李普商议，决定一不做二不休，马上组织关于“真理标准大讨论”的战役性报道。

这个任务交给了国内部。杜导正坐镇，刘回年带领着政治组的全体记者编辑，每天一次编前会讨论，每天向国内各分社打电话，发电报，一个省一个省，一个军区一个军区地组织其主要领导同志发言表态。

8月3日，新华社播发了反映省、市、自治区一级领导关于真理标准讨论的第一篇稿子：“杨易辰同志主持召开黑龙江省委常委扩大会议，认真讨论真理的标准和民主集中制问题。”其后一发而不可止，一批积极支持思想解放的省、市、自治区委书记，最先明确表明自己的观点，他们中除黑龙江省委第一书记杨易辰外，还有辽宁省委第一书记任仲夷，新疆维吾尔自治区党委第一书记汪锋等。

《人民日报》《光明日报》在胡绩伟、李庄、杨西光、殷参、马沛文等人的主持下，在发表各省表态这件事上与新华社默契配合，发一篇用一篇，报纸上天天版面不断。

这时，新华社内部出现不同意见。有人说，你们这样逼人表态好不好？这样的稿子内容重复，发得太多，还有人看吗？等等。

责难传到国内部主任杜导正的耳朵里。这位1937年参加革命经历过政治风浪磨难的老同志说：“我们要从政治大局考虑问题，这个讨论牵扯到整个国家怎么发展的问题，是全党、全军和全国人民的一次大的思想解放。现在的重复表态就是政治，新华社不怕重复！”

杜导正把自己的意见向穆青作了汇报，穆青完全支持。他说：“发言表态要继续搞下去，对其他意见，不管它！”

从8月开始到12月，新华社一共播发了27个省、市、自治区和11个大军区的党委和主要领导就真理标准这一问题的发言，最后全国只有两个省委书记没有表态。

这些表态的发言尽管有先有后，角度内容不尽相同，但有一点是共同的，就是明确表示支持真理标准讨论，赞同思想解放。

由于各路“诸侯”陆续表态，新华社积极报道，使得真理标准大讨论像一场汹涌的波涛席卷全国。

邓小平高度评价这次大讨论的意义。他说：“一个党，一个国家，一个民族如果只从本本出发，思想僵化，就要亡党亡国。从这个意义上说，关于真理标准的讨论，的确是个思想路线问题，是个政治问题，是关系到党和国家的前途和命运的问题。”

正是这场讨论，打破了长期以来桎梏在中国人民、中国共产党身上的个人崇拜、教条主义的枷锁，为我国思想解放，纠正“左”的错误路线做了舆论上的准备，为中共十一届三中全会的召开奠定了坚实的思想基础。它被理论界称为是继“五四”运动以后的第二次思想大解放。

北京的初秋，天高云淡，街头随处可以见到五颜六色的盆花，各种树木现出些微的黄色点缀在夏季的老绿之中，不时有鸽群响着风一般的哨音从空中飞过。经过一个漫长的暑热，这座城市显得清新、自由。

10 月 20 日，邓小平来到北京市前三门一带，这位老人要看看这里的新变化。新华社总编室副主任李琴得到消息，急忙赶了过去。看完前三门，李琴发出邀请：“小平同志，走，到我们新华社看看去。”老人听罢，两眼含笑，连说：“好！好！”立刻拉着李琴上了他的车。这次不在日程之内的“意外”活动，急坏了邓小平的警卫长，他一个劲地说：“下次吧，下次吧。”但是，老人似乎主意已定。

临近中午时分，新华社的大院里十分安静。

李琴引路，邓小平一行悄悄地在报刊楼前下了车，乘电梯径直来到 4 楼社长曾涛的办公室。穆青很快被人从另外一间办公室叫来。曾涛、穆青又惊又喜，紧紧握住邓小平的手。

老人话不多，总是笑着，眼睛明亮。曾涛、穆青话也不多，也总是笑着，只是眼睛有些发潮。历经风风雨雨，穿过重重叠嶂，这次意外而短暂的相会显得有些意味深长。

时间在众人的不舍中飞过。邓小平轻轻地走下楼，刚一出楼道的大门，他吃了一惊。眼前，笑脸如织，人群如潮，从办公室、宿舍、食堂、活动室等全社每一个角落闻讯而来的记者、编辑和工人们，已经把新华社大院挤得水泄不通，及至办公楼的每一个窗口都塞满了挥手致意的人。

“李琴，是你搞的花样吧？”老人笑眯眯地责问。

“我可是什么都不知道啊！”李琴认真地有点着急起来。

老人没再说什么，他微笑着举起手，向大家慢慢地挥动……

“青山遮不住，毕竟东流去。”

在刚刚经历了一场伟大的思想解放运动的这一天，邓小平来到新华社，虽然没有更多的语言，却胜似千言万语。这是一次心灵的相会，一次战士和将军的相会，一次历史的相会。

穆青站在沸腾的人群中，一直笑着……

1978年10月20日，
邓小平同志视察新华社，
二排中为穆青。

天安门，你是鲜红的

已是1978年的深秋，树上的叶子不断飘落，风吹在人的身上，凉飕飕的。这几天，穆青的家人注意到，他常常站在家中的窗口，向着天安门的方向默默地伫立。他把心事写在了他的脸上。

“四人帮”被粉碎以后，在人民群众看来，1976年到天安门悼念周总理、声讨“四人帮”的四五运动，完全是革命行动，为它平反是顺理成章的事情。可是这种合乎情理的愿望和要求并没有很快变成现实。

1976年12月5日，中共中央发出通知，规定：“凡纯属反对‘四人帮’的人，已拘捕的应予释放；已立案的应予销案；正在审查的解除审查；已判刑的取消刑期，予以释放；给予党团籍处分应予撤销。”但同时又规定：“凡不是纯属反对‘四人帮’而有反对伟大领袖毛主席、反对党中央、反对无产阶级文化大革命或其他反革命罪行的人，决不允许翻案。”这样一来，被定性为把矛头指向毛主席、党中央的天安门事件，自然属于“决不允许翻案”之列。

这种情况一直持续到1978年思想解放运动开始。这一期间，各地平反冤假错案的呼声越来越强烈，“天安门事件”也越来越成为人们关注的焦点。2003年第9期的《百年潮》一篇署名文章披露：

> 在 1976 年天安门事件中和尔后的“四人帮”在北京市公安局干将“双追”（即追查天安门事件的幕后策划者、指挥者，追查反革命政治谣言、诗词、传单的制造者）中，共搜集了诗词、悼文照片原件 583 件；强迫群众交出诗词、悼文照片和现场照片 108000 多件；从中选出重点 600 余件编成的（天安门广场反革命事件罪证集），加上其他“重点线索”，总计立案追查 1984 件。北京市群众缉捕 388 人，至于以隔离、办班、谈话等方式审查的数量更多，全市被涉及的群众数以万计。

显然，令人沉重的“天安门事件”是“文革”冤假错案中最大的一桩。它的命运如何，直接关系到思想解放运动究竟能够达到何种深度。

这些日子，穆青心里一直很焦虑。对国家、民族的忧患意识已经成为他生命中的天然元素，用他自己的话说叫“责任感”。他曾这样谈及自己的心情：

> 天安门事件就像一块石头压在大家的心里。那时也不知道该怎么办，只是觉得舆论上得找个机会突破一下。

11 月中旬，中央工作会议在北京京西宾馆召开。期间，穆青把自己关于天安门事件的想法与参加会议的新华社社长曾涛交换了意见。曾涛已经在会议上听到很多老同志对这个问题的激烈议论，心里也憋着一肚子气。他与穆青达成共识，一定要想办法反映群众的心愿，甩掉这个压在全国人民心头上的思想包袱。

曾涛的立场，给了穆青很大的鼓舞。战友之间的共识、信任、真诚是他最大的福气。回想拨乱反正以来，他们一直是这样目标一致。这让穆青一生难忘。19 年后，当曾涛告别人世那一天，穆青在日记中记道：

> 我和曾涛同志五十年代在上海相识。以后又长期在新华社工作，朝夕相处，建立了深厚的感情，特别是打倒四人帮以后，我同他一起主持新华社工作，在平反冤假错案、拨乱反正、农村包产到户、真理标准讨论、为天安门事件平反等一系列问题上，观点一致，同心协力，度过了一段很困难的时光，为开拓新华社事业打下了稳固的基础。他的功劳是不容埋没的。

11 月 14 日，这是一个普通的日子。它对于新华社的很多人来说，却是一个难以忘却的日子。当年，中共中央党史研究室的研究人员傅颐曾分别记录了几位当事人的口述，永为历史见证。

新华社北京分社副社长周鸿书回忆：

> 北京市委常委扩大会议吸收了很多部门负责人参加。我也参加了。这个会议从 1978 年 11 月初开始，14 号结束，开了一个多星期。当时讨论最尖锐的就是天安门事件的问题。大家说，天安门事件应该有个新说法。当时谁也没有说“平反”两个字，这两个字太敏感了，干脆用“新说法”。对这个问题，在会上反应很强烈。我记得开会的头一天，大家谁也没有回家，关起门来议论纷纷，谁也不睡觉。在会议期间，我还将与会代表对天安门事件的强烈看法发了个内参。
>
> 这个会议还有一个背景。北京市原由吴德同志主持工作，后来由林乎加同志主持。大家对林乎加同志寄予

厚望，希望能对天安门事件有个新说法。会议期间，市委没有表态，很慎重。会议结束前，市委才定了调子。

11 月 14 日下午，开总结会。每个正式代表发了一份报告。第三书记贾庭三同志讲话。讲到后边，他离开了讲稿，从桌边拿起一张纸，念了一段话，大意是说：1976 年清明节，广大群众到天安门悼念我们敬爱的周总理，完全是出于对周总理的无限爱戴、无限怀念和深切哀悼的心情；完全是出于对“四人帮”祸国殃民的滔天罪行深切痛恨，它反映了全国亿万人民的心愿。广大群众沉痛悼念敬爱的周总理，愤怒声讨“四人帮”，完全是革命行动，对于因悼念周总理、反对“四人帮”而受到迫害的同志一律平反，恢复名誉。我听后非常激动，心想，这段话实际上是为天安门事件平了反。

一散会，我坐车赶到了总社。本来想找国内部副主任冯健，他不在，于是我找到国内部主任杜导正。这时已经是 14 日的傍晚了，我跟杜导正谈了会议的情况，问他是不是能将这一段内容单发。他说：争取吧。我回到北京分社，心里老在琢磨这件事。如果争取不成，单发给否了，就没有希望了。如果放在大稿子里，还有这份材料。14 日晚，我们决定先写成一个 2000 多字的大稿子，把关于天安门事件的那部分内容放在稿子里，同时在送审中尽量争取单发。

由于当时市委第一、二、三书记都在参加中央工作会议，所以我在送审稿上还给毛联珏同志写了一段话：联珏同志：此稿（指大稿子）总社有关领导看过，关于天安门事件那一段，建议拿出来单发。妥否，请你审定。

11 月 14 日晚上约 10 点钟左右，毛联珏给我打来电话。他说：老周，你送的会议消息我看过了。如果就照这样来发，我这里通过了。关于天安门事件那一段拿出来单发，我定不了。这得请示乎加同志。他又说：恐怕他也定不了。

接着我给杜导正打电话，告诉他大稿子的方案已经定了，并把前后过程跟他讲了一遍。

杜导正沉吟了一下说：那就算了吧。

这天晚上 10 点以后，我给国内部政治组打电话，对他们说大稿子已经通过，你们处理吧。对方说：好吧。

第二天（15 日）早上，我听广播，没有听到有关市委常委扩大会议的消息。我觉得很奇怪。这么重要的一个消息，新华总社却没有采用。然后我到分社上班。走到大门口，传达室给我两份报纸，是当天的《北京日报》。我扫了一眼，看到上面登载了市委常委扩大会议闭幕的消息，并从一版转登到了第二版。

早 8 时许，总社国内部的庄重同志来电话说：请你马上到总社来，研究市委常委扩大会议消息的发表。昨天夜里曾涛从京西宾馆打来电话，他说，要告诉北京分社，市委常委扩大会议的消息要突出天安门事件。于是，我坐车赶到总社，到了国内部 6 楼老杜的办公室，老杜和国内部的舒人、庄重等同志在屋子里坐着等我。

我们研究怎么突出天安门事件的问题。讨论来讨论去，要突出这一段，要么放在导语里，要么就单发。摆来摆去，拿不定主意。后来我说：我讲一个馊点子，我来的时候，北京日报已经见报，其中有一段消息，我们可把它单发，又可不送审，因为这是市委同意的大稿子。大家说：是个好主意。

庄重插了一句：这个主意不算是个馊主意。

最后老杜拍板：咱们做两个方案，一个是放在导语里，把稿子整个调整一下。第二个方案是拿出来单发，最后由穆青来定。

开完会，我们从六楼往五楼走的时候，庄重对我说：老周，你比较熟悉情况，你写个单发稿吧。我在原稿上调整。

到楼下，他给我找了一张桌子，我动手写单发稿，最重要的是把导语拟好。写完后，我交给庄重。他看后说：可以了。走，咱们找舒人去。他放下还没有弄完的稿子，和我一起去找舒人。

舒人看完稿子后，把导语改了一下，加了一个标题："中共北京市委宣布一九七六年天安门事件完全是革命行动"。标题写好后，我重抄了一遍。我和庄重送到穆青处。穆青在导语部分又做了几处改动。

几经折腾，穆青顿了一会儿，说："就这样吧，发给全国吧。"

当时我很奇怪，这两个方案，我们争来争去，就这么简单决定了？就不必讨论了？我问穆青：这稿子还要送审吗？

穆青说："不用了。曾涛昨晚来电话了，我们商量过了。"

我回到北京分社，把事情经过跟分社的两个记者说了，他们说："天安门事件完全是革命行动"在语法上是不是有点不通？

于是我又打电话给穆青。他说："'天安门事件'得上导语，'革命行动'也得上导语。就这么定了吧。"

11 月 16 日，各报都广泛采用了新华社的这则电讯稿。它成为一个轰动中外的重大新闻，为平反冤假错案起了推动作用。

时任国内部副主任冯健回忆：

我当年在国内部管发稿。11 月 14 日晚上，周鸿书同志根据记录写了两千多字的稿子，送到总社政治组。政治组负责处理稿子的是庄重同志。他是一个非常有经验的老同志。政治组的同志觉得把关于天安门事件这么重要的问题，放在这么长的稿子里不突出，是不是可以抽出来单发，于是就找到了穆青。曾涛、穆青和杜导正同志商量。这件事情政治组商量过，但不是在政治组决定的。

于是，15 日早上我们把周鸿书从北京分社找来，让他重新写一个短稿子。写完了以后就直接送到这里。因为我拿到的是一个短稿子。国内部值班的编辑舒人同志（他已经去世了），很有经验。他先看，改过个别词句。我在稿子上也改了个别字，都是技术性的。因为这是一件大事，既然决定要发，就要早发。新华社那时的发稿和现在不一样，当时叫“模写”，由模写员用正楷字在纸条上“模写”出稿子，再送往模写机，再发往全国。稿子要事先写出，一旦要发就马上可以发出去。为了争取时间，我在稿子上写了这样的意见：“请先模写，等通知再发。”

稿子模写完了，穆青一回来，我就把稿子送给他。穆青在上面签字：发。

穆青回忆：

当时新华社北京分社副社长周鸿书参加了市委常委扩大会议，11 月 14 日晚上他拿来一个稿子，里面提到了天安门事件的问题。国内部的同志觉得应该突出天安门事件的平反，搞成一个短新闻。当年我是副社长兼总编辑，主管国内部。他们向我请示。我把这东西看了以后，很赞成他们的想法。我说，你们摘，现在就摘出个两三百字的短新闻，其余的统统不要。我当时想，这是个大事，这样做有点风险。但是，这是全国人民都非常关心的事情，我们从政治上来考虑应该这么做。方案就这么定下来了。

本来，我是主持工作的，稿子我定了也就可以发了。但是，涉及到为天安门平反这么件大事，为慎重起见，我必须与曾涛同志商量，他是一把手。当时曾涛正在京西宾馆参加中央工作会议，我把这个意见通过电话告诉了他，并说，你现在正好在会上，可以征求其他同志的意见，听听可不可以这么做。

关于电讯稿的标题是再三斟酌的。国内部曾定过一个长标题，这个标题是确切的，但不醒目，几经反复，最后确定了这个标题。这个标题一加上后，把这件事情的政治意义完全突出了。我们决定下来后，把稿子送给了曾涛。此后，我和曾涛通了十多次电话。曾涛也跟我提到，他和杨西光、胡绩伟、于光远等同志商量过这件事情。曾涛同志还给我透了个底，这次中央工作会议上，陈云和很多同志都提出来应该为天安门事件平反。看到这么多老同志这么高的呼声，我们想这么做没有错。

到15日晚上7点钟左右，临发稿了，曾涛同志又打电话给我，说：怎么样？穆青，下决心就这么发好不好？我说：好啊，我们大家都同意这么发。

曾涛像是半开玩笑地对我说：如果这篇稿子出了问题要坐牢，你可得陪着我一块去。我说：行，我跟你一块去。

那天，我整整担心了一夜。但是，第二天也没有什么事，而且是一片欢呼。11月19日，华国锋为人民文学出版社即将出版的《天安门诗抄》题写的书名发表后，我们心中的一块石头掉了地。

不难看出，这篇稿子的最后定夺是经过了一个看似轻松，而实际上并不轻松的过程。

曾任新华社新闻研究所所长的李年贵手上，一直保存着这篇新华社电讯稿的原件。从原件上可以看到，文稿的手迹是周鸿书的；左上方“15/11稿”的字样，是那位做出精彩标题的国内部值班室主任舒人的手迹；右上角的“请先模写，等通知再发。冯15/11”，是冯健的笔迹；在舒人笔迹的上方则是穆青的批示：“发。穆”。（“发”字的左下方还有一个“省”字，也是穆青的手迹，意思是发首都中央级报纸和全国各省报）

穆青后来曾讲，发这篇稿他是捏着一把汗的。他的决心除来自于他追求正义与真理的精神之外，也来自于新华社这支久经革命风浪考验的团队上上下下的齐心合力。这是新华社的一次勇敢选择，也是穆青的一次勇敢选择。

不过，穆青从不回避他的另一种隐痛。作为新华社的领导者之一，他并不是每一次在风口浪尖上都能做到冲锋陷阵。由于党内长期“左”倾路线的统治，许多干部背负了沉重的“左”倾思想包袱，穆青也不例外。在有些时刻，他是要做出退让与妥协的。

有一件事让穆青难以忘却。也是在这一时期，辽宁省传出一位为追求真理而被“四人帮”势力残酷杀害的女共产党员张志新的冤案。当时，中共辽宁省委做出决定：为张志新同志平反昭雪，并追认为革命烈士。新华社辽宁分社征得省委的同意，给总社寄来了有关张志新的 30 万字的原始材料，请总社派人去辽宁采写这一重大冤案典型。国内部把这个任务交给了记者陆拂为。

此时中央对一些大案要案的平反调子还是相当低的，包括刘少奇案、“薄一波等 61 人叛徒集团案”在内的一批冤假错案还未平反，加上这时“文革”还没有被彻底否定，因此，张志新虽然平反昭雪，但有关部门对其案情的宣传口径却划得很窄。

陆拂为仔仔细细阅读了那 30 万字的原始材料后，深为震撼。张志新观点的要害处是反对“神化领袖”和“个人迷信”；另外，她在监狱服刑期间，惨遭非人折磨虐待，导致精神分裂，悲惨至极。这些问题正是这一时期思想解放运动需要突破的禁区。

他找到国内部主任杜导正，表明态度：“要我写，我就必须写出两点：一个是要写她反对‘个人迷信’，二是要写她疯了。否则，我不写。张志新已经被枪毙了一次，不能让她在我的笔下再被枪毙一次。”

对这件事杜导正不敢做主。陆拂为便去寻求穆青的支持。穆青想了半天，说：“这个稿子不写了。”

最后，张志新这个重大冤案典型，新华社一字未发。当然，其他媒体的记者按照统一的口径，写了不少报道，只是令知情者生出另一种悲哀。

穆青以“不写”表达了他的抗争，却也是一种退避。他曾设想，如果当时写了，肯定会对那一时期的思想解放运动产生不小的影响。可这已经成为一种永远的遗憾。

内心的隐痛恰恰折射出一种清醒与不屈。穆青终究是穆青，他可以有一时的退却，却绝不会泯灭对人民和历史的责任，只要他认准机会，就会千方百计去实现自己的意愿。眼下天安门事件的稿子正是这样。

北京，1978 年 11 月 15 日，深秋的夜空宁静而深邃，一颗颗星星在青色的夜幕上闪烁，似乎在等待着什么。新华社向着茫茫夜空发出一组用电波传递的消息：

> 中共北京市委宣布天安门事件完全是革命行动
>
> ……

这一刻，全中国震撼了！全世界震撼了！这条只有 239 个字的新闻，让这一晚的夜空壮丽如虹！

第二天，中国所有的报纸都以头版头条通栏大标题刊登了这个消息。国外众多媒体在刊登消息的同时，纷纷发表评论。

正在京西宾馆召开的中央工作会议的会场上，一片沸腾。各省委书记纷纷起身与曾涛握手，并向他热烈鼓掌表示致意。很多省委书记对曾涛说："你们新华社干了一件大好事，你们中要是有人为此丢了工作，就到我们那里去！"

多少年后，这则载入史册的新闻被人们一再传诵，特别是它堪称一绝的标题，几乎成为一种传奇。

穆青在一部题为《五十双眼睛》的纪录片中曾这样回忆：

> 当时还扭扭捏捏不敢宣布的时候，新华社就大胆地把标题加上了，就是"天安门事件是革命行动"，其实里面的文儿都是北京市委开会的内容。

曾在新华社当过记者的吴象说过一句表述极端却也令人回味的话：

> 这条消息一钱不值，值钱的就是那个标题。

在这个标题中，要害是“事件”两个字。当年，“四人帮”并没有明目张胆地说人民群众悼念周总理是反革命行动，而是说人们借悼念周总理而制造的“天安门事件”是反革命行动。而两天前北京市委常委扩大会议在表述这个概念时，小心翼翼地绕开了“事件”两个字，只是说人民群众悼念周总理反“四人帮”是革命行动，而没有说“天安门事件”是革命行动。

新华社的记者、编辑直到曾涛、穆青这些领导者们，恰恰抓住“事件”这两个字，做出了一篇大文章。这两个字一加，给人们的概念就完全不一样了。

这个标题的另一个“绝”处，在于“北京市委宣布”这几个字。严格地讲，这样的概念在组织程序上是颠倒的。当年“天安门事件”是由中央宣布为反革命事件的，平反当然也应该由中央出面宣布才名正言顺。北京市委显然是没有这种权力的。

有的时候，“糊涂”真的是一种大智慧。这个重量级的标题，很快有了反应。

当时北京市委的工作人员许孔让曾经回忆：

> 北京市委把决定正式登报后，新华社又发了一个短消息，标题用了“中共北京市委宣布1976年天安门事件完全是革命行动”，文字表述上同《北京日报》就完全不一样了。新华社的新闻见报后，11月16日这天夜里，北京市委又向中央写了一个报告说明情况，大意是：今天各报刊登北京市委宣布“天安门事件完全是革命行动”，市委并没有宣布这个题目，特此报告。

当天晚上，北京市委书记林乎加打电话给穆青，问："这个标题是谁定的?"穆青回答："是我们定的。"林乎加良久无语。

历史永远不会忘记北京市委为天安门事件的平反曾经做出的种种努力，只是在这一刻，它有着自身无能为力的羁绊和局限。

接下来的情形是，标有这样一个标题的消息一出来，举国沸腾。第二天，北京市及南京、上海、济南等全国各大城市成千上万的群众涌上街头，敲锣打鼓，庆祝天安门事件平反！各地的大报、小报为"天安门事件"的平反欢呼雀跃！

这则把人们盼望已久但实际上尚未成为事实的东西以事实的姿态公诸天下的新闻，客观上为"天安门事件"的彻底平反形成了强大的社会舆论，大大加速和推动了这一事实的真正实现。

2001年出版的《中国共产党简史》中有这样一段记载：

> 1978年11月10日到12月15日，党中央在北京召开工作会议。这次会议本来要讨论经济工作，会议的既定日程没有提到已经展开的真理标准讨论和党内外普遍关心的端正党的思想路线、平反冤假错案等问题。对此许多希望首先解决思想路线是非和重大历史是非的同志很不满意。陈云率先提出系统地解决历史遗留问题的意见，引起大多数与会者的强烈反响，从而改变了会议议程。在与会者的强烈要求下，11月25日，中央政治局终于作出为天安门事件平反，为"薄一波等六十一人叛徒集团"案等错案平反的决定，解决了一批重大的历史遗留问题。

12月22日，十一届三中全会通过的公报指出：

> 1976年4月5日的天安门事件完全是革命行动。

> 以天安门事件为中心的全国亿万人民沉痛悼念周恩来同志，愤怒声讨“四人帮”的伟大革命群众运动，为我们党粉碎“四人帮”奠定了群众基础。全会决定撤销中共中央发出的有关“反击右倾翻案风”运动和天安门事件的错误文件。

至此，天安门事件终于彻底平反。

念及这段历史，一位新华社的老记者说过这样的话：“天安门事件平反这条消息，实际上是报道在先，事实在后。从新闻的法则来看，的确是‘出格’。但是，这条涉及非常事件、在非常形势下发出的非常新闻，对历史的发展是有特殊贡献的。它从一个方面见证了当时新华社推动历史进步的壮举。”

中国的拨乱反正终于冲开了最沉重的一道闸门。这之后，全国大大小小的冤假错案的平反工作势如破竹。

时常，穆青依然喜欢手里握着一支烟，站在家中的窗口，朝向天安门的方向默默伫立。他很少给家人谈及工作中冒了风险的事，这些事成为他记忆中的收藏，令他品味。在这种品味中，他体验着只有战场上的战士才有的一种激情与豪迈。

革命前夜

1978 年 12 月的一个寒夜，安徽凤阳县小岗村 18 户农民由生产队长严宏昌主持，在破屋里一盏昏暗的马灯下开了一个会，决定在保证交够公粮和集体提留的前提下实行分田到户；如果队长为此坐牢，全村人负责把他的小孩养活到 18 岁。大家庄严地举手通过，写成契约，每个人都捺了手印，保证严守秘密。

这颇具悲壮色彩的一幕，是中国农村冲破几十年极“左”路线的桎梏，由僵滞走向新生的第一声惊蛰的春雷。

消息传来，穆青欣喜万分。

20 世纪 70 年代末的中国农村，就像是一个病入膏肓的人。自 50 年代实行人民公社化以后，由于长年极“左”路线的折腾，不仅剥夺了农民的财产，也剥夺了农民的自由，从而造成农村几十年持续不断的贫困状况。

据 1977 年中央 49 号文件转发的《普及大寨县工作座谈会汇报提纲》上说，1976 年全国人均占有粮食水平与 1956 年相同，也就是说 20 年间没有提高。另一份材料说，1978 年全国农业人口为八亿零三百二十万，平均一年一人只能吃到原粮 124 公斤，每天只有 6 两 7 钱。而贫困地区、重灾区连这个水平都达不到。那一年，全国大约有上亿农民缺粮，有 4000 万户农民的粮食只够吃半年，还有几百万户的农民，地里的庄稼收完了，场打完了，也开始断粮了，从冬到春全靠政府拨救济加上借粮或外出逃荒度日。

再看看农民的现金收入。1978 年全国约有一亿一千二百万人每天只能挣到 1 角 1 分钱，有一亿九千万人每天挣到 1 角 3 分钱，有二亿七千万多人每天可以挣到 1 角 4 分钱。山西雁北地区平鲁县的农民每天只能挣 6 分钱。农民为此编出了顺口溜：

堂堂七尺男子汉，人民公社好社员。
雨天一身泥，晴天一身汗，
早起干到日头落，不如母鸡下个蛋。

农民是最务实的人群。要求温饱，要求过好日子，是粉碎“四人帮”以后涌动在中国农村最强烈的呼声。

这一愿望似乎与这一时期中国的最高领导者们的想法并不一致。从中央主席到主管农业的副总理，给陷入严重危机的中国农业开出的药方是：继续“学大寨”，“大抓促大干”。

粉碎“四人帮”之后，中央召开的第一个大型全国会议，就是第二次全国农业学大寨会议。在这次大会上，国务院副总理陈永贵在报告中给农民揭批“四人帮”定了“调”。他说：“‘四人帮’干扰破坏学大寨、普及大寨县运动，罪行累累，铁证如山。他们反对大批修正主义，反对大批资本主义，反对大干社会主义，妄图砍掉大寨红旗。这个‘三反一砍’的要害，就是篡党夺权，改变党的基本路线，复辟资本主义。”

根据这个调门，陈永贵提出，今后农村工作的总体任务就是：“坚持大批修正主义，坚持大批资本主义，坚持大干社会主义，更高地举起农业学大寨的红旗，把农业学大寨、普及大寨县运动搞得更好。”

这样一来，使得中国农村继续深陷“左”的泥潭。

1977 年 10 月 30 日——11 月 18 日，“普及大寨县工作座谈会”在北京召开。会议提出 12 个议题，最引人注目的是要求全国农村在三年内实现基本核算单位从生产队全部“过渡”到大队核算。

这一下吓坏了不少参加会议的省、市、自治区的领导。这么一搞不是要把农村搞乱吗？极度贫困的中国农村哪里还经得起这样的折腾！

“穷过渡”在会上受到抵制。但是上面的意志依然不改。1977 年中央 49 号文件要求“今冬（1977 年冬）明春（1978 年春）”全国 10%的生产队“过渡”到大队核算。

中国有句哲言，置于死地而后生。在毁灭临近的时刻，一种新的力量顽强地崛起。

就在强调“穷过渡”的中央 49 号文件下达不久，以万里为第一书记的中共安徽省委于 1977 年 11 月发出了一个以落实党的农村政策为主要内容的文件：《关于当前农村经济政策几个问题的规定》，简称“省委六条”。强调农村一切工作要以生产为中心，尊重生产队的自主权，允许农民搞正当的家庭副业，生产队实行责任制。

同一时期，四川、广东、甘肃、内蒙古等省市自治区也陆续向各自的农村地区发出指示，强调从当地实际出发，解决农村和农民最紧迫的问题；工作的中心是清理、落实党在农村的经济政策，调动农民生产的积极性，恢复生产，让农民吃饱肚子。

中国农村的改革悄悄拉开了它的序幕。从一开始，它就呈现出这样一种黑白分明的两军对垒。只是双方的阵势有些悬殊，“穷过渡”是中央的既定方针；而农村改革只是局部地方的行动。

新华社何去何从？

主管国内报道的新华社副社长穆青毫不犹豫地选择了后者。

农村，这是贴着穆青心尖的地方。他曾经说过这样的话：

我本身从小生活在农村环境，接触的都是农民，我看到的农民在旧社会是非常苦难的，社会苦难在农村看得最清楚。我从小就想，将来要给农民做点什么事情。

这个愿望一直伴随着穆青长大。当他走完了半个世纪的人生旅程时，他看到，农民虽然在政治上翻了身，但生活依旧处于贫穷之中，这让他有一种负债的痛苦。他不止一次地说过："什么时候农村富裕了，中国才算真的富裕了。"

现在似乎到了他还愿的时刻。

穆青在安徽农村采访。

1977 年 11 月，新华社国内部召开农村记者座谈会，研究农业形势和农村报道。穆青听完大家的汇报后，讲了一番带有强烈鼓动色彩的话。他说：

> 大家都有一股子干劲，要让农村来一次革命。革命是怎么发生的？就是到了再也维持不下去了，才会爆发革命。现在大家觉得要爆发革命，认为有爆发革命的必要，事情就好办了。没有这种精神状态，就不能改变农村的面貌，就不能改变我们国家的面貌，也就不能改变农村报道的面貌。要革命，就是换一种思路，换一条路子走。过去那条路走不通了，实践证明是错误的路，就要把那一套东西推倒。推倒旧事物，肯定会有阻力，会有干扰。对于新闻工作者来说，最大的干扰就是我们脱离实际，脱离群众。要改革，首先要从这里改起。我们的农村记者要深入基层调查研究，要密切联系实际、密切联系群众，要反映人民群众的要求和呼声。

穆青的话，从某种意义上讲，是十一届三中全会前后新华社关于农村改革报道的一份革命性的宣言。

记者陆拂为这样说：

> 穆青不是一个处于完全被动的上面错我也错的“太平官”，尽管很多时候他有着这方面的无奈。但是当他一旦认准了历史发展的正确道路，有着自己的想法时，就会努力通过他负责的新闻报道去做出正确的反映，力图以新闻作品显示出我们时代的未来。

新华社在这一时期的农村改革报道，正是基于这样一种历史观，面对来自上面的种种“指示”，逆风而动，坚定不移地站在广大农民一边，推动了中国农村改革的历史进程。

1977年冬天，新华社国内部记者张广友奉命前往农村改革领先之地的安徽采访报道。

这是一位对农村情况有着深入了解和研究的记者，早在60年代初期，他就曾写过多篇有关“包产到户”的调查报告，发在内参上，引起了中央关注。当然，后来大批“三自一包”时，若不是内参编辑部负责人的全力保护，他险遭牢狱之灾。

另外，他又是一位对万里十分了解的记者。

1976年，在“批邓反击右倾翻案风”的声浪中，姚文元指示新华社向铁道部、教育部、科学院等他们不放心的部委派驻记者，张广友被派往铁道部“蹲点”。行前，穆青找他谈话，他发了一通牢骚：“记者不是什么‘钦差大臣’，列席人家的党组会，像个‘特务’似的，那种滋味不好受。他们都是部长，要撤，党中央国务院下个命令就撤了呗，何必要我们去，反正我是想不通！”

穆青先是一声不吭，听着听着憋不住了，插了一句：“你想不通，我还想不通呢！跟谁说去？”

这一下张广友更来劲了，他列数历次政治运动中都有记者因为说真话而遭厄运的事实，表示自己实在不想去。

穆青不停地抽着烟，一屋子烟气腾腾。最后，他开口了：“没关系，你去吧，腰上别根大扁担，掉不进去，万一掉进去了，我去捞你！”

穆青的话让张广友踏实了。就这样，他去了铁道部。

与万里的第一次见面是在这位铁道部部长的办公室。有着山东人耿直性格的部长说的第一句是：“希望你们要深入调查研究，如实反映情况。”张广友心里热乎乎的。从此他结识了这位求真务实的共产党人。

现在，张广友又一次来到农村，来到万里身边。他深为安徽大地上的激变而振奋，更为省委书记万里气势磅礴的改革胸怀所激励。他与安徽分社记者一道，先后写出《安徽大步赶上来了》《一份省委文件的诞生》《生产队有了自主权农业必增产》《政策调动了千军万马》《联产责任制威力大》《群众为什么喜欢包产到户》《历史性的转折》等一大批稿子。

其中有一篇反映安县烟际公社杨渡大队魏郢生产队“包产到组，以产定工”的稿子，先是在新华社内部刊物上发了两万多字的专刊，后来又改为公开报道。当时中央文件有明确规定，不许分田单干。国内部主任杜导正与农村组组长陈大斌就想了个办法，给它另起一个名字叫“联产到劳，责任到人”。虽然名字不扎眼了，但是懂行的人一看就知道它说的是什么。这篇题为《农业劳动报酬联系产量计酬的调查》，是新华社在公开报道中第一次事实上报道了“包产”的成果。

1993 年 11 月，穆青在河南豫西山区采访，查看贫困户家中的油瓶子。

这些报道在中国农村引起不小的震动。

与此同时，总社国内部农村组多次召开农村记者座谈会，统一思想，部署任务，陆续派出记者陈大斌、黄正根、南振中、刘宗棠、傅上伦、杨克现、周贻昶等，分赴安徽、四川、山东、湖北、吉林、江苏、上海等地，对那里正在萌芽和已经发生、发展的农村改革做了大规模的报道，先后写出了《四川全面清理认真落实农村经济政策》《泗阳县纠正“穷过渡”》《把基层干部从极“左”的紧箍咒中解放出来》《必须改变“种田的不作主，作主的不种田”的怪现象》《这盘棋下活了》等。

这些报道在当时的新闻舆论上占据了突出地位，在各地农村掀起了很大的热潮，有力地推动了整个农村形势的发展。

意料之中的事如期发生。

1978 年 4 月 16 日，某地方报纸秉承某领导人旨意，发表长达万字的编辑部文章《真学大寨就有农业发展的高速度》，这篇文章大骂赞同农村改革的人是“好行小惠，言不及义”，是“反对、怀疑社会主义”云云。

1979 年 3 月 15 日，《人民日报》奉命在头版头条刊登署名张浩的“读者来信”《“三级所有，队为基础”应当稳定》和编者按。信中说“搞分田到组，是脱离群众，不得人心”；编者按强调“不能从队为基础退回搞分田到组、包产到组”，要求“坚决纠正”已经出现的“错误做法”。这封“读者来信”在中国农村造成极大的思想混乱甚至恐慌。

同一年，新华社召开分社会议，穆青带着国内部的负责人杜导正、方实到香山向当时主管宣传的中央负责人汇报会议情况。当谈到农村报道时，这位负责人对新华社宣传“包产到户”严厉指责。之后，他执意要给分社会议做报告，会上又把“包产到户”狠狠地批了一通。

此时的新华社已是泰山压顶。

那些日子，穆青每天晚上睡得很晚，常常十一二点了还一个人坐在办公室抽闷烟。退却吗？他翻来覆去地想，一想到这两个字眼，他就会有一种羞愧感。他无法忘记他小时候立下的志愿，他更无法漠视今天农民的呼声。他心里清楚，现在正是中国农村革命的前夜，如果他临阵逃脱了，他将一辈子受到作为一个共产党人、一个人民记者的良心的谴责。

那一天，穆青来到国内部农村组定期召开的又一次农村记者座谈会上，声音不高，却是不容怀疑地说："继续向农村派出采访小分队，一切从实际出发，实事求是地作出报道。"

不日，胡国华、冯东书，傅上伦、戴国强 4 位记者组成的调研小分队，赴陕、甘、宁等贫困山区调查农村贫困饥饿的真相，探讨治贫致富的良策。出发前，穆青特地找他们谈话。他说："你们这次调查要以包产到户问题为主要任务，要拓展视野，真正深入下去，到村到户，直接倾听农民的心声。要说真话，讲实情。斯诺的《西行漫记》，范长江的《中国的西北角》，为什么过了几十年，至今读来仍然震撼人心？就是因为他们真实地记录了大量的事实。你们这次调查，今天看是新闻，明天也就成了历史。你们一定要有时代的责任感、历史的责任感，用你们的调查，为这转变关头的历史留下些什么。"

记者们兵分两路，胡国华、傅上伦、戴国强三人一路，冯东书一人一路。他们从春到夏，从夏到秋，马不停蹄地跨越晋北、陕北、宁夏的西海固、甘肃的平凉和定西等四省区的广大土地，边走边写边发稿，先后采写了 60 多篇内部报道，真实地反映了农民的穷困生活，以及他们对"包产到户"政策的强烈渴望。

穆青在家中坐镇，重要的稿件他都要自己过目，及时签发送中央。其中不少稿件得到中央领导同志的批示，成为中央制定重大政策的可靠依据。

几个月后记者们回到北京，穆青详细地听取他们的汇报。当记者谈到采访中所见到的农村种种令人痛心的贫穷时，穆青几次拍案而起，眼里蕴满泪水。

1994 年，穆青访问宁夏同心县困难群众。

另外几路奔赴农村改革先行之地的记者们则写来了《实践打开了思想解放的闸门》《政策牵动故乡情》《雁滩的春天》《凤阳人民的肥年》《巨大的胜利》《实事求是的领导》《联系产量责任制好处多》等稿件，它们以确凿有力的事实，展示了大包干责任制在农村的巨大威力。

新华社和《人民日报》还转发了《辽宁日报》署名范敬宜的述评：《莫把开头当过头》，在全国产生极大影响。

压力之下的新华社就像是一队高飞的雁，在农村改革报道中迎着逆风奋力飞翔，穆青则是飞在这支队伍最前面的那只头雁。

1979 年初，穆青派记者陆拂为，找到 14 年前他去兰考途中结识的宁陵县万庄村那位种树的劳动模范人称“老坚决”的潘从正，他想知道当年因被“文革”冲击而未及采访的这位老贫农，眼下的树种得怎么样了。

14 年，恍若隔世。已是 78 岁的老人向记者谈起他和他的树苗在十几年中被作为“复辟资本主义”的“黑典型”一毁再毁的苦难，老泪纵横。他说：“他毁，俺栽。他再毁，俺再栽。俺是为国家、为子孙后代！”“今后可不能再折腾了！越折腾越穷，将来国家靠什么？只有大家齐心搞建设，国家才能富起来。”

陆拂为带着写好的初稿回到北京，穆青读后眼圈红了。“老坚决”烫人心窝的话，不正是中国广大农民对于未来幸福日子的强烈企盼吗？

稿子经过多次修改，署名穆青、陆拂为的长篇通讯《一篇没有写完的报道》4 月 24 日由新华社播发，次日《人民日报》头版刊登。

他们接到了许许多多读者的来信来电，“老坚决”这个“失败”的英雄典型所传达出的思想，产生了强烈的震撼力：连几棵树都栽不成的极“左”路线统治下的中国农村历史，是一定要变革的了！

1980 年春天，穆青又与记者黄正根一路南下来到云南。在一个偏僻的山寨，他们听到一个故事：一个村发生一场激烈的争论，焦点是要不要搞包产到户，8 个队委投票，结果一半赞成，一半反对，4 票对 4 票。群众围在队委会门口，关心着决定他们命运的投票，他们都赞成承包。这时公社副书记来了，群众围上来，恳求他，这位书记投了赞成票。一票定乾坤，老百姓乐得直蹦高。这个故事让穆青兴奋了很久。20 多天之后，回到北京，他与黄正根写下了一万多字的散记《滇行三千里》，发表在新华社刚刚创刊的《瞭望》杂志上，署名“黎晓”，取黎明时为农村改革报晓之意。

1981年冬，穆青与郭超人、陆拂为冒着严寒奔往邛崃、广汉、新都三县的川西大平原，一路采访，一路思考，写下了具有思辨色彩的《中国农村的一角》。文章通过对西南农村改革历程的剖析，尖锐地指出：导致中国农村长期贫困的最根本原因，“就是不承认农民群众是农村的真正主人”；农村改革的关键所在是“最大限度地解放生产力”；“改革所引爆的巨大冲力必将开拓出一条实事求是的、符合我国国情的、发展社会主义农业的新路”。文章在1982年第4期《红旗》杂志上发表，被人称为“科学地预见了中国农村的前进方向和发展趋势。”

1982年9月，穆青与周原再一次踏上豫东大地。

这一年的1月1日，党中央下发了有名的1号文件，指出“目前实行的各种责任制，包括小段包工定额计酬，专业承包联产计酬，联产到劳，包产到户、到组，包干到户、到组等等，都是社会主义集体经济的生产责任制。”至此，“包产到户”终于在中国的农村落下了户口。被胡乔木称之为“舆论第一次左右了决策”。

站在豫东土地上的穆青、周原，此时已是满眼东风。他们看到的是农民在新生活中所焕发出的空前的创造力；听到的是农民过上好日子的欢乐的笑声；感受到的是农民向往科学技术在农村进一步发展的更高渴盼。他们被这片土地上的巨大喜悦和幸福包裹着，从早到晚，在田埂边、小路旁、树阴下、炕头上，和一个两个甚至十几个农民扎成一堆，聊个没完。农民快活幽默的话语，常常使他们笑弯了腰，笑痛了肚子。

他们走一路，看一路，聊一路，笑一路，在笑声中先后写出了《夏大于秋》《谁见过这样的五保户》《农村经营管理站的诞生》《谁有远见谁养牛》《农民的挑战》《“光棍村”里的欢乐》《抢财神》等一组7篇“河南农村见闻”，穆青称之为“欢快的田园交响曲”。

1982年穆青提出“谁有远见谁养牛”，1985年穆青在陕西农村考察养牛业，左一为陕西分社社长冯森龄。

1986年3月，穆青和周原在兰考考察当年的沙丘。

一年之后，已占到农村95%以上的家庭联产承包责任制，成为中国特色社会主义农业的新体制。至此，“三级所有，队为基础”、“一大二公”的人民公社体制已经瓦解，只留下一个虚名。中国农业从此由僵滞封闭、荒芜颓萎中彻底解放出来，走向充满活力、开放发展的新时代。

历史在见证了中国农村这场具有划时代意义的大变革的同时，也见证了新华社记者在这场变革中的勇气与作用。

穆青被人称为新华社的“首席农村记者”。

很多年之后有人问穆青：你为什么总能在历史发展的紧要关头，准确地把握住它的脉搏？

穆青说了一段意味深长的话：

> 这就需要心中有大局。什么是大局？就是当时那个时代最广大老百姓的利益。你必须知道老百姓的利益在什么地方，他们最渴望的点儿在什么地方，他们的呼声在什么地方。只有这样，你的文章才会像拳头一样敲在时代绷得最紧的那根弦上，产生强大的影响力。

为了免除下一代的苦难

1980年2月，一位青年诗人发表了一首题为《一代人的呼声》的诗歌：

……

假如是我，仅仅是
我的悲剧——
我也许已经宽恕，
我的泪水和愤怒
也许可以平息。

但是，为了孩子们的父亲，
为了父亲们的孩子，
为了各地纪念碑下
那无声的责问不再使人颤栗；
为了一度露宿街头的画面
不再使我们的眼睛无处躲避；
为了百年后天真的孩子
不用对我们留下的历史猜谜；
为了祖国的这份空白，
为了民族的这段崎岖，

为了天空的纯洁
和道路的正直
我要求真理！

这段日子正是从十年浩劫中走出来的中国人民痛定思痛的反思时期。当噩梦成为历史，人们便开始对噩梦的由来，产生强烈的探究欲。

穆青也是千千万万探究者中的一个，他的思想在这一时期趋于沉静、思辨，并积聚着新的力量。

1980 年 3 月 12 日，穆青又恢复了中断多年的日记，他写道：

自从“文化大革命”中日记被抄之后，这许多年来我再也不记日记了。现在这场浩劫已过，我想还是重新开始记些东西好。但愿它能为我保留一点生活的痕迹。

3 月 23 日他又写道：

今天是我五十九周岁的生日[①]……

想不到转眼之间已近花甲，一事无成，实在有愧。我常想人生如长跑，六十岁已到最后一百米，就看这最后百米冲刺了。

4 月 3 日他再次写道：

傍晚在院子里散步，发现花树并不少，只是十年浩

① 穆青的生日为农历二月初六，此处日期为阳历。

> 劫中被破坏得相当严重，令人痛心。什么事情都是破坏起来容易，再建设就难。一个小院是如此，一个大国何尝不是如此。

思想在沉默中运行。直到那一天它终于爆发。

1981年1月25日，北京时间9点18分，中华人民共和国最高人民法院特别法庭经过两个多月的审讯以后，对林彪、江青反革命集团案的10名主犯进行终审判决。

翌日，署名穆青、郭超人、陆拂为的长篇政论式通讯《历史的审判》向全国全世界播发。

千千万万的中国人被震撼！

> 我们早就准备写了，不是审判时才想到要写。记者不是记录历史的吗？从历史责任感出发，我想应该给历史留一笔。“文革”十年国家倒退，民族受辱，荒唐透顶，任何有思想、有责任感的人都不能沉默。所以写这篇东西是酝酿了很长时间的。

穆青在十几年后说的这段话，记录了他和他的战友们为历史留下的精彩一幕。

1980年9月29日，五届人大常委会第16次会议通过决定，成立最高人民检察院特别检察厅和最高人民法院特别法庭，起诉审判林彪、江青反革命集团。人大常委会的决定发布后，时任中央宣传部常务副部长的朱穆之召开小范围会议，对公审林彪、江青反革命集团案的报道进行部署。朱穆之提出，新华社要组织一个大的报道班子，由穆青总负责。

接到任务的穆青摩拳擦掌，他从全社点兵调将，很快组成了一个阵容强大的“两案”公审报道班子。这个班子的成员有：郭超人、李峰、孟帆、李耐因、陆拂为、刘回年、赵琦、徐心华、于有海、罗昌华、陈家咏、张孟仪等，看着这些名字穆青信心十足。

10月3日，报道班子召开动员大会，穆青在会上慷慨陈词：“我们肩负的责任十分光荣，党中央在期望着我们，广大人民群众在看着我们，全世界都在关注此事，我们的这次报道只能搞好，不能搞坏！这是最后埋葬‘四人帮’！”

穆青和大家一起研究了这场报道的方案。首先是程序性和现场新闻；再者是两个审判庭的专题报道；最后是一篇综合性的大通讯，穆青把这篇通讯的题目都想好了，叫《历史的审判》。

按照这一方案，报道班子兵分三路：一路由李耐因带队，负责第一审判庭（审判“四人帮”）的报道；一路由刘回年带队，负责第二审判庭（审判林彪集团）的报道；穆青则直接领导一个写作班子，负责采写大通讯《历史的审判》。

这是一个没有枪声和硝烟的战场。

李耐因带领的一队人马，先是驻扎在西直门内国务院第二招待所，后来为了尽快获取更多的证据和材料，经过特别批准，他们移师关押十名主犯的秦城监狱。

李耐因此时是新华社国内部文教组组长。穆青让他负责一个方面军，是有考虑的。这位曾经历了战争年代硝烟炮火的军事记者，最让穆青看中的就是他的犀利与敏捷。

李耐因17岁在山东老家参加抗日武工队，一次，他所在的部队歼灭日军七百多人，兴奋之下他连夜写了一首一百多行的叙事诗，被部队发现是个“大文豪”，于是不满20岁的他拿起笔杆子，开始了军旅记者生涯。

几十年中，他参加了淮海战役、渡江战役、解放舟山群岛、抗美援朝、平息西康叛乱、对越自卫反击战等许多重大战役的报道，写出的新闻作品无以计数，他在朝鲜战场上写的战地通讯《不朽的友谊》曾被选入中学语文课本。

1957年，李耐因经历了人生的一次重大劫难。反右运动一开始，他即被打成新华社“戴李反党小集团”的头头，与戴煌等人在《解放军报》上被曝光，并被开除党籍、军籍，处以劳动改造。这一年他29岁。

1959年，当李耐因以“摘帽右派”的身份从唐山农场回到新华社国内部时，正是穆青从上海分社回到总社任新华社副社长兼国内部主任不久。当时李耐因被安排在《新闻业务》做编辑，这是一个不露头脸的幕后勤务工角色，且由于他的身份，他自己撰写的文章不能署真名，更有甚者，每当他写出或编出的文章受到好评时，就会有人疾言厉色地敲打他：“你要永远夹着尾巴做人！不要以为写篇好稿子就可以翘尾巴！”

然而，不知从哪一天起，李耐因在屈辱中开始感受到另一种情感的冲撞。国内部值班室不时给他送来待发的稿子：“李耐因，穆青说了，这篇稿子由你来编发处理。”部里年终开会讨论报道，有人通知他：“李耐因，穆青的意见，你也参加会议。”这种情况越来越多。

1964年5月，穆青去新疆、陕西、甘肃、宁夏搞调查研究，他点名带了三个人，一个是国内部政治组组长宫策，一个是编辑余振鹏，另一个就是李耐因。在那个年月，一个领导竟带着一个“摘帽右派”四处跑，这让许多人见识了穆青的胆识。

一个人被压抑日久的才华一旦与信任和尊重相碰撞，它必定会绽放出炽热的火花。

李耐因，这个被打入另册的“摘帽右派”，恰恰在人生境遇的低谷期间，跨入了他新闻事业的高峰期。他的犀利与敏锐，使得他在编辑工作中独具慧眼，稿件凡经过他的手，常能化平淡为神奇。《人民的好医生李月华》《“飞蝗蔽日”的时代一去不复返》

《基层干部称赞三中全会有十个好》《党组织为马寅初彻底平反恢复名誉》《当官不为民作主不如回家卖红薯》等等，这些 20 世纪 70 年代中国新闻史上的名篇，都是经由李耐因的手编辑或采写的。

1978 年 6 月，当新华社党组织宣布为李耐因彻底平反时，他心中反复默念着土耳其诗人希克梅特的几句诗：

> 我像一粒子弹似的，穿过十年破旧的岁月。我回来了，还是那颗心，还是那颗头颅。

后来，他把诗做了修正：

> 我回来了，还是那颗心，却已是两鬓霜雪的头颅。

现在这位两鬓霜雪的老战士，再一次被穆青点将走上战场。

李耐因和他的四位战友，被安排住进秦城监狱的 206 号监楼的三楼，每人一间牢房。牢房大约有 10 平方米左右，没有桌椅，只有一个小板凳，他们把材料、笔记本、稿纸摊在床上，坐在小板凳上工作。后来狱方专门为他们每人增加了一张书桌，一把椅子和一个暖水瓶。时已初冬，每到夜晚北风呼啸，寒意逼人。他们经常是靠着香烟或浓茶支撑，通宵通宵地干。为了防止感冒，他们就把感冒冲剂泡在水里当茶喝，每人每天要喝七八包。

住在这样一个特定的地方，五名记者的心情每天都处于极度的愤怒之中。李耐因在日记中写道：

> 我在斗室内踽踽徘徊，满怀悲愤。窗外高高的白杨在秋风中索索作响，时有枯叶飘零。宁静的监房，使人感到肃杀气氛。从走廊窗口望去，203 号、204 号监楼

近在咫尺，那里关押着林彪、江青集团的十名主犯。中国大地上成千上万件血案，就是他们一手制造的。此刻，那两栋楼沉入夜色中，给中国人民带来沉重灾难的豺狼们大概也睡了。只有看守员的房间透出灯光。一股怒气从我胸间升起：我要用我这支笔伸张正义，诛伐丑恶，为受难者申冤！

正是怀着这样的仇恨，李耐因先后写出了《伪证是怎样制造出来的》《从庐山到钓鱼台》《一个女工的悲惨遭遇》《上海“秘密抄家案”始末》《剥开“要件即呈”真相》等通讯，揭露了“四人帮”诬陷、迫害共和国主席刘少奇等令人发指的罪行。其他四个记者也陆续写出了揭露张春桥、王洪文、姚文元、陈伯达和康生真面目以及林江勾结的多篇通讯。

这些文章播发后，一时举国震惊，被人称为是投向“四人帮”的重磅炸弹。

刘回年带领的一路人马驻扎在总政西直门招待所。刘回年这时是新华社国内部政治组组长，他也是穆青在这场战役中精心安排的一员以军事报道著称的勇将。

刘回年出生在江西革命老区一个贫困农民的家里，依靠人民政府的助学金完成了大学四年的课程，1963 年毕业后被分配到新华社军事部。他虽然没有经历过战火的洗礼，却也经历了共和国许多重大事件的磨炼。他参加过 1966 年河北邢台大地震的报道和 1976 年唐山大地震的报道。1976 年 10 月 6 日，党中央一举粉碎“四人帮”后，他又奉命率中央记者组赴上海执行任务，根据中央的指示，展开了与马天水、徐景贤等“四人帮”上海余党的周旋，为中央解决“四人帮”余党提供了大量有价值的参考材料。拨乱反正时期，刘回年作为新华社国内部核心领导小组成员兼国内部政治组组长，参与组织了“真理标准大讨论”、“天安门事件”平反以及为“文革”中遭受迫害的无产阶级革命家和老干部平反昭雪的一系列重大事件的报道。

刘回年身上具有的顽强、坚韧以及足智多谋是穆青颇为欣赏的。他曾经给这位苦娃子出身的军事记者写过一幅字：“自古人才出寒门”。

眼下，这位“寒门之子”正率领着第二方面军，投入到揭露林彪反革命政变内幕的报道之中。他们天天跑特别检察厅、特别法庭收集情况，并到林彪住所毛家湾做了实地查看。为增加对在押犯的感性认识，他们还到公安部看了给主犯送交起诉书副本的实况录像，采访了包括长期负责毛主席警卫工作的汪东兴、负责周总理警卫工作的杨德中在内的各方面人士。先后五易其稿，写出了揭露林彪反革命集团企图篡党夺权的长篇通讯《林彪反革命武装政变始末》。

稿子送到穆青手中，他基本满意，只是把题目改为《林彪反革命政变破产记》。当这篇一万多字的新闻通讯播发时，正是第二审判庭开庭后的第二天。这篇事实惊心动魄的通讯，为全国人民最终识破林彪反革命集团的丑恶嘴脸提供了强有力的证据。

由穆青挂帅，郭超人、陆拂为参加的大通讯《历史的审判》是这场报道中最强硬的一仗。从一开始，穆青就为这篇通讯定位，他说：

> 大通讯要把审判现场与罪行结合起来，要有历史的大跨度，立意要高，它不仅是对林彪、“四人帮”的审判，而是对“文化大革命”的彻底审判和否定！

无疑，这是一篇具有挑战性的稿子。郭超人、陆拂为踌躇满志。

在这一攻坚战的人选上，穆青再一次显示了他知人善用的领导智慧，他之所以选中这两位记者，是有他的道理的。

郭超人此时是四川分社的记者。他 1956 年由北京大学新闻专业毕业，怀着一个时代青年的理想，志愿到了西藏，成为新华社西藏分社的一名记者。在这块神秘、艰苦而又饱受农奴制压迫的高原土地上，他留下了 14 年的生命脚印。其中具有历史意义的一页，是他冒着生命危险，经历了常人难以忍受的磨难，跟随中国登山队先后攀登世界最高峰珠穆朗玛峰和希夏邦马峰，成功地抵达海拔 6600 米素有“珠峰大门”之称的北坳冰墙下，写出了《英雄登上地球之巅》《红旗插上珠穆朗玛峰》《希夏邦马峰征服记》《和英雄的登山队员在一起》等多篇长篇通讯，不仅创造了中国新闻史而且创造了世界新闻史的奇迹，在国内外产生广泛影响。39 年后，郭超人在一篇短文中追述他随登山队采访的艰难情景时写道：

> 由于高山严重缺氧，长期睡不着觉，吃不下饭，甚至全身浮肿。记得我在赶写《英雄登上地球之巅》这篇通讯时，眼睛已经肿得看不清写字了，常常需要用一只手把眼皮扒开，另一只手去写。至于高山缺氧所造成的思维活动的障碍，更给记者工作带来很大的困难，因为经常性的头胀头痛，思路难以集中，有时连最常用的字也想不起来。有一次，我跟随侦察组冒着风雪去海拔 6600 米的冰坡上采访，回到帐篷后准备写一段当时的现场目击记。结果用了四个多小时，还没有写完 200 字，最后连岩石的“岩”字也不知道怎么写了。在零下 30 多摄氏度的严寒下写字，墨水一到笔尖就冻了，钢笔根本不能使用，铅笔一写笔芯就断。

西藏之后，郭超人先后被调入陕西分社和四川分社。他坚持深入基层调查研究，写出了许多具有历史价值的新闻作品。他采写的《安康见闻》一组稿件，受到邓小平、李先念等中央领导同志的高度重视。1974 年他撰写的长篇通讯《驯水记》，通过新中国 25 年来的水利建设的伟大成就，对“四人帮”全盘否定“文革”前 17 年的倒行逆施作了有力的回答，被人称为是“史诗般的作品”。他采写的《扫除唯心的阶级估量》等报道，大胆否定了“以阶级斗争为纲”的极“左”路线。

到这时为止，在 24 年的新闻实践中，郭超人已经显示出他深厚的马克思主义理论功底和驾驭重大题材的能力。这正是眼下撰写《历史的审判》所特别需要的。

陆拂为是低郭超人两年的校友并系友，这时是新华社国内部文教组的记者。他很早在家乡无锡县东亭区农会当文书，16 岁成为家乡地方党报《苏南日报》的通讯员。从一开始涉足新闻领域，他就彰显了他不易盲从、独立思考的特质，由此生出不少麻烦。有一年，他曾因为写文章披露县农代会选举走过场而险遭文狱之灾。

1958 年，他带着北京大学的毕业文凭来到新华社国内部，做了农村记者。不久，他被派去东北采访，转了一圈没觉得有什么新闻好写，便写了两篇散文寄给《人民日报》。《人民日报》全文刊用，随后派人来新华社要人，说要把他培养成作家。穆青闻此生气：“就你们能培养，我们就不能培养了?”陆拂为留了下来。

1963 年，陆拂为在中国新闻社当记者的妻子“因言获罪”，被定为“反革命小集团”主要成员，他因此成为“同案犯”。有人提议，此人已不宜留在新华社，应该调离。穆青什么话也没说，把这个意见压下了。

“文革”一开始，陆拂为被打入“牛棚”，后期又从“牛棚”中“区别”出来，“按人民内部矛盾处理”。这时，北京市委想树立一个“受群众运动冲击不撂革命重担”的典型，相中刚病逝的大白楼生产队长王国福，请新华社派记者参加报道。陆拂为“奉命”出征。他忖度自己在造反派眼中的“形象”，好比苏联革命初期的白俄军官，政治“反动”是无疑的，但“技术”不妨稍加利用。军代表一见面就把话挑明了：“你的事我们清楚，好好表现，对将来回原单位解决自己的问题有好处。”

然而，本性难移。在采写过程中，他因为对上面“首长”一再强行要求歪曲事实，恣意为政治需要往人物脸上“乱抹油彩”的伎俩无法容忍，便借新华社通知他下干校为由，一再表示“深感迫切需要走‘五七道路’改造世界观”，乘机溜号。他后来在报上读了那篇通讯，还有报社的“采写经过介绍”。“介绍”中说，此稿遵循市革委领导人多次指示，并和“资产阶级思想”做了斗争，云云。他知道，所说“资产阶级思想”非他莫属。只是后来随着“文革”的结束，那篇通讯的虚假处也被一一揭开。

粉碎“四人帮”以后，陆拂为的才华终于得以展现。他先后分别与穆青、廖由滨合作采写了新闻史上的名篇《为了周总理的嘱托》《一篇没有写完的报道》以及《白象走出森林的时候》。他以诗意多彩的文笔、沉静犀利的思考在新闻界独领风骚。

像这样一个曾身背“黑锅”而又清傲不羁的人，在那个年代常常并不得好。然而，穆青却始终对他投以真挚的同志之情。甚至当陆拂为提出“我不要求领导上给我写什么的权利，我只要求有不写什么的权利”时，穆青点头同意。

在穆青看来，陆拂为身上具有一个优秀记者极其宝贵的东西：正义与才情。这也正是撰写《历史的审判》不可或缺的。

现在穆青、郭超人、陆拂为要联袂上场了。

三个记者给自己确定的目标是直捣敌人的“死穴”。

郭超人在一篇文章中这样回忆：

> 这篇通讯是整个审判活动的最后一篇报道，按照预定的计划，是在法庭宣判以后发表。这时“四人帮”的罪行，法庭审判的经过，该报道的都报道过了。如果这篇通讯还停留在揭露罪行，报道审判，即使写作技巧再高明，结构再巧妙，词句再优美，也是很难打动读者的。我们认为，这篇稿子能不能在读者心目中站住，关键在于它的思想深度。“四人帮”的滔天罪行可以说是家喻户晓；“文革”十年的浩劫，人们记忆犹新。但是，是不是每个读者都能用马克思主义的观点对“四人帮”的“兴衰”和十年动乱的始末进行正确的分析呢？是不是每个读者都能从这种历史现象中引出正确的经验教训呢？不一定。特别是当时党中央《关于建国以来党的若干历史问题的决议》尚未公布，各阶层群众还存在许多需要解答的问题和需要澄清的糊涂观念。

然而，在这一时期的历史条件下，要实现作者所期望的，并不是一件轻松的事情。由于林彪、“四人帮”的罪行涉及中国政治领域中许多还没有来得及清理的问题，对他们的审判是一场十分尖锐而复杂的斗争。有些法学界专家甚至主张“官司拉倒，不要审了”。但是以邓小平为首的一批老同志主张还是要审，通过审判确立依法治国的新起点，也让全国人民彻底认清他们的反动嘴脸。

审判虽然确定了，但是在“左”的思想束缚下，主管部门对这次审判的报道限定了一个框框，即只报道其刑事犯罪，不涉及包括“文革”、“个人迷信”、“神化领袖”等诸多政治领域方面的内容。

穆青一连几天紧锁眉头。显然，这个框子与他从一开始对这篇通讯的定位不相符合。他想，如果仅仅如此，报道就无法触及十年浩劫这场民族苦难的最深处，就不能使历史的创伤变为后世的警训。

经历过一场民族大磨难而沉淀的思考，这时在穆青的心里就像一支上了弦的弓箭，势在必发。不发，他感觉失职。

穆青与郭超人、陆拂为商议，三个人想法完全一致。他们决心，无论如何对现在的报道框子要有所突破，目标就是要指向“文化大革命”。

穆青说：“一定要把它写成一个有深度的历史记录，一定要代表全国老百姓控诉这场闹剧，控诉这个荒唐的时代。它不应该仅仅是审判本身的一些动态记录，而应该是一连串的反思。”

12 年后穆青回忆道：

> 我们确定，跳开审判“四人帮”过程中可能公布的罪行，从一个大的、站得高一点远一点的角度去写，形式上是审判“四人帮”，实际上是审判“文化大革命”。这在当时也是很大胆的。

他们三人做了分工，郭超人负责写前半部分，陆拂为写后半部分，穆青把关。

稿子的写作进行得很艰苦。他们一边进行大量的采访，挑选出那些最具本质意义的典型事例；一边查阅马克思、恩格斯、列宁的著作；同时还要浏览古典名著、史书掌故，以做到引经据典、查有出处，既符合事实，又符合法律。他们写得没日没夜，整整苦干了三个多月，终于写出一万多字的初稿。

他们从主题到选材、结构、语言等各方面，翻来覆去地研究、修改。穆青的眼光老练犀利。有一段郭超人写完后，陆拂为看了感觉不太理想。这时候郭超人改稿已经改得头昏脑涨，便说："你别在穆青面前说，我可是改不动了。"陆拂为说："你瞒不过他。"果然穆青看完稿子指着那一段说："这一段重来。"旁边的两人面面相觑，眼神里是由衷的佩服。

不过，穆青也有他的顾忌。初稿许多地方写得尖锐、泼辣，他常常边看边叫好，但又担心这样太露，便一再说："我和你们不一样啊，你们是记者，想怎么说就怎么说，可我不行，还是要抹平一点。"

对同志的坦诚恳切是穆青的一贯作风。他修改稿件时，从来不以领导的口气指手画脚下命令，总是心对心地共同协商。眼下，两位记者虽不情愿，却很理解。他们知道作为作者之一、新华社副社长的穆青，他在这篇稿子中承担了重大的政治风险，一旦出了问题，他将负全部责任。

陆拂为多年之后回忆说：

> 那时，也有一条保险的办法，就是把稿子送审，上面通不过就算了。但是穆青不想这样。细细算来，这几年已有多篇经他的手发出去的"冒尖"的稿子都未送审。这一次，他决定依然如此。

静水深流的从容，透示出穆青内心的力量。

稿子改了一遍又一遍，一直改到第 6 遍。穆青让人把稿子打印成若干清样，没有署名，分送给编辑部的一些同志听取意见。有一位同志一看，有太多不符合上面框子的东西，他拿起笔就往下划，划掉一大堆。后来他听说这篇稿子是穆青参加写作的，又赶紧把划掉的恢复上去。事后，穆青对陆拂为讲："权还是需要的，不然什么事也干不成。"这句话显示出穆青对这篇稿子的坚定不移的态度。

1981年1月26日，也就是对林彪、江青反革命集团10名主犯终审判决的第二天，署名穆青、郭超人、陆拂为的《历史的审判》终于由新华社向全国、全世界播发。

它集新闻、通讯、报告文学、散文和政论为一体，高屋建瓴，气势磅礴，把新中国建国以来最黑暗的一幕悲剧撕开来，淋漓尽致地剖析在世人的面前。

什么是“四人帮”得以孳生发育的温床？读一读这样的句子吧：

> 在中国，林彪、“四人帮”正是巧妙地利用封建专制的“亡灵”和现代迷信的“梦魇”为自己营造了一个借以孳生和发育的温床。他们把无产阶级革命的旗帜，变成招引封建专制的经幡；他们把人民群众对领袖人物的感情，变成祭奠现代迷信的贡品。他们把无数先烈用鲜血建树的历史功勋一笔勾销，把亿万人民拥戴的领袖人物神化为“几百年”、“几千年才产生一个”的历史主宰。他们把对待领袖个人的态度作为“左”和“右”、“革命”和“反革命”的惟一标准。从这里出发，他们也就为夺取党和国家的最高权力铺设了阶梯。

他们是怎样利用“群众运动”达到自己的罪恶目的，读一读这样的句子吧：

> 在整个十年动乱中，鼓吹“群众运动天然合理”的是他们，狂叫“革命的打砸抢好得很”的是他们，煽动群众“不要担心过火行为”的也是他们。过去，他们把“群众运动”当做自己手中猖狂进攻的矛；今天，他们又把“群众运动”作为保护自己的盾。但这丝毫不能减

轻他们各自的罪责，相反使广大群众更加清楚地看透他们“运动群众”的罪恶嘴脸。

中国人民要如何面对这一苦难的历史呢？再读一读这样的句子吧：

也许在若干年以后，我们的后代对上述这一切将难以置信，但不幸的是，它确实是发生在我们这一代人生活中的事实。我们每一个活着的人，都曾经为它感到极度的羞耻。请不要轻视这种羞耻吧。正如马克思所指出的：“羞耻已经是一种革命”，“羞耻是一种内向的愤怒，如果全民族都真正感到了羞耻，那它就会像一头准备向前扑去而往后退缩的狮子”。经过了十年羞耻的退缩，我们民族终于像一头雄狮一样，冲出了封建专制和现代迷信的牢笼，勇敢地向林彪、“四人帮”一伙扑去，并把他们捕获到今天的审判台前。

中华民族将有着如何的前景？文章最后写道：

当我们离开特别法庭驱车返回时，在雄伟的天安门广场，在庄严的人民英雄纪念碑周围，人们正在凛冽的寒风中等候着特别法庭对罪犯们判决的结果。是的，重温十年浩劫的历史，不能不又一次勾起人们内心的伤痛。但正如恩格斯所指出的：“没有哪一次巨大的历史灾难不是以历史的进步为补偿的。”一次毁灭性的地震之后，清理废墟上的败瓦残砖，是为了重整田园，兴建新的大厦。在一场祸害酷烈的“政治地震”之后，我们的人民变得更加清醒和成熟，我们的国家重新焕发出了勃勃的生机。人民满怀信心地预计，在中国共产党的光辉旗帜下，一座社会主义现代化的宏伟大厦必将在新的神州大地上巍然屹立。

这篇稿子在全国引起极大震撼。

某家新闻单位，在内部评报栏上，把这篇稿子评得一塌糊涂，说它是“四不像”，对其抨击“文革”诸多问题有种种非议责难。香港的一些媒体则为官方的新华社写出这样一篇稿子而称奇，有一家报纸将稿子反复连续登载了一年之久，并传言三个作者被抓起来了。

多年后，陆拂为撰文回忆：“直到中央对建国以来若干历史问题作了《决议》，风波方告平息。”

真理是属于人民的。饱受“文革”苦难的成万上亿的人民群众，是这篇文章的最真挚的知音。

一位老知识分子来信说：“这是中国人自己写的《神圣家族》。”

一位著名的作家评论道：“如果说整个审判林彪、江青反革命集团的报道把中国推进了一千米，这一篇稿子就是八百米。”

有读者感言：“这篇稿子是法庭外的起诉！”

经历了一场精神鏖战的穆青，别有一种昂扬。

这一年的春天，穆青在家门前的小院里种下一片百合花，他喜欢它那绰绰挺立的姿韵，更喜欢它无论经风历雨，始终清朗高洁的气质。

这一年的3月，穆青正在北京大学上学的三儿子穆晓枫星期六晚上回家，饭桌上他讲起昨夜同学们敲锣打鼓举火把游行，庆祝我国男子排球队在世界杯排球赛亚洲区预赛中获得第一名的好成绩，游行当中，同学们喊出了“团结起来　振兴中华”的口号。听到这里，穆青触电一般，扔下正在往嘴里送的馒头，起身抓起电话，指示北京分社火速派记者前往采访。北京分社记者赶到北大，连夜采写。第二天，全国所有的报纸都以通栏标题“团结起来　振兴中华”刊登了这则新闻。从此这一口号响彻中国！

这一年，是穆青的花甲之年。

第八章

惟有绝壁见飞流

他对孩子们说:“人生和瀑布一样，要有高度，有落差，才会澎湃出激情和力量，事业才能辉煌。”

曾经如此灿烂

1982年4月6日，穆青被中共中央任命为新华社社长。这一年他61岁。

经历了半个多世纪人生风雨的穆青，此刻他内心的感受却像一位刚走上战场的新战士一样，有几分兴奋，也有几分不安，更多的是一种压力与责任混合在一起的东西。这种东西令他沉重。

穆青常常抽着烟，盯着办公室桌前那张世界地图，一呆就是半天。

这一时期的中国已经对世界敞开大门，改革开放的潮流席卷大地，古老的中华民族从没有像今天这样充满活力与生机。作为中国惟一的国家通讯社——新华社，它面临着一个迫切地选择：未来何去何从。

他并不是一个喜欢沉湎于过去的人。他一直认为，一味地沉湎会让人消磨向前的力量。但是，现在他却常常无法自制地陷入一种回忆之中……

1931年11月7日，在江西瑞金叶坪的一个老乡家里，新华社的前身——红色中华通讯社（红中社）诞生，它的全部家当是从敌人那里缴获的一台半无线电收发报机。尽管设备简陋，人手有限，但国际新闻报道从一开始就成为它工作的一部分。当时的主要任务是抄收塔斯社、同盟社等外国通讯社的电讯，即使在长征途中这项工作也从未间断。

1937 年 1 月，红中社改名为新华社。1944 年 8 月，新华社在延安办起了对外英文电讯广播，这是新华社兼有对外宣传任务的开始。

1948 年 11 月，新华社的第一个国外分社——布拉格分社建立。

1950 年，新华社平壤、莫斯科等分社也先后建立。

1953 年 2 月，新华社召开第一次国外分社会议，明确提出国外分社的报道方针是“立足国外，面向中国，面向东方及全世界”。同年 3 月，时任新华社社长的吴冷西在一次社编委扩大会议上提出：“新华社的工作方针是内外并重。”

不久，新华社派出代表团到苏联塔斯社访问和学习，了解办世界通讯社的模式，穆青也是代表团成员之一。

在这一历史时期发生的举世瞩目的三件大事，把新中国前所未有地推向了世界舞台，也让新华社初步体验了走向世界的兴奋。

1953 年，中国人民取得抗美援朝的伟大胜利。在三年的战争和停战谈判期间，新华社第一次大规模地派出自己的记者走出国门进行采访（成立了中国人民志愿军总分社），发表了大量战地报道，包括新闻、综述、评论和摄影图片，在国内国外都产生了很大的影响。许多作品成为新闻史上的名篇，其中代表作有《不朽的共产主义战士罗盛教》《正义的军队》《不朽的友谊》《杨根思舍身炸地堡》《伟大的战士邱少云》等。同时新华社第一次以特派记者沈建图、蒋元椿的署名文章，报道和评述停战谈判，给世人留下深刻印象。他们的笔名分别是“吴敏”、“江南”。

1954 年 4 月，新中国首次以五大国之一的身份出席世界高峰会议——日内瓦会议，同苏、美、英、法等 18 个国家共同讨论国际重大问题。中国组成以新华社为主、另有多家报社参加的

30多人的记者团前往报道。记者团团长是新华社社长吴冷西，副团长是吴文焘和李庄，新华社记者有沈建图、陈适五、李慎之、言彪、蒋元椿等多人，还有中央新闻记录电影制片厂的两名摄影师。他们根据各自特长，从不同角度，分别以评论、综述、通讯、特写、散记、花絮等形式，再加上图片和新闻记录电影，形成了中国新闻媒介对日内瓦会议的全面、多角度报道，把中国的正义、正确的立场与主张以及以周恩来为首的中国政府代表团的卓越形象和外交魅力传播到全世界。其中以新华社记者之名撰写的40多篇英文述评，传达了中国恢复印支和平的主张与立场，介绍了中国、苏联、朝鲜、越南等国的团结协作和西方阵营的诸多矛盾，以及亚洲人民反对西方大国推行殖民主义斗争的新形势。这些述评在世界各地引起强烈反响，被一些外国记者称之为观察中国政府意向的“寒暑表”。

记者团记者兼秘书杨翊45年后撰文写道：

> 对新华社来说，日内瓦会议的采访，是新华社首次组织的对重大国际会议的全面报道，取得不小成绩，也积累了不少经验。为适应中国国际关系的飞速发展，新华社从此进一步加强国外记者力量和重视国际报道工作。它越来越多地对重大国际会议、国际事件与国际活动进行系统的报道，扩大了报道规模，提高了报道质量，增加了花色品种，加快了发稿时效，改善了通讯设施。应该说，在新华社从国家通讯社发展成为名副其实的世界性通讯社的进程中，第一次日内瓦会议是一座重要的里程碑。

1955年4月8日，亚非首脑举行万隆会议，通过了包括中国和印度倡议的和平共处的五项原则在内的十点万隆精神宣言。

这是亚非国家团结反帝、支持与促进非洲民族独立运动的历史性的盛会。新华社为这次会议再次派出精锐的采访队伍。令人悲痛的是，这支队伍中的沈建图、黄作梅、李炳衡等多人赴万隆乘坐的“克什米尔公主”号飞机遭台湾敌特的破坏，机坠大海，他们与同机乘坐的中国代表团工作人员在内共 11 人不幸殉职。新华社现场采访的文字记者只留下李慎之、彭迪等三人，他们在悲痛与仓促中接过遇难战友留下的任务，为这次会议的成功报道做出了全力的拼搏。

如果说到此为标志，新华社在迈向世界的道路上还只处于一种有限的尝试，那么到 1955 年它则翻开了新的一页。

1955 年 10 月下旬，毛泽东主席在中共中央政治局会议上谈到国际形势时说了这样一段话：

> 新华社这几年做了一些工作，中央知道的许多情况，是通过新华社得来的；中央的许多方针、政策也是通过新华社传播出去的。新华社是中央的耳目喉舌。但新华社在开展国外工作方面思想保守，行动迟缓，驻外记者派得太少，许多事情没有自己记者的报道。即使有，也太少、太迟。为什么不多派驻外记者？没有人？中国这么大的国家，抽不出人吗？这是一件大事，新华社要大发展，要尽快向世界各国派出自己的记者，发出自己的消息，把地球管起来，让全世界都能听到我们的声音。

毛泽东的话标志着新华社向世界性通讯社进军的步伐正式启动。

1956 年 5 月 28 日，新华社编委会吴冷西、朱穆之、缪海稜、邓岗等 10 人到中南海向刘少奇汇报工作，就如何建立世界性通讯社问题提出设想。刘少奇为此阐述了精辟的意见。

首先关于学习苏联塔斯社的问题，他说："我们要去掉依赖性，增强独立性。依赖塔斯社是不好的。我们要建立自己的通讯事业，要把新华社办得比塔斯社好。"

关于国际新闻报道，刘少奇认为："对于美联社、路透社等外国通讯社的消息，我们应该有选择地登一些。""现在我们的国际新闻报道只有一面：骂美国的，说我们好的。这种片面性的报道，会造成假象，培养主观主义。"

刘少奇特别强调："新华社要成为世界性通讯社，新华社的新闻报道就必须是客观的、真实的、公正的、全面的，同时必须是有立场的，""只有这样，新华社的新闻报道，才能使人相信，才能树威信，新华社才能成为权威的世界性通讯社。"

同年，周恩来总理指示："新华社设置国外分社既要考虑必要，又要考虑可能，其先后应为：一苏联、东欧，二亚非，三欧美。"

从 1956 年开始，新华社建设世界性通讯社的步伐快马加鞭。

这一年，新华社制定了发展国外记者网工作计划。为此，社党组给中央打报告获得批准后，新华社干部处成立了"调干队"，兵分几路到中央部委和地方选调懂外文和业务的干部 300 多人，迅速改变了向各国派出驻外记者的迟缓局面。1956 年一年内，国外分社增加了 10 个；到 1956 年底国外分社总数达到 21 个。

1956 年，新华社制定了建设世界通讯社的 12 年规划，规划分为两步：第一步在 5 年到 7 年内（即 1957—1962 年或 1964 年）建成为在东方（亚非地区）最有权威的世界性通讯社；第二步在 10 年到 12 年（即 1957—1967 年或 1969 年）建成为在全世界范围内可以和西方各大通讯社相匹敌的世界性通讯社。

1961 年 5 月，举世瞩目的"关于老挝问题的扩大的日内瓦会议"召开，也被称作"第二次日内瓦会议"。会议有西方国家、社会主义国家和中立国家共14国的17个代表团参加，在保证老挝独立和中立问题上展开了一场严重的斗争，也是战后中国在国际舞台上发挥其独特作用的又一次机会。中国派出了以陈毅副总理兼外长为首的中国政府代表团出席。考虑到新华社正在向世界性通讯社迈进，周总理要求新华社派出一个大型的记者团，到这次国际会议上练兵。

新华社组成了一支有30多人的记者团，社长吴冷西任团长（他同时兼任中国政府代表团发言人），国际部主任彭迪为副团长。记者有钱行、万光、穆广仁、言彪、李克、高梁、李越、金铿然、杨效农、陈季瑜、张扬等，还有摄影、翻译、报务等多人。

彭迪曾在40年后回忆这次报道中的一个令人兴奋的片断：

> 我们记者团先行到达日内瓦。当时还没有手机，我们把电话线从机场候机室一直拉到停机坪边，由记者高梁守住电话，远远地看到中国代表团的专机着陆，高梁马上用电话将消息大声传到我日内瓦分社电传站发回北京。这是我们发的第一条会议新闻，我们抢在其他通讯社之前。

会议期间，每天午夜时分，吴冷西都要从代表团驻地来到分社，听取大家对当天收集到的各种信息的汇报。之后，他便给大家吹风，包括代表团对会议形势的分析，陈毅团长对次日工作的设想以及斗争的政策策略，然后提出他对下一步报道的指导思想，有时候还把他想到的文章的题目也都提出来。记者们则根据这些意见连夜奋战，当夜（凌晨）就要写成，发回总社，日内瓦和北京有7个小时的时差，北京可以次日见报。

第一次出国参加这样重大国际会议报道的总社记者穆广仁，

40多年后回忆那段日子，历历在目：

> 白天采访，夜里写文章，这是驻外记者报道国际会议、国际重大事件的一项基本功。没有夜以继日、开夜车、当天发出稿件的本领，就没有在国际新闻市场上进行竞争的能力。在时效要求上这同就一般的国内问题写评论有较大的区别。要在短短几个小时、甚至一两小时内写就一篇文章，写前的准备是绝对不可缺少的。这包括对斗争形势有正确的分析；对当天事件中发生的新发展、新矛盾、新问题，有及时抓得住的新闻敏感；恰当地选择主题等等。在日内瓦，记者得益于吴冷西每天夜里给我们吹风，省了不少劲，这大约是这次练兵中有意安排的课程。

新华社的记者们，没有辜负周恩来总理的苦心，这次日内瓦会议报道，同其他国家的通讯社相比，中国的报道内容准确扎实，形式多样，别具中国风格，在世界各国特别是第三世界赢得极高声誉。

在这一段历史发展时期，有一个特殊的背景，即当时许多国家同中国尚未建交。周恩来总理对此作出指示："先记者，后外交。"因此，新华社记者在这一时期的世界舞台上，不仅担负着记者的职责，还充当了外交先行官的角色，被人称为"不拿红皮护照的外交官"。

1958年，在非洲绝大多数国家还处于殖民地枷锁统治之际，新华社根据周恩来的指示，向西非派出了记者王殊，他成为落脚非洲的第一位中国使者。在不长的时间内，王殊通过出色的采访及外交工作，先后在加纳、几内亚、马里等地建立了新华社分社。随后这些国家陆续与中国建交，对中国在这个地区影响的提高起了重要的作用。

1959 年，新华社记者孔迈、庞炳庵进入当时被称为美国后院的拉美地区，结识了古巴人民的革命领袖卡斯特罗和切·格瓦拉，用新华社哈瓦那电头发出了关于古巴革命的第一条新闻。很快新华社在西半球第一个分社——古巴分社建立。

这之后，势如破竹，新华社记者大批奔赴拉美，先后在墨西哥、智利、巴拿马、哥斯达黎加、哥伦比亚、尼加拉瓜等国建立了分社，不久中国与其中的一些国家相继建交。

1986 年 11 月 9 日，纽约《世界日报》刊登了一篇题为《中共与拉丁美洲关系》的文章，文中有这样一段结论性的话：

> 中共在该地区的政治外交活动方式也像在其他地区一样，先派新华社记者在驻地建立办公室，倡议记者访问，然后进一步与当地政府接触，试图建立官方关系。在建交上，新华社为北京立了汗马功劳。

所谓“汗马功劳”对于新华社来讲，是当之无愧的。在同我国保持外交关系的拉美国家中，在建交前先建立新华社分社的国家就有 9 个。对那些目前尚未与我建交的国家，新华社记者的采访活动也从来没有停止过。像尼加拉瓜、哥斯达黎加和巴拿马至今同我国处于无邦交状态，而分社已经建立了十几年、二十几年。

独立思考，是新华社记者在这一时期的国际问题报道中所彰显的一个突出特点。

1956 年 10 月，波兰发生“波兹南事件”，苏联意欲出兵。我国驻波兰大使馆对这一事件做出了不正确的判断，认为是敌我矛盾。新华社驻波兰记者谢文清却有不同的看法，他认为，“波兹南事件”主要是波兰国内经济困难、政府领导失策，导致工人群众不满而引起的。波兰的发展道路不会脱离社会主义阵营，与苏联的关系是友好的。

这样，对同一事件的两种完全不同观点的报告同时发回北京。中央做了认真分析之后，认为新华社记者的看法是正确的。中国据此对波兰外交上采取了积极的政策，并说服苏联停止出兵，稳定了当时的局势。谢文清为此受到中央的赞扬。

20 世纪 60 年代后期至 70 年代初，随着西欧从经济联营的共同体逐步发展成超国家的政治联盟，开始在许多方面与美国分庭抗礼。这一时期，新华社陆续向伦敦、巴黎、波恩等地派出常驻记者。王殊在波恩任记者期间，正值中苏关系紧张，有不少欧洲人认为苏联的战略重点已经从欧洲向东转移。王殊做了深入的采访研究之后，认为两个超级大国争夺激烈，战略重点在欧洲，苏联的战略是向西，而不可能东移。另外在中国和西德的关系上，他认为随着中国国际地位的明显提高，西德是希望同中国发展关系的。因此，中国同西德有必要也有可能尽快建立外交关系。王殊将自己的分析写成报告，发回国内。

而此时外交部也就这两个问题向中央做出了与王殊的观点完全相悖的报告。

周恩来总理仔细研究了这两份报告，并送毛主席阅看，他们确认王殊的判断是正确的。后来中央基于这份报告的观点，决定同西德反对党及执政党人士加强接触交往，并利用与美国、日本关系的发展，来影响推动中、西德关系，第二年便与西德正式建立了外交关系。毛泽东称王殊是中国的无任所大使，周恩来表扬王殊是新华社同志学习的标兵。中国和西德建交后，王殊被任命为中国驻联邦德国大使馆参赞，一年后出任大使。

新华社在国际上的声望日益提高，新华社建设世界性通讯社的步伐举世瞩目。1965 年底，全社已经拥有 51 个驻外分社，在 18 个国家聘请了外籍报道员，国外出稿站达到 26 个，出稿文种有英、法、西、俄、阿、日、老挝、印尼、缅甸等 9 种。

直到“文革”前夕，新华社还制定过几个有关建设世界性通讯社的工作规划。最后一个是 1966 年上半年制定的《新华社 15 年（1966 到 1980）规划纲要》，其中提出“新华社 15 年发展建设的总目标是：把新华社办成一个强大的、现代化的、马列主义的世界性通讯社和国内通讯社”。

15 年，这是一个完全可以预见到的前景。

回忆每每到此，穆青便有一种无法遏止的激动。新华社这曾经有过的灿烂一页，常让他生出想像：如果不是后来发生的一切，新华社的今天会是个什么样子？然而，伴随着想像的却是一种心痛的感觉。他无法驱赶掉一个现实，紧随着灿烂而来的是一场毁灭这灿烂的梦魇。

知耻者勇

坐落在纽约曼哈顿东河岸边的联合国大厦，像一只巨大的长方形的灰盒子。1982 年 12 月，穆青和新华社副总编辑穆广仁来到它的大门前，向门卫递上证件拿到准入证后，新华社驻联合国分社记者于民生便将他们引入空无一人的联合国大会会议厅。这是穆青第一次进到这个世界各国共同决定事务的地方。

他颇有些激动，与穆广仁坐在中国代表团的席位上合了一张影，以留纪念。他说："中国终于恢复了在联合国的席位，我们新华社在国际上的地位又如何呢?"

他提出要去联合国的新闻中心，看看新华社在那里的位置。

于民生带路，他们直奔大厦的新闻中心。

新闻中心大厅的面积在穆青眼里比新华社食堂能容纳四百多人吃饭的一层大厅要小一些，其间有各国的新闻记者出出进进，弥漫着一种极快节奏的气氛。

大厅内可以看到世界各通讯社播发的关于世界各地的当日新闻，每一家通讯社都有自己的滚动发稿屏幕，你想要知道哪一家通讯社现在发的是什么，直接去看就可以了。美联社、法新社、路透社的都有，还有埃菲社、安莎社、南通社、印度通讯社等等。

穆青是第一次看到这样快捷、高效的新闻播发阵容，非常兴奋。他一边看着源源不断地往外滚动的各国通讯社的稿子，一边问：

“我们的呢？”

“我们的哪里有啊！”于民生说。

“我们不是有新闻稿吗？怎么没给他们送过来？”穆青大为吃惊。

“我们也有送啊。”

“那你给我找一本。”

于民生很快就给他找来了。他拿在手上一掂，薄薄的一小本，打开一看，是油印的，再一看，时间是一个月以前的。他的脸“腾”地一下子红了，心怦怦直跳。暗暗叫道：“太丢人了！这和我们国家的地位太不相称了！”

这一晚，穆青没睡好。

类似这样的刺激在他已经不是第一回。

自1978年国门打开以后，穆青先后应邀访问了欧洲、非洲、拉美等地区几十个国家，每一次出访回来，他都郁闷好久。在国外的媒体上，很少能看到或听到中国的新闻，有些报界人士甚至不知道世界上有一个新华社。1981年联合国教科文组织评选世界性通讯社，入选的除美联社、合众社、路透社、法新社等西方四大通讯社外，名列第五位的是西班牙的埃菲社，连意大利的安莎社、西德的德新社等也都榜上有名，而世界上人口最多的社会主义大国的新华社却名落孙山。

今天，他再一次遭受重创。

丢人是毋庸置疑的。在国外通讯社已经使用电脑传输系统发稿的80年代，新华社国外分社的发稿方式依然沿用着60年代手工作坊式的办法，先由总社将新闻稿电传到各分社，各分社由专门的报务员接收下来，然后将其打印或油印成若干份，最后通过邮局或派人上门送到用户，等用户拿到手常常已经是两三天以前甚至半个月以前的新闻了。

这次刺激，大概是最大的一次。回来之后，穆青在许多场合下讲到这件事。

> 作为一个中国新闻工作者，我感到痛心。为什么我们就不能打入国际市场上去呢？这么大个国家，新闻工作也有那么长的历史，为什么不能到世界舆论阵地上同西方展开竞争呢？如果在建国几十年之后，我们的新闻还不能走向世界并在世界发生影响，我觉得是我们新闻工作者的耻辱！

穆青感觉到的耻辱的确也正是新华社每一个人感觉到的耻辱。尽管历史上，新华社曾经有过那般辉煌的步伐，但是仅仅就在一夜之间，它就被后来发生的一切拦腰阻断。

那是“文革”开始的日子，陈伯达派出工作组进驻新华社，他们走进新华社的大院，一眼看到办公楼的墙上写着一幅“为把新华社建成世界性通讯社而奋斗”的标语，顿时大骂这是抹杀“阶级性”，是“修正主义”，立刻命人将这幅标语涂掉。

尔后，出现在堂堂中华人民共和国国家通讯社国外分社的情景，堪称荒诞。所有驻外分社的首席记者、负责人统统被调回国内接受批判和审查，大多数分社只留下一两个翻译或报务员，各国外分社的出稿工作基本停止。更有甚者，受国内极“左”思潮的影响，驻外人员中有上街挥动小红书向外国人宣传毛泽东思想和宣传世界革命的；有在莫斯科红场游行反“苏修”的；还有在一个王国里宣传“要把皇帝拉下马”的；有一个非洲国家，因为我驻外人员的极“左”言论和行动，同我国断交，分社关门。

长期从事新华社国际报道工作的彭迪多年后回忆：

> 突然爆发了10年动乱，极“左”路线得势，一切

建设计划化为乌有，新华社的威信，一落千丈。

那个年月，新华社的不幸中的大幸是有周恩来总理。正是周总理在新华社濒临全线崩溃的时刻，果断下令制止了这些极“左”行为，被召回的驻外记者陆续返回了驻在国。从这一刻开始，周总理在他力所能及的范围内，给予新华社最密切的关注和指导，凡是涉及国际重大问题的稿件，他都要一一过目审阅，他由此享有新华社“编外总编辑”的美誉，其实这美誉里多少带有一种辛酸。

70年代，随着中国在联合国取得合法席位、中美建交等一系列外交事业的迅速发展，新华社驻外分社也随之发展起来，到1978年国外分社已经发展到遍布五大洲的75个国家。外交事业的开拓，把新华社走向世界的工作延续下来。

这个记录对劫后余生的新华社已经算是个安慰了，它不能回避的一个事实是，在世界各国通讯社飞速发展的被称为“黄金年代”的20世纪70年代，新华社却正处于国家10年政治、经济、文化全面大倒退的灾难之中，它是无法逃脱地被世界各大通讯社发展的步伐远远地甩在了身后。70年代末开始走出国门的新华人第一次发现，弹指一挥间，自己已是洞中之人。

曾任新华社社长的朱穆之在2001年写的一篇回忆文章中说：

> 建设世界性的通讯社的另一个重要工作是要有现代化设备，能快收快发，并能使发出的电讯落地开花，得到报刊和读者的利用。这方面当时也努力做了不少事，如建立电传线路，发展出稿站等。但这项工作在“文化大革命”中也受到影响，等到“文化大革命”末期，我去日本等地访问时，封闭10年出去一看，世界大变样，新华社的技术装备太落后了，已完全无法与那些国家相

比了。

如果说，昔日的辉煌在穆青的心中犹如填满了一堆昂扬待燃的干柴，那么最终点燃这堆干柴的则是他走出国门之后所锥心切肤感觉到的两个字：耻辱。

从联合国回来之后，他说："新华社无论如何也要不惜代价，打入联合国!"

穆青的激情并没有很快变为行动。在过去很多年里一直主抓国内报道的经历，使他面对世界新闻的大舞台还有种种的陌生，他无法确定第一步该从哪里下手。

这一年9月，新华社墨西哥分社传来一个振奋人心的消息，在分社首席记者李颖息的领导下，分社在当地开展的电传供稿业务取得突破性进展，他们以"厚着脸皮，磨破嘴皮，踏破脚皮"的"三皮"精神，通过坚忍不拔的努力，终于与当地5家新闻媒体预签了供稿协议。并于9月1日正式供稿。这一消息意味着两点：一是新华社国外分社将有能力告别过去那种收报、打字、油印、派送的原始手工操作历史，进入现代化的发稿方式；二是新华社在国外的新闻将会有固定的用户。

这是新华社一个重要的腾飞点。

穆青从这件事上得到很大的启发和鼓舞。回想这一年的2月，李颖息回总社汇报分社准备开展电传供稿业务时，这位精明能干的记者对总社是否支持还有一丝疑虑。他在结束汇报时说："不排除失败的可能，但就是可能会失败，我认为还是应该开展，试一试。"并不十分熟悉国外新闻业务的穆青，却以他对新事物的敏感发言表态："我不相信会失败，至于开始赔点钱，也应该开展这项工作。"

现在看，这个决心是下对了。

墨西哥分社犹如报春的第一只燕子，给新华社带来了希望，也让穆青看到了新华社下一步的发展方向。

1982年11月5日至12日，穆青分别主持召开了新华社第80、81次社党组会议，就建设世界性通讯社的重新启动问题进行讨论，统一认识。参加这两次会议的有副社长冯健、曾建徽、陈伯坚、杨家祥，顾问曾涛、邓岗，以及孙振、李琴、穆广仁、沈定一、胡国成、陈迹、张结、孟帆、李克、陈理昂、丁仰炎、彭迪、钱行、庞炳庵、徐默、张辛民等。

这时新华社领导层内部，对这个问题的意见尚有分歧。有人对是否有必要、有能力、有条件建立世界性通讯社持怀疑态度，认为我们的基础太差，干不了。不过，多数人是主张要干的。从保存在新华社档案库里有关这两次会议的记录中，可以看到这个决心的下定过程。

这是其中几个人的发言：

孙振（党组成员、摄影部主任）：本世纪末，我们究竟应达到一个什么样的目标？在新闻报道上，对世界重大经济、政治、军事，应有自己的文字、图片新闻，我们应该做到这一条，以表达中国的声音。

邓岗（顾问）：要打开局面，把世界通讯社搞起来，还是一个认识问题。我们不应取消办世界通讯社的提法，我们应坚定地、连续一贯地坚持这个方向。认识要明确，态度要坚决，要有长远规划。

冯健（副社长、党组副书记）：重新强调建设世界性通讯社很有必要。到世纪末，我国国民生产总值要翻两番，这是经过经委、计委计算出来的。从我们整个国

> 家来讲，到那时实力是相当强大的。全世界怎么看中国？它们需要了解中国，需要中国的声音、中国共产党的声音。作为上层建筑的通讯社，我们应理所当然地担负起这项任务。办世界性通讯社，就是适应我国现代化建设的需要。
>
> ……

两次会议的讨论认真、热烈而务实，大家讨论了建设世界性通讯社的重要性和紧迫性，研究了建设世界通讯社的工作步骤和措施，廓清了对这件事可办可不办的模糊认识。最后主要焦点统一在新华社所面临的三大挑战：

其一，中共十一届三中全会以后，中国以崭新的面貌出现在世界上，世界需要重新认识中国。

其二，10 年动乱阻断了中国人对外界的认识，之后犹如大梦初醒，发现我们在经济、科学技术等方面已经拉大了同西方的距离，中国人迫切需要了解外界的信息。

其三，世界已进入信息化时代，西方主要通讯社已逐步用卫星通讯传输信息，而新华社的通讯装备仍停留在 50 年代、60 年代短波无线广播的水平，其落后的通讯技术与西方现代化的计算机和卫星通讯技术遥遥脱节，我们面临着信息阻断的危险。

结论是：新华社必须走向世界。

保存在新华社档案库里有关这两次会议的纪要是这样写的：

> 大家一致认为，重申把新华社办成世界性通讯社很有必要，并要求在本世纪末把我社办成有中国特色的世界性通讯社。我们应充满信心，看到我们的有利条件，经过努力，是能够办到的。要根据我们国家的事业发展，制定出我社发展的近期和长远规划。

领导者的胆识、魄力不仅仅在于做出决策，更重要的是在于掌握时机，加以推动，使决策付诸实现。

1980 年，穆青在墨西哥访问。

新华社党组会议不久，同年 12 月，穆青利用应邀参加墨西哥新任总统德拉马德里就职典礼的机会，与穆广仁、庞炳庵等来到这个拉美高原古国，于12月8日至16日在墨西哥分社召开了拉美地区分社会议，总结墨西哥分社电传供稿的经验，决定在拉美地区首先开展这项业务，把突破口扩大到整个地区，从而带动整个新华社。

穆青在会上提出："新华社必须实现两个根本性的转变：一是从过去以对内为主转变为以对外为主；二是从过去只搞报道转变为'一手抓报道，一手抓供稿'。"

这次会议被称为是新华社重新走向世界的一个起飞点。穆青曾经评价它"是在新华社发展道路上有重要意义的一次会议，它的意义远远超出了一个地区"。

保存在新华社档案库里的社党组第85次会议资料中，记录了穆青等人从墨西哥回来后向党组汇报的内容。从这份资料中可以看出，正是拉美分社会议后，新华社党组就重新启动建设世界性通讯社的问题下定了最后的决心。

穆青在这次会议上有这样一段讲话：

> 开了这次会，感触很多。要不要办世界通讯社，这是一个大问题，是新华社的办社方针问题，是一个战略的问题，是一件大事。一、思想要解放，不能只着眼于国内的报纸，为国内报纸服务。这个观点一定要改变，要从这个圈子里跳出来。无论对外对内这个观点一定要打破。我们的方针是内外并重。二、报道思想要解放。什么不能采访元首等等，要把记者手上的绳索解开。三、要打破妄自菲薄的思想。这是贾桂思想，我们不敢把自己的思想亮出去，只能转发别的通讯社的消息。我们在马岛的四个记者这次干得很不错。他们在什么条件下工作的呢？人家都是用报话机发报，而我们的记者却是开着汽车出去，有时都回不来。不打破妄自菲薄的思

想，我们就不能进步。

仅仅几天之后，1983年1月29日，新华社党组向中央书记处写出报告，正式提出重新启动将新华社建设成世界性通讯社的设想。报告中写道：

如果我们这一代人不能完成这一历史任务，我们就无颜以对革命前辈，无颜以对十亿中国人民。

报告很快得到中央批准。时任中共中央总书记的胡耀邦特别注意到报告中上述两句话，他在这两句话下面用笔划了两道杠。

1983年3月4日至18日，新华社在北京召开国内工作会议。在这次会议上，社党组正式发出了向世界性通讯社进军的动员令。

穆青在会上发表了激情澎湃的讲话，他说："耀邦同志划了两道杠杠的两句话，是我们给中央立下的'军令状'，中央批准了我们的'军令状'！这就是说，在改革时我们一定牢记经过中央批准了的这个目标。"

这一年，新华社派出多位负责人，兵分几路奔赴东欧、欧洲、北美、中东、非洲和亚太地区，召开地区分社会议，部署改革方案。国内业务的各项改革也同时展开。新华社重新启动的建设世界性通讯社的战役终于拉开了大幕。

早岁哪知世事艰，
中原北望气如山；
楼船夜雪瓜州渡，
铁马秋风大散关。
塞上长城空自许，

镜中双鬓已先斑；
出师一表真名世，
千载谁堪伯仲间。

这是穆青十分喜爱的宋朝爱国诗人陆游写的一首《书愤》，他曾多次泼墨录写这首诗，以表达自己与诗中提到的诸葛亮共同怀有的“鞠躬尽瘁，死而后已”的报国情怀。这一年，穆青去河南开封，在参观翰园碑林时，他再次挥笔写下这首《书愤》，以明心志。

时隔不久，穆青应朋友之求赠墨，情之所至，他写下了陆游的另一首《夜游宫》。

雪晓清笳乱起。梦游处，不知何地。铁骑无声望似水。想关河，雁门西，青海际。睡觉寒灯里。漏声断、月斜窗纸。自许封侯在万里。有谁知，鬓虽残、心未死。

当一个人真正体味了耻辱，并从这耻辱中聚集起力量时，他便登上了一座新的精神山峰。穆青正是这样。

1984 年 1 月 2 日，他在日记中写道：

八四年的工作更加繁重，又要整党。如果像八三年那种旋律，恐怕很难有所进步。看来，生活还得加快节奏。此生决不能以低音收尾。

2 月 27 日，他在日记中又一次借咏春抒发心意：

院中的青草有几棵已经萌生出嫩绿，它告诉我春天已经来了。每年我都在路边寻找绿色，今年竟出我意料的来得这样早。不是在三月初，而是在二月底。一整天我都在为这几棵最早出现的嫩芽感到高兴。它是大自然的勇士，也是招人喜爱的天使，它带给我的不仅是春天的气息，简直是精神上的大解放，我好像浑身又充满了生机……

再起风帆

世界像一个星空，每一颗星所在的位置决定了它在这个空间的价值。新华社要跻身世界通讯社行列，战略上一个至关重要的问题就是定位。

当年周恩来总理对新华社发展国外分社的指示是“先亚非，后欧美”；新华社 20 世纪 50 年代一直坚持“以东方为主”的发展方针。这些前人留下的宝贵遗产使穆青清晰地意识到，新华社要想在世界新闻领域有一席之地，必须发挥自己的特长，突出自己的重点。他明确提出了 20 世纪 80 年代新华社建设世界性通讯社的战略思想。他说：

> 西方通讯社不是我们的追赶对象，而是我们的竞争对手。我们绝不能走西方通讯社的道路去搞世界性通讯社。跟在别人后面，只能当别人的小伙计，那样没有前途。如果那样，我们怎么也追不上他。但我们发挥自己的特色的话，就可以迎头赶上。所以对世界四大通讯社，我们不做老五，要做就做老大。

> 我们要从第三世界做起，在第三世界争取我们的订户。一步一步地先在第三世界站住脚，再向第二世界、第一世界过渡。就像坐板凳，现在板凳上还没有我们的

位置，我们就先占住一个板凳头，再一点一点地向里面挤。总有一天我们有一席之地，总有一天我们会做到老大。

1983 年春天，新华社这只在风雨中抛锚的巨轮，终于向着世界的海洋重新扬帆启程。它在穆青任船长的期间，整整航行了 10 年。

它有一个坚强奋进的领导集体。在这 10 年间担任过副社长的冯健、曾建徽、陈伯坚、杨家祥、郭超人、庞炳庵、丁翔起，顾问曾涛、邓岗以及全体社党组成员，都为新华社建设世界性通讯社的宏伟事业抛洒了他们的赤诚心血。

新华社做的第一个大动作，是整合作为世界性通讯社指挥部的总社的机构和人员。

它建立了负责落地的总值班室，增设了体育新闻编辑部、港台新闻编辑部（开始是一个编辑组），整顿了法文及濒危的俄文、西文、阿拉伯文等几个语文组，在国内各分社设置了对外记者等等。此外，还借鉴美联社的经验，把各种新闻稿件集中在一个大平面上处理，改变了过去分散在各个编辑室处理稿件的体制。

新华社做的第二个大动作，是在全世界建立起 24 小时不间断发稿的高效新闻体制。

早在 20 世纪 60 年代初，国际部一位编辑陈声涛曾经提出应在国外设立编辑部，以便及时就地编发稿件，提高新闻时效。但由于当时条件有限，更因为多数人的想法拘于“只有总社才有发稿权”的框框中，这个意见被否决了。现在穆青和社党组一班人，在这个问题上做出了大胆的突破和创新。

1984 年 1 月 9 日，新华社在海外的第一个总分社亚太总分社在香港成立，原任新华社副社长的陈伯坚出任社长。

1984 年 12 月，新华社中东总分社在开罗建立，原任新华社副总编辑的穆广仁出任社长。

1985 年 9 月，新华社拉美总分社在墨西哥城正式成立，原任新华社国际部拉美组组长的沈家松出任总分社社长。

1986 年 4 月 23 日，新华社非洲总分社在内罗毕成立，原驻内罗毕首席记者的叶志雄出任社长。

四个总分社全权处理本地区采写的新闻，向本地区用户播出；同时将本地区新闻发往北京总社，经由总社向全世界播发。这样的布局就保证了新华社的新闻在最短的时间内在全世界范围内落地，增强了新华社在国际新闻市场上的竞争力，打破了西方四大通讯社垄断世界新闻市场的局面。

1990 年 10 月，穆青访问日本共同通讯社。

穆青曾兴奋地比喻：

> 四个总分社，也就等于四个方面军，一个总分社是一个方面军，我们就可以在全世界出击了，特别是在第三世界。

新华社做的第三个大动作，是大刀阔斧地整合新华社的人力和新闻资源，多渠道地开拓新闻业务，创办各种报刊与机构，直接为受众服务。

多年来，新华社一直只担负着发通稿的单一功能。进入中国报业蓬勃发展的80年代后，新华社单一的通稿已不能满足媒体的需要。大量的稿子“上天不落地”[①] 的问题成为它的一个很大的苦恼。中央书记处书记胡乔木曾专门就这个问题写信给穆青。信中有这样一句话：

> 新华社经常怕发稿多，用稿少，这是一个老问题了……不能只靠发通稿过日子，亦即要革除“官商作风”。

胡乔木的话让穆青寝食不安。他知道，新华社建设世界性通讯社的更大挑战在于国内新闻的出路。

他的确是一个大手笔。

穆青首先积极支持由国内部赵慎英、叶佐标等人提出的恢复50年代的《时事手册》，改名为《半月谈》的建议。他对负责主办这一刊物的李峰、闵凡路说：“你们要想办法闯出一条新路，面向基层讲事实，让群众喜闻乐见，通俗易懂。”

---

① “上天不落地”指报纸未予采用。

这个32开本的小杂志，一面世就以它的“代表官方，不打官腔”的风格受到广大基层干部群众的欢迎。改革初期，它独家首发了中共中央关于农村工作的两个重要文件：《中共中央关于印发进一步加强和完善农业生产责任制的几个问题的通知》；《中共中央国务院转发国家农委〈关于积极发展农村多种经营的报告〉的通知》，并同时发表了一组颂扬农村改革的《农村见闻》等一系列报道。老百姓把这本杂志看作是替自己说话的“贴心书”，有些四川农民外出打工时，把《半月谈》拴在扁担上，走到哪里就挑到哪里，用刊物上登载的中央文件精神为自己壮胆。有人则把《半月谈》比喻成一条扁担，它一头担着上头的精神，一头担着百姓的愿望。这本小册子从创刊时发行29万册开始，一年递增近百万，发行量最高达到720万册。穆青为刊物题词：“辐射全国，影响一代。”

接下来，新华社又创办了《瞭望》月刊，三年后改为周刊，穆青亲自担任了周刊社社长。这是新中国成立后的第一本中文政治时事性新闻周刊。它“集一周于一日”，把一周大事经过精心遴选，凝聚在一本周刊里。

穆青对《瞭望》倾注了很多心血。他曾在一篇日记里记道：

> 社党组开会讨论《瞭望》的改革，我要求他们思想更解放一些，把刊物办活，不要老是居高临下，要从社会多方面发掘题材。为此，我要求他们增添“社会相”这一专栏，经常议论社会生活中出现的种种问题。时事纵横要注意连续性，事态总在不断发展，不能老是一事一议，不见下文。群言堂专栏要办好，给大家一个发言议论的地方。批评性的报道要加强，不一定报某一案件，可以透过一些不良倾向、犯罪事实发表议论。刊物不能没有漫画，国际上一些好的漫画也可以转载。总

之，希望群策群力，发挥群体优势把刊物活跃起来，从形式到内容上出现新的面貌。

《瞭望》周刊正是在穆青这些主张下发展起来的。邓小平南巡讲话在《瞭望》上发表，中国民工问题在《瞭望》上首次披露，世界上许多国家的首脑及知名人士都曾为《瞭望》撰文。它以独家、权威、前瞻三大特点而受到社会瞩目。1984 年《瞭望》先后在纽约和香港出版了海外版。《瞭望》的诸多文章被香港及海外报纸争相转载。台湾政界要人案头摆放的惟一一种大陆周刊就是《瞭望》。由于它的影响力之大，海外竟有传言“《瞭望》是中南海的刊物”。

《经济参考报》也是新华社这一时期创办的一张颇具影响力的经济类报刊。

曾担任这一报刊总编辑的张家炽和他的同事们，在穆青的支持下，以“勇于吃螃蟹”的精神，对当时社会上刚刚出现的一些经济现象给予了及时、大胆、富有见地的报道与评论，使得这张小报热销全国，成为推动国家经济改革的舆论阵地。

新华社还先后创办了《中国记者》、《环球》杂志、《新华每日电讯》，并成立了中国新闻学院、新闻研究所、新华出版社、经济信息部等多个机构。

短短几年，新华社由过去只为媒体提供信息服务的单一功能，迅速扩展为多层次、多渠道、多功能的传媒体系，有人称之为“新华托拉斯”。

蓬勃发展的事业显示了穆青这一时期的拼搏心态。他曾在 1984 年 1 月 5 日的日记中写道：

有人说这几年新华社发展的业务太多，说我不从实际出发，四面出击，造成人力到处紧张。这是事实。但问题在于这些事业该不该办，是我随心所欲好大喜功，还是客观上有此急需，非办不可。就拿《瞭望》来说，它是三中全会之后，社会上反官僚反特权发生所谓信仰危机的时候，甚至对我们这方面的宣传进行抵制的时候诞生的。当时，我们不自己办刊物，就无法掌握舆论的阵地，就无法在一片动摇、怀疑以及丧失信心的气氛中，射出希望的光柱。三中全会后，党的方针政策有很大的改变，没有一个通俗易懂向基层干部和群众宣传党的政策的刊物能行吗？《半月谈》杂志在三年之中发行量猛增至三百五十万份，就说明了干部和群众的需要，说明了它在现实生活中的巨大影响。至于《经济参考报》更是同我们党和国家工作重点的转移，同新华社要加强经济宣传和经济信息的传播，密不可分的。这些事业都是新华社的事业，也只有新华社来办更适宜，新华社更有条件办。

不错，既要办事就要紧张一点，就要挖掘潜力。世界上没有一件事情创业不付出代价的，有些果子就是跳一跳才能吃到。我常想我们这一代人“命苦”就“苦”在创业上，不像承业那么舒服。再加上十年浩劫，又耽误了多少宝贵的时间，遗留下多少困难的问题，这些都要靠我们去补偿，去承担。就像接力赛跑一样，我们的前一棒没有跑好，甚至还跌了一跤，那就需要我们这一棒把时间和速度都抢回来，否则就会在竞赛中被淘汰。这就是说我们已命中注定要付出双倍的劳动，不能按部就班的前进，必须一路快跑才行。这是历史给予我们的使命，一个共产党员应该为此感到光荣，而不应该叫苦。

新华社做的第四大动作，是重新上马恢复建设新华社新闻大厦，改造落后的通讯技术，建立起具有国际先进水平的具有一定规模的通讯技术体系。

穆青性格内向，一向怯于跑关系、要钱物。作为一个领导，这样的特点有时也让他的下属受委屈。很长一段时间，由于资金紧张，新华社盖不起宿舍，职工老少三代挤住一室或三家合住一个单元房的情景比比皆是。尽管账不能算在穆青头上，但他的确因此受到不少埋怨。

眼下，面对尚未建成的大厦和亟待改造的落后的通讯技术，一向羞于向上伸手要钱的穆青终于出场。

他在日记中记道：

> 在朝鲜使馆参加朝中社代表团的答谢宴会。我利用机会，对万里谈了我们大楼的建设问题，万里同志说，我支持你们赶快现代化，你们不现代化我们怎么办？有困难你们提出来，哪里有问题我可以给你们说说。临行前又开玩笑地说，你少给我找点事好不好，我大笑着说，不到万不得已，我绝不会给你找麻烦。

1983 年初，新华社以社党组的名义给时任副总理的万里打了报告。1 月 9 日，万里在这个报告上批示："请计委研究列入计划，此事不办将影响各方面工作。"

这个批示迅速得到了计委的响应。

副社长杨家祥、丁翔起，顾问曾涛、邓岗是这项工程的直接负责者。几度寒暑春秋，新闻大厦最终于 1990 年竣工。这座高 117 米寓意为参天之笔的咖啡色建筑，标志着新华社跨入一个新的历史时期。通讯工程装备是大厦的核心部分，也是中国新闻界最引人注目的高科技工程之一。它集新华社新闻的传送、编辑、译审、发布、排印及信息储存等环节为一体，实现了新华社通讯技术发展史上由机械化作业向计算机处理的重大飞跃。

遗憾的是，为大厦的建设付出了巨大心血的杨家祥、丁翔起，没等看到这座大厦的正式落成，溘然去世，邓岗此时也已重病在身。

穆青在新闻大厦竣工授奖大会当天的日记中写道：

> 新闻大厦落成后，今天举行竣工授奖大会。超人代表党组讲话，其中谈到我们不应忘记杨家祥、丁翔起时，我几乎流了泪。他们两人生前为建设此楼费尽心血，临终前还念念不忘工地，甚至在入院前还让人搀扶着在工地上巡视了一遍。他们多想看到大楼的崛起啊！现在大楼落成了，人们都搬了进去，而他们却早早离开了人世……讲话中还提到邓岗，他为新华社的事业呕心沥血奋斗了大半生，为了建设这座大楼，躺在医院的病床上，仍在研究图纸。大楼落成后，他让人推着轮椅在楼里看了一遍。现在他肾病已到晚期，连到大楼里坐一天的愿望，恐怕也难实现了……
>
> 讲到这些事，对大家都是最生动的教育。新华社的事业是几代人的心血凝成的。

这座大厦在穆青的心里是一段怀念，一种标志，更是一种激励！不久，穆青挥笔泼墨，为大厦写下了四个字——“走向世界”。这四个字被烧制在大厦正门大厅内那面硕大的世界钟上，它向每一个进出这座大厦的人传递着一种无声的誓言。

关于新华社的通讯装备问题还有一个小插曲。1991 年海湾战争爆发，新华社的两个记者坐着多国部队的坦克第一批进入“解放”了的科威特。由于没有海事卫星通讯设备，他们冒着生命危险拍下的照片无法发回，只好开车跑几十公里到与沙特接壤的电信局去发稿。后来，他们想借用其他通讯社的这种设备，开始人家不愿意借给中国这个“竞争对手”，后来勉强答应了，又漫天要价，每分钟要120美元，比当时的市场价格高十多倍，还有附加条件——“等我发完了你再发”。

两位记者回来给穆青写信“诉苦”。穆青立刻找到党组成员、技术局局长孙宝传，问他：“有什么解决办法没有?”“有，给前线记者配备‘朝天锅’[①]。”“需要多少钱?”“一台约5至6万美元。”穆青沉思了一下说：“这个钱我们得花。”

这一次，穆青直接跑到时任总理的李鹏那里，说：

“你看我们窝囊不窝囊，自己派的记者冒着生命危险把照片拍了下来，可因为没有通讯设备就是发不回来!”

李鹏听了情况以后问：“要多少钱一套? 能买到吗?”

穆青鼓了鼓劲说出一个数：“6万美元一套，我们要4套，大约共25万美元。”

李鹏说：“打个报告来吧。”

结果，新华社报告打了上去，李鹏立即批了。据说是动用了总理基金。

这些年月是穆青一生中充满豪情的一段时光，建设世界通讯社的事业让他体验到生命飞腾的感觉。尽管他有着不懂外语、不懂电脑、甚至不特别熟悉国际新闻的种种遗憾，但恰恰因为有这些遗憾，他以更大激情向这一事业敞开他的心怀。

从1982年到1992年，穆青足迹踏遍五大洲60多个国家，80%以上的新华社驻外分社他都跑过。他开了眼界，丰富了头脑，激励了队伍，也为世界了解新华社做出了富有成效的努力。

① “朝天锅”指海事卫星通讯设备。

当年曾陪同过穆青出访的新华社国际部主任杨起，对这位拙于外交场面的社长有过这样的描述：

1990 年 8 月，穆青访问塔斯社。

他摆不出什么外交家的样子，常常是领带不正，西服松松垮垮，和对方握手坐下后，有时竟很长时间一言不发，以至会出现冷场。但是，慢慢的，他会在不经意间把话题引向有关中国新闻。这时，他就两眼发亮来了精神，像对老朋友一般倾心相谈，音容笑貌散发出强烈的个人魅力，令对方敬重而着迷。有人说，穆青与人说话就像发气功一样，能在不知不觉间让对方随着他的情绪摇摆兴奋。其实，也没什么奥秘，主要是因为他的话都是发自内心的东西，是丹田之气。

穆青也有过作难的时候。1984 年 3 月他访问葡萄牙，葡总统拉马略·埃亚内斯定于次日接见他，他对当地的情况不太了解，便向驻葡萄牙分社首席记者王志根请教，见到总统时应该谈些什么。根据王志根的几点建议，穆青写了一个讲稿。谁知到了傍晚，葡方来人通知，说明天会见时双方讲话都不拿讲稿。王志根看见穆青有一丝苦笑。

第二天，会见如期举行。王志根注意到，穆青的讲话准确、严密、措辞恰当，不禁暗暗叫好。会见一结束，穆青便向王志根交了底："我昨天夜里背讲稿一直背到 12 点多呢！怎么样，讲的还行吧？"他像个孩子似的不好意思地笑了。

客观上的种种局限，并没有妨碍穆青成为新华社这只驶向世界航船的优秀船长。他凭借着政治家的眼光，对世界日益增多的了解，以及广采博取的若谷胸怀，为这只大船把舵领航。

新华社总编辑南振中曾就穆青撰写新闻理论文章的情况做过一个分析：从 1946 年到 2003 年的 58 年间，穆青共撰写理论文章 85 篇。其中从 1978 年到 1992 年，15 年撰写新闻理论作品 55 篇，占到他一生撰写总量的 64.7%。而这其中，又以 1982 年以后为"写作高峰期"，平均每年撰写 4.1 篇。作品最多的 1983 年发表 7 篇新闻理论文章，1985 年发表 6 篇，1986、1991 年各发表 5 篇。

这些数字透视出，穆青担任新华社社长 10 年期间，为带领新华社走向世界付出了他一生中最多的激情、智慧和心血。

1990 年 8 月，穆青参观乌克兰通讯社。

1981 年穆青（前排中）出访德国，乘坐瓦斯纳（前排右）的马车。他后来据此写成散文《快乐的赶车人》。

1983年4月20日，穆青曾在新华社非洲地区分社会议上，就如何开展非洲地区的报道做了这样精辟的论述：

我们不否认，非洲是存在贫穷、落后和愚昧的现象，但这不是非洲和亚洲人民的过错。这笔账应该算到三百多年来野蛮、黑暗的殖民统治身上。殖民主义者吸吮了非洲人民的膏血，给非洲带来无边的贫穷和灾难，反而把自己打扮成救世主，把一切污水都泼在非洲人民的头上。这是历史的颠倒，很不公平的。我们必须对非洲和非洲黑人的基本状况做马列主义的分析，以求得历史唯物主义的认识，这是我们能否做好非洲报道的思想前提。

1990年6月，穆青、冯健、南振中三任新华社总编辑在一起研究修改稿件。

1985 年 2 月 6 日，在新华社国外工作会议上，穆青曾就国际新闻报道中出现的片面性与缩手缩脚，发表了他鲜明的观点：

> 新闻报道要为我国的对外政策服务。但是新闻的职能与外交工作毕竟是不同的。外交工作是贯彻执行我国对外的政策方针，新闻工作是通过对事实的报道来体现对外政策方针。外交官是进行外交活动，我们是新闻记者，通过采访报道来体现我们国家的外交方针。当然我们应积极主动地把对外政策与报道很好地结合起来，配合外交工作，服务于外交工作，但新闻同政府声明或外交场合的正式表态和发言，有所区别。对国际上的问题、事件，外交部可以及时表态，也可以缓表态，还可以不表态，但是凡是引起世界舆论注意的问题和事件，新华社原则上都应该及时公开地进行报道，不能由于我们的不同意就不报，我们赞成就拼命地报，或断章取义地只报道有利于我们的一部分。

1991 年 11 月 7 日，在纪念新华社诞生 60 周年大会上，穆青曾再一次阐述了新华社建设世界性通讯社的原则与思想：

> 我们要建设的通讯社，是一个新型的有中国特色的社会主义现代化的世界性通讯社，绝不同于西方任何一家大通讯社。我们的报道具有西方通讯社不可能具备的鲜明特色，我们的目标也绝不同于西方通讯社的目标。我们不是以西方通讯社的小伙计身份进入世界新闻舞台，而要成为与西方通讯社争雄的强大对手。

穆青关于建设世界性通讯社的一系列思想和观点，在新华社的历史上产生了并继续产生着它的价值和意义。

这一时期，穆青除去组织实施新华社的各项改革以外，还千方百计抽出身来下基层，采写稿件。他希望能通过自己的身体力行，再像六七十年代那样，抓出几个“大老虎”，带出一批人才。

1988 年，当他在河北第一次了解到蠡县辛兴村党支部书记阎建章带领群众大搞改革、脱贫致富的事迹后，心里便放不下了。

1988 年 10 月，穆青参观河北蠡县辛兴村毛线批发市场（右为阎建章）。

他曾多次带着总社和分社的记者去辛兴村采访，前后达两年之久。写作中，从主题到布局再到语言，他与记者们反复研究推敲，稿子修改达 20 多遍。他曾在日记中零星地记下了一些改稿子的片断，可以见出他当时的想法。

1991 年 2 月 27 日：

孟宪俊把补充改写了的阎建章的稿子带了来。今天下午我找李尚志等人一起讨论了一次，大家认为补充稿增加了一些细节，但总的说不如第一稿精练。

我仔细琢磨了阎建章的特点，觉得写这个共产党员应突出以下三点：一、他对共产党的看法。他说，共产党是穷人堆里发展起来的，但共产党并不姓穷，穷并不是共产主义，共产党姓共，共产的目的是为了共富。二、他对群众有一种欠债或报恩思想，他觉得共产党是在群众的支持下取得革命胜利的，为了革命，群众做出了最大的牺牲，他自己也是多次在群众保护下才会有今天的。群众生活不富裕，不是群众欠党的债，而是党欠了群众的债，有责任让群众富起来。三、他的现代商品意识和开拓精神。他不是一个一般的农民干部，文化虽然低，但思想不保守，他领导群众办工业，建集市，抓信息，培养科技人才，都说明他具有现代意识和经营思想，也就是说在他身上反映了时代精神。

3 月 10 日：

今天是星期天，正好利用假期集中力量修改阎建章的稿子，除了老孟、尚志和两个年轻人外，我又约来了冯健和王焕斗两位。大家边议边改，七嘴八舌好不热闹。中午老孟请他们在楼上吃了工作餐，下午大家又接着干，有人怕我这样太累，尚志说，这是老头儿最大的愉快，就像阎建章一样，几个老朋友在炕头上一坐，吃点炸小鱼喝两盅好酒，就是最大的幸福。这话的确不假，几十年来我对研究稿子兴趣极浓，苦虽苦矣，但别有一番乐趣，久而久之，几乎成了自己的癖好，不把稿子磨出来，就决不罢休。因此带出了一批人，也形成了一种风气。今天我就给何平、张宿堂两个年轻人说，这就是新华社的传统，重要的稿子必须这么磨，我们磨了一辈子，将来就得靠你们。有朝一日，你们就要坐在我这个椅子上，找些更年轻的同志一起干，一定要一代一代传下去。这种做法的好处是集中集体的智慧，无论是主题思想，还是表现方法，写作技巧，总是愈讨论越深，愈修改愈好，每磨出一篇稿，也磨炼一次人，大家都觉得有所收获，有所提高。新华社的名记者、名编辑好多都是这样磨出来的。

这篇题为《改革大潮中的老支书》，是穆青在工作岗位上与记者合作采写的最后一篇人物通讯。或许，这篇人物通讯在他的作品中不算是特别突出的，但在这篇通讯的背后，却蕴涵了他对改革开放时代特有的敏锐与激情，以及他对年轻一代的更为热切地期望。

穆青传承了他的母亲的“O”型血质，这种血质赋予他激情的个性。当这种激情与一种豪迈的事业相结合时，它便有了革命英雄主义的气魄。穆青不遗余力地把这种气魄传递给他的队伍。

1983年4月，他在新华社非洲地区分社会议上对记者们说：

平平静静的赞比西河，轻轻松松地流，无声无息地流，只有碰到裂谷才爆发出力量，形成狂澜飞溅的壮观景象。人也要以这种精神从事工作，要在曲折中前进，在裂谷中飞跃，在跌宕中发出震撼大地的力量。

1986年3月，他在新华社国外分社会议上动情地说：

千句话，万句话，就是要在我们这一代人中建成世界性通讯社。当年，诸葛亮出师未捷身先死，常使英雄泪满襟。我们不要泪满襟。

1987年12月，他在又一次新华社国外工作会议上向大家交心：

我今年66岁，16岁参加革命，今年12月9日是我参加革命50周年。一个人掐头去尾真正干事业的时间恐怕就是这50年。我回顾自己这50年，感到最大的遗憾是我太不刻苦了。50年不能说我没有理想，但在为理想奋斗的过程中，我却浪费了不少宝贵的时间。进城时，我才28岁，如果刻苦一点，我还可以学外文，但我没有学，一直没有这个决心、勇气和毅力来学外文，这对于我现在的工作就是一个很大的局限。又比如，我没有上过党校，一直到现在，我的理论水平不高，我没有能抓住时间系统地学点理论，提高自己的理论水平，丰富自己各方面的知识，这也是一个很大的缺陷。作为一个记者，我可以写更多的东西，可是有10年到20年，我几乎一个字没有写，完全是空白。

所以回过头来看自己走过的这50年，不能不悔恨交加，非常遗憾。古人说，老大徒悲伤，我真有此感……

> 希望全社同志都要珍惜我们这一代创业的历史使命，发愤图强，把真正的生命和时间用在我们的事业上，为后人留下一点值得怀念的东西，这是最有意义的。其他一些欲望，与我们的事业相比，都是次要的。吃得好一点，家里有几大件，有什么意思呢？一闭眼全是空的。

这一年，他还有一段不曾为人知晓的话，那是他写给自己的。

> 六十六岁，在过去已经是很老了，可现在却算不了什么，我自己也没有多少老朽的感觉，仍像往常一样工作。但年龄一年年往上加，毕竟是个令人不安的增长，要做的事也在不断地增长。这两个增长到头来毕竟是不能协调的，前者会越来越少，后者会越来越多，很多人都为此感到遗憾，恐怕我也不可能例外。惟一的办法是抓紧时间多做点事情。岁月我没有主动权，但事业我完全可以支配，让它结结实实地充实我的每一岁！（六十六岁生日日记）

1991年8月，他在新华社辽宁分社全体人员会议上再次倾吐肺腑之言：

> 我们对党对人民最大奉献是什么呢？就是把我们新华社事业搞上去，在世界舆论阵地发挥重大的影响。这就是我们对党最大的奉献，这种伟大的事业还不值得我们为之奋斗吗？我今年已经七十岁了，已跨入古稀之年，虽然身体还好，但毕竟是“夕阳无限好，只是近黄

昏”，但是我有一条，不把新华社的事业搞上去，不让它在全世界发挥应有的影响，我死不瞑目！

这个从延安清凉山起步的小记者，现在走到了他人生的制高点。

那年，他从巴西出访归来，把他拍摄的一幅伊瓜苏瀑布的照片挂在家中的墙上，在飞溅而下的浩大瀑水之上，他挥笔题词道：“惟有绝壁见飞流。”他对孩子们说：“人生和瀑布一样，要有高度，有落差，才会澎湃出激情和力量，事业才能辉煌。”

“惟有绝壁见飞流”。穆青摄。

那年开春，穆青家的小院里年前种下的一片郁金香，早早从土里拱出了嫩芽。他惊喜地望着它们，心里有一种说不出的安慰。他喜欢花草树木乃至小狗小猫等一切有生命的东西。这种感情近年来愈来愈强烈。他不知道自己是更年轻了，还是更老了。不过，随着时光流逝，他的确常常生出一种恐慌，不是为生命本身，而是为未竟的事业。只有事业才能让他感受到生命的意义。眼前，这些破土的花儿似乎又在为他鼓劲。

> 我爱盛开的花，但更爱含苞待放的花。因为它更蕴涵着力量和希望，预示着灿烂的盛开时期即将到来。（日记语）

最是橙黄橘绿时

这是1984年初的一天。

清晨，穆青起床后像往常一样走进书房，随手挥笔写下一首龚自珍的诗：

九州生气恃风雷，
万马齐喑究可哀。
我劝天公重抖擞，
不拘一格降人才。

他眯着眼睛一直盯着这28个字，似乎有许多未尽的心绪。

两年前，他在新华社国内工作会议上做的题为《建设具有中国特色世界性通讯社》的报告中有这样一段话："新华社的干部队伍是好的，但是当前存在着两个严重问题亟待解决，一是年龄的构成青黄不接，队伍老化的状况日趋严重；二是专业构成不适应，知识化、专业化的水平有待提高，相当一部分干部没有受过高等教育。"

报告中还有这样的句子："世界性通讯社的重要标志之一，应该有一大批纵论世界风云的名记者、名编辑、名评论家。"

也就从这时候起，人才问题成为穆青脑子里的头等大事。他倾吐自己后半生的两大心愿："建一座大厦，带一支队伍。"

早在1980年，作为分管国内业务和人事工作的党组副书记、副社长穆青，已经意识到新华社队伍面临的老化危机。他在社党组会议上提出要解决两个“青黄不接”：一个是领导班子的“青黄不接”，一个是记者编辑队伍的“青黄不接”。当时，编辑部里最年轻的记者是65届毕业的大学生，分社的领导班子成员平均年龄接近60岁。

社党组对这个意见给予充分肯定。不久，穆青把社干部部国内分社管理处处长孙书明找到办公室，对他讲：“你们去分社做一个考察，一定要深入，要全面，包括业务、人品、工作作风和事业心。主要考察两大块，一是分社本身可以任用的，二是可以到总社来担重担的。”

1981年，孙书明一行12人，组成4个考察组，分赴全国各分社，历时半年，向社党组提交了30多人的考察报告。这为后来新华社各分社领导班子的迅速年轻化打下了基础。

紧接着这项工作的是1982年，社干部部门通过与教育部协商，第一次走进全国各重点院校挑选毕业生。从这一年开始，连续几年，新华社以每年150人左右的速度输入一大批年轻的记者编辑。

同时，由穆青提出，从1981年到1982年，新华社连续举办了三期干部业务培训班，目的是培养业务骨干。在培训班上，大家总结切磋，提出了不少新的业务理念。“学一点心理学”，“新闻人物和人物新闻”等专题，不仅在当时的新华社，而且在新闻界都产生了长久的影响。

新华社的队伍建设在停滞了近20年之后，开始出现生机。

这个清晨，穆青写下龚自珍的诗句，已流露出他内心稍许的欣慰。只是欣慰依然敌不过心事。

1984年1月5日，他在日记中写道：

国家要建设，事业要发展，各方面都需要人才，新华社要建设世界性的通讯社，人才更是关键。怎样才能多出人才，快出人才，是武器多一点好，还是少一点好，阵地宽一点好，还是窄一点好，要求严一点好，还是松一点好？我看应该是前者而不是后者。有时候我是相信背水一战的，许多事情到没有退路的时候，也就逼上去了。

开拓局面需要人才，而人才也往往是在开拓局面中涌现和培养出来的。历代创业的王朝都是人才济济，我们创业的革命前辈本身也说明这个问题，看不到这一点是不对的。

1984 年 2 月 15 日他又写道：

谈起评论员事，我觉得应该大力提倡。新华社能写评论的同志不少，问题是要加以组织、培养，像专栏作家那样，树立自己的风格，取得读者的信任。这样慢慢就能培养起自己的专家队伍。

这么大个新闻队伍，没有几个名记者、名评论员怎么能行？看来快速反应部队、机动记者一定要逐步建立起来。现有的编辑记者要考虑量才使用，取其长，避其短，不能在培养干部上也是一锅大锅饭。这样出不了人才。

1984 年 6 月 19 日他再次写道：

从长远看，改革体制和机构，设编辑组、记者组、评论组，把这三支队伍建设起来。

建设世界性通讯社的大目标，让穆青对人才问题有更多的思考。

日月尘封，后来的人们已经很难一条一条数清穆青和他带领的社党组，为培养人才所做的大量的、日常的、繁杂的处于流程状态中的工作。惟有他留下的言论，依然能见出他的心血。

> 我看成才不成才有一个先决条件，也可以说是最基本的东西，就是如何做人。如果连做人都做不好，还谈什么成才！即使成了才，也不过是块歪才、鬼才、邪才。

这是他至少在三次以上的场合下讲到的同一内容的话。

> 新华社对干部的教育一直强调两条：一条是对党的事业要有高度责任心，再一条是对人民群众要有深厚的感情。我认为这两条是新闻记者必须具备的政治素质，缺乏这两条，不可能成为党的优秀的记者。

这是 1988 年，他在一次新闻研修班上讲到的。

> 希望大家都来关心人才的成长，更好地发现人才，培养人才，使用人才。让新华社这支队伍成为一支人才辈出、群星灿烂的队伍。

这是他在 1993 年初卸任之际留下的最后嘱托。

还有许许多多的东西，穆青没有用文字留下来，人们用记忆留住了它们。每一个新华社的人都知道，他是一个爱才的社长。

山西分社有一个记者冯东书，善于与基层老百姓打交道，爱动脑筋，思想活跃，常有一些标新立异的观点。但他的文字功底比较粗，他戏言自己是“抱着字典写稿的人”。穆青十分欣赏他的长处，每当冯东书来总社，他总要把他请到办公室听他天南海北地摆“龙门阵”。穆青从中了解了不少基层情况，也为记者出了不少报道上的好点子。这使得冯东书很受鼓舞，把自己的长处一直保持发扬了下来，成为在社会上有一定影响的记者。当然，穆青对他的弱点也很清楚，曾经半开玩笑地说：“冯东书的稿子是一定要编辑来编辑编辑的。”

1994 年 6 月，穆青在宁夏沙湖和年轻的记者们在一起滑沙。

像冯东书这样的记者，在穆青一生的交往中很多，他对人才有着十分真挚的情感上的爱护和倚重。很长一个时期，他实行了一种颇具胸怀的“养士”政策，以其非常规的形式，为新华社一批名记者的产生和发展，起了积极的促进作用。

穆青的所谓“养士”为：承古人爱贤之风，开拓人才发展的更大空间。由于体制内的官位有限，不可能每一个优秀的人都能被委以重任；另外，不少有才的人并不一定适合做官。为了能让这部分人最大限度地发挥出优势，穆青对他们采取了一种吃“小锅饭”的办法，即把这些人区别于一般的记者编辑，给予更多自主活动的空间。他们没有日常采编定量的牵制，不受采访领域划分的限制，其主要精力主攻重大题材的采访，在新华社的关键报道上发挥龙头作用；同时，他们可以根据自己的思考去自主选择报道题目。国内部机动记者组的成立，就是穆青这种“养士”政策的直接体现。周原、戴煌、冯东书这些在读者中享有很高声誉的记者，便是这个组的第一代成员。

人才的养成，与自然界万物一样，是需要一种良好的生态环境的。穆青的“养士”政策在一定程度上强化了新华社尊重人才、爱护人才的氛围，逐步形成了一个人人争做好记者、好编辑的强力磁场。在这种磁场的影响下，这一时期，除机动记者组外，编辑部出了不少有特色的记者。郭玲春是其中的一个。

这是一个瘦瘦小小、走路总像是踩着两脚风的女记者。她1965年从复旦大学中文系毕业，先是分配到文化部，后来进了新华社。一进社，她就显示了她身上与众不同的东西，不喜欢循规蹈矩，不愿随波逐流，当一件事出来，大家都在往一个方向上想时，她偏偏会问：难道大家都这样想，我就要这样想吗？结果常常是她的想法与众不同，而且她会快言快语把自己的想法讲出来。这样的性格直接影响到她的新闻采写。面对形式上千篇一律的“新华体”，她一直想写出“不一样的东西”来。

1982年，人民艺术家金山悼念会触发了她萌生已久的愿望，写出了一篇以往追悼会消息中从没见过的别一样新闻。看着这篇不合规矩的作品，她心里七上八下，生怕会被发稿的编辑“枪毙”。不甘心的她生出一个“心眼”，下午就已经写好的稿子她一直磨蹭到夜里10点多才交到发稿值班室，心想晚一点，编辑没得时间改，就会混过去。稿子如愿发出。第二天大报、小报均一字未动全文刊用。然而，郭玲春这一天在家里接到的来自编辑部的第一个电话，却是责备，责备她把稿子发得太晚，责备她把一个字写错了等等，反正一句好话也没有。她丧气得很，下午出差去了外地，心想正好清静两天。

一个星期后，她回到总社，听到了人们传给她的另一种声音。就在她出差的第二天，社长穆青在总编室会议上说：“我最近心情不好，但是昨天我看到了一条消息，非常高兴。一个追悼会的稿子写得有情有景，不拘一格，这正是我们大力提倡散文式新闻的一个生动范例，实在可喜可贺！”

与社长的声音同时传来的是，新闻界乃至文化艺术界对这篇稿子的赞誉，它被人称为开一代新风之作。

后来这条消息被评为1982年全国好新闻一等奖。

时隔20年，郭玲春这样描绘自己当时的心境：

> 穆青用社长的发言非常肯定了一个普通记者的创新，我心里是很感激的。从此我就感觉，我可以更放开手了。思想放松了，笔也就放松了，打这，我便试图在每一篇稿子中都写出一点不一样来。于是，就一路写下来了。

这一路文字后来编辑成约20万字的《郭玲春作品选》。

没有人能够说清，新华社究竟有多少记者受到过来自社长穆青的这种真诚的赞誉与肯定。至于他没有说出来的，更不知其数了。1984年，无官无职的记者陆拂为被穆青点名一道出访欧洲和中东，这在惯例中是没有的，不仅让旁人感到意外，连陆拂为本人也未解其意。直到近 20 年之后，人们从穆青留下的日记中懂了他的心思。

陆拂为得知要同我一起去访问葡萄牙和突尼斯，简直高兴得不行。特别是此次要路过巴黎、罗马和雅典，更增加了他的兴致。这个聋子只知道在国内采访写稿，虽然读了不少书，但对国外的情况却一点感性知识也没有。我估计他此次出去肯定会闹出一些笑话来。像他这样一个优秀的记者、散文家，只是因为一聋三分傻，我不带他出去，是谁也不会带他出去访问的。我觉得应该让他出去开开眼，锻炼他的观察能力和提炼主题攫取材料的本领。我相信凭着他已有的写作能力和较广的知识、文学修养，他会得到提高的。也许带他出去，群众中有人会有所议论，但为了培养人才，这些闲言碎语可以置之不理。(一九八四年二月十三日日记)

20 世纪 80 年代从大学校门走进新华社的记者赵卫说过这样一段耐人寻味的话：

穆青的“养士”政策其受益者不仅仅是那一批人，它的更大意义在于：正是这样一批人的存在，给新华社的后来人留下了一种十分宝贵的东西，即不媚俗，不拍马，独立不倚的人格。因为后来人从他们身上看到，在新华社这块地方，是不需要那种见惯了的溜须拍马的。只要有理想、有追求，你就有希望！

希望的内涵是丰富的。中国古人有句话：“士为知己者死。”穆青给予人们的更多的是这种东西。

王志根，一位曾为新华社在国际上赢得殊荣的优秀驻外记者。1986 年 1 月，他荣获葡萄牙政府授予的“唐·恩里克王子官士级勋章”；1990 年 10 月，又荣获巴西政府授予的“南十字星座骑士级国家勋章”，成为迄今为止我国惟一两次获得外国政府勋章的记者。巴西大学曾邀请他担任该大学“中国文化研究中心主任”，承诺给予他巴西最高教授待遇，并全家移民；国务院有关部门曾拟调他去澳门任职，其级别与待遇都与做记者不可同日而语。但是，他最终还是没有走。为什么？就因为穆青挽留他时说的一句掏心窝的话：“你生为新华社人，死为新华社鬼。”

一句话能让一个人心甘情愿地留下来，它的力量在话语之外。

王志根忘不了，他大女儿身患白血病时，穆青每次见到他所流露出的悲伤与焦虑。有一次穆青对他说：“我儿媳妇在宣武医院，如果需要就找她。”还有一次穆青见到他又说：“新华社有 100 多个分社，如果国内不行，就看看哪个国家有药能治孩子的病。”王志根这时眼里的穆青，不像是个上司，更像个兄长。

王志根还忘不了，有一次，因为工作中的一件事，他朝着穆青发了一通火，事后得知这通火是发错了。他自省自己农民出身，脾气倔，性子直，很担心从此受社长的“冷眼”。可穆青心平气和，开了一句玩笑：“不知道王志根还是有点脾气的？”此后就像什么事情没有发生一样。当王志根两次荣获外国政府荣誉勋章时，穆青两次都到场代表新华社向授予国表示感谢，并向王志根表示衷心祝贺。

很多年后，已经退休的王志根说：“有人曾为我没有抓住机会去另谋高就而遗憾。我告诉他，穆青同志和新华社对我好，我不后悔。情义无价。穆青同志重情义，我也应该讲情义！”

类似这样的体验，记者陈大斌也经历过。那一年，他去上海郊区跑了两个月，被上海分社看中，来总社要人，穆青考虑这对陈大斌是件好事，便一口答应了。不料陈大斌看中了农村报道领域，说什么也不想去上海。

“这可是给我出了个难题啊！我满口答应了人家，这回可是要自食其言了。”穆青听完他的陈述有些为难。

陈大斌想：看来是非去不可了。没想，穆青停了片刻说：“那也只有如此了。好吧，国内部、农村组由我通知他们，你就不用再为这事担心了。”

陈大斌忙告辞退出，刚走到门口，只听穆青在身后喊：“你先别走，我还有句话对你说。”

陈大斌转回。穆青说：“这事就算过去了。你这次虽然是没有服从组织分配，可我觉得你的想法有道理，你坚持长期搞农村报道要求下乡的志愿值得尊重，我才同意改变原来的决定。可是，对这事可能也会有不同的认识：什么不服从组织安排啊，连穆青的话都不听啊，等等。不管听到了什么，你都千万别背包袱。我既然这样决定了，也不会再变。我支持你去农村组好好干下去！”

半晌，陈大斌说不出一句话。

这位留下来的记者，后来成为新华社农村报道领域的骨干。

穆青是一位领军人物，他对人才之爱不仅真挚深切，更具深谋远虑以及魄力与胆识。后来担任新华社社长的郭超人和新华社总编辑的南振中，便是穆青慧眼识人、鼎力举用的栋梁之才。

郭超人自 20 世纪 60 年代珠峰报道后，便为穆青所关注。十几年中，先是调他去陕西分社做记者，后又安排他去四川分社做副社长。他的多方面才干日趋成熟。

1982 年，穆青担任新华社社长后，在培养人才的思考中，他想到的重要一点就是加强领导班子的建设。有一天，他对干部部国内分社管理处处长孙书明说：“现在我年龄大了，有些事要早做准备，主要是现在的班子还需要加强。只有班子搞好了，事业才能发展。你们掌握下面的情况，再去深入地跑一跑，提一两个可以到党组来的后备人选做考虑。”

不久，当干部部门把郭超人的名字报上来的时候，穆青十分高兴。他建议让郭超人当新华社秘书长。孙书明提出，郭超人是搞业务的，不如让他当副社长，主抓业务。穆青说：“你不懂，我就是要培养他当我的接班人，全面抓，全面培养，全面熟悉。另外，这也是个全面考察的过程。”

1989 年 9 月，新华社新闻大厦落成时，穆青与郭超人在一起。

总社关于郭超人人事安排的风声传到了他本人的耳朵里。这时他在四川分社刚刚打开局面，工作颇有起色。他对来分社做调研的孙书明说：“我正搞在劲头上，实在不想去。再说，我不愿当官，就想干点具体的业务，你还是帮助说一说，能不去就不去。”

孙书明回到北京对穆青讲了：“老郭实在不想干。”

穆青回答：“不行，非来不可。这是大局。”

总社一纸调令，1983 年 1 月，郭超人上任新华社秘书长，随即任党组成员。穆青对新上任的郭超人说：“你工作放开胆，该怎么干就怎么干。有什么困难，提到党组。”

这一期间，新华社的人都有很深的印象，身为秘书长的郭超人，承担了全社许多方面的工作，有业务建设、经营管理、行政后勤乃至干部人事。

郭超人与穆青同为“O”型血，这使得他的工作风格与穆青有着相同的东西：激情。同时，他还有着颇受穆青赏识的独特优势，如：理论功底，管理能力，创新意识等等。在他担任秘书长以及 1984 年开始担任副社长的 10 年间，他成为穆青的得力臂膀，为新华社的业务开拓、队伍建设、通讯技术的发展以及后勤事业的完善，都做出了重要的贡献。穆青晚年曾对人说：“那些年，我之所以能甩开手到处跑跑，写了一些文章，出了几本书，就是因为有超人在那里顶着。”这番话里有穆青的自谦，却也足见他对这位接班人的信任和放手。

1992 年底，郭超人接任新华社社长一职，穆青有着十分的欣慰。只是未料，正当超人带领新华社向世界性通讯社的目标继续奋进时，身患不治之症。接班人先身而去，令穆青不胜欷歔。他痛心地说：“在我眼里，超人永远是生气勃勃、勤勤恳恳的人。他什么事情都放不下，他太苦太累了！”

有人讲，穆青培养使用干部是“笔杆子当家”。这句话形象地反映了穆青在干部队伍建设方面的良苦用心。他在新华社做了一辈子官，对为官做事始终保持了“不离采编第一线”的作风，他坚持用这种作风带新华社的队伍。

他再三强调“每一个分社社长都应该是首席记者”。这句话成了新华社几十个分社社长的座右铭，由此形成了“新华社没有不会写稿的分社社长”这样一个足以自傲的传统。

那一年，河南分社社长赵德润把自己任社长期间采写的50多万字的《赵德润作品选》初稿送给穆青征求意见，他高兴得像是自己出了书，再次叮嘱：“一个分社社长，首先是一个首席记者。做了分社领导，一不能放下手中的笔，二不能放下照相机。决不能把新闻做成官，不能像有些单位一样，一当了什么长，就光会审阅，光会画圈了。那不行!”

穆青的两只眼睛始终紧紧地盯着队伍中每一个带兵的人，不允许他们中有任何脱离业务的倾向发生。

他在1984年5月5日的日记中写道：

> 在总编室每周业务例会上，讲了加强组织报道的问题。各部都是第一把手参加。但愿从此开始一个新的局面，真正把宣传报道摆在第一位。绝对不能把新华社的主要干部逐步变成行政官。

一个多月后发生的一件事让穆青有了忧虑。他在6月19日的日记中写道：

> 中央领导同志参加基层选举的新闻，报纸比我们写得好，有情有景比较生动。而我们的新闻则是典型的干巴巴的公告，对比之下，实在丢人。我把徐心华找来批评一顿，要他们好好总结一下教训，虚心向别人学习，不能光抱怨人家不用我们的稿子。这样干巴巴的新闻谁愿意用啊！由此我感到国内部现在这批骨干，虽然素质好，但缺乏严格的采访写作和编辑组织的训练，“文化

大革命”耽误了他们最宝贵的学习时间，基础打得不牢，现在老同志退下了，他们担起千斤重担，确实是吃力的。但如果再要求不严，我们的老传统好作风就有传不下去的可能。我想我得找个时间同他们谈谈。

写完这篇日记两天后，穆青专门把新华社国内部副主编以上的骨干召集在一起谈心。他讲了很多，最后难过地说：“我有时候批评你们很厉害，要求很严格，事后想想又于心不忍，有时甚至一夜睡不好觉，内心世界是十分矛盾的。确实是一种恨铁不成钢的心情。但是，要求不严又实在不行，主要是怕带不好你们。带不好你们就是我们的失职!”

穆青对他的队伍近乎一种痴爱。正如他自己曾经说过的那样：“带一支队伍，光喊几句口号是不能解决问题的，必须晓之以理，动之以情，带之以行。”

1999 年，穆青已经退出岗位 7 年，却依然为这支队伍中每一个人的成长而有发自内心的喜悦。他在一篇日记中写道：

这几天，一连收到几个老记者送给我的书。其中有许一鸣、冯东书、胡国华、陈大斌等，还有已去世的冯森龄的文集。看着这些书，我心里很高兴。这些同志都是在新华社工作几十年的同志，有的已经退休，有的还正在岗位上拉套，长期的采访实践，他们都积累了不少素材，现在似乎已到了结果收获的时候了。

这些果子虽不是我种的，但至少也有我的一份辛劳，不是浇过水，就是施过肥，所以我希望收获季节果实越多越好。新华社毕竟是一个人才荟萃的地方啊!

穆青的家中挂着一幅他自己书写的苏东坡的《绝句》：

荷尽已无擎雨盖，
菊残犹有傲霜枝。
一年好景君须记，
最是橙黄橘绿时。

他曾对一位记者表达，写下这首诗不仅仅聊以自慰，也是对新华社每一位年轻同志的期望。他最大的快乐就是看到这支队伍“最是橙黄橘绿时”的丰收景象。

一个人突出的性格优势，常常隐含着他相对一面的弱处。穆青不是完人。他至性至情、爱才心切，这样的特点却也正让他有了顾及不到的时候，使得他在用人问题上曾出现过失聪。诚然，用人本就是一件很复杂的事。

穆青晚年对这一点已有清醒的认识，他曾开自己的玩笑：“诸葛亮也有用错人的时候，何况我。”

穆青的弱处与他最珍贵的东西是互为一体的，而他留给这个世界最多的，终究是后者。他因此让人难忘。

关于“翅膀”的觉醒

1982年以前，穆青一直没有意识到新闻摄影对于新华社走向世界究竟有着什么样的意义。拿了一辈子笔杆子的他，一直觉得那个能“咔嚓、咔嚓”的黑玩意儿与文字报道是不能相提并论的。他心安理得地陶醉于他的文字报道世界中。

穆青的这种心安理得在走出国门以后被打破。他有过这样一段自述：

1982年我第一次去德国的德新社，他们很客气，但当我对他们提出要求交换图片时，他们不同意，说对新华社的图片不感兴趣。我问他们有没有中国图片，我能不能看一看？他们找来一盒子图片，我一看，哭笑不得。大量图片是八国联军进北京城的图片，还有小脚老太、卖糖葫芦、看命算卦的图片，新中国成立后的照片没有几张。我明白了。

1984年我去美联社，他们董事长出面，又是请吃饭，又是带着参观，但他们对我们的图片也不感兴趣，他们让我集中参观他们的图片，他们在那个时候就是用电脑处理图片，他们让我当场写了几个字，从这边输进去，从那边机器上图片就出来了，而且还可以用机器对图片进行修改，技术真是先进。我当时实在是受了刺激，我想我们什么时候才能有这么个好玩意儿！

我们新华社当时是怎样把图片发给人家的呢？我们是自己先把图片印好，包成一包一包的，再通过邮局寄给人家。人家打开后，一看都是一个月以前的或半个月以前的，那谁还用你的啊？早都扔到字纸篓里了。

我当时就提出和美联社交换图片，结果他们不干，说你们的图片没有用，你们要我们的图片得拿钱来买。把我气得不行。我回来后，说：不行，这太没面子了，还是要去交换。后来跟美联社达成协议，一天交换6张。

就是在这种情况下，我深受刺激，才提出要“两翼齐飞”。我们的文字硬起来了，图片也应该发展，也要硬起来。说到底，我们是被别人逼出来的。

穆青觉醒了。

1985年2月，他在新华社国外工作会议上提出：“摄影报道是现代化通讯社不可缺少的一翼。”

1986年2月，他在新华社第十次国内摄影工作会议上再次论述：“没有图片报道，新华社就不能成为一个世界性通讯社。一个图片、一个文字，这是新华社腾飞的两翼，缺少哪一个都飞不起来。”

觉醒了的穆青生出一种很深的自责，他对摄影记者们坦言：“我觉悟得太迟了。”

穆青在这次会议上发出号令：“我们必须急起直追。为了和文字报道同步发展，摄影报道要跑步前进，要急行军，一天120里，争回已经丧失的时间。”他同时大声呼吁：“要扫除重文字轻摄影的陈腐观念。”

他的话切中了中国新闻界的时弊。长久以来，不仅新华社乃至整个中国新闻界都普遍存在着重文轻影的倾向。新闻摄影只能当“配角”不能当“主角”；新闻照片只能在报纸上起到点缀、美化、补充版面的作用，不能独立报道新闻；摄影记者只会照相不会写稿，文字记者只管写稿不屑照相。诸如此类，人们习以为常。以至于在中国新闻学理论体系和新闻教科书中也基本上未把新闻摄影列入其中，新闻学实际上是“单翼文字新闻学”。

在中国摄影界，对这一问题的深切反省不乏其人，其中新华社摄影部研究员、曾经连续4届担任中国摄影学会会长的蒋齐生，一直都在为改变图片在新闻中的“附庸”地位而殚心竭虑，奔走呼号。他很早就提出“新闻摄影是党在新闻宣传战线上的一个独立兵种。”进入20世纪80年代，他又首次提出报纸工作应“图文并重”的理论观点。现在，身为国家通讯社社长的穆青，以他特有的身份和地位，为最后冲破中国新闻界这片“盲区”，起了至关重要的作用。

历史确有出人意料之处。谁也没有想到，在中国新闻摄影领域这片被冷落的土地上，最终掀起一场革命性风暴的人竟是一个拿了一辈子笔杆子的文字记者。穆青提出的“文字、图片两翼齐飞”的新思想最终促动了新华社及中国新闻界从观念到实践上的一次大变革。

1990年8月19日，中国记协和中国新闻摄影学会在银川召开首次全国报纸总编辑新闻摄影研讨会，这就是后来被称为中国新闻摄影划时代起点的“银川会议”。在这次会议上，“两翼齐飞”论获得与会者的一致赞成，大家由过去单一的“文字头脑”，增加了一个“图片头脑”。包括新华社总编辑在内的40多位报社老总达成共识，确定把穆青提出的“两翼齐飞”和蒋齐生提出的“图文并重”并列为办报指导思想，称之为“图文并重，两翼齐飞。”

银川会议之后，这一指导思想在中国新闻界如燎原之火，先后又出现了全国大报总编辑研讨这一问题的韶关会议、福州会议，以及全国地市州盟报新闻摄影研究会召开有各报总编辑参加的玉溪会议、三明会议、库尔勒会议、连云港会议、钦州会议和泰州会议。许多报纸编辑部出现了各版抢新闻照片、抢好照片上头版头条、抢出新闻摄影专版的“疯狂”局面。中国新闻摄影领域第一次出现了总编辑“慧眼奖”、摄影记者“金眼奖”、图片编辑“金烛奖”等等。

越来越多的读者发现，中国的报纸变得好看了！

新华社的摄影事业从这一刻起，一日千里。

1985 年，新华社委托中国人民大学新闻系专门为新华社招收培训摄影专业人才。这是人大历史上第一次开办新闻摄影专业班。4 年后，中国首批 30 名新闻摄影专业本科生结业，28 人进入新华社，其中 15 人成为摄影部的记者。具有专业水准的新人进入，为新华社的摄影队伍注入了蓬勃的生机与活力，同时革除了社内长期存有的视摄影记者为“铁匠”的旧观念。

与此同时，各分社根据总社要求，按照“大专以上学历”、“45 岁以下年龄”两条起码的条件，补充了一大批中、青年摄影记者。

与队伍一起发展的是装备。

新华社的老一代摄影记者都不会忘记昔日历史的一幕：1964 年 10 月 16 日，我国第一次原子弹爆炸成功，新华社摄影部向国内外所有能够传真的约百余家媒体发送原子弹爆炸后形成蘑菇云的壮观景象的图片。但因为只有两台传真机，而且机器转速又特别慢，发送一张图片需要 30 分钟左右。结果当第一张图片刚刚发出去，第二张还在传真机上转动的时候，被美联社转发的蘑菇云图片已经漫天飞又被新华社抄收回来。直到 3 天过后，图片还没有全部发送完毕，编辑部一片焦急与无奈。

遗憾的是，这种落后的图片传真状态整整 20 年没有得到改变。

眼下，觉醒了的新华社今非昔比。1984 年，新华社为国内 28 个分社和国外一大批分社装备了总数为 50 台的便携式 AP821 型图片传真机（一张图片 8 至 15 分钟可发回总社），构建了这一时期国内新闻单位惟一拥有的全国性照片传真网络，彻底改变了以往分社完全依靠航寄向总社发照片的状况。

1984 年 4 月 26 日，美国总统里根访华之际，新华社又开辟了北京——纽约的图片传真业务，新华社向纽约 4 家华侨报纸传送了 42 张里根访华活动的图片，采用率高达 90％以上。其中里根抵京活动，传真的图片先于美联社的传真图片到达纽约。

长期担任中国新闻摄影学会副会长兼秘书长的胡颖说过这样的话："'两翼齐飞'理论，是新华社乃至中国的新闻摄影冲向世界的起飞点。"

曾是新华社老一代的摄影记者许必华这样说："'两翼齐飞'的提出，顺应了世界新闻业发展的大趋势，使得已经大大落后于世界同行的新华社乃至中国的新闻摄影幡然醒悟、从落后中奋起！"

毕业于人大新闻摄影专业班、曾参加过南联盟战地报道的新华社青年摄影记者黄文对未来有着更多的憧憬："我们是沐浴着'两翼齐飞'的东风成长起来的一代新闻摄影人，从开始投身这一领域，便亲眼目睹和亲身经历了中国新闻摄影事业从起飞到蒸蒸日上的发展过程。可以预见，在不长的时间内，它将进入一个更加迅猛发展的黄金时期！"

1985 年，距离穆青第一次出访德新社三年之后，他再次出访欧洲。不过，这次他的日程表上没有安排在汉堡停留，他准备从法国经波恩直奔奥地利。这个消息被德新社得知，社长立刻驱车从汉堡赶往波恩，专程来接穆青，铁定了一定要请新华社的社长重访德新社。这位当年拒绝了穆青交换图片要求的社长，这回

1985 年，穆青被德新社社长专程接到汉堡参观。

德新社社长与穆青签订互换照片协议。

见到穆青的第一句话就是："我们交换图片。"这个细节，让穆青回味了好多年。

面对如火如荼发展起来的新闻摄影事业，穆青跃跃欲试。尽管他知道自己年纪大了，但他无法按捺自己的激情与冲动。摄影成为他的爱好，这个爱好一直保持到他的晚年。

在青海，73岁的穆青冒着寒冷、缺氧和漫天风雪，登上海拔4767米的昆仑山口，拍下银装素裹的冰雪世界。他在当天的日记中记下了一段豪迈的文字：

> 当我们的汽车爬近昆仑山口时，竟下起雨来，而且越往上爬雨下得越大，最后，雨又变成了雪花，直到我们到达昆仑山口简直是大雪纷飞，霎时间周围群山染白，一片冰雪的世界了。这时车内的气温表已下降到零下3摄氏度，我们穿上棉大衣还觉得寒冷。山上有一块石碑上刻昆仑山三个大字，下面注明海拔4767米，我们走下车来纷纷在碑前拍照留念。当时我的棉大衣上飘满了雪花，两手拿着照相机四处拍照，手都冻僵了。想不到我活了七十多岁，今天才第一次亲身经历了一次难忘的七月飞雪，而且是在海拔4700多米的昆仑山上。这真是一件难得又难忘的经历。
>
> 雪山和冰川没有看到，而换来了七月飞雪的美景更幸运，还看什么雪山啊，我们已处在雪山的顶上，处在大雪纷飞的包围中，岂不更为潇洒……人生能这样的潇洒几回？
>
> 昆仑山的照片没有拍好，但有此一番经历，我觉得更有价值，更有意义。同时，它也证明我这个七十三岁的老叟还经得起高山缺氧的反应，还经得起如此严重的

考验！

1994 年 7 月，穆青在青海格尔木海拔 4767 米的昆仑山口摄影采访。

2002 年，穆青再次以 81 岁的高龄登上四川海拔 4500 多米的四姑娘山中的巴朗山顶。他在日记中说：

……

老实说，这次拍摄条件虽然艰苦，但因风光极美，也最令我激动。加上老天作美，两天来都是阳光高照，蓝天白云，更增加了雪山林海的无穷魅力。为此，我不顾高山缺氧、行走十分困难的情况，仍端起相机不停地拍摄。我觉得这里比新疆的哈纳斯更丰富多彩，哈纳斯水好云好，这里除水好云好外，雪山近在眼前举目可见，在蓝天白云下更令人神往。

这次四姑娘山之行，对我的身体情况也是一次考验，在巴朗山四千五百米山顶，除感到有些胸部压抑，心跳加快外，并无别的不适。在双桥沟、长平沟三千多米高度，更是行动自如，来回奔走拍摄。夜晚住在四姑娘山庄，也平安无事。这些都说明高山缺氧对我来说也并不是那么可怕，早知如此，去西藏也不会有什么问题。为此，我特在巴朗山山顶 4573 海拔标牌下，让二厚[①]为我拍了一张照片，说明我八十一岁高龄时，闯过了这一高度。

这片冰洁旷远的雪山林海的图片，成为穆青摄影作品的“绝唱”。返回北京仅仅三个月之后，他被查出身患肺癌。

穆青拍摄的“四姑娘山”。

① 陈二厚，时任穆青的秘书。

当一个人对于一件事处于痴迷状态时，他便很难以恰到好处的分寸去考量问题。穆青在任社长期间对摄影的痴迷让他有所不顾。他听到了对他外出摄影太多的批评声音，他很苦恼。1988年6月15日，他在日记中写道：

> 下午党组生活会，大家对我的意见还算公允。只是说我外出拍照太多，浪费彩卷，我完全不能同意。我是趁外出方便，争分夺秒为社内拍些资料，并非为自己糟蹋胶卷，怎么可以这样看人呢？

这或许是对摄影迷恋太深的穆青始终难以接受的。乃至他妻子续磊都曾半埋怨半开玩笑地对他说："你和你的照相机结婚好了！"

好在，留下的终究是穆青的作品。作品会让人宽容与理解……

"猛志逸四海，骞翮思远翥。"

1991年，《新华社六十年》大型画册由新华社出版。画册以图文并茂的精美编辑、印刷，反映了新华社60年的光辉历程和一代代新华社人艰苦卓绝的奋斗精神。

画册中有一幅排得密密麻麻的新华社全体离退休老同志的集体照片。穆青曾在1991年3月18日的日记中记载了这幅照片的由来。

> 审看新华社六十年画册的初编稿，希望他们增加一页离退休老同志的照片，哪怕是呆板的集体照也行。这些同志大都在新华社工作几十年，为新华社事业的发展作出了多方面的贡献，不应该忘记他们。如果《新华社

六十年》的画册中连一个影子都没有，他们会感到伤心和寒心的。没有他们，哪来新华社的历史，哪有新华社的今天！

的确，正是有了新华社一代一代人的奉献，才有了新华社向着世界大步前进。

此时，画册中这样写道："经过近十年的努力，新华社已经成为一个初具规模、在世界上有一定影响的具有中国特色的社会主义现代化的世界性通讯社。"

这一年穆青 70 岁。这是人生中一个令人羡慕的悠远而灿烂的年龄。穆青在日记中写道：

七十寿辰虽未兴师动众，但全家都过得愉快。年轻时，根本未想到还能过七十大寿，比祖父和父亲都强多了。古人说，人活七十古来稀，现在七十又算什么？我自己就从来还未感觉老过。续磊今天还说，很难接受老头儿已七十的概念，我眼里他还像四五十岁。事实也确实如此，我自己仿佛也觉得未来的日子还长哩！

人到七十总不免想想过去，回顾一下自己七十年走过的人生道路。但我不想这样做了，过去的事就让它过去吧，是非功过都让后人评说吧，我只想再向前看，只要路没有走到尽头，就一直向前走去。要做的事还多得很，自己追求的目标还有很长的距离，哪有工夫去回顾呢？如果上帝保佑，还能有十年或十五年的健康身体，我想，我不会愧对自己的一生。

老头儿

“老头儿”是穆青的一个别名。它自上个世纪80年代初就被人叫起来，一传十，十传百，最后竟然发展到新华社上上下下都对他以“老头儿”相称。一家报社的记者一次采访穆青时看到这一幕，惊愕并感动，在文章中记道：“外人从旁看去，言之者无不敬，受之者无不悦，是那种自然的家常称谓。”

在历来等级分明的中国官场上，新华社的人可以如此恣意，首先应归于它几十年受延安风气滋养而形成的优良传统。在这里，从历届社长到底下大大小小的官，人们见面都直呼其名，或称以“老王”、“老李”，正规一点的也顶多是名字后面带个“同志”。如果，哪一天有人称某某官为“社长”、“主任”、“局长”、“处长”之类，那肯定含有讽刺之意。

穆青被称为“老头儿”是新华社人恣意的极致。因为他的平等、宽厚、真诚，还因为他那一副透着淳朴厚道的面孔。

经年历久，记忆中一些不大不小的事都已淡漠，但依然有一些细节让人无法忘怀。

那一年，总社要调国际部副主任高秋福去中东总分社任社长，穆青找他谈话。高秋福似乎面有难色，转着圈儿表达了他不想前往赴任。其实，他心里真正的话没有说出来。

一年前，穆青去中东总分社考察时，由于对那里的情况不熟，又被一部分同志主张大力发展阿文线路的高涨热情所感染，便针对总分社用英、阿两种文字发稿的情况，贸然提出了“以阿文为主”的方针。后来的实践证明，这个方针是不合适的。但这个局面一直维持着。

眼下，高秋福很有顾虑，这样一种局面，他去了该怎么处理？

穆青似乎看透了高秋福的心思。他说：“关于中东总分社的事，你先去做个考察。过去不管谁讲的话，全不算数，以你考察的结果为准。究竟应该怎么办，你提个报告，党组批了就按新报告办。”

两个月后，高秋福考察回来，写了报告，提出总分社的发稿方针应该由“阿文为主”改为“英文为主”。社党组很快批复了这个报告。之后，高秋福前往中东赴任。他按照新的发稿方针，经过四五个月的努力，使总分社的发稿局面有了很大的飞跃。

穆青得到消息，十分高兴，立刻以个人的名义给中东总分社发了电报，对他们的工作给予高度赞扬。

以穆青的名义在工作中专发电报，这在新华社的历史上，是第一回。捧着电报，高秋福的心热滚滚的。

章墨渊是新华社国内部工业组的一个编辑，心直口快，人称“炮筒子”。有一段时间，她一天到晚抱着电话筒对分社嚷嚷，分社来的稿子很多是经验总结式的东西，千篇一律，枯燥无味。没多久，总社要召开分社工作会议。这个“炮筒子”感觉是个机会，于是，就跑到穆青的办公室，大叫大喊把一肚子气倒了个底朝天，希望社长能重视这个问题，在分社会议上讲一下。由于她的声音太大，同一楼层里其他办公室的人都被惊动了，有人说：“就冲你这态度，意见再对，领导也受不了。”

章墨渊有些后悔。

几天后，分社会议召开。不日，传来消息，“老头儿”在会上讲话时专门把章墨渊的意见提了出来，他认为这个意见提得好，并要求把这个问题作为会议议题之一进行讨论，找出改进的办法。

那一刻，章墨渊鼻子一酸，眼圈都红了。

编辑陈日，由于常年上夜班熬得太厉害，嗓子突然失声，两年多时间，看了几家医院，使用了各种中西医结合的治疗办法，也没能治好，心情十分痛苦。穆青并家人得知后，找到曾给续磊看过病的一位女中医，为陈日进行经络按摩治疗，一段时间后，陈日痊愈。

穆青对他的下属总有一种很深的珍惜，就像当年在部队里那些带兵的人珍惜他们的每一个士兵一样，那是一种如父如兄的情感。无论是谁，只要有了难处，穆青决不会袖手旁观，即便是对那些有负于他的人，他依旧怀着仁爱之心。

某分社有一位同志，“文革”中做了不少错事，还向上打过穆青的黑报告。“文革”后，当地省委要给予他开除党籍和公职的处分。穆青让新华社人事部门再三做省委的工作，说明这位同志本质还是好的，最终使这位同志保留了党籍、公职。穆青对人事部门的一位同志袒露了他的心情：“都是新华社的老同志了，能拉一把就拉一把，不要往死里推！”

像这样被穆青挽救的人，不止一个。其中有一位同志，后来当了分社领导，那一年他病危即将离开人世之际，最后一个心愿就是见见穆青。穆青专程赶去。这位同志此时躺在病床上，已经十分虚弱，他握着穆青的手，竟呜呜恸哭，大颗大颗的泪珠往下滴落……

有记者讲，穆青让新华社的人感觉犹如一棵大树般的踏实。

他的大门天天自由开放着，任何一个记者、编辑都可以随时闯入他的办公室，或谈稿子，或提建议，乃至有什么怨气烦恼都可以大吼大叫地释放出来。他总是一声不吭地把话听完，然后说出他的意见。

记者冯东书说过："穆老头为什么一生交下那么多记者编辑朋友？因为他待人平等。平等才出友谊。"

有这种感觉的不仅仅是记者编辑，新华社的许多老工人都是穆青的朋友。他曾在 1987 年 1 月 27 日的日记中有这样的表达：

穆青与当年保护过他的新华社基建队退休老工人们共度春节。

年前，我探望了几个老工人刘明凯、侯保生、张国发，这都是基建队的老师傅，在新华社基建事业中立下汗马功劳的人。"文革"中我在他们那里劳动，同他们结下了深厚的友谊，他们朴实的思想感情、勤劳忠厚的品德、认真负责的工作精神，都给我留下很深的印象。他们可以说都在新华社过了大半辈子，把自己最好的年华和心血都用在了新华社的基建事业上，哪一座楼没有洒下他们的血汗？皇亭子整个大院都是他们一砖一瓦建设起来的。新华社的同志不应该忘记他们。看到他们家家生活都有改善，有的安度晚年，有的还在工地看门，个个健康愉快，我打心眼里高兴。

平等的确不是穆青的装饰，那是他骨子里的东西。因为他从来没把自己看成是高人一等的人。甚至在他的内心深处，时常有着一种与地位所带给他的烦恼所进行的挣扎，在这种挣扎中，他努力保持着自己与内心世界的贴近。

他曾在 1984 年 1 月 23 日的日记里写下：

《新闻记者》约我写稿，缠我一小时，一片诚心我完全可以理解，但我哪有时间写呢，又能写些什么呢？整天事务主义，许多问题缺乏认真的研究和思考。难道还能炒冷饭吃老本吗？不了解的同志也许会以为我拿架子。其实，我自己的苦恼只有自己知道，我不愿做一个缺乏自知之明的人！

同年，他在 9 月 20 日的日记中坦言了自己的“自卑”：

《穆青散文选》终于出版了。今天小高去拿来几本精装本，版式还好，封面素雅得只有一个签名，这大概也是新派装帧。翻了一下仍有错字，有些是我的疏忽，不能怪编校。拿着这本书，我不禁有些感慨，还是那句话写得太少了，有些文章也实在不咋着。据说出版社对此书还是重视的，是作为国庆三十五周年重点书之一赶印出来的。其实，越是如此，我越感到惭愧。我这个人，半生戎马，一生事务，才疏学浅，没有在治学上下过苦工夫，时代把我推上高层，我自己是有自知之明的，内心的自卑感恐怕连我最要好的朋友，也难以发觉。我常想党和人民给予我的已经够多了，而我能拿出来的东西实在太少，一种负债的心情一直使我内心不安……

直面自己的勇气，使穆青一贯地保持了为人低调，远离虚名。

他在1988年2月8日的日记里写道：

快过年了，这里联欢，那里聚会，我收到的请柬就有一大摞。我的原则是有关的就去，无关的不参加。至于什么电影、舞会一概拒绝。

参加社会活动是为了做好本职工作，如果和本职工作无关，何必去浪费时间。我一辈子不喜欢出头露面，老了更想安静，或者扎扎实实做点事情。热衷于官场活动毫无意义。也许有人会说我清高孤傲，但时间长了，人们会理解的。

1991年2月25日，他又一次写下：

延安要出版一套有关工业和工人运动的书，其中选了我和铁夫写的几篇赵占魁的文章，年前曾来找我谈过采访赵占魁的情况也收了进去。今天编者王光荣又来找我，想聘请我当顾问。我婉言谢绝了。

近一年来，我经常遇到这种事情，不是要求当顾问就是要求题词作序，至于邀请参加活动、索书要字和签名留念的不知有多少，我实在有点苦于应付。有时有些人不知怎么就闯到家里来，死缠活缠，令人很不愉快。从这里，我深感人怕出名猪怕壮的道理。许多人想做名人，岂不知名人有名人的苦恼。怪不得张学良最近说，他真想把张学良这三个字的名字都不要了。

中国社会向来慕名者有二，一是真心崇拜，希望在名师名家的指点下有所长进。二是阿谀奉承，企图以名人名家抬高自己。我最瞧不起后者。有时候，有人向我要字，我就半开玩笑地问他：你究竟是喜欢我的字还是喜欢我的名？

看来这种社会现象不会消失，我的苦闷还将继续，除非我下台或犯了错误之后，情况才会另当别论。

还有一次，他的老家河南杞县派人来采访他的情况，准备写入县志。有人劝他一定要重视，以把入志材料写好。他颇不以为然，认为如果没有事业的成就，就是立碑入志又能如何呢？他甚至在日记里写下这样的话：

穆青何人，历史上匆匆一过客耳，实不必孜孜于此也。

不慕虚名的穆青，却让人们永远记住了他这个“老头儿”。不是以他的名，而是以他的心。就像他在一篇日记中说的那样：

同同志们相处，贵在能够交心，作为一个领导人，尤应如此。

如果说，人的一生中除了主客观的因素外，还有一点叫“运气”的东西的话，那么，与同时代的人相比，穆青或许算是幸运的人了。

他曾在一篇日记中记道：

下午，出席记协老新闻工作者茶话会，许多新闻界的老同志都去了。九十高龄的赵毅敏精神挺好，即席讲了话。我坐的那一桌主要是清凉山的一伙老伙伴，其中有张映吾、温济泽、李千峰、张沛、田方、廖经天……除温济泽身体较差外，其他人身体都好。大家虽在北京，但很少见面，这次相逢都非常高兴。话题自然离不开延安，离不开那些已逝世的和健在的一个个战友。温济泽非常感慨地对我说，清凉山的一批老人中，惟有你最幸运，工作到最后一个，而且是安全降落的。话好像是对我的祝贺，但我听得出其中的悲凉。

尽管“运气”守护了穆青，让他免遭罹难，但却依旧有种种创伤。毕竟，政治风浪是残酷的。他有时就像一只豹子，只是在无人处，默默地舔舐着自己的伤痛。

那是上个世纪 80 年代一段不平静的日子，中国的社会处于骚动之中。身为新华社社长，穆青的肩上扛着一种怎样的责任与担子，常人无法想像。其中的很多事情静静地过去了，只有从他身后留下的日记中，可以寻到他点滴的心迹。

1987 年 1 月 10 日的日记中，有这样一句话：

不知为什么，我总有一种时局动荡的预感。

1 月 24 日又写道：

影展拿来一些领导人的照片，要我审。我仍选了有耀邦形象的一张。这是尊重历史，而且胡耀邦绝不是华国锋，不能一犯点错误就从历史上抹去，这不是唯物主义的态度。我们党有很多盲目性，因人划线，因人废事，什么层层检查，株连一大片，吃了多少苦头，有些人还不知道改，实在可悲。但愿从这次开创一个好的先例。我既不表态也不检查，但党的决定我坚决执行。

我这个人别无可取，但一生正直，从不拉拉扯扯，看风使舵，不走任何门子，不搞任何小组织活动，对上都是工作关系，对下工作和友谊也是两码事。因此身正不怕影子斜，有错改错，无错坦然处之，何惧之有？

1985 年，胡耀邦总书记、穆青和新华社的外国专家在一起。

2 月 5 日的日记是这样的：

开党组织生活会，我讲了几条：

一、我认为三中全会以来的路线，是建国后最正确的路线，是经过总结历史经验的基础上，付出了代价取得的，我衷心拥护。

二、资产阶级自由化的思潮同我的思想感情格格不入，同我的理想追求格格不入，我不可能同它同流合污。

三、保持了新华社的清白，并不等于充分发挥了新华社的作用，取得了舆论上的成就。相反，通过这一思潮的泛滥，我们要反思如何改革和改进我们的宣传报道，同自由化思潮作斗争。

四、抵制了自由化思潮并不由于我马列主义水平高，而是五十年革命实践经验，使我的头脑比较清醒。

五、几十年来我坚持一条原则，不拉关系，不走门路，一切按党的组织原则办事，严格区分工作关系和个人友谊。因此党内任何人事变动，我都能坦然相对，实事求是，问心无愧。

2月10日写道：

今天是泡泡十岁生日，他爸爸花三十元买了一个大蛋糕，插上十支小蜡烛，他一口气吹灭了。我给他照了几张相，作为十岁生日的纪念。

时间过得真快，泡泡转眼就十载了。这十年是我一生最好的十年，心情比较舒畅，事业有所发展的十年。可惜这十年来得稍晚了一些，我最好的年华已经过去了，真所谓“夕阳无限好，只是近黄昏”。如果早来十年，那将会是另一番景象。人生总是那么不能尽如人意，来自各方面的干扰和限制，使许多宝贵的光阴和生命都浪费了，想起来不无感慨！今后不知道是否还有一个十年，也不知道是否还会出现挫折和干扰，但愿能利

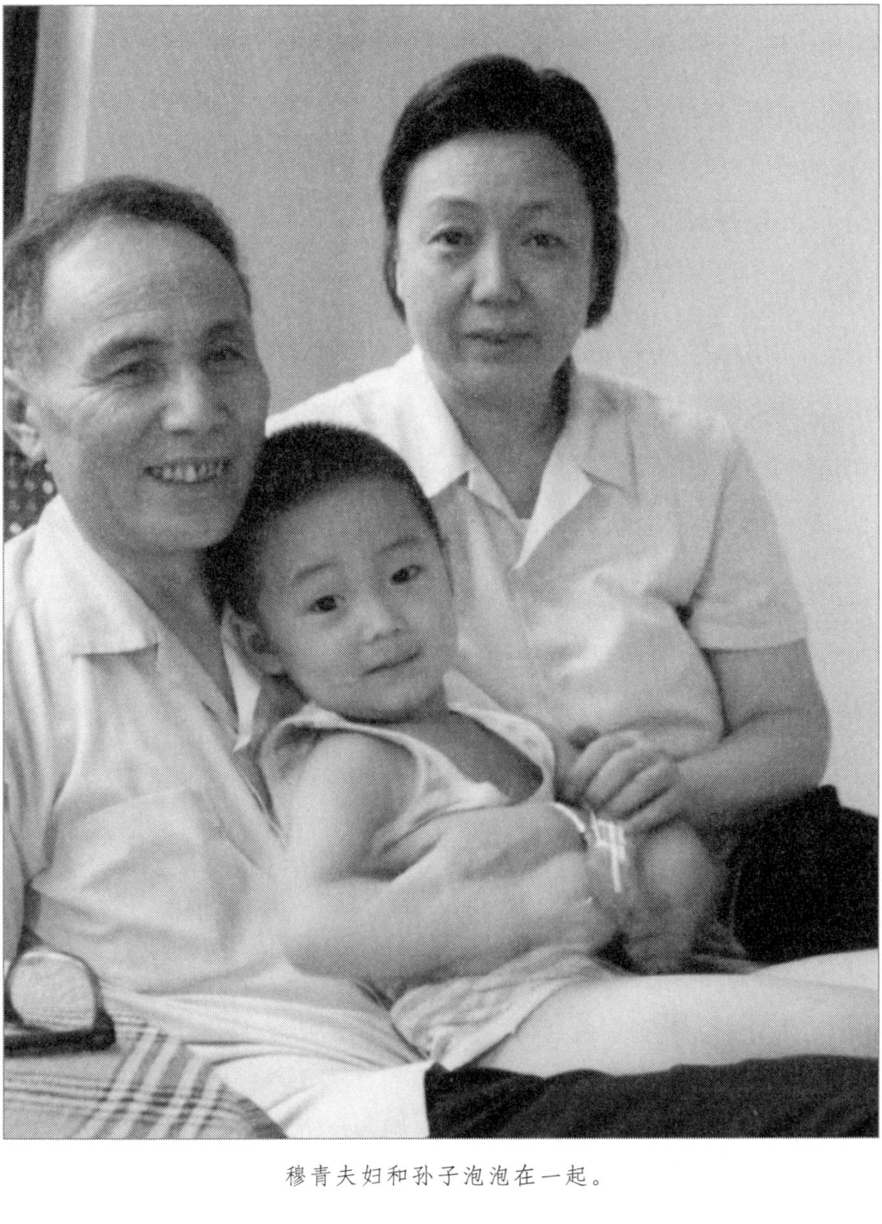

穆青夫妇和孙子泡泡在一起。

用这最后的十年再干点事业，否则七十六岁以后，对家庭和社会来说都是一个废物了。

后半年的日记中，穆青似乎有些平静下来。

6 月 10 日，在北京宣武门街头看到的一幕，让他生出不少的安慰，他在日记中做了详尽的记述：

> 今晚皓月当空，我外出散步，信步走到宣武门街头公园，远远就听见丝竹悠扬，有人在高声清唱。我急忙走过去，只见树阴下花丛间，有四五堆人在围住胡琴清唱。我走进其中的一处，一个六十岁左右的老太太正在唱钓金龟，旁边有三个老工人模样的人为她伴奏，两把胡琴，一把月琴，还有一个老头儿用手敲着琴盒打着节拍，口里还不停地喊着锣鼓点。老太太嗓音虽然有点嘶哑，但韵味十足，每唱一段即赢得不少掌声。她唱完后，琴手刚刚要歇歇手，忽然从人丛中又走出一个四十来岁的中年男子朝琴师一抱拳，说劳驾师傅来段马派苏武牧羊，于是胡琴一响，他便大大方方地站在人群中唱了起来。几句之后，我便被他的嗓音和马派特有的韵味吸引着了。果然，一段唱完，全场一片称赞声，欢迎他再来一段。他想喝点水，同时有几个人把自己的杯子送过去。琴师问他再来段什么，他略一思考，说来段三娘教子中的小东人吧。我心想这出戏我好久不听了，能在这里听听也挺过瘾。果然，这一段他唱得更加悲凉苍劲。有趣的是，他正在唱的时候，人群中又蹿出一个穿一身黑衣服的小伙子，跑到琴师面前，向琴师说："师傅接着拉，接着拉，我来段三娘。"当老薛保唱完一段后，他便接着腔唱出了"老薛保，你不必……"声音清亮婉转，像正规学过戏似的，于是他俩人便一段接一段地演唱下去，后来老薛保忘了词，拉胡琴的老头一边拉一边给他提词有时候旁边的观众也禁不住掺和进去，有

的提词，有的跟着哼哼，最后一段简直变成了大合唱，连我也掺和进去了，当然只是低声，可不敢大声唱。就这样，大家把一出“三娘教子”总算凑合下来了。你听吧，观众这时情绪可高了，又是鼓掌，又是评论，这场街头演唱会至此达到了高潮。

等一切平静下来后，那个六十多岁的老太太又上场了。这回她唱了两段现代京剧“红灯记”，许多年轻人为她叫好，说这位老太太这么大年纪了，能翻这么高的腔真不简单！这时，我看看表已经十点半钟了，拉胡琴的老头似乎累了，把琴一收说“咱今儿收了吧，明儿还得早起呢！”但另外一些人却说，“这会儿就收了？还早哩。”但几个老头却站起身来说，“爷们，明晚早点来。”人们这才依依不舍地推起车子散去……

我看见几个拉胡琴的老头都是骑着自行车来的。胡琴就在车后架子上，车前还有个铁筐子，放着水瓶茶杯，到此之后围着个石桌，把自行车往旁边一放，就自然形成一个小场子，散场时把车子一推开就走。

这一场街头清唱，给我带来极好的欢乐。谁说我们的国家这也不好那也不好，这个街头小景就是太平盛世的极好写照。你看我们的人民多高兴啊，一天工作劳动之余，自动聚集在这里，唱得多开心，拉得多起劲。世界上哪个国家有这种景象？中国历史上哪个朝代能做到如此？为此，我想了很多，兴奋得半夜未入眠！

到1988年，穆青的思绪再度沉重。他在3月25日的日记中写道：

无奈只好沉默，而沉默又是对一个共产党人的良心和党性所不能容忍的。这种感情上的折磨是痛苦的。从这方面说解除痛苦最好的办法是离休。但新华社的事业又不允许我撒手……

这一年的日记断断续续写完后，穆青没有再记下去。只是新华社的人却用眼睛记住了后来的一幕：

1989 年 5 月一个夏日的夜晚，天气闷热，空气似乎都凝固了，一丝风也没有。时间已是半夜 12 点。这时的穆青已经连续十几天未回家门。社会上正在发生的一场政治风波，令他的心高度绷紧，每天 24 小时，他片刻不离岗位一步，白天工作，晚上就和衣睡在办公室的沙发上。此刻，突然传来消息，新华社的一些职工正聚集在一起，准备上街游行。穆青闻讯，夺门而出，一路小跑赶到大礼堂前工作区的出入口，拦在人群的前面，声泪俱下，大声疾呼，劝大家不要出去……他几乎是哭喊着说："如果你们要出去，我就躺在这里，你们从我身上踏过去吧！"

他的嗓音沙哑着，汗水和泪水一起从脸颊上滚落，瘦削单薄的身躯由于激动而不停地颤抖……

在场的许多人默默地低下了头。这一刻，人们读懂了"老头儿"的心：他要保住新华社这支队伍；他要维护新华社正常的发稿秩序！

1991 年 2 月 15 日，穆青重新翻开了日记本。他写道：

一九九一年二月十五日，农历辛未年正月初一日，停写了两年多的日记，又从今日重新开始。

两年未记日记不是由于懒，而是由于心情不好，国家多难，我不愿把那些混乱的不愉快的事留在记忆里。就让这段岁月成为空白吧。空白在一幅画里有着艺术烘托的效果，我想也许在一个人的生活中会更有深刻的寓意。

回顾这两年，新华社几经波折，新的技术大楼落成了，设备更新了。新华社的队伍稳住了。通过亚运会和波斯湾的报道，使全世界再不敢侧目相看，世界性的通讯社已打下基础，初具雏形了。

新华社的经营收入已接近亿元，收入在一百万元以上的分社已有四分之一。

分社都鸟枪换炮今非昔比了。

一批年轻的记者成长起来，有些崭露头角，很有前途；而一批老骨干却相继去世，其中贺昌华、芮婉如、丁翔起、于民生尤为可惜。

我个人收获最少，两年只写了三篇文章《重返冀中》《涞水情》和《人民呼唤焦裕禄》，实在愧对生命。

不日，他又在一篇日记中写道：

听郭超人汇报，颇为欣慰。这些年来，我日夜操劳，心血没有白费，新华社终于走上世界了，成为一个不可轻视的舆论力量。上天不负有心人，我将继续努力，最后再攀登一个高坡。

没有什么比事业上的发展和成就更令人鼓舞的了。它比我个人写作上的价值大十倍。这是党和国家的事业，民族的声誉，为此而奉献是一个共产党员的天职，也是一个老记者战斗一生的心愿。

新华社的事业既然打开了突破口，那就只有勇往直前。

像溪水眷恋大海，雄鹰眷恋蓝天，穆青永远眷恋着他为之奋斗了半个世纪的无产阶级新闻事业，眷恋着新华社，眷恋着他的同志们。那是一种虽九死而不悔的忠诚。

1991年冬，以深圳经济特区为代表的沿海开放地区遭遇姓“社”还是姓“资”的怀疑，改革面临着新的严峻挑战。穆青又一次坐不住了。他飞到广东，与分社记者胡国华、王志刚一起沿珠江三角洲采风，以亲眼目睹的改革景象写下长篇通讯《风帆起珠江》。

穆青这一辈子似乎总是在与风险较量，这一次，他依然没有逃脱。他在发稿当天的日记中记道：

> 《风帆起珠江》一稿送给瑞环同志看后，今天退了回来，他没有改动，只批了一个字“好”。为了避免和中央领导同志春节活动挤版面，我们今天就发了，可以预计除经济日报和经济参考报外，其他报纸不会刊登。因为这是冒风险的事。正因为如此，我考虑再三还是署了名。反正我已是快划句号的人了。为中国的改革开放鸣锣开道，问心无愧。

情况未出穆青所料，稿子播发后，中央绝大部分报纸都没有刊用，惟有《经济日报》的总编辑范敬宜一眼识中，在一版显著位置全文刊登。直到1992年3月，邓小平南巡讲话传出，穆青他们这篇文章才又被一些报纸重新刊出。

不过，让穆青好气又好笑的是，因为《风帆起珠江》与邓小平南巡讲话精神完全一致，时间又相隔不远，香港有一家报纸竟无端揣测穆青是事先得到风声，先行一步而“投机”。

穆青曾在1993年1月30日的日记中回忆道：

今天是一月三十日，去年今日我发表了《风帆起珠江》一文，至今恰恰一年，一年来，改革开放的大潮汹涌澎湃，我们的国家变化多大啊！

关于这篇报道，我还想追记几句话。

一九九一年由于苏联的解体，国内一些人大反和平演变。经济建设为中心以及改革开放这一基本点在舆论上都很少宣传，许多人担忧形势是否会变，党的基本路线还要不要全面执行？在此情况下，我早就想到广东采访一下改革开放的成就，呼吁一下不搞经济建设、不发展经济中国没有前途。但因那时新华社本身处境艰难，我很难成行。直到秋后，我请示瑞环同志，他说：你应该去，应该写。我才在十二月前往。在广东我走了十三个县市，许多基层同志也向我讲了心里话，最后写出了《风帆起珠江》。开始有些好心的同志看后劝我不要署自己的名字。我考虑再三，还是署上了。事后，香港和台湾报纸纷纷谣传，说我得了小平同志南巡讲话风气之先，为了投机，便在记者写的稿子上把自己的名字写在前面，因而骂我行为卑劣。我看后一面感到气愤，一面又觉得好笑。天下竟有如此颠倒黑白、以小人之心度君子之腹的事。其实，我们采写此稿时，根本不知道小平同志要去南巡，更没有想到他会发表如此震撼世界的讲话。如果当时我们了解这一情况，我们的文章就会写得更鲜明，更大胆，更精彩！现在回过头来看《风帆起珠江》虽然大思路符合小平同志的思想，但缺乏小平同志那种高瞻远瞩的气概，更缺乏他的深刻性和创造性。最明显的两点是，我们没有涉及有争议的特区政策，也没有勇气提出反“左”的问题。这就使这篇文章大大失色。但也恰恰证明香港舆论所传的毫无根据。

这篇文章发表时，许多报纸没有刊登，等到小平同志讲话传达后才纷纷补登。一年后再回头看这篇东西，虽有许多不足之处，但总反映了当时我们的政治态度。

《风帆起珠江》是穆青在工作岗位上的最后一篇作品。

花开花落，时间像一个悄无声息的行者。不知从哪一天起，新华社的人们注意到，叫了几十年的“穆老头儿”真的是老头儿了。他脸上的皱纹一天天加深，不多的头发已经全白，背也驼得厉害了。每天早晨8点，他准时从家里走向办公室，当走到办公区的岗哨前时，他会停下步子，掀起衣服的一角，认真地把拴在腰带上的出入证亮给哨兵查看。这是他自己想出来的一个好办法，因为有一次他换衣服，出入证没带出来，被哨兵挡住，这事让他惭愧了好几天。

他最常穿的衣服是那两件灰色和象牙色的夹克，经年日久已经洗得发白。

我这个人一辈子不讲究穿戴，从小就怕穿新衣服，经常给人的印象像个老农民、“土老帽”，从不招摇过市。为了怕换新衣服，甚至怕参加一些外事活动。现在老了，更不愿修饰了，还是以朴求真好。

这是他在日记里说给自己的。

他走路的姿势倒是没有什么改变，依然微低着头，两眼盯着前方，步子总是迈得很快，那是当过兵的人特有的一种神态。遇到熟识的人，他会微笑地点点头，碰到有谁“老头儿”长“老头儿”短地给他开个玩笑，他会安详地听着，眼里满是暖意。

这是1992年。元旦这一天，穆青在日记里写道：

历史又翻过了一页，今天是九二年元旦，我已进入七十一岁的古稀之年的行列了。

……

晚上看电视台新闻联播，中央领导人出席全国政协元旦茶话会，党内外人士欢聚一堂，一片祥和欢乐气氛，为历年所少见。但愿新的一年国家稳定，经济发展，政通人和，抓紧时机把我们的国家建设好，则人民幸甚。

“老头儿”带着他对国家和人民深情的祝福，走到了他从1942年延安清凉山起步历时50年的新闻事业的尾声。风风雨雨、沟沟坎坎，他始终目标坚定如一地走过来。

一个人独处的时候，他常有止不住的回忆：晋西北战场，延安窑洞，向东北挺进的风雪路上，“大跃进”的迷乱……这一个个年代久远的日子，似乎就发生在昨天。他该怎样给自己的事业做个总结，就像他这一辈子档案袋里装得一份份鉴定一样。他没想好。他不愿意像做鉴定一样给自己下一个结论，生命中有太多的东西不是用几句结论所能包含的。

2003年5月，距离他告别人世只有不到5个月的时间，当一个晚辈的记者出于好奇，又一次触动了他记忆的闸门时，他最终用这样一句话勾画了自己的一生：

我们这一代人不容易，我是紧跑慢跑，摔了跟头，爬起来再跑，总算跑到终点了！

第九章 土地的儿子

穆青把根扎在最厚的土层里，所以他有最肥沃的养分，他的作品也能代表最大多数的人。他能用最底层的事感动最高层的人。他有我们许多记者都不曾享受到的幸福。

无以释怀

1992 年 12 月 24 日，穆青在日记中写下：

我不再担任新华社社长的职务，由郭超人同志接任的消息在一九九二年十二月十五日发表了。从此我离开了三十多年新华社的领导岗位，无官一身轻了。但我作为新华社的一员，我曾毕生从事的新华社的事业仍将继续……

从一九四二年我到清凉山《解放日报》开始，到一九九二年退出第一线，我在新闻岗位上整整奋斗了五十年。这其中有欢乐也有痛苦，甜酸苦辣的滋味我都尝过了。但从总体上说，我还算在同行同辈中是幸运的，五十年的新闻生涯，终于有一个圆圆的句号，它是值得珍重的。

从这一天起，72 岁的穆青卸下了肩膀上的工作。他体验到一种从未有过的轻松。

那一日的早晨，他照例六点半起床，盥洗完毕，沏上一杯浓茶，补记完前一天的日记后，吃早饭，然后迈着如常的步伐向新闻大厦走去。

从五楼搬到六楼，换了一个办公室，开始了新的生活。

新搬的办公室东南两面开窗，光线极好，冬天太阳始终不离桌面，真让人心情开朗，精神振奋。我一向喜欢阳光，怕冷不怕热，有了这间洒满阳光的工作间，不管读书写作都会带劲的。（一九九三年一月二十八日日记）

这一天，除了中午回家吃饭休息外，穆青在新的办公室依旧呆了整整一天。

傍晚，他走进家中的院子，猛然间发现，院子里的那棵大榆树已经长得有五六层楼房高了。他记起，小时候家中院子里也有这样一棵大榆树，每年开花季节，院子里就像撑起一杆大花伞。大人曾告诉他，树就像人一样，越老藏的故事越多。这让他生出各种遐想，常常一个人望着大榆树发呆。眼下，他不用再遐想了，他自己就像一棵大榆树一样，饱览世事沧桑。

他可以安享余下的人生了，或许不能叫安享，而应该叫弥补，那是多年来让他一直感觉愧歉的，这一刻它们就像排着队似的闯到了他的心里。

他想到了母亲，那位一辈子叫着他“乖乖”的老人。

记忆中，他每一次回河南看望母亲，老人家总是早早扒着窗户向外望着，一望见他的身影，便会颤巍巍迎出门外，拉着他的手，一边流泪一边“乖乖”、“乖乖”的叫个不停。在家一二日的小住，母亲必是不顾高龄，亲自下厨，为他做一锅他从小最爱吃的甜面汤，或者是一盘炒鸡片，而且一定要看着他一口一口地吃下，才心满意足。这是母亲最幸福的时刻。想想当年儿子离家投奔八路军时才多大丁点个人，可转眼……母亲常常乐极生悲，叭嗒、叭嗒掉眼泪。

穆青把这样的时刻都珍藏在了他的日记中。

大半天都和母亲在一起谈话。母亲说，你现在坐在我的身边，我觉得好像仍在做梦一样。多少年我都想着这一天，但盼到头来仍然像是做梦。说着说着又难过起来……后来姐妹把话岔开，她又兴致勃勃地说起我小时候的事来，说我小时候，一怕上学，二怕穿新衣服，三怕剃头，因为理发员是一个歪嘴子，我一见就哭。高敬明抱着我上学，我把人家的肩膀都咬烂了。看来母亲还把他63岁的儿子仍然当做小孩子看待。这大致又是老年人的感情，从中倒是真正体会出天伦之乐。（一九八四年七月二日）

1989年1月，穆青结束在河南的采访回北京前，老母亲依依不舍。

晚上回京时，母亲一直拉着我的手依依不舍。我说：妈，我走了，你不要哭。她说不哭，但止不住眼泪直流。直到我上了车，她还站在楼上窗口前望着我……（1984 年 7 月 5 日）

穆青常念叨一句话：忠孝不能两全。每一次与母亲短暂的相聚之后，留给她老人家的便是长久的思念。他对母亲有着深深的内疚。

内疚的穆青，惟有以物寄情。他常常托人给母亲捎去一些鸡蛋、面包、黄油、茶叶等营养品。1988 年，母亲 94 岁大寿，他特意把他与续磊和孩子们在北京家中为母亲祝寿的欢乐场面录了一盘磁带，送给母亲。老家来信说，放录像时，母亲“扒在电视机前，深情地望着出现的每一个亲人和每一个场面，时而含泪凝望，时而破涕为笑……”读到这里，穆青流泪了。

他想到了妻子续磊，那位命中注定围着他转了一辈子的人。

他曾对孩子们说，他这辈子最对不起的就是他们的母亲。这位年轻时多才多艺、写过不少优秀新闻作品的女记者，在与他共同生活的年月里，先是“文革”期间受牵连，饱受精神折磨；“文革”结束后，又因体弱多病提前离休。他一天到晚忙工作，家里大大小小的事全靠妻子一人操持。直到离休，她只是新华社一个普通的记者编辑。他知道，她是为他作了牺牲的。

1984 年 1 月 3 日，穆青去医院看望生病的妻子后，在当天的日记中写道：

回来后曾经去医院看续磊，病情无变化，但烦躁情绪日渐好转，看得出她见到我有点动感情，眼睛噙着泪水，似乎想让我多陪她一会儿。可怜的夫人，一辈子被疾病缠绕，聪明才智始终难以发挥，虽然心比天高，但力不从心，奈何！从我们一九四八年结婚以后，我一心扑在工作上，家庭重担及一切生活琐事全压在她一人身上，几十年来除去年曾同我一起去庐山休假半月外，从来没有跟我一起外出过，平常连一件像样的衣服都没有。没有她的牺牲，哪有我的成就可言……但愿她赶快好起来，老夫老妻互相搀扶安度一个愉快的晚年，也多少弥补我对她的关心和照顾的不足。

穆青和夫人续磊在山东。

穆青终究是心有余而力不足，依旧没白没黑地忙碌着。他忘不了，那一年续磊因肠梗阻住院手术，手术当天晚上 10 点多，他突然接到医院打来的紧急电话。当他赶到妻子的身边时，看到她发着高烧，神志不清，脸色苍白无血……他从没像这一刻感到如此痛苦。他在孩子们面前失声痛哭，一遍又一遍地念叨：“我们这个家，不能没有她啊！”

他想到了儿孙们，那一群给他带来天伦之乐的孩子。

他从不回避自己是一个不合格的父亲，四个儿子从小到大，他很少有时间去操心他们的事。这倒从另一个方面早早成就了他们独立生活的能力，下乡、当兵、求学、工作，每一个孩子都与千千万万普通人家的孩子一样，各自走着自己平凡而又艰辛的路。每每念及这些，穆青便为孩子们而自豪。他曾在一篇日记中写道：

今天《经济日报》一版登了毛弟一篇文章，《中国记者》第十二期封面照片，大东也在其内。作为父亲对儿子们已成长起来心里当然高兴，拿回来给续磊看，她也和我同感。做父母的希望孩子有出息是天下父母心的常理，但愿他们将来能有所作为。

穆青的自豪中也有内疚。就说三儿子穆晓枫，他 1983 年从北大国际政治系毕业，曾担任过学生会副主席，学业优异，毕业后被分配到新华社工作。但是穆青严格履行中央关于干部家属的回避制规定，硬是请副社长郭超人以组织的名义找晓枫谈话，把他“请”出了新华社。后来晓枫发奋考入美国波士顿大学，边打工，边学习。

读晓枫的来信，思子之情油然而生，续磊更甚。孩子已是三个春节未在家过了，远在异国他乡也混不出什么名堂来。他本来是一个有用之材，但由于有我这样一个高干父亲，诸多限制，诸多影响，既不能在新华社工作，又受社会上对高干子弟成见的影响，连个适当的工作岗位都得不到，别说展其所长了。至今孤身在外，进退两难，想起来，我这个做父亲的怎能心安！

这是穆青 1991 年 3 月 6 日接到晓枫来信时，在日记中透露出的怜子之情。

他心中的慰藉更多的来自于他的孙辈。大孙子泡泡喜欢读书，二孙女春春喜欢画画，小孙子毛毛喜欢玩电动小汽车。这些常常亲着他的脸叫“爷爷”的小家伙，似乎寄托了他更多的期望。

泡泡 16 岁生日那天，他在日记里写道：

穆青与小孙子毛毛在一起。

> 十六岁是少年逐步向青年成长的过渡期。泡泡身高已超过爷爷爸爸和所有的叔叔，大概在一米七五左右，看来还得往上蹿。我记得我十六岁离家参军时还像个孩子，可没有他这么高。他二叔去云南插队时也是十六岁，看起来比他小得多，真是生活条件不同，发育就不一样。泡泡的十六岁可以说是在蜜水里泡大的，他真赶上了好时候，他两岁时赶上了十一届三中全会，开创了中国最好的时代。他上的小学、初中、高中都是北京最好的重点学校，家庭经济

情况也大为改善，基本上可以说他想得到的和应该得到的条件都有了，只要自己勤奋努力，他的前途真是无量的。好在这孩子天赋聪颖，也为人敦厚、开朗、热情，我对他寄托着无限的希望。正像我小时候我祖父对我寄予很大希望一样，几十年来，我没有辜负祖父的希望，我相信，再过几十年，泡泡也不会辜负我的希望的。

1991 年夏，穆青夫妇和长孙泡泡在内蒙古草原。

他还想到了他的五个兄弟姊妹，那些在这个世界上与他有着手足之情的人。特别是长他四岁情同慈母的大姐，是他最最牵挂的。

大姐一生命运多舛。青年时跟随丈夫王毅斋为抗日救国颠沛流离，没享受过一天好日子；中年时王毅斋被迫害致死，她受尽屈辱；到了老年，她惟一的儿子又不幸罹病身亡。

穆青曾在日记中痛苦地记下了大姐丧子的惨痛：

突闻外甥王虎患脑溢血去世，我简直被惊呆了！怎么也不会想到他刚满六十岁，平时身体那么好，竟会这样突然离去。据说老姐姐哭得死去活来，谁也劝慰不下。不巧这时三妹和三弟夫妇又不在郑州，续磊要我即刻赶往郑州看望大姐，以免再生意外。为此，我稍做准备，40 分钟后即同晓枫乘汽车沿京深高速公路赶往郑州。七个小时就到了。

大姐见到我更加悲痛。我自己也难忍哀痛握着姐姐的手痛哭一场。周围的亲友见此情景无不落泪。我悲痛的不仅仅是王虎的早逝，更伤心的是我这个年已八旬的老姐姐一生坎坷，暮年又遭不幸，如此巨大的打击，她如何承受得了！正像她哭诉的："人生最大的悲哀莫过于中年丧夫、老年丧子，怎么这两大不幸统统叫我碰上了呢?!"

王虎去世两天来，姐姐如呆如痴，两眼已经哭肿，泪水早已流尽，饭也不吃，觉也不睡，亲友们日夜陪伴着她，怎么劝也劝不过来。我来后，要小红侄女做了一碗面片，拿来一个包子，端在她的面前。我劝姐姐千万要保重身体，不吃饭不睡觉总是不行的。我说："现在我看着你吃点东西，你不吃，我就不走！"这样她才勉强把一碗面片吃完，包子吃了几口就吃不下去了。

第二天我又陪她大半天和一个晚上，同她一起吃的午饭和晚饭。谈话中姐姐告诉我，她最难过最发愁的是两件事情：一是王虎这孩子太可怜，从小跟着她颠沛流离，学也没上好，解放后参加空军本来有极好的前程，没想到 1957 年反右后受他爸爸的牵累被调出军队，下放到北大荒林区劳动，一呆就是十几年。好不容易等到“文革”后，落实政策回到河南，又被孩子多生活所累。这次就是因为他的妻子生病，他日夜伺候她，又为医疗费无着发急才引发脑溢血去世的。可怜他一生没有过过好日子，再困难也从不叫苦，从不求人，如今他早早走了，做母亲的实在觉得愧对孩子。二是他死后，撇下一大家子人，老婆病重，儿子媳妇都又下岗，以后生活该怎么办？可怜王先生一生救国救民，办学兴教，想不到儿孙竟落到如此地步……眼前的情况真是令人痛心。我一面安慰姐姐，一面想，王先生和王虎的遭遇的确是极左路线下知识分子被蒙冤迫害的典型事例。“文革”中王先生的惨死以及王虎坎坷的一生，其根源无不出于1957年反右派斗争。往事不堪回首，其惨痛影响又何止王先生一家……

我没有参加王虎的遗体告别仪式，我愿在我的脑海里永远留下他生前忠厚、健壮、总是那么乐呵呵的形象。为了帮助姐姐渡过这场难关，我给他留下一点钱，并让马林带封信去开封市委，找一找梁绪兴书记，看是否有办法为王虎的孩子找一份临时的工作，好让他能为母亲治病，为全家糊口……我一生从不为个人的私事或亲友的问题向组织上开口。但面对如此困难的情况，我又有什么办法呢？

他还想到了跟随他多年的秘书、司机等后勤人员，那些曾直接为他的工作提供服务的普通人。他对他们一直怀有家人的情感。他离休后的第一个生日就是和他们在一起过的，这一天他格外地快乐。

穆青兄弟姐妹六人在一起，从左至右：三妹穆亚君、二妹穆镜淑、大姐穆镜涵、穆青、二弟穆树人、三弟穆毅。

今天是我七十二岁生日，家中的君子兰盛开。续磊说这是吉兆，这么多美丽的君子都来为我祝贺寿辰，真是太好了。

因为我今天要去澳大利亚，昨晚在我身边工作的几个同志，特邀请我们全家在土耳其餐厅为我祝寿。又是生日蛋糕，又是长寿面，热闹了整整三个小时。这家餐厅的西餐和烧烤都不错，还有卡拉 OK，大家边吃边唱，情绪高得很。我这一生还没有这样过过生日，这是第一次。

本来我的生日社里的同志都不知道，就是从前年起李继承从我弟妹们那里知道了，才泄露给李春岚、高长富、靳平均和蒋新生，今天又多了一个徐默。好在这些人都长期在我身边工作，关系也比较亲密，他们说，今天所以如此，是因为我已退出了领导岗位。如果我还在岗位上，他们就不好这样表示了。

这些人都是在新华社我看着长大的。徐默是新华社公认的老黄牛、活档案；李春岚是个精明能干的管家人，新华社行政后勤工作的成绩是和他分不开的；靳平均是“文化大革命”中我在伙房劳动时与他相识，并结下了友谊；高长富淳朴忠厚，十多年做我的秘书对我帮助最大，关心最多；蒋新生为我开车十五年，兢兢业业从没有出现过任何事故。他们都是好同志，也都是我的亲密战友。他们对我的感情是真诚的，更是淳朴的。在我的工作成果中都有他们的一份辛劳，对此，我是感激的。（一九九三年二月二十六日日记）

他想的还有很多，老战友，老同学，老朋友……

这些日子，穆青第一次发现自己在这个世界上愧歉得如此之多。就像一个远行者，一直朝向心中的理想心无旁顾地跋涉着，当到了老的一天，猛然回头，才惊讶自己走过的路上竟有那么多被忽略了的东西。

内疚是无法摆脱的。但是，穆青并不后悔。因为他知道，他属于注定是要被诱惑的那一种人。就像大海诱惑着江河，蓝天诱惑着雄鹰，原野诱惑着骏马，革命的新闻事业一辈子都在诱惑着穆青。

甚至直到现在，他的内心深处依然有一种渴望，这渴望来源于他毕生都在追寻的一群人，他们是梁雷、赵占魁、焦裕禄、王进喜、吴吉昌、潘从正、孙钅、任羊成、阎建章、郑永和……

一天一天，穆青的心情不能平静。

这一晚，他阅读完米奇·阿尔博姆著的《相约星期二》后，在日记中大段大段地摘抄下书中那位老教授莫里·施瓦茨的话。

之后，他写道：

> 引出这些话，是可以看出这位美国老人临终前的感悟和情怀，说到底这是一个人生的意义和价值观的问题。像这样的价值取向在我国的历史上，不知道有多少先哲讨论过这个问题，我党老一代革命家更是把这一人生观、价值观发挥得淋漓尽致。我们这一代人就是在这一思想熏陶下成长起来的。一代又一代共产党人无不把无私奉献当做人生最崇高的价值，道德最完满的取向。别的不说，只我就所报道的十个共产党员，哪一个不是致力奉献的典范，哪个不是最富有同情心，热心为人民，并为人民的利益鞠躬尽瘁的人……
>
> 老实说，这个美国老人临终前感悟的人生真谛，正是我们东方文化思想的传统，只是近来西风日渐，我们一些年轻人崇尚西方的物质享受，从而把人生的意义和价值扭曲了。不搞清楚这个问题，我觉得也是不公平的。

这一天，饭后家人闲谈。几个孩子说起社会上官僚腐败问题，穆青很久没出声，最后十分激动地谈了自己的意见："不能让老百姓老跟着你骂人，这样于事无补。再说，那也不是民族精神的所在。"

穆青的心里感受到一种痛苦。50年前，他在炮火中对着马克思的画像举手宣誓的那一天，就认准了中国共产党是为人民的党。现在当看到自己的党有为人民不满意的地方，他觉得像是在刺自己的心……

1993年元旦，穆青做出计划：要把在他和他的战友们的笔下一直活着的那些人，结集成一本书，书名就叫《十个共产党员》。

他在日记中说：

> 这是一代共产党员的形象，是20世纪时代精神的表现，作为一个忠实反映时代精神的老记者，我有义不容辞的责任。

记者冯东书这样说："老头儿写'十个共产党员'，是一种痛苦，也是一种坚守。他这本书就是要告诉人们，共产党是这样的。这是他对党的一片心。一个人不能改变社会，但是他尽心了。"

"年轻不以年龄计算，应该以心灵。"一位诗人的话，正是年逾古稀的穆青所拥有的境界。

> 院里路旁的郁金香，不知什么时候已拱出地面。我原以为去年已把块根挖出，今年已无花可看了。谁知，它们还隐蔽在地下。看着这一排萌出的嫩芽，我心里真高兴啊！
>
> 我爱花，但不会侍弄花，过去也没有时间侍弄它。现在虽然退居二线，但仍不能把时间和精力用在这方面，特别是这两年我要下去跑，写东西，拍照……还是没福气享受园林之乐。但不管如何，看到这绿色的萌动，感觉到春天的信息，我也像过冬的植物一样，就要返青了。（一九九四年二月二十五日日记）

> 今天是我七十三岁的生日，由于时间过得太快，我对自己的年龄问题似乎有点麻木了。管它多少岁，只要能干活，不糊涂，我就照样做想做的和应该做的事。

对一个共产党员来说，岁月的更替，并没有太大的意义，用不着为此烦恼，更不能悲观、泄气。一个有事业心的人，任何时候都应该活得有滋有味。（一九九四年三月十七日日记）

作为一个记者，我一生中能写出十个共产党员的形象，虽然少些，但可能流传后世，也足以安慰了。（一九九四年五月五日日记）

穆青的晚年依然被诱惑了他一辈子的东西诱惑着。

涑水从心底流过

岁月匆匆。

那个时代，那些人物，像一阵浩荡的风，播扬过一种烈烈扬扬的生命意志，吹过去了，却让整个大地保留着对它的仰慕和记忆。焦裕禄、王进喜、吴吉昌、潘从正……这些伴随着共和国走过泥泞、贫穷、劫难、光荣；燃烧过几代人心灵的一群人，依然从不远的过去放射出灼目的光来，给这个日益物欲的世界传递着一种不泯的精神的光芒。

穆青为这种传递添薪加柴。

1996 年，中国共产党 75 岁生日的这一天，《十个共产党员》出版了。

为这本书作序的《人民日报》总编辑范敬宜，读着这摞“用共产党人血管里流出来的血写成的书稿”，十几个夜晚提笔无字。“开图别有沧桑感，只觉含毫咏不成”。

他从书里看到的不仅仅是十个共产党人，还有作者自己。

吴吉昌是穆青结交很早的一位种棉花的老农民。《为了周总理的嘱托》一发表，吴老汉捧着报纸哭了好几天，对儿子说：“老穆把自己的心掏出来了！”

1980 年，吴老汉到北京开科学大会，特意带了两棵足有半人高的结满棉桃的棉株，一棵送给邓颖超大姐，一棵送给了穆青。他对穆青说："俺就是个摆弄棉花的，棉花就是俺的命，啥时候你看见这些棉花了，啥时候就看见俺了。"

穆青在当天的日记中记道：

> 晚上吴吉昌来访，他是来开科协大会的。这老汉精神极好，他说他今年要实验青芽棉桃，然后取籽育苗，看是否能解决不落桃的难题。如果能够成功，总理的嘱托他就算完成了。为此，他要我为他呼吁不要让他参加过多的会议，他说："我已经七十多了，又没有文化，参加会议起不了啥作用，不如叫我专心种棉花，死了也好见总理。"我同意他的想法。一个事业心、责任心多强的老头啊！
>
> 他还风趣地告诉我，他那支在"文化大革命"中被打伤的左臂，现在已成了他的气象台，只要它一发麻发痛，他就知道要下雨了，赶紧拌料上肥；否则，就抓紧浇水，必定天旱。

又过了两年，吴吉昌从自己实验田里采出两斤长绒优质籽棉，让老伴弹得松松软软的，趁开会之便，千里迢迢带到北京送给穆青。

想到老人坐一天一夜火车还带着这么一大包棉花，穆青心疼地说："以后再来，千万不要带东西，路这么远多受累！再说北京哪里买不到棉花？"

老人摇摇头："俺知道北京有，可这棉花是俺自己试验田里种的，老伴特意弹的，绒长，暖和着哩！俺就是想让你絮个褥子，铺在身下一准暖和。你身子暖和了，俺心里就暖和了！"

1984 年 1 月 30 日，穆青接到吴吉昌的来信：

> 亲爱的老朋友，你给我的帮助我永远不会忘记，你对我的关心使我永远努力工作。可是近年来，我没有干出成绩，所以没有勇气给你写信，深感惭愧。不过请你放心，我不后退，不松劲，临死也要死在棉花地里。我已准备好，一九八四年把实验室好好搞一下，为取得新发现，我愿献出我的一切。老朋友，请你相信我，尽管没有文化，没有更多的科学知识，但我有一颗为党、为人民、为实现四化而奋斗的决心。只要有一口气在，我绝不躺在家里等死……

穆青把这封信摘录在他的日记中。他感叹："多么可爱的老汉！"

1985 年秋，76 岁的吴老汉带着老伴又一次来北京看望穆青。这一次为了让两位老人尝尝山村人稀罕的海味，穆青专门在新华社的海味餐厅请他们吃了一顿饭。哪想到，这顿饭竟给吴老汉闹下了笑话。

老汉回到村里，向人说起这顿稀罕饭，听的人想知道穆青究竟请他们吃了些啥稀罕物，可他啥也说不上来，只是向人比划着说，吃饭时腰里先系上一个白围裙。系白围裙干啥？听的人想不通，以为北京人请人吃饭还让人下厨房呢。后来才知道那是餐巾不是围裙，惹得大家好笑了一阵。有人追着问，究竟吃些啥？老人说："吃啥俺也记不清了，反正就是不让俺吃馍，没上馍……""啊……"听的人都感到奇怪。因为在当地，不吃馍就不叫吃饭。既然请人吃饭，为什么偏偏忘了上馍呢？老人十分认真地重复说："是没馍，穆社长请俺吃的饭是没吃馍呀！"

人们说，这也许是老汉一生中惟一一顿没吃馍的饭，所以他记得特别清楚。

1987 年，吴吉昌不幸患了前列腺癌。他给穆青发了一个电报，穆青立刻回电让他赶紧到北京的医院来看看。

吴老汉一生没兄没弟，他总有一种孤零零的感觉，虽然老伴孩子都对他好，可真碰上什么难事，还是觉得少个说话的主心骨。他没有想到，这个叫穆青的人，让他那么真实地体会到了兄弟的情感。这一天，老汉独自躲在屋里哭了。

吴吉昌来到北京，穆青让秘书高长富安排他住进北京肿瘤医院。这之后的日子，老人的病时时牵动着穆青的心。

他在 2 月 19 日的日记中记道：

吴吉昌患前列腺癌住在肿瘤医院已有一个礼拜了。今天我抽空去看他，见他精神还好，对自己的身体充满信心。他今年七十八岁了，由于身体素质好，虽老而抵抗力还强，据医生说，癌瘤并没有扩散，估计动了手术，问题不会大。他自己不大了解这种病的严重性，因此，思想上并没有负担，每天吃饭吃八两，睡眠也好。他的一个小儿子、一个女婿在医院日夜服侍他。他向我说起病情，主要是尿血不止，生病时根本排不出尿来，憋得昏了过去，幸亏当地有个部队医院给开了刀，插了一个导尿管，才救了他的命。他说，现在好了，住进了北京的大医院，守着人大和新华社这两棵大树，我就放心了。

谈话中，他还担心着他的棉花育种问题，一亩二分地的试验田还得他亲自侍弄，又怕在医院住久了耽误孩子们的工作和生产。问我三月能不能出院？我说可以，安慰他治病第一，其他事不要着急。他笑着说，时令不等人，总理交给的任务还没完成啊！

吴吉昌 2 月 25 日做手术那天，他又在日记中写道：

吴吉昌老汉今天早晨动了手术。据医院打来的电话说，手术很顺利，只用了一小时四十分钟就完成了，癌瘤没有扩散，医生说，再养半个月就可以出院了。这个老人又过了一次生死关，我真为他高兴。今年无论如何，我得抽几天时间到他家里去看一看，不能再让老人失望了。

眼看着到了3月下旬，吴吉昌有点儿待不住了。有一天他悄悄对来探望他的穆青说："躺在病床上，看着窗外的屋顶都像长着棉花一片白。俺一闭眼，就好像又回到俺的试验田里了。你是社长，能不能跟医院说说，让俺提早出院回家。"

"那可不行！你得好好住院治疗。"

"离种棉花还有20多天，俺回去今年还要搞一个大的棉花科研项目——青芽接桃。如果俺不出院回去，错过了种棉期，那实验就搞不成了。"

"不行！身体重要，棉花这事可以先放一放。"

"哎哟！别人不知道俺，怎么连你也不知道俺啦？俺这命就和棉花连着的呀！种不上棉花，完不成周总理交给俺的任务，俺还要这命干啥？"

穆青感动了。老汉提前出了院。

秋后，穆青收到吴老汉请人代写的一封信，说他身体已经康复，"青芽接桃"的实验也成功了，在他的试验田里，亩产皮棉达到224斤。这些好消息让穆青着实高兴了好几天。

1989年10月7日，穆青在《经济日报》上读到范敬宜的一篇文章，不禁又想起吴吉昌。他在日记里写道：

《经济日报》今天刊登了范敬宜的一篇通讯，写吴吉昌的一次谈话，其中讲到他自己的贫富观，讲得很好。

吴吉昌今年整整八十岁，前年得了前列腺癌，在北京开了刀，今年他来复查，一切正常。老汉每次到北京都来看我，今年还给我带来几穗老玉米和白薯。我送给他的一张照片，他随身带着，对我的深厚感情令人感动。

我想什么时候，一定到他家乡去看看。

1990年端午节前，穆青带着从朝鲜访问时带回来的一瓶人参酒和其他营养品，终于来到吴吉昌老人的家乡山西闻喜县涑阳村。

81岁的吴吉昌早早等在家门口，一见面，就拉着穆青的手半天不肯松。他像怕人听见似的小声说："人家都说想啥梦见啥，俺夜里做梦，梦见地里的棉花长得可神气哩，就等着你来看了。可不知为啥，一转眼都冻死了，急得俺直跺脚，棉花死了，俺还让你看啥呀？一伤心，眼泪哗哗流下来，梦也醒了。俺寻思，是不是老天爷给俺通个信儿，你忙得顾不上来了？"

穆青笑了："你看，梦一点儿也不灵，我不是来了？"

老人不住地点着头："俺心里盼着你早点儿来呢！"

在老人的屋里，一面墙上挂满了照片，有老人和周总理在一起的，有《为了周总理的嘱托》一文的剪报，还有他与穆青多次相聚的留影。另一面墙上挂着穆青去年送给他的两本挂历。老汉的老伴在一旁悄声说："孩儿他爹已经交代了，'俺老了，离走的日子不远了。俺走时，啥也不带，就把老穆送给俺的两本挂历放俺身上！'"

穆青觉得喉头发哽，心里热乎乎的。

吴老汉提起了那顿没有馍馍的"高级饭"，穆青听罢，忍不

吴吉昌在家庭午餐上向穆青敬酒。

穆青和吴吉昌夫妇在一起。

穆青参观吴吉昌的棉花试验田。

穆青在山西闻喜与植棉劳模吴吉昌在他家门前合影。

住笑了。他拉着老汉的手说："上次我没给你吃馍，这次你别给我吃馍，中不中？""那不中！"老汉说："俺早就让俺媳妇磨好了面，你还得多吃几个馍。"

穆青还不知道，老人为了留他吃顿饭，可是用尽了心思。

穆青来的前一天，老人就赶到县里，和记者住在一个房间里等。半夜，老人突然醒了，也可能他根本就没睡着。他叫醒了那位记者，心事重重地说："你说，你们穆社长那么忙，真会从北京到俺家来吗？"老人索性披衣起床，怔怔地坐在床沿上。沉默了一会儿，又说："俺想让穆社长在家里吃顿饭，你看中不中？"

记者说："当然可以。"

"可县里想把穆社长留在县里吃饭。俺家是比不上县里，可俺的青菜、麦子都是自己种的，吃着更香。穆社长打老远来了，不在俺家里吃顿饭，俺这辈子心里也不踏实啊！"说着，又从床沿站起来，好像自言自语："不中！明天俺得趁早赶回去，把菜洗得干干净净，把馍蒸得白白的。俺不回家看着他们干，不放心。俺想好了，明天，县里要是拉穆社长走，俺就叫娃儿把大门栓上，栓上大门，他就走不了啦！"

这顿午饭香得不得了。穆青吃了老汉自家园子里种的蔬菜，喝了玉米碴稀饭，还特意吃了一个大蒸馍。席间，老汉斟满一盅酒捧到穆青面前。穆青不会喝酒，他接过酒杯，一大口喝下，只觉得胸口像烧着一团火，连说"好辣！好辣！"老汉或许不知，这位情同兄弟的人，在任何官场间吃饭都是滴酒不沾的，眼前这杯酒他一饮而下，不知含了多少情意。

午饭后，县里的同志催促上路，老人高低不让。他拉着穆青的手说："俺要给你演一回俺山东老家的抬花轿哩。"说着，老人把白手巾往头上一裹，嘴里哼着抬花轿的小曲，当场扭起来。只见他左一脚、右一脚地扭着，额头上的汗水不断地滚落下来，浮肿的脸颊绷得紧紧的。蓦然，一阵隐痛浮上穆青的心，泪水夺眶而出。

就要分手了，汽车的马达已在轰鸣。老人再一次悄悄地拉起穆青的手悄悄地说："让俺再陪你走几步……"

他们手拉着手，朝向车头相反的方向默默地走去，50 米，100 米 …… 走过去又走回来。老人咬着穆青的耳朵说："俺就喜欢这样手拉手跟你走。"他眼睛里闪着泪光。

车开了。清清的涑水河发出清冽的响声从车窗外一路闪过，穆青久久不敢回头。他能感觉到，老人的目光一直在背后呆呆地望着……

1992 年 12 月 28 日，穆青接到噩耗，老人病逝。他在日记中痛苦地写道：

> 我正在病中刚刚退烧，听到这个消息，禁不住一阵悲痛，简直说不出话来……从一九七八年，我写《为了周总理的嘱托》以来，十多年间，我和吴吉昌老汉结下了深厚的友谊，几乎每年我们都有来往。一九九〇年我去闻喜他家探望他，写下了充满感情的《涑水情》，许多读过此文的人都为我和吴吉昌之间真挚的友情所感动。第二年，他有事又来北京看望我，我请他在新华社二十二楼吃了饭，还特地给他蒸了馍，弥补了他上次没有吃馍的遗憾。那次他在我家里坐了很长时间，对他的病情稳定仍抱有信心。临走时，我还送了他一顶皮帽子让他冬天戴上，不要老裹着个白毛巾了。他当时非常高兴，说这下他的头就有保护了，不怕再受凉了……没想到这一次一别竟成了终生的永诀。
>
> 电报说，一月三日要在闻喜为他开追悼会，我因在病中不能前往，只好请高长富代为前去参加。……
>
> 晚上，我又找出《为了周总理的嘱托》和《涑水

情》重读一遍，往事历历，老人的音容笑貌如在眼前……边读边落泪，有时眼前一片模糊，不得不摘下老花镜擦干泪水……

第二天，穆青请人代他为吴吉昌草拟了两幅挽联。晚上，他站立案头，笔端沉重如铅，每写几个字就满身大汗，52 个字，他写了 5 个钟点。

追悼会前一天，高长富带着穆青书写的这两幅挽联赶到闻喜。

一幅挽联上写道：

谋求老百姓的幸福沐雨栉风披星戴月一生艰辛从不谋私逐利

为了周总理的嘱托呕心沥血鞠躬尽瘁满腔心血付与棉树银花

另一幅写道：

廿载论交如兄如弟涑阳北京千里存知己

一朝诀别我痛我悲人间天上万古有余哀

这之后的日子里，穆青把一位雕塑家送给他的一尊吴吉昌的半身塑像，敬放在家中书房的案头。每当想念老汉时，他便点上一支烟，面对塑像，静静地坐上一会儿。虽然老汉已不能开口说话，但那条连绵无尽的涑水河的声响，就像老汉的话语，在他心底依稀流过……

永生的树

穆青从未给任何人写过悼词之类的文字。68岁这一年，他含泪为一个87岁的老人写下他生平惟一一篇墓碑碑文。这位老人就是河南宁陵县万庄村的农民、人称“老坚决”的植树模范潘从正。

他与潘从正的交往已是很多年的事了。

1965年，他去兰考采访焦裕禄的途中，在宁陵县万庄村第一次见到了这位种树的老人：瘦削的脸颊，一撮山羊胡子，两只眼睛笑起来总是眯着。老人从农业合作化起就迷上了种树治沙，1956年曾当选为河南省的农业劳模。“大跃进”那年，平地里刮起的“共产风”把他刚培育起来的林木一扫而光。老人没有气馁，离开村庄，找了块撂荒沙地，挖了个地窖子，把铺盖卷搬来，安营扎寨，创办了一个苗圃。穆青来到这里时看到，村头的万碧风口处，各种树木层层耸立，已是一片绿色的屏障。他一下子就喜欢上了这位老人。原本计划写完焦裕禄后便返回宁陵，可那场瞬间爆发的“革命”让他身不由己。14年的风雨隔绝，他把他珍藏在心底的深处。14年之后，他派记者找到老人，终究是把这颗尘封土埋的明珠挖了出来，写下那篇让无数人为之落泪的《一篇没有写完的报道》。他们从此成为至交。

1981年夏天，“老坚决”已经两年多没见到穆青了，他给穆青写了一封信，说想来看看他，扯扯话，也顺便看看北京城。

穆青立即回信："欢迎来家里做客。"

这年夏末秋初，"老坚决"穿着一身新衣服，背着一口袋自家种的花生，由他的二儿子潘富修陪同，第一次出远门，进了北京城。

那天，他们下火车找到新华社，传达室人员一看是两个乡下农民要找穆青，说什么也不让进门，只说是穆青开会去了。他们只好在门外蹲墙根等，直等到下班。这时，传达室又换了一轮班，新上岗的人员听说他们要找穆青已等了半天，便动了同情心，问："你们知道他家吗？"潘富修摇摇头。

"北门不远有个胡同，第一个门。"值班人员说。

潘富修找到胡同里那个门，按下门铃。门开了一条缝儿，露出保姆的半个脸，一看是陌生的外地人，随手就要关门，潘富修赶紧说："我是河南的，来看看穆青！"

这时从屋内传出穆青的声音："快，快，快让他进来！听口音就是老家来的。"穆青说着，已经迎了出来，一眼就认出了"老坚决"的老二潘富修，紧接着看到了后面的"老坚决"，他赶紧上前一步，扶住"老坚决"，连声说："又见面了！又见面了！"

穆青拉着老坚决的手，在客厅坐下，续磊忙着倒茶，一屋子欢声笑语。

穆青问老坚决："听说你被那只叫'臊胡子'的公羊抵伤了腰，现在怎样？"

"好多了。"老人拍着腰说。

"那'臊胡子'呢？"

"卖了。"

众人大笑。

晚饭，穆青请父子俩在家里吃了便饭。看看天色不早，他和续磊领他们来到新华社招待所。穆青对服务员说："这是我老家的亲人。"安排他们住下后，穆青又给他们买好饭票，巨细事情一一做了交代。

第二天早晨8点钟，穆青来到招待所，他安排司机开车带他们去参观中南海毛主席故居。

在这位乡下老汉眼里，中南海就是皇上住的地方。尽管“皇上”这个字眼在今天大多数中国人眼里已经失去了魅力，但在老汉看来，那依旧是个“神话”。一天参观下来，老人高兴得合不拢嘴，不住地唠叨：“能来这儿看看，我是托了穆青的福！”

随后几天，穆青又安排“老坚决”瞻仰了毛主席纪念堂，参观了人民大会堂，游览了天坛、故宫、长城等名胜古迹。“老坚决”还受到林业部部长罗玉川的接见。这个一辈子没有出过远门的老人，激动地半宿半宿睡不着觉。

有一天晚饭后，穆青同“老坚决”坐在家门前的小院里扯家常。穆青问老人在北京看得可好？他说：“好！好！想不到我这老头子，土埋半截啦，还有这么大的福气。过去，俺庄户人，人老几辈谁想着能到北京呀？这回儿俺就来啦！真像做梦一样……”

住了一阵子，“老坚决”想回去了。他对穆青说：“这阵子没雨，我心里总不踏实，光怕着地里的树苗渴着。”他依依不舍地告别穆青，回到家乡。

“老坚决”北京之行成了万庄村头条新闻。来看“老坚决”的人把苗圃那条小道挤得水泄不通。老人逢人就讲：“中南海看了，皇帝住的地方也看了，穆青让俺该看的都看了，这一辈子活得值，死了不亏了！”

穆青对这位大他19岁的老人越来越生出一种敬若父辈的情感，他常常惦念着他。1982年秋天，穆青去豫东采访，顺路又去了万庄村。

老人欢喜得很，拉着穆青进了他的苗圃，指着几棵樱桃树苗说：“这苗儿是专门给你培育的，两年了，都长得不中，今年这几棵最好。”

穆青心里一震。不禁想起两年前，他与老人聊天时曾随口说过一句“樱桃好吃树难栽”。当时老人接话说：“不对，樱桃好吃树好栽，工夫不到花不开，将来我给你栽上几棵试试。”这件事，他早已忘记了，没想到老人竟当成一件大事，默默地试种了好几年！

细想起来，老人已经不是第一次为他育苗了。早在 1965 年那一次采访“老坚决”时，老人就把自己正在培育的一种叫“金顶谢花酥”的梨树移出两棵送给他，让他带回北京去种。因路远不好带，他让人种在了郑州新华社河南分社的院子里，不久遇上“文化大革命”，两棵梨树也在这场浩劫中被毁掉了。

望着老人弯曲的腰背，穆青的心里有一种幸福与愧疚混杂的情感。这些年，报纸上常有文章写他如何关爱群众，偶有文字中透出的对群众一丝俯视的口气让他不舒服。他知道，他与这些普通人的情感是最真实的一种人与人之间的爱。让他惭愧的是，他所给予的比起他们给予他的只是林海一木。

1983 年春天，“老坚决”把他精心培育的两棵樱桃树苗，托村里一位上北京办事的乡亲给穆青捎去。老人仔细地为两棵树苗扎上一坨“原装土”，分别装在两只箩筐里，让那位乡亲用扁担挑上，千叮咛万嘱咐：“路上小心”，并给穆青捎了口信：“选个向阳的地方，趁季节赶紧种，只要种时浇足底水，一准能活！”

两棵饱含着一位老人对另一位老人深情厚谊的樱桃树，就这样千里迢迢到了北京，扎根在新华社的院子里，青枝绿叶地长起来。

我每次打它们面前经过，总禁不住要停下脚步望着它们，就好像看着老汉正弯着腰、仰着脸、微笑地站在我的面前一样。

（穆青《心上的树》）

1982年9月，穆青和潘从正在一起。

1985年冬的一天，“老坚决”正在洛阳林业学校上学的孙子园林突然跑到北京，急着要见穆青。穆青吓了一下跳，以为老汉出了什么事，劈头就问：“你爷爷奶奶可好！”

“好，爷爷身体可结实啦！”

穆青一听，放了心，问他：“那你有什么事要跑到北京来见我？”

“是俺爷要俺来的。”园林说。“我从洛阳毕业回去，我爷就逼着我到北京来，说他好几年没有见你了，想你啦，非要我来看看你啥样不可。”说着，他从包里拿出一包新花生米和一瓶香油。“花生是今年刚收下来的，俺爷让你尝尝新，香油也是村里小磨磨的，爷爷说北京买不着……”

穆青觉得心里有一股热流往上涌，眼睛一下子湿润了，嗓子里像堵着什么东西似的说不出话来。半晌才自言自语：“就为看看我值得跑一趟北京？”

“就是来看看你，真的没有别的事。”园林怕穆青不相信，大声重复道。

园林带着穆青一张放大的彩色照片回去了，那是他爷爷最想看到的。

园林的这次造访，再次勾起了穆青对老人的思念。正巧没过几天，他收到一篇写“老坚决”的稿子，很是激动，在当天的日记里写道：

> 宁陵县的通讯员给我寄来了一篇“老坚决”潘从正近况的稿子，他说老人今年已八十三岁了，但夫妻俩还住在苗圃里，为国家培育树苗。年纪大了，眼不好，腰又直不起来，他就整天跪在地上侍弄，一春一冬就磨坏好几条棉裤。他已有第四代重孙子，孙辈也不少，他都叫不出名字来。有一次，人们把他的一个小孙子叫到他

面前，问他这孩子是谁？他看来看去，说不认识。但他亲手培育的树苗，哪一棵他都熟悉。这听起来似乎不可理解，不能相信，但了解“老坚决”的人是不会怀疑的。关于他，我还要写一篇散文。我觉得他是中国老一代最淳朴的农民的典型，在他身上体现了中国人传统的美德。我对他是尊重的，也是很有感情的。

1986年3月，穆青终于又一次来到河南宁陵县万庄村“老坚决”潘从正的家。这一年穆青65岁，“老坚决”84岁。

一进林场，穆青就看见老人正在篱笆墙里弓着腰喂羊，他喊了一声：“老兄弟……”老坚决一看：“你不是北京的老穆吗！”说着，一头从篱笆墙里钻出来，两个老人的手紧紧地握在一起，足足五六分钟都没有松开。老人抹着泪说：“几天了，我就睡不着，盼着你来。跟做梦一样，没想着你还会从北京跑这么远到乡下来看俺！”

穆青仔细端详着老人，看到他又苍老了许多，腰也更弯了，心中不是滋味。他说：“我也想你呀！你被老公羊抵伤了腰后，落没落啥毛病？”

老汉摆摆手：“没有，没有，早就好利落了。”

穆青又说：“光景好了，您多注意保养，我祝你老两口活到100岁，到时候我来给你祝寿！”

老汉高兴地笑了，掰着手指头告诉穆青他每天三顿饭都吃些啥：“一天至少吃两三个鸡蛋，还喝一大碗麦乳精哩！”穆青问他吃肉不吃？他说：“不爱吃，人老了，牙口不中啦！”

潘家已是四世同堂，穆青的到来，让这个大家庭热闹得像开了锅。园林建议穆爷爷和他们全家合个影，穆青很是高兴。他坐在老两口中间，已是88岁的潘老太太说：“你这是第四回来俺家了，还能再来四回不？”

1986 年 3 月，穆青看望植树模范潘从正。

穆青与潘从正亲切交谈。

穆青说："要是我能活到您这么大岁数，还能再来四回！"

老太太张开没牙的大嘴，笑了，连说："那中，那中，那准能！"

初春的太阳暖融融的。穆青搀扶着"老坚决"一路说笑着向苗圃走去。他说："我比你小 19 岁，以后我每隔几年就来看你一回。"

"老坚决"说："请老兄弟放心，俺潘家老少不会辜负你一片好心！"

老人把穆青带进他在苗圃的新居，宽敞的堂屋里洒满了阳光，墙壁上挂着一面装满照片的镜框，穆青发现他托园林带回来的那张照片也端端正正地放在里面。老人告诉穆青："这苗圃才是我的家，我早就对儿孙们说了，这辈子我哪儿也不去，决心死在苗圃，埋在苗圃。死了，在坟内也要守着苗圃！"

这时园林走进来说："穆爷爷，你和我爷合栽一棵树，留个纪念吧！"

"这是个好主意！"穆青一边说一边起身往院子里走。

他们把树址选在老人房前的高坡上，选来一棵泡桐树苗，众人帮忙挖好树坑，园林扶着树苗，穆青和"老坚决"一起往树坑里填土。土填满了，俩人又围着树苗把土踩实，浇上足足的水。

初春的阳光下，年轻的泡桐像一根旗杆似的挺立着。望着这棵小树，穆青又闪现出他与老人交往的一幕幕：那两棵被毁的梨树，那两棵将要开花结果的樱桃树，还有眼前这棵泡桐……他想：20 多年来，我和老人的友谊都是通过这些绿色的树木沟通的，它们都是我心中永生的树啊！

他扭过头深情对园林说："这是一棵扎根在你爷爷和我心上的树。今后，这棵树就交给你了，希望你爱护它，浇灌它，让它枝繁叶茂，永远常绿！"

穆青搀扶着"老坚决"走向苗圃的深处。尽头，有一棵老柿树，枝繁叶茂。老人说："这棵柿树从没歇过，年年都挂果，跟人一样，不偷懒。人这一辈子也是一棵树，也要多结果子。"

穆青说："你就像这棵老柿树，一辈子只讲奉献，做人就得像这样。"

日头偏西，两位老人终于依依不舍，挥手告别。

老汉记住了穆青说过的"还要再来"的话，他开始修整从村头到苗圃那一条高低不平、一下雨就淹的坑洼路。他想着，要让穆青再来时，走得顺顺当当。

他从远处一袋一袋背来土，一铲一铲地垫。年纪大了，腿脚站不住了，他就趴在地上，一只手用铲子撑着地面，另一只手拖着装满泥土的口袋，一尺一尺地往前爬着垫。裤子磨烂了，膝盖磨出了血，他不吭一声。就这样不知垫了多少天，终于垫出了一条 50 米长，6 米宽的平坦路面。

穆青与潘从正同栽友谊树。

村里人看到，每到傍晚，老人就拄着一根棍子，在这条路上走啊走啊，一直走到村口，眼睛直直地盯着那条听人说是通向北京的公路，久久地站着……

1989 年 12 月 3 日，享年 87 岁的“老坚决”无疾而终。临走前的那几天里，他一遍又一遍对围在身边的儿孙们念叨着穆青。弥留之际，他连终身相伴的老伴都记不得了，口中却不住地呼唤着：“穆青……穆青……”

他留下的遗言是把重孙的名字改叫“冬青”，叫子子孙孙都要记住穆青！

儿孙们按照老人生前的愿望，在那棵他和穆青站着说过话的老柿树下挖了墓穴，埋葬了他。

获悉噩耗，穆青哭了。他给宁陵县发去唁电：

> 惊闻劳模潘从正去世，不胜哀痛，请代我向其家属致意。潘从正为人民植树造林操劳一生，为我国农民树起一代风范。他的形象将永远活在我的心中。
>
> 穆青
>
> 12 月 14 日

几天后，园林来到北京，找到穆青，说当地政府要为“老坚决”树碑，他想请穆爷爷为他的爷爷写个碑文。穆青回答：“我一定写！”

穆青约人一起起草碑文的内容，写了改，改了写，他竭力地要在每一句话每一个字中都融入对老人的深情。这时，河南分社社长赵德润到北京来，穆青问他：“碑是立式还是卧式？”他说：“还不太清楚。”

那天晚上，穆青砚好了墨，拿起毛笔，一笔一笔，直写到半夜……第二天，他交给赵德润两幅内容相同的碑文，一幅竖式，一幅横式。他说：“两手准备，这样就保险了。”望着两幅书写得整整齐齐的500多字的正楷碑文，赵德润眼圈红了。

一个细雨霏霏的日子，河南宁陵县万庄村苗圃里，3年前由两位相差19岁的老人合栽的那棵泡桐树下，一座青灰色墓碑静穆地竖立着。墓碑的上面刻着5个大字：潘从正墓碑。墓碑的另一面刻载着密密的碑文。碑文这样写道：

长眠在这里的是一位普通的农民，他名叫潘从正，人称“老坚决”。

他在世八十七年，却有半个世纪抛家离舍，同妻子住在沙荒地里培育苗圃植树造林。风沙曾掩埋过他，断粮几乎使他送命；病了，他不肯离开，老了，还趴在地上拖着土袋修了五十米坡路。

他千辛万苦栽培的苗圃和防护林，历经劫难，几起几落，但他并没有气馁。他说：“他毁，俺栽。他再毁，俺再栽。俺是为国家，为子孙后代！”

此处原先有一棵老柿树，年年都挂果，纵使压弯了腰也硬撑着。他常夸这老柿树不偷懒，说人生也是一棵树，也应该多结果。老柿树移栽到别处后，他对家人说：“我死了就埋在这里。”

如今，他的遗愿实现了。经他培育的绿苗已经绿满宁陵大地。四里长的防护林已经堵住了万碧风口，两千多亩风沙地已变成良田。他年复一年的把自己的岁月刻进了树木的年轮，用满头的白发换来大地的锦绣。你看，那高大的树干，是他坚实的身影；雪白的梨花，是他高洁的灵魂；绿色的风涛，是他爽朗的笑声；郁郁葱葱的林带，是他生命常青的丰碑……

他默默奉献的一生，是我国一代农民的风范，他为国家为人民缀网劳蛛的精神，将永远激励后人。

历史将会证明，他比我们更年轻。

那幅没有用得上的横式碑文，至今收藏在赵德润的家中，成为另一种不能忘却的纪念。

红旗渠之痛

穆青的三儿子穆晓枫“文革”期间曾无意中发现过父亲的一个秘密。有一天，他偶尔在父亲的抽屉里看到一个小本子，上面密密麻麻记满了人物和故事构思。一天，他听父亲说道，如果将来不干记者了，他就准备写一部长篇小说，书名叫《远离北京的地方》，这个地方就是河南林县的红旗渠。

小说最终没能写出来，可是这部小说背后真实的人物却让穆青牵挂了几十年。其中，一位叫任羊成的人，是他一直不曾放下的。

穆青第一次见到任羊成是 1966 年初，那时焦裕禄的稿子刚刚发出不久，在林县蹲点的华山给穆青写信让他来看看红旗渠，写写红旗渠的英雄们。

这年 4 月，穆青来到红旗渠采访。当时红旗渠总干渠的工程已基本竣工，他在这里听到了许多可歌可泣的故事。其中有一句顺口溜：“除险英雄任羊成，阎王殿里报了名。”听人介绍说，30 多岁的任羊成是工程除险队队长，腰里整天系着一根绳子，手拿撬棍，让别人把他从山顶送到悬崖绝壁之间，把那些被炮震松了的险石一块一块地除掉。他长年累月地在山崖间飞来荡去，腰部被绳子勒出一条条血痕，经常血肉模糊地粘在身上，连衣服也脱不下来……

穆青一心想看看这位英雄。当他在总干渠红英栈工地第一眼见到刚从空中排险下来的任羊成时，没有想到竟是一位又矮又瘦的农民。

他问：“你身上还有没有绳勒的伤痕？”

“还有。”任羊成脱下上衣，露出了一圈厚厚的老茧，像一条赤褐色的带子缠在腰际。

穆青用手轻轻地抚摸着那条伤痕，泪水在眼眶里打转。

“疼吧？”

“咋能不疼。”

“不那样干不行吗？”

“不中！有一次一块石头从山上滚下来，一下子砸死了好几个人。”

穆青没再说话，他为任羊成披上衣服，紧紧地握着他的手：“羊成，你受苦了！”一句未了，泪水落下。

任羊成也流泪了。他不是为自己流泪，他是为眼前这个为像他这样一个微不足道的农民流泪的人流泪。除了妻子，这是他在这个世上见到的第二个为他流泪的人，第一个为他流泪的是县委书记、红旗渠总指挥杨贵。杨贵也曾这样抚摸着他腰间的伤痕，落下泪来。任羊成想，杨贵是俺的书记，跟俺滚爬在一起，是一家人，可眼前这个从大老远的北京跑来的陌生人，咋地也为俺流泪呢？

他想弄个明白，便问：“你是谁？”

“我是北京来的记者，叫穆青。”

任羊成记住了这个名字。

接下来的几天，穆青还采访了红旗渠上的土专家路银、放炮英雄常根虎、钻洞能手王师存等人，以及那位叱咤风云的领军人物杨贵。

他带着十几本记得满满的笔记本回到北京，正准备写稿时，“文化大革命”爆发了。顷刻间，一切归于毁灭。他采访红旗渠的笔记本被全部查封。

30多年后，穆青写道：

> 我们报道红旗渠的计划也不得不被迫终止，这件事对于一个记者来说，无论是我还是华山，都是难平的创伤。

岁月流逝，人事茫茫，失去的终不可追。然而，任羊成腰间的那圈老茧在穆青的心里一直不曾消失，几乎成了他心头的一个结。

1990年夏天，《中国记者》第七期刊登了一篇《他爱那万顷麦浪》的文章，记述了穆青对当年采访红旗渠的回忆，其中提到了腰部有一圈老茧的任羊成。《安阳日报》的两个年轻记者高安宁和张遂旺读到这篇文章，有了冲动：一定要找到这位令一位老记者终生难忘的普通农民！

他们翻山越岭走了很远的路，在林县一个叫古城村的山坳子里见到了任羊成。这位当年名扬太行的劳模已是62岁的老人，两鬓斑白，黝黑瘦削的面颊刻满了皱纹。

"当年修红旗渠，您老是功臣啊！"记者说。

"过去的事，提它干啥？"他眼神淡漠。

"您记得那会儿有一个记者采访过您吗？"

任羊成依然有些漠然。

他不想提及往事，往事对于他来讲像一把插在心上的刀子，一动就疼。"文革"一开始，红旗渠被污为"黑旗渠"，修建红旗渠的人民功臣变成了"罪人"，县委书记、红旗渠的总指挥杨贵被打倒了，饱受摧残，几次死里逃生，后被周恩来总理保下来。但是及至80年代，在林县，一提红旗渠，就被指责为"杨贵流毒"。当年为修建红旗渠立下赫赫战功的任羊成和许多劳模都受到了不公正的待遇。更沉重的悲剧是，这种不公正他们至今都在承受。

“您还记得穆青吗？就是那个采访过您的记者?”两个年轻人似乎并不太清楚老人的心思，继续问。

任羊成似乎想起了什么，点点头。

“他现在是新华社社长。听说他采访您的手稿在十年动乱中遗失了，为这事他一直感到遗憾。他还没有忘掉您啊!”

任羊成的眼里泛起泪光，他终于记起那个曾为他流泪的人！心里一下软了。他用手抹了抹眼睛，对记者说：“谢谢他，老穆还记得我这个大老粗。你们要是日后能见到他，一定代我向他问好!”

这年冬天，两个记者来到北京，在新华社传达室试着给穆青打了一个电话，穆青刚一听到“任羊成”的名字，立刻说：“快上来！快上来!”两个年轻人走进穆青的办公室，递上了一张任羊成的黑白近照，穆青很长时间地凝视着照片，口里喃喃自语：“老了……老了……”

“他今年多大了?”

“62岁了。”

两个记者向穆青详尽叙说了任羊成从红旗渠回到家乡后，如何带领乡亲们打井寻水，后因财力不济而中断等各种情况。还讲述了任羊成至今住的是土坯房，睡的是土坯上架的一块木板，家里空荡荡的，一件像样的东西也没有，每年要上山开荒，种点谷子、红薯补充全家的口粮……

他们不停地讲着。不知什么时候，猛然间发现，穆青满眼都是泪水，手里夹着的一支烟静静地燃着，烟灰一节一节地跌落到地上……

许久，穆青长长地叹了一口气：“我没有想到他现在还这样苦！多好的老百姓呀，我们党正是靠了这样的人民，才有今天。

他们是我们民族的骄傲!”

他问:“任羊成打井遇到困难,当地的政府知道不知道?如果不知道,我给你们书记写封信,你们回去找他,向他详细做汇报。我们一定要支持任羊成打成这眼井!”

他接着说:“记得他腰部磨出一圈老茧,我怎么也忘不了。不知那老茧还有没有?有一次,他除险时砸掉了几颗牙,不知道补上了没有?唉,材料丢失了真可惜!我对不起他,我没有完成任务。你们年轻一代记者要完成这个任务!”

“我们怕写不好。”两位记者有些犹豫。

穆青摇摇头:“只要对人民有感情,能写好。吃水不忘挖井人啊!我们永远不要忘记人民。”

要告别了。两个记者请穆青在他们的采访本上留句话,他稍加思索,分别给两个年轻人各写了一句:“勿忘人民”;“为人民吐丝”。

接着,穆青打开抽屉,选了自己的一张以黄河为背景的照片。在照片的背面写道:“送给人民的功臣任羊成同志”,并签上自己的名字。他又一次叮嘱两位记者:“你们回去后,再去看看他。代我向他问好,多拍他的几张照片给我带来。记住,看看他腰部是不是还有那圈老茧?”

几天后,两位记者重访太行山上的古城村。

任羊成捧着穆青的照片,嚎啕大哭:“亲人啊,老穆,我又见到你了!正是你,用手摸着我腰里的老茧,挨着转了一圈,你掉泪我也掉泪。25 年了,俺永远忘不了你啊!亲人啊,老穆,咱们还能见上一面吗?”

1991 年 1 月 14 日上午,一个黑黑瘦瘦、一身山里人装束的农民走进北京新华社社长的办公室,早已等候的穆青快步迎上前去。

“羊成!”

“老穆!”

两双手紧紧地握在了一起。

穆青久久地端详着已过花甲之年的任羊成，好像要从这张沧桑的脸上寻找出当年的影子。他点着头说道：“瘦了，比我第一次见到你时瘦了。那时候你还是一个小伙子。”

“是啊，那时候我才31岁。”任羊成的泪水流了出来。

“不要难过，不要难过……”穆青劝着，却也流下泪来。

“牙补了?”

“安了四个假牙。”

“腰里还有老茧吗?”

“早就不显啦，全褪了。”

“听说在村里打井伤了脚，没落下毛病吧?”

“不碍事。”

“羊成啊，我还欠你一笔账哩?”

“你欠我啥?”

“我对不住你，没把你修建红旗渠的事迹写出来。”

任羊成的泪水再一次流出来。“老穆，冲你几十年不忘俺，俺到死都值啊!”

他把随身带来的半口袋绿豆和半口袋小米捧到穆青面前：“这是俺自己种的新粮，你尝尝。”

望着那两只打着补丁的口袋，穆青哽咽了。

回忆让时光倒流。他们说起了许多当年红旗渠的人和事。

中午时分，穆青拉着任羊成的手登上了新华社100多米高的新闻大厦顶层，他想让这位来自太行山的农民开开眼。穆青指着大街上来往如织看过去只有巴掌大小的车辆问道：

“羊成，你看这楼有没有你们林县的山高?”

“有。”

“现在我给你找条大绳，从这里荡下去，你还敢吗?”

“那咋不敢？敢！”任羊成的眼睛里又闪现出当年的神采。

“是啊，这22层楼还没有你当年修红旗渠在鹦鹉崖除险那段悬崖深呢！”穆青笑了。

他请任羊成在22楼餐厅用餐，席间，不断地给他夹菜。

几天后，任羊成要回去了。穆青特意买了一袋大米和一袋白面，送别老朋友。他说：“春节快到了，带回去吧，和红旗渠的老伙计一起，包顿饺子，表表我的心意。以后有机会，我一定再去林县看望你们！”

1991年1月，穆青见到了阔别25年的任羊成，格外高兴。

任羊成走了。

这次见面，让穆青有一种寻到失散亲人的感觉。他开始盘算着，什么时间一定得去趟红旗渠。这个想法，令他兴奋。没料到的是，一个多月之后，他的兴奋被河南安阳传来的消息化为大怒。他在日记中记道：

> 安阳市委宣传部部长来信说，我送给任羊成的一些米面，林县竟然有人不悦。我看后实在生气！这样一位修建红旗渠的特等劳模，生活有困难，粮食都不够吃，我帮助他一下有何不可？而他们身为林县的干部却不闻不问。别说像任羊成这样的人民功臣，就是普通群众难道能让他们挨饿受冻吗？真是岂有此理！
>
> 河南就坏在窝里斗上，此祸不止，实无希望。

红旗渠劳模们所遭受的不公正在穆青的心里压上了一块大石头，他无法摆脱这种沉重，因为这沉重来源于他不能放弃的爱。他更加急切地盼望见到他们。

1993 年初冬，穆青、冯健、周原再次赴河南采访，穆青把计划中的最后一站放在了林县。即将与红旗渠劳模们重逢的激动，使穆青那几天晚上要吃比平时多一倍的安定片才能入睡。

几天后，他们一行结束了豫东的采访，走到安阳。当天下午，天空突降大雪，从安阳通往林县的公路中断。

雪纷纷扬扬地下着，无尽无休。穆青愁眉不展，坐一会儿站起来，站起来又坐下。他意欲冒雪前往，但当地同志面对他们这一支年龄分别为 72 岁、68 岁和 65 岁的采访队伍，坚决不答应。

穆青等人被困安阳的消息当晚传到林县，任羊成等劳模踏着积雪奔走相告，他们合计："就是下刀子也要去见老穆"！

林县政府实在拗不过，只得给他们派出一辆吉普车。平时一个小时的路程，他们走了整整 3 个钟头。

任羊成等人的突然到来，使穆青喜出望外。他闻声迎到走廊，赶紧替任羊成拍打掉身上的雪花。羊成身后还跟着钻洞能手王师存、铁姑娘队队长郭秋英。久别重逢，几双手紧紧握在一起，千言万语一时竟不知说什么好。

宾馆服务员打开会议室，让大家围坐在会议桌旁。穆青四下望望，感到很别扭："这咋行？坐得离的这么远，跟开会的一样。走！"他拉着劳模们，一直走进他住的房间，在一张长沙发上，几个人你挨着我，我挨着你，挤坐在一起。

穆青的左手拉着任羊成，右手拉着王师存。他摸摸任羊成身上的衣服，心疼地说："咋穿这么薄，天冷啊！"

任羊成说："这绒衣是在北京杨贵送我的，看着薄，穿着暖和。"

他又摸着王师存的脚脖子说："咋这么瘦，是不是有病？"

王师存说："前年做了食道癌手术，恢复得还好。今天已是土拥着脖子了，想不到还能见到你。"说着说着就哭了。

穆青问起马有金、路银、常根虎和其他劳模的情况，郭秋英哽咽着告诉他："当年修建红旗渠的八个特等劳模，如今只剩下四个人了。"

穆青终于知道了曾经发生在红旗渠上悲惨的一幕。

修渠搞测量的土专家路银，"文革"时被诬蔑为"假专家"，惨遭批斗。有人逼他在攻击红旗渠是"黑渠"的大字报上签名，他宁死不签。当晚高血压病复发，临死前拍着憋得气鼓鼓的胸脯喊："冤枉呀！冤枉呀！"

红旗渠上叱咤风云的总指挥马有金遭遇更惨，有病不让住医院，一个人死在乡下阴冷的小屋里。

人称"放炮能手"的常根虎被取消党员资格。他身患重病没钱医治，弥留之际却从枕头下取出包了一层又一层的分分角角的10元钱，对郭秋英说："秋英，你还年轻，如果有一天平了反，你替我交党费……"

现在剩下的任羊成等四个特等劳模的荣誉也一直未被恢复。

安阳之行，穆青左手拉着任羊成，右手拉着王师存，谈到动情处，大家泪流不止。

郭秋英告诉穆青："清明节，俺到那几个兄弟的坟前烧了纸，把您的心意带去了。俺对他们说，穆社长送了白面，让咱们包顿饺子过年，他还惦记着咱们……"

"我也欠了他们的债，我没把他们写出来!"穆青冲口喊出，一语落地，人已泣不成声。

满屋子的人失声恸哭。

窗外的雪花依然密密地落着，寒风不时发出凄厉的呼啸。苍天似同泣同悲。

许久，穆青抹去眼泪。他对几位劳模说："红旗渠是咱中国人的骄傲，更是林县人民的骄傲。你们创造了惊天动地的业绩，为人民作出了巨大的贡献，是人民的功臣，是值得尊重的人。没有红旗渠，哪有林县的今天？人民是不会忘记你们的!"

安阳之行使得穆青的思绪很久难以平静，一种无法释怀的冲动折磨着他。不久，他从《安阳日报》上看到一张任羊成的照片，心里的冲动终于被引发。

> 张遂旺今天寄来一张《安阳日报》，上面刊登了任羊成以六十五岁的高龄又系绳下堑，在悬崖峭壁之间清除危石的照片，其矫健的身影仍和三十年前修建红旗渠一样。
>
> 看了这幅照片，我难抑内心的激动。任羊成这个瘦小老农民的形象，一下子又在我的心中高大起来了。壮哉羊成，英雄未老，红旗渠精神犹在，共产党人的一片丹心是永远不会衰老的……
>
> 我准备写一篇文章，把他三十多年前和现在两张下堑的照片一起登出来，让群众看看，这是怎样一个共产党员！（一九九四年一月八日日记）

一个月后，穆青写出那篇脍炙人口的《两张闪光的照片》。

接下来的日子里，穆青开始为任羊成等红旗渠的干部、劳模恢复名誉一事，四处奔走。

他多次指示新华社河南分社通过内参向中央反映。分社为此派出记者做了大量采访调查，发出多篇内参稿件。

同时，他和一些知情的老同志分别于 1998 年、1999 年两次联名上书党中央，反映红旗渠的历史冤案。他在 1999 年 1 月 5 日的日记中记道：

今天我同陶鲁笳、杨珏、李琦等同志一起写了一封给江泽民、胡锦涛的信，主要是为林县红旗渠劳模们平反的事。

一九七六年秋，林县由于杨贵的问题，把一大批当年跟随杨贵修建红旗渠的干部和劳模统统打成“杨贵帮派体系”，撤职的撤职，无职的开除党籍，当年最著名的特等劳模马有金、路银、常根虎都被迫害致死，活着的任羊成、郭秋英等至今仍含冤蒙屈。前几年我写了一篇任羊成的文章引起林县当权者的不满，直到前年江泽民去红旗渠视察，指明要接见任羊成，才不得不使他露面。去年秋天，我同杨贵一同去林县，许多劳模要见我们，林县还在阻挠，除任羊成外，别的人就是见了也不许见报，不许上屏幕。

最近中央电视台播放了红旗渠的故事片。中央和河南省都在号召发扬红旗渠精神，而当年修建红旗渠的干部和劳模还蒙受不白之冤，实在不可思议！

我上书中央，就是为了声张正气！

穆青（左二）、杨贵（右二）、任羊成（左一）、郭秋英（右一）在林县红旗渠青年洞。

1999年1月22日，穆青在日记中再一次记道：

河南大学出版社的马同志拿来一本写林县红旗渠的报告文学，想让我写个序。他说此书市委宣传部拟作为“五个一”的工程上报。我翻了一下目录，前半部分写红旗渠的修建，问题不大，后半部分写现在的成就，我就拿不准了。我问他了解不了解林县的情况，知道不知道原来跟随杨贵建红旗渠的一大批干部劳模，撤职的撤职，开除的开除，至今未能平反的事？他说不清楚。我给他讲了一些情况，最后说，此问题不解决，此序我不能写！

2002年6月，河南省委在林州市[①]举行红旗渠纪念馆开馆典礼，林州市新一届领导班子特地邀请穆青、杨贵前往参加。

让穆青感动不已的是，这片土地上的老百姓听说当年带领他们修建红旗渠的老书记杨贵回来了，便从四面八方如潮水般涌来。看望杨贵的人群走了一拨，又来一拨，等候的人排起了队，不少人的手上提着鸡蛋、白面馍、红枣……

开幕式上，河南省委副书记王全书讲话中说："红旗渠是我们中华民族的历史丰碑，古有都江堰；古有李冰，今有杨贵……"会场上顿时爆发出雷鸣般的掌声。

会后，任羊成、李改云、郭秋英和张买江等劳模来到穆青、杨贵的身边。穆青让李改云拉起裤腿，请在场的人看一看她那条当年为修建红旗渠被炸残的左腿。当像一根结满疤痕弯曲枯死的树根的腿呈现在众人面前时，一片欷歔。穆青对一旁的王全书悄悄地说："看看这些劳模为建设红旗渠做了多大的贡献和牺牲，而他们竟被某些人开除党籍，至今仍没有恢复……难道这是正常的吗？"

历史的遗案，常常是中国官场上的"忌讳"，道理明明白白的，却转着圈子，就是解决不了。

有人劝穆青，算啦，你不喝林县的水，不吃林县的饭，犯不上为几个劳模的事操心上火！

这话不合穆青的心思，情感上的事是不能用利害这个秤砣去做取舍的。他对劝他的人说："我就希望能在这一片土地上树立起一种正气，让为人民造福的人得到承认，受人尊重，扬眉吐气！让他们所代表的民族精神代代传下去！"

闻者动容。

---

① 林州市即原来的林县。

2002 年 9 月，任羊成、郭秋英、张买江、李改云四位当年红旗渠的特等劳模恢复名誉一事，终于在河南省委主要负责同志的一再催办下彻底解决。

消息传到林县，百姓奔走相告。

这一天，穆青第一次为红旗渠的劳模笑了。

太行有魂

太行山脚下，有一个叫辉县的地方。这里曾有过一任县委书记郑永和，他与焦裕禄同岁。穆青没见过焦裕禄，却与郑永和成为莫逆之交。不为别的，就为郑永和与焦裕禄一样，有一颗爱人民的心。

穆青最早听到郑永和的名字是上个世纪70年代初，他参加国务院一次讨论生产的会议时听有人反映，社会上流传一句话，“全国大乱，辉县大干”，说辉县县委书记为了发展生产，挖掉穷根，带领全体县委委员在一大片乱石滚滚的河滩上安营扎寨，改土造田。

这个消息在当时大批“唯生产力论”的政治气候下，令人震惊。穆青似乎找到了他盼望已久的目标。很快，他带着记者陆拂为、陈大斌匆匆赶往辉县。

那是1973年的冬天，雪漫太行，天寒地冻。在县委大院一间简陋的平房里，穆青第一次见到了郑永和。他50岁出头，中等个子，黑红脸膛，壮壮实实，一副山里农民的形象，如果不经介绍，谁也不会认为他就是县委第一书记。穆青一下子喜欢上了他。

他们围坐在火炉边长谈。郑永和介绍说：“辉县是一个穷山沟，三分平川七分山，解放20多年了，山区里还有群众缺吃少穿，有些地方连吃水都困难。乡亲们见到我不客气说，咱们卖柴禾在一起，打游击在一起，如今你们坐上了小汽车，俺们在山里没有路，连独轮车也推不上；没有饭吃，连水也喝不上。共产党只解放你们了？这话比扇我几个巴掌还难受呀！我们开常委会讨论，我流泪了，是惭愧的泪。我说，把官架子放下吧，年年作计划，年年是空话。空喊几年，还是人吃不饱，水喝不上。看看咱啥脚印？一年没经验，二年有教训，三年有水灾，四年有旱灾，五年上当了，六年受骗了，七年八年你还推给谁？你就光荣、正确、伟大了？只有苦干，不能苦熬。苦干有奔头，苦熬没有头……”

穆青听得热泪盈眶，这位太行山的汉子使他想起了焦裕禄。他抓着郑永和的手说：“你们在前面干着，我们新闻单位在后面支持你们！”

第二天一早，他们去了郑永和带领全县干部在乱石滩上造出万亩良田的洪州镇。站在一块高地上，穆青放眼望去，一边是一望无际的小麦，一边是红旗漫卷、炮声隆隆的工地。他对身边的陆拂为和陈大斌说：“你们就在这儿住下，一个月、两个月、三个月，甚至更长，与这里的干部群众同吃同劳动，深入采访，深入挖掘，一定要把辉县人民改天换地的英雄气概写出来！”

穆青走了，留下两个记者，也把他的心留在了这里。

半年之后，穆青再次来到辉县，只见陆拂为、陈大斌脸庞黝黑，满手老茧，他们学会了打钢钎，锻石头，跑遍了辉县的每一座山岭，积累了许许多多有关辉县人民战天斗地英雄事迹的素材，先后做了《大地生辉》《鸡冠峰上两代人》等系列报道。

穆青连夜听两个记者汇报，兴奋得不得了。第二天，他就和郑永和上了山。

这一次，他结识了日后让他痛断心肠的辉县拍石头公社党委书记孙钊。当时，孙钊正带领群众在山上担石造田，一身补丁，满身汗水，披着磨烂的垫肩，分不出是干部还是农民。

当夜，穆青、郑永和、孙钊爬上公社小院的一间平房的屋顶上聊天。公社没间像样的屋子，只有这里宽敞又凉快。他们的话题扯到当时全国正在批判的“唯生产力论”。郑永和说：“一把锄，三寸三，不打粮食光怨天，再批‘唯生产力论’，老百姓的苦日子到哪儿是个头？”孙钊说：“一颗诚心两只手，山上有土有石头，立下愚公移山志，重新安排郊东沟。”穆青听得如醉如痴，他认准孙钊也是个焦裕禄式的好干部。

他回去了，巍巍太行让他有了更多的思念。

他万万没有想到，第二年传来噩耗：孙钊病故。

1976 年的春天，穆青重上太行，来到当年的拍石头公社。郑永和向他讲述了孙钊去世时的情景。

1975 年冬季的一天，孙钊 4 点半起来出早工，天黑路滑，不小心从两丈多高的崖头失脚跌下，摔得浑身青紫，右手断了一根手指。他悄悄在当地找了个中医给他接上，医生嘱咐他一定要休息，可他一声不吭又上了工地。结果抬石头用力过猛，刚接上的手指脱开了。他再找医生接上，再上工地。就这样三断三接，一天下来，整个右胳臂都已经肿得老粗。第二天，直到吃早饭人们还没见他起床，进去一看，才发现他不知在夜里什么时候犯了心肌梗塞，已经悄悄去世了。床边仍旧放着 6 年来从没有离开过他的工具：一对铁锤和钢钎。

孙钊去世的消息惊痛了当地的百姓，乡亲们翻山越岭从四面八方跑来，要最后看一眼他们的孙书记。正在外乡的郑永和也星夜赶到。他轻轻地掀起被子，望着老战友安详的面容，泣不成声。当看到孙钊结满铜钱厚老茧的双手凝着乌紫的血迹，断指还在发炎，整个右手肿得老高，他再也压抑不住自己的感情，捧起孙钊的双手高高地举起来，向周围的干部群众大声说道：“大家看看，这是一双什么样的手！这是双劳动的手，坚强的手，为人民创造幸福的手，这就是一个共产党人的手……”

小屋里低沉的抽泣一下子像开了闸的洪水，哭号声响成一片……

高高的太行山耸立着连绵不断的山峰，每一座山峰都像一只巨手在穆青的眼前闪过。他坐在返回北京的车上，一路没有说一句话。

伤痛在穆青的心里整整埋了16年。16年后春节初五的晚上，他熬至半夜凌晨两点，写下了那篇声泪俱下的《难忘那双手》。

> 在我的心灵深处，这双手已成为共产党人热爱人民无私奉献的象征。无论走到哪里，也不管再过多少年，老孙钊的形象，他那双血迹斑斑、动人心魄的手，我永远也不会忘记！永远，永远！

穆青的身上仿佛有一种特定引力的情感磁场，凡是劳动人民，凡是一心为劳动人民谋幸福的干部，只要一靠近他这片磁场，他就会与他们心贴心。辉县狮豹头公社的党委书记吴金印，也是这样走进穆青的情感世界中的。

1997年3月，穆青再踏太行山，认识了吴金印。他听人说，这位公社书记当年带领群众在大山里凿洞引水，两年没下过工地。抡锤打洞时，满手结着紫血疱，移一步脚下就是一个血印子，炮一响顶着浓烟就往里冲。最终，大山让路，河流改道，几千亩乱石滩变成良田。当地老百姓把吴金印的名字刻上了万丈太行山。

这一天，穆青跟着郑永和和吴金印来到狮豹头昔日寸草不生人称“烂驴沟”的地方。只见崇山峻岭之间，一条蜿蜒几十里的水渠穿山而来，满山绿树，满沟绿苗，绿得让人心醉。七村八乡的老百姓不知怎么听说到吴金印书记来了，大人孩子都往这里赶，有的提着馍，有人拿着核桃，一位 83 岁的老人郭文祥拄着拐杖走了四里多山路，提来一篮子鸡蛋。吴金印被乡亲们团团围住。看着这情景的穆青，心里一阵阵发热。

2002 年 4 月，河南卫辉市狮头乡的群众煮熟鸡蛋送给穆青和吴金印（右一）。

再往前走，远远看见一座直插云霄的万仞山崖，山崖上刻着一面碑文，碑文里记载了当年吴金印带领群众战天斗地的累累业绩。立碑者是当地的老百姓。碑文旁边还刻着几句说明：当年山里人曾在路边立碑，被吴金印下令拆除；再立，又被吴金印派人拉走；最后乡亲们想了一个绝招，把碑刻在大山崖上，看你吴金印怎么办？

穆青站在这座山崖前，心里升腾出一种庄严神圣的感情，似乎这是他早已等待的一刻。他指着山碑对吴金印大声说道："这

2002 年 4 月，穆青与杨贵（右二）、郑永和（右一）、吴金印（左一）在山碑下合影。

碑不是给你吴金印立的，这是给共产党立的！这样的碑，立得越多越好！”

回到北京，穆青在日记里记道：

此行虽然疲劳，但收获甚丰。下面新事物毕竟不少，许昌、开封变化很大，可以写两三篇东西。信阳大别山区也不像我想像的那样贫穷。最令人激动的是在卫辉吴金印那里我同杨贵、郑永和以及吴金印的相聚。他们都是受群众爱戴的好干部，都是带领群众改造山河的闯将，都是埋头苦干、默默奉献的优秀共产党员。同他们在一起，我感到心情特别舒畅，既有共同感受又有共同言语，真可谓心心相印，思想和感情上都有所升华。

吴金印，过去郑永和曾向我推荐过两次，他也曾两次到辉县去看我，但毕竟时间仓促未能深谈。这次我来到他的住地，亲眼看到他领导群众修的水利、造的良田，看到群众在山冈上为他刻的记功碑，看到山里群众得知老乡党委书记吴金印的到来，纷纷拿着鸡蛋和红薯在路边等候的情景，我的心被深深地打动了。

我欣慰又交了一个可敬可爱的农民朋友。

太行山成了穆青的一个根据地，他几乎每隔两年都要去一次。每去一次，他的心里就多一份负债感。他在日记中说：

辉县和郑永和，七十年代我采访多次，因种种干扰我一直没能写出来，总觉得内疚。如今年届古稀，再不写将会是终身遗憾，这笔债就难以偿还了。

1993 年 11 月，穆青又一次来到辉县。已经退休的郑永和依然在为修建北干渠解决全县人民吃水浇地的问题操劳着。为了这条在他心上搁了几十年的渠，他终日奔波，顾不上重病的妻子，当老伴在医院去世时，他握着老伴冰凉的手嚎啕痛哭。

望着郑永和日渐苍老的面容，穆青不知该如何安慰他。他却对穆青说："老伴的去世，虽然对我打击很大，但更使我揪心的还是北干渠至今没有修起来，县里还有几万人吃不上水。我都70出头了，干不了多少年了，修不成北干渠，我死有遗憾，死难瞑目啊！"

穆青积蓄多年的情感在这一刻找到了喷发点，五个月后，他在北京的家中写下一万多字的《情系人民》。文中写道：

> 我钦佩他那股艰苦创业的干劲，更敬重他处处关心人民热爱人民的赤子之心。不管人世间经历多少风云变幻，在我的心目中，以他为代表的辉县一代共产党人带领群众创造的辉煌业绩，已经与那巍巍太行融为一体。

1999年春，穆青接到北干渠开工典礼的消息。78岁高龄的他与记者陈大斌从北京乘汽车星夜兼程，第八次赶往辉县，他要来分享山区人民和老朋友郑永和的欢乐。

> 这件事情的确使我高兴。几十年郑永和梦寐以求的就是修建北干渠，他见人就说，有空就琢磨，一张地图，一个放大镜，全身心都扑在了北干渠上。他多次对我说，修不起北干渠，我愧对辉县人民，死也不能瞑目。如今好了，他的夙愿终于能够实现了。我怎么不为他高兴，怎能不去祝贺呢！（一九九九年三月三十一日日记）

开工典礼上，穆青说的一番烫人心窝的话，赢得了干部群众长时间的掌声："我来辉县已经七八次了，这次来很激动。激动的原因就是郑书记几十年挂心的北干渠开工了。这是辉县人民的一件大事情。它不仅仅是一个水利工程，它反映出我们当干部的对待人民群众的责任心问题，能否全心全意把群众放在心上的问题。只有群众都过上了幸福的生活，我们才不愧为真正的共产党人！”

回到北京，穆青与陈大斌写出了通讯《老书记与北干渠的故事》，记录了郑永和为修建北干渠所经历的艰难曲折。

稿子写完后，他让河南分社社长赵德润传给河南省委征求意见。很快，省委主要领导回复：同意发，并说看后很感动。没有想到，稿子要发前夕，赵德润又传来一个省委的批件，说因为北干渠工程中央未立项，要新华社暂不发表，等中央批下来再说。

穆青明白了，这只是一个“托词”，根源是“文革”余毒在辉县留下的后遗症：做事的人总是被不做事的人在暗地里下绊子。就像他在一篇日记中所写道的：

> 我们的党不是没有优秀的干部，但不断的政治运动伤害了不少好同志。杨贵、郑永和就身受其害。焦裕禄如果不死，“文革”这一关也不知是何下场。但群众的眼睛是雪亮的，凡是为群众做了好事的人，人民都不会忘记，我相信人民群众的评价是最公正的。

“走遍河南山和水，至今怀念三书记。”这句在中州百姓中广为流传的话，让穆青认定了这三书记——焦裕禄、杨贵、郑永和是真正的共产党人。

他让赵德润转告河南省委：他不同意他们的意见。理由一，稿子写的不是工程本身，而是写的郑永和的精神；理由二，北干渠开工的消息《人民日报》半个月前已经发表，不存在不宜公开报道的问题。

2002年4月，穆青与郑永和在北干渠的通水仪式上，热烈握手相庆。

最后，穆青决定：稿子立刻发出！

1999年6月28日，《人民日报》全文刊登了穆青和陈大斌的长篇通讯《老书记与北干渠的故事》，并配发评论员文章《“三讲”好教材》。

穆青在这一天的日记中写下：

党的生日前夕，树一个好党员，我没有错。

这篇通讯在全国特别是在河南引起轰动。《河南日报》一连登出7篇评论员文章，盛赞郑永和一心为人民做事的公仆精神。当地的群众拿着刊登这篇通讯的报纸奔走相告：“新华社的穆青不信邪，敢树正气！”郑永和流着泪说：“生我者父母，育我者共产党，知我者穆青。”他还说：“老百姓讲，‘拿起了白面馍，想起了郑永和’，这白面馍里，至少有老穆的一半！”

轰动效应并不到此为止。百姓盛赞的同时，有匿名告状信从辉县飞到北京，状告穆青“不讲政治”云云。匿名信寄到新华社，寄到中组部，甚至寄到中南海。

鲁迅先生讲过：“最高的轻蔑是连眼珠也不转过去”。穆青正是这样。他对来势汹汹的诬告，不屑一顾。因为他心里有底，这个底就是他在通讯的结尾处所写的：

一个共产党员，不在于你有没有职位或者有多高的职位，只要你心里装着人民，有一颗全心全意为人民服务的丹心，你就具有了感天动地的人格力量，你所干的事业就会成为千万人拥戴的事业。

如果说一个人在风和日丽时的爱，仅仅需要一种真情，那么当他遭遇暗礁、风浪、逆流之后，还能一如既往地爱，就非需要一种勇气不可。穆青对人民的爱正显示了这样的品质：坦荡，坚定，更见风骨！

太行山是不老的，老百姓给共产党人刻下的山碑令太行有魂。穆青的爱则是与太行之魂息息相通的了……

根

中原大地横贯东西，饱吮母亲黄河的乳汁。

据考古学研究，远在三千多年前的殷商时代，这片黄河灌溉的土地是一片温暖的沃土。在一块武丁时代的甲骨文上，记载着人们猎获一头大象，说明当时的中原一带是有象的。而今河南简称“豫”，“豫”字正是一个人手牵着一头大象的标志。

在这样一块古老的土地上生息繁衍的人们，都无可逃遁地烙着这块土地的印记。勤劳与勇敢、苦难与创伤、欢乐与梦想，都化为血，结为果，凝为一种禀性：坚韧、厚重、多情。

穆青就是这样一个味道十足的中原子孙。

他曾经说过：“我是中原的儿子，我的心和那片土地魂牵梦萦。”

几十年中，他一次又一次离开繁华的北京，驱车几百公里，来到这片土地上寻找他要找的东西。在这里，他哭，他笑，他恨，他爱。这片土地让他的生命有最激情的绽放。

豫东有一个小县叫扶沟。从 1982 年到 1997 年期间，穆青曾八次来到这里。八次的执著源于 40 年前的一次心痛。

1950 年，他南下途中看到这里是“一幅人间惨相”，他在痛苦中记住了它。30 年后，沧桑巨变。他又来到这里，看到的是“农民两只手捂不住一张嘴”的日月一去不复返了。丰收的农民，割上一块肉，摆在麦场里，面对北京祷告：“不敬天，不敬神，敬的是三中全会好精神。”昔日“吃红薯，住草棚，破衣烂衫打饥荒”的贫苦农民，现在过上了“院子里堆着瓦，门前拴着马，吃着八五面，穿着的确卡”的好日子。穆青强烈地感受到，“中原大地正经历着一场划时代的激变”。他说：“这使我深深受到鼓舞，受到教育，可以说，我已在感情上和他们千丝万缕地联在了一起。”

他开始不停地往这里跑。

在这里，他与周原写出一组《河南农村见闻》，振奋了中国的亿万农民。他们在文章中提出的“谁有远见谁养牛”的口号，被农民写在树上，写在墙上，写在家里的屋梁上。看到这个情形，穆青笑弯了腰，高叫着：“我成牛倌了！我成牛倌了！”

在这里，他与冯健、周原一个月行程两千多公里，走了22个县，写出了气势磅礴的《潮涌中洲》，以无比的豪迈告诉世人：“只要给人民群众一个创造权，人民群众就能创造出一片新天地。”

在这里，他还写出了激情奔涌的《三下扶沟》，以扶沟的沧桑巨变向世人宣告：“这是中原大地又一次历史性的大进军，也是我国农村现实生活中一幅最伟大最壮观的时代画卷。”

穆青最喜欢看这里夏季一望无际的麦浪。那一年，他与周口地委书记张文韵约定，麦收前给他打个电报，他要来看看。电报如期而发，他如约而至。

站在万顷金色的麦浪前，他陶醉了。

> 金色的麦浪，金色的果实，铺天盖地，滚滚起伏，似乎淹没了一切，仿佛整个世界都变成金灿灿的了。此时此刻，我忽然感到，世界上虽有各种各样的景色，但哪些能和眼前这平原麦浪的景色相比拟呢？

他掐下一株麦穗，放在手掌里搓一搓，然后送到嘴里慢慢地咬着……犹如一个幸福的农民。这种幸福在他的心里长久地回味着，他在一篇日记中追忆道：

> 我从前年开始和周口地委建立联系，两年多来他们不断给我写信寄材料，告诉我不少新情况，对我了解农村实际很有帮助。我前后两次去周口，虽然来去匆匆，但也建立了友谊，对这一地区的工作和发展一直放在心里。我忘不了那千里麦浪的壮观，忘不了那些担心因天气变化影响收成而吃不下饭睡不好觉整天守在电话旁的干部们，他们多像战争年代我们军队的各级指挥员啊！而最使我忘不了的还是我们的农民，农民的笑脸，农民的幽默，农民的心劲……

1990 年 6 月，穆青在河南扶沟的麦田里。

穆青在这里结交了许多热衷科技的农民朋友。那一年，他听县里介绍，拐王村有一个农民叫何长义，20 年坚持搞科研，成功地搞出了一年七种七收。他立刻乘车来到拐王村。当在试验田里看到一身汗、一手泥的何长义时，他快步走上前，一把握住何长义的手说："从今天起，我们就是老朋友了。以后，我每年来看你，也可书信来往，回去后再给你寄些科技书。"打这，他每次来扶沟，必定看望何长义和他的试验田。何长义也经常给他写信，扯扯试验田里的事。信的开篇总是称"穆青老朋友"。有人问这位农民："穆青那大官，你咋交得那么熟?"这位农民一脸自豪："老穆家常得很，就愿听俺庄稼地里的事，可亲着呢!"

高河套村的科技模范高喜也是穆青的老朋友，穆青称他"喜子"。他每次来到这位喜子的实验田里常常一转就是两小时。那年，他给喜子写下一幅字："心中有人民，黄土变黄金"。

1991 年 10 月，穆青在河南开封县地头与农民交谈。

穆青来这里就是回了家。上路，他不要当地政府的开道车，他说："那玩意在前面又叫有闪，老百姓还怎么敢接近你？"他总是坐着一辆吉普满地里跑，走到哪儿一竿子插到农民的田间地头，房舍家院；吃饭，他不要七个碟子八个碗，一碗热汤面、一个肉夹馍都是他的最爱。有一次，为了多看几个地方，路上跑了8个小时没吃饭，走到太康县板桥乡，陪同的人建议是不是下车找个饭店吃一顿。他挥挥手："不用，路边有烧饼，买上几个就中。"结果一车人边跑边啃烧饼。事后很久，他还常常提起："板桥的烧饼真香。"

穆青在这里留下了他的感情，也留下了他的一种品性。

他曾应邀为扶沟的上级机关周口市写下一副清朝年间郑板桥的诗句：

衙斋卧听萧萧竹，
疑是民间疾苦声。
些小吾曹州县吏，
一枝一叶总关情。

结果这幅字被复印成若干份，挂在了周口市及扶沟县每一位干部的办公室里。几次陪同穆青踏访扶沟的周口市委原秘书长马远征说："不仅仅因为诗文原有的内容，更因为书写者穆青以他自己的言行，赋予了这首诗更深的意境。看到这首诗，我们就会体会到一个老共产党员对人民群众那种发自灵魂深处的爱！"

1997年10月，穆青第8次来到扶沟时，扶沟人民打出一幅横联——"欢迎扶沟人民的老朋友穆青"。

扶沟仅仅只是穆青情感世界的一个折射点。他对故乡和人民的赤子之爱，洒尽中原大地的每一处山水。几十年间，他曾两上红旗渠，四访宁陵，七回兰考，八下扶沟，九进辉县。

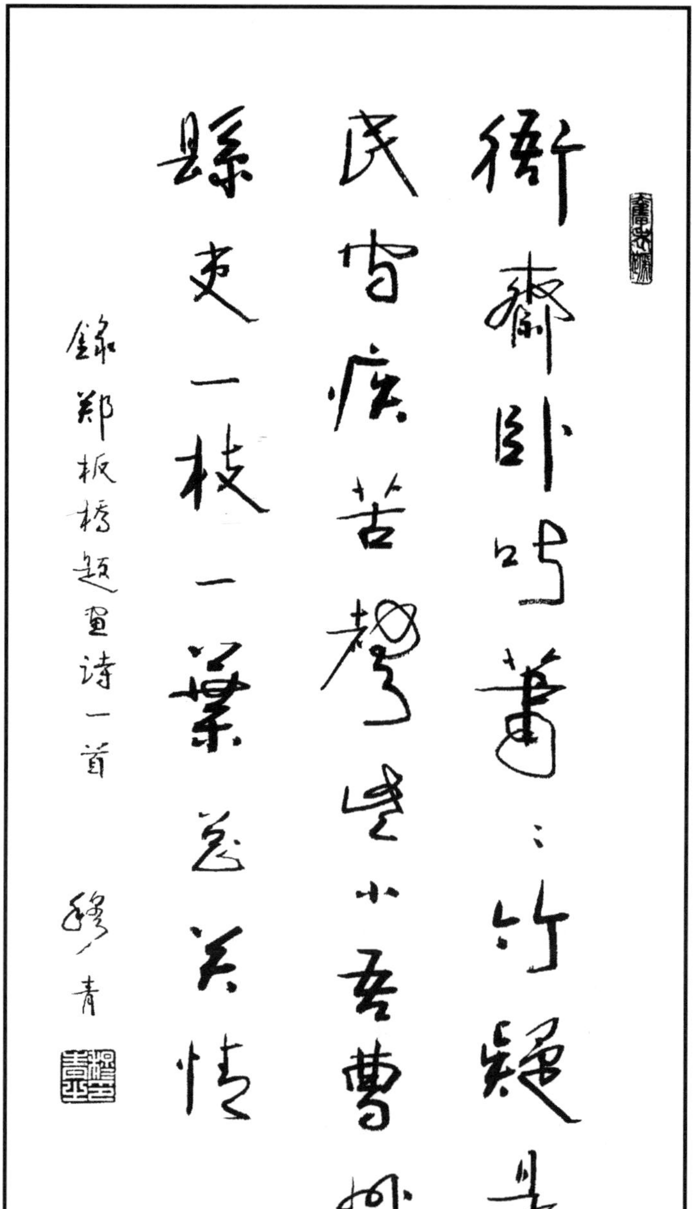
衙齋臥聽蕭蕭竹疑是
民間疾苦聲些小吾曹州
縣吏一枝一葉總關情
錄鄭板橋題畫詩一首
穆青

我每隔一阵子一定要到乡下去走一趟，和老乡们一块生活一阵子。他们从不把我当成什么大官，什么话都跟我说。（日记）

正是在家乡的土地上，穆青对人民的喜悦、痛苦、期望保持了最敏锐的感受力。

进入 20 世纪 90 年代，穆青注意到一个现象，已经去世二十年的焦裕禄又不断地在报刊、书籍等各种媒介上出现，《经济日报》甚至应读者要求，率先全文重新刊登了当年的长篇通讯《县委书记的榜样——焦裕禄》。

这意味着什么？穆青的脑子里有了问号。

1990 年清明刚过，穆青约上他多年的老搭档冯健、周原又一次回到了他们共同的故乡河南。他们行程的最后一站是兰考。在这里，穆青终于看到了令他震动的东西。

当年，焦裕禄曾经雪夜探访的张晴老大娘，在这个清明节让人拉着架子车专程送她到焦裕禄的坟前，给这个自称是她“儿子”的书记烧了一堆“纸钱”，流着泪说：“如今俺富了，老焦您有钱花吗？”

也是这个清明节，一个又一个农村妇女，从家里带来新蒸的馒头，摆在焦裕禄墓前，哭着喊着，要他们的焦书记走出墓来尝一尝。

堌阳乡刁楼村 70 多岁的老农民马全修，患有关节炎，走路靠双拐。这个清明节，他披着老羊皮，艰难地走了十几里路来到焦裕禄的墓前，深深地鞠了三个躬，对陵园的工作人员说：“老焦是万里挑一的好人呀！我怕活不久了，趁还能走动，赶来看看他。说不定啥时候死了，想来也来不了啦！”

还是这个清明节，来自民权县的一位老农民，在焦裕禄陵园的松林里一个人默默地转着。工作人员问他来干什么，他说来看

1990年，穆青、冯健、周原向焦裕禄墓敬献花圈。

1990年，穆青、冯健、周原在兰考焦裕禄办公室原址附近的石榴树前合影。

看。问他的姓名，他不肯说。再问“你心里有什么事?”他哭了：“我心里有话，没有地方诉呀，来跟老焦说说……”

穆青、冯健、周原走一路，听一路，看一路，想一路……

他们来到焦裕禄陵园，向他们无限敬仰的这位共产主义战士、人民的好儿子敬献了花圈。花圈的挽带上写着“焦裕禄精神永存”。

管陵园的老人告诉穆青，自1989年下半年以来，瞻仰陵园的人越来越多，平均每天要接待上千人，有农民、工人、干部、学生。曾经有一位北大中文系的学生背着行装徒步来到兰考，到焦裕禄的墓前凭吊。

他们来到韩村。当年穷得赤着脚、焦裕禄曾送给他一双黄军鞋的孙少甫，如今家里已盖了新瓦房。穆青问他日子满意不满意，他说：“咋说呢?多数事满意，少数事不满意。唉！俺们真想念焦书记，多一点像焦书记那样的干部，中国的事情就好办了!”

他们和当地干部群众开座谈会，许多人说，现在的干群关系不能和焦裕禄时代比。一些农民说：那时焦书记给我们的多，现在的干部要的多。一些干部说：现在干群关系紧张是逼出来的，我们知道好多事情群众不满意，但又必须干。

三位老记者默默地离开兰考。行前，他们来到县委大院，找到第一次采访焦裕禄时的县委会议室，又看到了焦裕禄在世时就有的那棵石榴树，如今它已经长得蓬勃葱茏，红色的花朵像燃烧的火苗。他们站在石榴树前留下一张合影。

一个月后，署名穆青、冯健、周原的通讯《人民呼唤焦裕禄》由新华社向全国播发。

广大群众呼唤焦裕禄，这不是一个偶然现象。他们是在呼唤党一贯同群众血肉相连的好传统，呼唤党的一

1990 年 6 月，穆青、冯健、周原在兰考召开农民座谈会。

1990 年，穆青、冯健、周原在兰考韩村农民孙少甫的家中采访，孙少甫用大碗茶招待老朋友们。

切为了人民、一切依靠人民的好作风。

……

60年代初，我国外有压力，内有经济困难。焦裕禄那种敢于“在困难面前逞英雄”的气概，“心中装着全体人民，惟独没有自己”的情怀，不啻是黑云压顶时一道耀眼的闪电。正是以这种气概和情怀，我们的党克服了历史上的一个个危难而一往无前。现在，我们国家也面临着外有压力、内有困难的形势，依然需要“在困难面前逞英雄”的精神，需要同人民群众紧密联系的作风。这就是成千上万人一往情深地怀念焦裕禄、呼唤焦裕禄的真正原因。

各大媒体争相刊用。《经济日报》在登载这篇文章的同时，还配发了总编辑范敬宜写的评论：《不信东风唤不回》。激情难已，他又写诗一首，送给穆青：

庾信文章老更成，新篇续就意难平。
豪情满纸见肝胆，卓识如炬明古今。
议论长含贾傅泪，怀民总带杜陵心。
拳拳心曲谁评说，读与穷乡父老听。

当晚，穆青把这首诗抄录在自己的日记中。

穆青与范敬宜是一对神交已久的朋友。他们平日来往并不多，但内心却似乎有一种感应。穆青每有激情迸发，范敬宜那边必是遥遥相应。

穆青与种棉花的吴吉昌是知心朋友，由此吴吉昌也成了范敬宜的知心朋友。老汉每次来京，带一袋小米给穆青，必同时带一袋小米去看望范敬宜。

那年，穆青等人写下冒风险的稿子《风帆起珠江》，中央各大报纸惟范敬宜任总编辑的《经济日报》独家采用。

穆青结集《十个共产党员》一书，请范敬宜作序。他对他相托的最重的一句话是：“我相信你会写好的，因为我知道你也是一个有感情的人。”

范敬宜的确是穆青的知音。

这位早年毕业于上海圣约翰大学的学生，到《辽宁日报》工作后被打为右派，在辽西贫困山区生活十年之久，后来先后做了《经济日报》和《人民日报》总编辑。他无论地位有何变化，惟有不变的，是“甘为人民鼓与呼”的肝胆。正是这一点让他与穆青神交日久。

范敬宜曾经说过这样一段话：“穆青把根扎在最厚的土层里，所以他有最肥沃的养分，他的作品也能代表最大多数的人。他能用最底层的事感动最高层的人。他有我们许多记者都不曾享受到的幸福。”

他后来还为穆青 80 寿辰作过一首诗，词之凿凿，情之切切：

秀出神州笔一枝，如椽如匕如柔丝，
雷霆一怒见风骨，典范十章成史诗。
遍踏五洲明大势，回翔四海觅新词，
照人肝胆今何在，咫尺楼头即我师。

此时此刻，《人民呼唤焦裕禄》再次让穆青与范敬宜的心灵碰撞。

有人讲，这篇稿子是三个老头儿最后在人民群众面前立的一块碑，表达了他们与人民是永远心连心的；他们用这种方式代表人民群众向一些官员发出了警告：不要脱离人民，否则，将被人民抛弃！听了这话，穆青点点头。

穆青和范敬宜在一起讨论工作。

写下这篇稿子之后，很久，穆青都感觉有一种神圣的东西在心里沉淀。

1994 年，穆青去甘肃采访，在金昌，一位当地的基层干部捧着他精心保存下的一本人民出版社 1966 年 2 月出版的《县委书记的榜样焦裕禄》64 开本小册子，找到穆青，请他签名留念。看着这本绿色封面、印有“定价 0.04 元”、印数高达 120 万册、纸张已经发黄的小书，穆青惊喜不已，他再次体味到那种来自人民之中的生生不息的力量。

同年 5 月，河南省委在郑州举行焦裕禄逝世 30 周年纪念大会，穆青、冯健、周原应邀前往。纪念会上，时任中央政治局常委胡锦涛代表中央到会致词，他讲话的主题是时代要求焦裕禄精神。同时在兰考还举行了焦裕禄纪念馆开幕及焦裕禄铜像揭幕仪式。这一天，穆青在日记中激动地记道：

今天风和日丽，兰考万人空巷，总有十几万人参加这次纪念活动。我们车队经过时，大街两旁都站满了人群。仪式结束后，陵园大门一打开，停候在门外的人群便像潮水般地涌了进来，我们的车走晚了一步，便被堵在陵园里整整半个小时开不出去。人群中有很多都是来自四乡的群众，有些老人都是由儿子女儿搀扶着前来的或踏着平板车带来的。过去兰考人民一片蓝黑色的破衣烂衫，现在都被五颜六色的新装代替了。其场面之壮观实在令人感动。

一位叫“红旗”的人，在穆青身后网上设立的“穆青纪念馆”里发过这样一幅帖子：

父辈们通过穆青知道了焦书记，而我们通过焦裕禄知道了穆青。忘不了焦书记，忘不了穆青。

“为人民服务”，这是穆青毕生的理想。

他曾说过：“有的人把作品获奖当做最高荣誉。其实，人民的信赖才是对记者的最高奖赏。”

他一生中跑得最多的地方是农村；他一生中恪守不变的信条是“为人民吐丝”；他一生中题写最多的一句话是“勿忘人民”。他在半个多世纪的风雨里，始终没有背叛他当初在延安树立起来的“为人民服务”的信仰，全了他一生的节操。

甚至，就在他去世前的一个月，他颇动感情地对老摄影记者刘心宁说：“如果我再年轻二三十岁，我就去当个省委书记，我非要把那里老百姓的生活搞好！为官清廉！”

“征夫怀远路，游子恋故乡。”

中原这片土地，是穆青的精神家园。只要他的心中一日装着这片土地，他的心就一日与人民在一起。

家乡的情，群众的心，始终温暖着我。（1993 年 1 月 10 日日记）

中原这片土地，有穆青生命的密码。无论走到哪里，他都不会忘记他是这片土地的儿子，不会忘记这片土地赋予他的本色。

那棵曾给少年的他带来无尽梦想的老榆树；那个曾让他和小伙伴们欢快如鱼儿的池塘；那位身材高大淳朴善良的车夫；那位经常帮家里干活敦厚老实的佃农……所有这一切，都像环绕在他生命周围的泥土一般，一生滋养着他。

更有他的母亲，一位凝结了这片土地深厚精华的女性，她给了他生命的血脉。

1990 年夏天，当他 97 岁的母亲在这片土地上告别人世的那一刻，他的内心体验到一种深刻的、从未有过的伤痛。第二年秋季的一天，他在河南采访途中，悄悄绕道来到母亲的墓前，在地里采摘了一捧无名的野花，默默地放在母亲的身边，给这位生他、养他、赋予他爱、赋予他灵魂的女性深深地鞠躬。他含着泪轻轻地呼唤道：“妈！……”

他知道，他的一生都起源于她，起源于她身下的这片土地。她与这片土地同为他生命中伟大的母亲。他是她的儿子，他也是这片土地的儿子……

结尾

任何人的生命都是有限的，然而生命中有一些东西却是无限而隽永的。

爱是永存的感情

黄河水哺育的华夏土地，给了穆青最深厚的情感。

2003年10月11日凌晨3时20分，穆青在北京医院去世。

十几个小时前，当他呼吸急促，已经不能说话的时刻，他用眼神向守护在病床前他的老秘书高长富要了纸和笔，但他颤抖的手却仅仅在纸上留下轻轻的一划……

这个82岁的老人，无言地走了。

这一天，是北京10年来同期最寒冷的日子，秋雨如咽如泣地落了一夜。

成千上万的人为他的离去而悲痛。

在为他送行的队伍中，有他挚爱的亲人，也有他亲密的同志；有国家领导人，也有从太行山脚下赶来的农民；有他熟识的战友，也有与他从未谋面只是为他的作品而感动的读者……当人们无力挽回这个老人的生命时，只有默默地祝他在回归的途中一路走好……

他的身旁簇拥着盛开的鲜花，那是他生前最喜爱的。大自然这春天的信使，曾带给他多少生命的喜悦。

> 这几天，我的小院里是一年中最美的时候，杏花和迎春花刚刚落去，玉兰、榆叶梅就陆续开放，紧接着丁香花开了，海棠花开了，葡萄和爬墙虎都吐出了鲜嫩的绿叶，而最令人陶醉的是几百棵郁金香次第开放，那鲜艳的色彩真让人睁不开眼睛。特别是每个早晨以至整个上午，小院阳光充足，那些红色的、黄色的、粉红的、淡紫的酒杯似的花朵映着阳光通体透明，真像盛满了美酒的玉杯一样。
>
> 我每天都要在花前观赏几回，看着它们一天天长高，一天天开大，真有种说不出的欣慰。

这是他生前日记中记下的。

> 早晨在院子里散步，忽然发现去年地里未挖出来的郁金香又拱出了新芽。……
>
> 看到这些嫩芽，就有一种春天来临的感觉，心情就似乎要好一些。冬天实在是太长了，天寒，风大，万物

凋零，到哪儿都有一种压抑感，几个月的漫长冬天，几乎要把人困死。所以一闻到春天的气息，人就好像要解放了一样，精神也为之一振！

但愿今年的春天能给我带来一点灵感，一点还未凝固的激情……

这依然是他生前日记中记下的。

今天，花开人去。

死亡，这是每一个人都将履行的人生末章。在穆青的一生中，他已经无数次地感受到了在他生命周围，那些与他有着亲密关系的人的死亡所带给他的心灵的冲撞。他的早年的战友，他的善良的父母，他的情若手足的友人，他的农民兄弟……及至进入20世纪90年代，新华社一个又一个老同志相继离去，仅那一个冬天，他就送走了五位。他悲痛难已，在日记中写道：

今年冬天流年不利，老同志接二连三纷纷谢世，让人整天生活在悲痛和压抑中，简直喘不过气来。虽说人总是要死的，但也不能死得这样集中，这样连续……

我真希望这个可恨的冬天赶快过去！

为了转移这种郁闷的沉重的心情，这几天我经常在小院里寻觅春天的信息。看小草是否发芽，树梢是否变绿？哪怕有一点绿色，都会在内心产生一点喜悦，一丝慰藉。所幸的是我去冬种植的几百棵荷兰郁金香这几天正陆续抽芽，几乎每天都有一批嫩芽破土。看到它们一个个从冬眠中醒来，真像看到久别的儿孙一样……

生活中有些东西是很残酷的。2002年9月，当他从四川海拔4573米的巴郎山顶回来后，潜伏在他身体内的病魔开始暴发了。他的日记断断续续记下了这一过程。

九月八日

从四川回来后，一直觉得十分疲劳，特别是胸闷始终未见好转……每天早起伸个懒腰，深呼吸一下，就觉得胸痛。

十月二十日

这几天我胸痛在加剧，活动一下甚至深呼吸都觉得扯着疼。睡觉只能侧身睡，平躺着就不行。

十一月一日

北京医院 CT 的结果出来了，在左肺下端靠后部还是有一片阴影，性质仍不能确定……

我已年过八十，既不怕病，也不怕死，只是有很多事情还需要做完。过去盲目自信自己的身体很好，缺乏紧迫感。现在猛然给我敲响了警钟，才惊觉时不我待……

十一月四日

上午十点左右，在南振中等同志护送下住进了北京医院。

我在这个医院看了几十年门诊，从未住过院，今天是第一次……

朱穆之下午即来看我，是妞妞向他通知的。

田聪明也来了，还当面把北京医院的副院长找来，交代了一番，请他务必关照。

（日期不详）

十一月十九日，我动了一次大手术，把左肺一叶的一小部分切除了（实际未切除。他本人不知情。作者注），原因是那里发现了一个两厘米大小的肿块，化验结果是恶性的。

这是我平生所害的第一场大病，也是我平生所经历的一次最大的痛苦，整整一个多礼拜，伤口内外剧痛如撕，既不能自由翻身，也无法入睡……

这篇日期不详的文字是穆青留下的最后一篇日记。

肺癌缩短了他的生命。

是的，任何人的生命都是有限的，然而生命中有一些东西却是无限而隽永的。

生前他曾对儿子们说：

你们的爸爸没有什么财产留给你们，给你们留下的只有一个好名声。将来无论你们走到哪里，都会为有这样一个父亲而感到骄傲！

生前他曾给孙辈们留下话：

学本事固然重要，但更重要的还是要学做人。我们家有正派做人的传统，有淳朴忠厚的家风，绝不允许做那些损人利己不道德的行为。做人正，路就能走得正。古往今来，人格的力量是最有生命力的。

生前参加革命50周年那一天，他曾在日记中给自己做过一个“自画像”：

一九三七年十二月五日，我从开封跑出来参加了革命，到今天整整五十年。半个世纪的风风雨雨，我也从一个十六岁的少年变成一个六十六岁的老人，从革命队伍中的小鬼变成了一个元老院（中顾委）里的一名元老。五十年，特别掐头去尾的五十年，几乎等于一个人的一生，应该有所回顾了。

回顾之一，我是在革命的哺育下成长起来的，没有革命，也没有我的今天。

回顾之二，我是忠诚于党的事业的，坚信我们的党能够救中国。

回顾之三，我热爱劳动人民，无论在什么情况下，我的心始终同他们相通的。

回顾之四，我基本上能够做到严于律己，坚持做一个正直的、不违背做人道德的人。

回顾之五，我没有什么出众的才华，并不刻苦，一生浪费掉不少宝贵时间，如果能更勤奋一点，也许，情况会比现在好些。

回顾之六，我经常觉得名不副实，内心惶然……

他，终于静静地走了。他所走过的20世纪，是中华民族从屈辱中崛起的时代，惨烈，曲折，伟大，精彩。他就是在这样一个时代中，拿着枪，拿着笔，几起几落，战斗过来的。他的离去，使中国新闻界失去了一位自延安时代起从业时间最长的老记者。

网上有人发出帖子：穆青的离去，象征着中国一个“新闻时代”的结束。现在的新闻界已经难以通过一篇文章树立起来一个典型。因为，现在的社会已经使榜样的力量变得有限。现在的记者已经不可能花数十天的时间到一个地方跟普通老百姓交朋友、采访，塑造人物形象，甚至几易其稿。因为，时下新闻的节奏和下达的定额已经使记者没有了那么多时间和耐心。现在的记者更不可能动辄写出上万字的人物通讯。因为，时下的报纸已没有这样的版面登载这样的文章。

如果穆青九泉有灵，不知道他同意不同意这种说法。不过，已经有人表示了他们的另一种意见：新闻的形式必定会随着社会的变化而呈现出更丰富的姿态。然而，一个永远不会逆转的事实是，物质愈加发达，新闻的触角将愈加深入人们的精神世界。

是的，穆青的时代有永远不过时的东西，比如一个记者对他的国家和人民的责任感；一个记者的政治家的眼光；一个记者的爱……这些，无论何时都是不可缺失的。

另外还有一种东西，谁也不能确定已经过去，那就是穆青所经历过的煎熬：在为理想而跋涉的征途中，遇到压力和阻力的时候怎么办？穆青在写焦裕禄的时候经历过；在“大跃进”的时候经历过；写吴吉昌的时候经历过；组织农村改革报道时也经历过……

现在和以后的人们还会经历吗？

穆青走了，沉静无言地走了。留下 82 岁的人生供后人品味。

当一个生命走到终点，退去人世间一切戏服之后，他能让人感动并记住的，就是他最珍贵的。

穆青走后，无论对他的一生人们可以有多少回味和思考，无论对他的一生人们可以有何种不同的评论，但是，他让所有的人感动并记住的终究有一个共同的东西，那就是：爱。

他对他的祖国的爱；对他的人民的爱；对他的事业的爱；对他的同志的爱；对他的亲人的爱！以及对自然界一切美好事物的爱！

爱，铸成了他厚重光辉的生命。

他生前十分喜欢的一本书《相约星期二》中说过这样一句话：“爱是永存的感情，即使你离开了人世，你也活在人们的心里。”

让我们把这句话送给穆青。

附录

履行职责的楷模

——深切缅怀穆青同志

田聪明

穆青同志走得实在太急促了，我一直难以接受。在我的意识中，几乎可以说：穆青就是新华社。失去了穆青，对新华社和党的新闻事业都是难以接受的重大损失。

头一次听到穆青这个名字，是《县委书记的榜样——焦裕禄》发表的时候。首先是从广播里听了报道，被感动了。记不清是哪位播音员，播得极富感情。当时，我还是一名学生，在校园里边走边听，听着听着便下意识地停下了脚步，直至听完。第二天找到报纸，一口气细读了一遍，看到是三位新华社记者写的，其中就有穆青同志。当时，内心深为焦裕禄这位好书记英年早逝惋惜，同时也深感穆青这些新华社记者真了不起。从此以后，每当谈到或想到新华社就自然地会想到穆青。

1974 年，我读到引领我进入新华社记者队伍的启蒙教材《我们的经验》一书，认真阅读了此书中穆青同志的几篇文章，给了我很多启发和教育。尤其使我振聋发聩的是发生在 1975 年秋因揭露江青而发生的所谓“朱穆李事件”，其中又有穆青同志。我太佩服他们的胆识和勇气了。粉碎“四人帮”后穆青同志重新工作不久，我就“闯”到了他的办公室找他。我当时代理内蒙古分社办公室主任，确是有事想找穆青同志谈，但更多的是出于敬仰之情。从他的办公室出来我又一次被感动了：这样有名望、有地位的人，竟是那样的平易近人、和蔼可亲。从那以后，我对穆青同志的关注，我同穆青同志的联系、接触，再未间断过。

如今，穆青同志走了，但他留给我们的宝贵精神财富是永存的。穆青同志的人品、文品和他身上表现出的马克思主义新闻观、党性原则，新闻职业精神、新闻职业道德等，都值得我们很好学习。特别是他不论作为新华社记者，还是作为分社、总社的领导，都是履行职责的楷模。这些，都是新华社的全体员工，尤其是我们各级领导干部要好好学习和实践的。

《我们的经验》一书中穆青同志40多年前写的三篇文章，我在近两三年思考新时期新华社改革发展问题时又反复学习了。从这些文章的字里行间可以清晰地看出，他作为新华社记者和分社领导，不仅强调新华社的职责，而且强调如何履行好新华社的职责。记得2000年7月5日去拜望时，穆青同志特别提醒我注意抓记者深入实际调研的问题。当讲到搞好国内、国际参考报道时，他紧握拳头重重地捶在桌子上：这是新华社的拳头产品啊！当时，我立即想起了他在《为了备忘》一文中说的："调查研究，拿材料来，不仅为我们报道本身所必需，也是我们作为党的耳目所应尽的责任。"这无疑是老领导对我工作的期望，而且从他的言谈举止中，我明显地感觉到了这个问题的紧迫性。

坚持正确的舆论导向是新华社报道工作的一条重要原则。穆青同志对此是十分坚定和清醒的。他在《为了备忘》一文中讲："新闻舆论无论什么时候都具有巨大的威力。它可以教育群众，发挥群众的积极因素，也可以因为自己的不慎而散布消极的影响。这一点我们必须时时刻刻小心警惕。"穆青同志的新闻工作实践表明，他是这样说的，也是这样做的。

穆青同志曾在国内分社领导岗位上工作多年，他既坚持把分社作为总社的派出机构，同总社紧紧联系在一起，又注意从分社的实际出发考虑问题、部署工作，认真履行新华社的职责。穆青同志的《在分社领导岗位上》一文，今天仍可说是如何当好分社社长的学习教材。

比如，对如何围绕新闻信息报道搞好管理工作，他讲，“新闻机关不同于一般的行政单位，它应该具有高度的工作效率和灵活机动的战斗作风，它的每一个工作环节和每一个工作成员，都应该为保证及时地发出新闻而工作，一切组织形式、机关生活和工作制度也应服从于这一总的目的”。强调“必须彻底改变一般机关化的工作制度和生活制度”。

对如何根据总社的业务方针和分社的实际情况进行独立思考，他讲：“一是在组织报道上，如何根据当时当地的具体情况，从实际出发来决定报道的内容和比重；二是在业务思想和业务建设上如何根据分社本身的条件和特点，采取具体的措施，来贯彻总社的业务方针。这两件都是分社领导人的重要职责，不能采取等待或依赖总社的态度。”

对如何做好首席记者，他讲：“要做好工作，最好是把自己的位置放在记者之中，千万不要把自己看做是高出记者之上的人。”穆青同志四十多年前的这些经验之谈，到现在都完全适用，很值得我和新华社各分社的社长很好地学习，并身体力行。

穆青同志在总社领导岗位上工作几十年，从他处理的一系列复杂问题和指挥重大报道中，更加看出他始终坚持党性原则，忠实履行新华社职责的自觉性和坚定性。比如前面提到的“朱穆李事件”，就是在履行新华社职责和个人安危之间无疑有冲突的情况下，穆青同志毫不犹豫地选择了“履行职责”。这件事给我的印象太深了。我当时是分社搞农牧业报道的记者。1975 年秋天在昔阳县召开的全国农业学大寨会议上，主持中央日常工作的邓小平同志讲话令人振奋，而江青诋毁、诬陷周恩来总理和邓小平同志的一些非组织活动实在令人愤慨。时任新华社分管国内报道业务的副社长穆青同志得知记者的反映后，一是认为必须如实报告毛主席，这是新华社的职责；二是及时报告主持新华社工作的朱穆之同志；三是要求记者反复核实材料；四是针对当时的复杂环境，同有关同志一起，努力把工作做得更具实效。从后来了解的情况看，穆青同志在“朱穆李事件”中不仅表现出他作为新华社领导履行职责的坚定性和无所畏惧的勇气，而且表现出他为履行好职责而倾注心血的精神和智慧。穆青同志因此再次受到迫害，但他那大义凛然、敢作敢当的精神，一直被新华社内外传为佳话。

粉碎“四人帮”以后，为“天安门事件”平反是全国人民的共同愿望。这么重大的事情当然要由中央来决定，可新华社能做点什么呢？这也是穆青同志和新华社大多数同志牵挂在心头的事。1978 年 11 月的一天，我突然从广播里听到一条消息，说：“天安门事件”是革命行动。第二天一看报纸是新华社的电讯稿，文字不长可题目却做得很大，很醒目。我们分社的同志都感到十分痛快和振奋。后来听总社的同志说，这篇报道也是穆青同志亲自抓的；说发这篇报道不仅政治上有风险，定稿程序上有讲究，就是在报道的表述上也很有学问。听到这些，我情不自禁地自言自语：毕竟是穆青啊！记者们每在一起谈到穆青同志的这些作为，都感到鼓舞和自豪，觉得在这样的领导手下工作，有干头，也放心。

我离开新华社 20 年，但这一桩桩一件件的事，一直记在脑海里，对穆青同志的敬慕之情也始终留在心中。20 年中，凡是我们能碰面的场合，我总要主动上去说几句话或打个招呼；凡碰到新华社的人，不管过去是否认识，我也总要打听打听穆青同志的工作、身体等情况。20 多年后又回到新华社工作，上班的第三天就去看望、拜访这位尊敬的老领导。我们聊了差不多一个上午，都没说多少客套话，主要围绕的话题就一个——如何继续推进新华社的事业。

三年来，我始终以穆青同志为榜样，和新华社党组的同志一道，紧紧围绕新时期新华社改革发展的主要问题进行学习、调查和思考。我们认为，首要的问题就是要进一步明确新时期新华社的职能，首要的任务就是要忠实履行好这个职能。穆青同志远去了，我们一定要化悲痛为力量，继承穆青同志的遗志，强化履行职责的意识，不断提高履行职责的水平，团结带领全社同志认真抓好新闻信息报道和改革发展等各项工作，为全党、全国工作的大局服务。

（此文作者时任新华社社长）

“堂堂正正，别无所求”

——缅怀穆青同志

南振中

2003年10月10日，在北京医院812病房，我守护在抢救中的穆青同志身边。呼吸机遮住了穆青瘦削的脸庞，血氧饱和度时而“80”，时而“84”，始终达不到正常值“95”。深夜，新华社有关负责同志提前来替我，因为第二天我还要在总编辑室值班。我缓缓地绕过病床，退出812病房，返回总社。大雨如注，寂寥的长安街上，风雨击打着车窗，如同叩击在我的心上。

就在这一天，田聪明社长曾问主治医生：“穆青同志会不会苏醒过来?”医生说：“除非出现奇迹。”听了这一残酷而直率的回答，我们依然无法相信穆青同志会这样离去。我们默默地期待着“奇迹”的出现。我告诉司机，11日清晨上班之前，我先去北京医院看望穆青。怎么也没有料到，就在我走出病房4个多小时之后，11日凌晨3时20分，敬爱的“穆老头儿”真的离我们而去。

一

自从穆青发病，我隔不几天，就要问一问他的病情。国庆假期，好几天没有见到他。10月6日，我从办公室打电话到穆青家里了解情况。穆青家人告诉我，穆青精神看上去很好，让我放心。真是“天有不测风云”，9日下午，穆青忽然开始发烧，胸闷憋气，住进了北京医院。10日上午7时35分，穆青发生急性呼吸衰竭，身体状况急剧恶化。

接到医院的紧急通知，田聪明同志和我分了工：他在总社负责向中央领导同志报告；我立即赶赴北京医院。这时，专家已经进行过会诊，在征得家属同意后，决定上呼吸机，实施紧急抢救。

2002 年 11 月以来，身患重症的穆青几次住进医院，一次次与死神擦肩而过，顽强的生命力在支撑着他。这是一个坚强老人同病魔之间的“战争”。每当病情稍一稳定，穆青就流露出乐观情绪，用微笑给亲人和同事以安慰。

如今，这一幕不会再有了。陪伴我的，只有办公桌玻璃板下压着的一张照片。这是穆青送给我的一幅字：“堂堂正正，别无所求”。穆青用他的一生，实践了一个大写的人的高贵品质。这幅字，就是这种精神的写照。

穆青擅长书法，向他求一幅字是我多年的愿望。可直到两年前，我才向穆青提出这一要求。2001 年盛夏的一个晚上，穆青打电话叫我去取字。我走进穆青的书房，看到他正举着一幅字上下端详。穆青高兴地说：“写了这么多年的字，这一幅我最满意。你赶快拿走，要是再不取走，我真有点舍不得了。”他说：“写字如同写文章，需要激情和灵感，需要‘神来之笔’。‘堂堂正正，别无所求’，这 8 个字，一挥而就，哪一个字都不错。”我深知穆青非常珍惜这幅字，就请人把这幅字翻拍成照片，扩印了一张 12 寸的，用“拉米娜”技术装裱好，回送给穆青。

睹物思人。“堂堂正正，别无所求”寄托着穆青一生的追求，也寄托着老社长对后来者的殷切期待。

二

10 月 17 日上午，在八宝山送别穆青同志的时候，一位中央领导同志含着泪说，穆青同志对人民很有感情，尤其是对农民很有感情。穆青同志深入基层，写出了许多激励人们上进的好作品。穆青同志是新闻界的楷模，是“三贴近”的典范。此前，中央一位老同志还称赞穆青的一生是光辉的一生。对这些赞誉，穆青当之无愧。

从抗日战争到解放战争，从新中国成立到改革开放，在不同的历史时期，穆青都有催人奋进的新闻力作问世。他的新闻作品、新闻理论、新闻实践，对广大新闻工作者来说，是一笔巨大的财富。近年来，我接待过不少专门研究穆青的新闻工作者，他们认为翻开 20 世纪中国新闻史，“穆青”这个名字是一个象征、是一种标志。他们希望了解穆青是怎样介入中国革命和建设的历史的，是什么力量驱使他始终伴随着共和国的成长勇敢前行；他同哪些重大历史事件、重要历史人物产生过联系。他们更多地希望了解新闻作品之外的穆青是什么样的人。我曾对他们说过，研究穆青的作品，首先要了解穆青的为人。“堂堂正正，别无所求”，这就是我们心目中的穆青。

穆青是一个性格内向的人。他并不健谈，但是，许多同他接触过的人，常常会被他所吸引。他的魅力源于他高尚的人品、高尚的人格和高尚的情操。“为什么我的眼里常含泪水？因为我对这土地爱得深沉”。有了高尚品格，才会深沉地爱着祖国和人民；有了崇高理想，才会自觉地把自己的命运与祖国和人民联系在一起。穆青曾经讲过这样一番话：“几十年的风风雨雨，几十年的奋斗、磨炼，再难、再苦，甚至再大的挫折，我始终对党、对人民、对新华社的事业充满着爱，充满着信念。我坚信一条：新华社的事业，是值得为之献身的、庄严豪迈而又充满艰辛的事业，能够为党的新闻事业贡献我的一切，这是我最大的光荣和愿望。”穆青一生激情澎湃、疾恶如仇，正是源于这种坚定的政治信念和堂堂正正的人格力量。这是穆青生命的灵魂。

穆青的信念和人格感染培养了一代又一代新华人。穆青不仅是我们的老领导，也是我们人生道路上的良师。1964 年 8 月，我从大学毕业后成为新华社山东分社的一名记者，就阅读了穆青的《新闻记者和调查研究》一文。在这篇文章中，穆青详细论述了调查研究的目的、内容、方法和态度。他说："我们培养和训练记者，一开始就应该让他们到实际斗争中去闯，去滚，养成深入群众、深入实际的优良作风。"此后，穆青又强调理论学习的极端重要性，把"理论学习"和"调查研究"称为记者成长的两个翅膀。这些教诲，为我们这些刚进新华社大门的人指明了前进的方向。

我在新华社工作了 10 年之后，才第一次见到穆青。那是 1974 年夏天，总社从编辑部和国内分社抽调了 10 名记者从事国庆 25 周年重点报道，我是最年轻的一个。穆青直接组织指挥了这次战役性报道。在讨论稿件的过程中，对如何客观地评价形势，有一些不同看法。我向穆青如实汇报了在基层调研时的所见所闻所感，提出在判断形势时应该留有余地。穆青赞成这一看法，他说，当记者就是要实事求是，一切从实际出发。"坚持真理、实事求是"，这是穆青当面给我上的"第一课"。

第二次见到穆青是相隔 3 年之后。1977 年 11 月下旬，总社国内部召开农村记者座谈会，研究农业形势和农村报道。当时党的十一届三中全会尚未召开，极"左"阴云尚未散尽。经过"十年浩劫"，全国农业陷入严重危机，急需休养生息。农村记者座谈会就是在这样的大背景下召开的。大家强烈要求如实反映农村基层的情况，扶持各地为改变贫穷落后面貌而进行的新的探索。穆青在听取汇报时，讲了一番带有鼓动性的话："大家都有一股子干劲，要让农村来一次革命。革命是怎么发生的？就是到了再也维持不下去了，才会爆发革命。现在大家觉得要爆发革命，认为有爆发革命的必要，事情就好办了。没有这种精神状态，就不能改变农村的面貌，就不能改变我们国家的面貌，也就不能改变农村报道的面貌。要革命，就要换一种思路，换一条路子走。过去那条路走不通了，实践证明是错误的路，就要把那一套东西推倒。推倒旧事物，肯定会有阻力，会有干扰。对于新闻工作者来说，最大的干扰就是我们脱离实际、脱离群众。要改革，首先要从这里改起。我们的农村记者要深入基层调查研究，要密切联系实际、密切联系群众，要反映人民群众的要求和呼声。”许多人都知道十一届三中全会前后新华社农村记者采写了大量反映中国农村实际的报道，却很少有人知道穆青同志这篇讲话所起的作用。正是穆青同志的“胆”与“识”，激励着新华社上百名农村记者深入贫困地区调查研究，以一种全新的视角和精神状态，为推动中国农村第一步改革顽强拼搏。

三

穆青在新华社有一个尽人皆知的称呼：“老头儿”。这一称呼里透着亲切、透着信任，饱含着干部职工对穆青的崇敬与爱戴。

穆青对待工作是严格的，有时甚至是严厉的；但是，他对待同志、对待后辈，永远保持着关心与爱护。穆青的这种品质，与自己的曲折经历分不开。延安整风后期发生过一场过激的“抢救失足者”运动，严重时《解放日报》编辑部里百分之七八十的人都受到了审查。既没有在白区工作过，也没有海外关系的穆青，竟然也受到怀疑。穆青对此很不理解，抵触情绪较大。一次编辑部派穆青采访毛主席的一个活动。采访间隙，毛主席向穆青询问报社整风运动的情况，穆青如实作了汇报。毛主席说：“如果大多数人都不可靠，共产党还有什么伟大可言，革命还有什么凝聚力。”毛主席让穆青回去向《解放日报》负责人博古同志讲一下，“搞错了的，一定要平反，要赔礼道歉”。这段奇特的经历，对穆青产生了很大影响。他受过委屈，品尝过被错误“整治”的滋味，所以，他看不起那些两面三刀、见风使舵，“遇事总想变着法子整人”的人。了解了这一层，我们就不难理解为什么穆青在反右派斗争中敢于实事求是、“按兵不动”；为什么“文革”期间两次被打倒，重新出来工作以后仍然敢于保护新华社一大批勤勤恳恳、埋头苦干的干部。在日常工作中，被穆青“剋”过的同志不在少数，但很少有人因此与穆青结下私怨。穆青曾对被他批评过的同志动情地说：“我有时对你们批评得很厉害，要求很严格，事后想想又于心不忍，有时甚至一夜睡不好觉”。这是一种“恨铁不成钢”的赤诚。穆青担任新华社领导 40 余年，他用理解、信任、关心和帮助，把新华社上万人凝聚成一个有亲和力的整体。

穆青对我的关心和爱护，主要体现在勉励与鞭策上。2000 年，我写的《记者的发现力》一书出版不久，穆青同志就撰写了题为《用毕生去发现》的长文。他说：“一个优秀的记者，穷其一生，都在追求‘发现’。苦与乐、喜与悲尽在于斯。”穆青在文章的结尾勉励我“用毕生的精力去把‘发现力’这篇大文章做好”。2003 年 7 月，新华出版社的同志向我组稿，题目是《与年轻记者谈成才》。我认为对于成才问题最有发言权的是穆青同志，于是前去请教。令我感动的是，82 岁高龄的穆青，以重病之躯，为这本书写下了一篇序言。穆青认为，年轻记者成才的先决条件是做一个堂堂正正的人。他说：“做人是第一位的，成才是第二位的。如果连人都做不好，还谈什么成才！即使成了‘才’，也是‘歪才’”。没有想到，这篇写于 2003 年 8 月 1 日的序言，竟成为穆青公开发表的最后的文字。这篇序文洋溢着老一代新闻工作者的高尚情怀，体现了他们一生的追求，充满了对后来者的殷切期待。我将把这篇序文留作永久的纪念，以“堂堂正正，别无所求”自勉自励。

（此文作者时任新华社总编辑）

穆青年谱

1921年农历二月初六，生于安徽蚌埠。祖籍河南周口，回族。10岁时随家人迁回河南杞县母亲的娘家。

1932年，考入河南杞县大同小学，后升大同中学。

1937年，考入河南开封两河中学。

1937年12月，投奔八路军，在山西临汾参加彭雪枫领导的八路军学兵队，3个月后被分配到120师政治部宣传队任文化教员。

1939年1月，在《八路军军政杂志》创刊号上发表他的第一篇战地通讯《红灯》。

1939年5月，加入中国共产党。

1940年7月，被派往延安，进入延安鲁迅艺术学院文学系学习。

1942年8月，调入《解放日报》任记者。

1942年9月，与张铁夫一起采访当时陕甘宁边区的模范工人赵占魁，他们采写的通讯《人们在谈论着赵占魁》和《赵占魁同志》在《解放日报》上发表。

1943年8月22日，在《解放日报》上发表散文《雁翎队》。

1945年9月，随解放日报社和新华社先遣队离开延安，赴东北前线。

1946年2月，调入东北日报社。

1946年3月，采写了反映东北抗日联军光辉革命斗争事迹的长篇通讯《一部震天撼地的史诗——中国共产党与东北抗日联军十四年斗争史略》。后为收集杨靖宇烈士的事迹，专程赴朝鲜采访金日成将军。

1946年底，任《东北日报》编委兼通采部部长。

1948年元旦，在哈尔滨与续磊结婚。

1948年8月至10月，赴长春前线采访，写出《空中飞来的哀音》《哀音更加低沉》《月夜寒箫》《一枪未放的胜利》等一批战地通讯，由新华社播发。

1949年3月，赴葫芦岛采访起义后的“重庆号”巡洋舰，写出通讯《驶向人民的海洋——记重庆号巡洋舰起义经过》，在《东北日报》上发表。

1949年4月，从《东北日报》调任新华社特派记者，随第四野战军南下采访。5月至12月发表了《在河南故乡》《“活捉白狐狸”》《狂欢之夜》《长沙的向导》《“革命又回来了”》《十里长鞭》等几十篇通讯特写，结集为《南征散记》。

1950年7月，任新华社编委会委员，农村工作组组长。

1951年11月，任新华社华东总分社第一副社长。1954年7月，任新华社华东总分社社长。1955年4月，任新华社上海分社社长。

1958年4月，调回北京，任新华社国内部主任。

1959年8月，任新华社副社长。

1966年2月7日，新华社播发穆青、冯健、周原合写的长篇通讯《县委书记的榜样——焦裕禄》。

1966年8月9日，与朱穆之、缪海稜、邓岗、石少华等新华社领导一起，被造反派赶出办公室，被批斗并开始接受劳动改造。

1972年9月，任新华社党的核心小组成员、副社长。

1975年10月，与朱穆之、李琴联名写信给毛主席，反映江青9月在大寨讲话中的严重问题。

1976年4月，姚文元把新华社几位负责人向毛主席反映情况的正当行为，诬蔑定性为“紧跟邓小平大刮右倾翻案风，分裂毛主席为首的党中央的反党阴谋活动”。4月至9月，穆青与朱穆之、李琴一道被停职审查，接受批判。这就是著名的“朱穆李事件”。

1977年1月，任新华社党的核心小组副组长。

1977年10月，兼任新华社总编辑。

1978年3月14日，《人民日报》发表由穆青、陆拂为、廖由滨合写的长篇通讯《为了周总理的嘱托》，介绍农民科学家吴吉昌的事迹。此文在中国新闻史上被称为“最早公开发表的对‘文化大革命’持否定态度的人物通讯”。

1978年5月11日，与新华社社长曾涛等领导一起，拍板转发了当日《光明日报》的署名文章《实践是检验真理的唯一标准》，并在其后组织了“关于真理标准大讨论”的战役性报道，推动了一场思想解放运动的发展。

1978年11月14日，与新华社社长曾涛一起，拍板签发了《北京市委宣布1976年天安门事件完全是革命行动》的消息，促成“4·5天安门事件”的彻底平反。

1979年4月24日，新华社播发由穆青、陆拂为合写的长篇通讯《一篇没有写完的报道》，介绍了植树模范潘从正的事迹。

1980年6月，兼任新华社解放军总分社社长。

1981年1月26日，新华社播发由穆青、郭超人、陆拂为合写的长篇通讯《历史的审判》。

1982年4月6日，任新华社社长。

1982年7月，任新华社党组书记。

1982年9月，当选为中共十二届中央委员会委员。

1982年12月，发表与周原合写的一组通讯《河南农村见闻》，其中有《抢财神》《谁有远见谁养牛》等。

1983年3月4日，在新华社国内工作会议上作题为《建设具有中国特色的世界性通讯社》的讲话，提出新华社改革的目标和任务，是建设一个具有中国特色的与中国的国际地位相称的社会主义现代化的世界性通讯社。

1983年3月，《新闻工作散论》由新华出版社出版。

1984年7月，《穆青散文选》由人民文学出版社出版。

1985年9月，当选为中国共产党全国代表会议代表。

1986年2月28日，在新华社第十次摄影工作会议上发表讲话，提出新华社向世界性通讯社进军必须两翼齐飞，一个图片，一个文字，这是新华社腾飞的两翼，缺少哪一个都飞不起来。

1986 年，当选为中国新闻摄影学会名誉会长。

1986 年 9 月，发表与植树劳模潘从正深厚友情的散文《心上的树》。

1987 年 11 月 1 日，在中共十三大上，当选为中央顾问委员会委员。

1989 年 6 月，《彩色的世界》由新华出版社出版。

1990 年 7 月 8 日，与冯健、周原合写的长篇通讯《人民呼唤焦裕禄》由新华社播发。

1990 年 8 月，发表散文《涑水情》，记录了他与劳模吴吉昌的深情厚谊。

1991 年 6 月 16 日，与孟宪俊合写的长篇通讯《改革大潮中的老支书》，由新华社播发。

1992 年 1 月 30 日，新华社播发由穆青、胡国华、王志刚合写的长篇通讯《风帆起珠江》。

1992 年 6 月，发表了纪念孙钊的散文《难忘那双手》。

1992 年 12 月，从新华社社长岗位上卸任。

1993 年 9 月，发表纪念恩师梁雷烈士的散文《泪洒偏关》。

1993年11至12月，穆青、冯健、周原再次携手赴河南采访，写出了《潮涌中州》《赶着黄牛奔小康》等一系列反映农村改革见闻的通讯和特写。

1994年2月26日，发表通讯《两张闪光的照片》，介绍红旗渠特等劳模任羊成的先进事迹。

1994年5月，发表长篇通讯《情系人民》，介绍河南省辉县原县委书记郑永和的先进事迹。

1994年7月21日，新华社播发由穆青、冯健、袁养和合写的长篇通讯《苏南农村第三波》。

1995年12月，《经济参考报》连载由穆青、冯健合写的长篇通讯《中原“金三角”纪行》。

1996年“七一”前夕，《十个共产党员》由新华出版社出版。本书汇集了穆青和他的同事在50年新闻生涯中采写的10位共产党员的人物通讯。

1996年10月20日，由中国记协、新华社联合主办的穆青新闻作品研讨会在北京举行。会后新华社新闻研究所将部分研讨论文编辑成《穆青新闻作品研讨文集》，由新华出版社于1998年1月出版。

1996年10月23日，穆青摄影展在中国美术馆开幕。

1996年10月28日，被推选担任第五届中国记协名誉主席。

1997 年 5 月 15 日，在《人民日报》上发表与冯健合写的反映河南农村改革的通讯《跨世纪的创业》。

1997 年 5 月 19 日，在《经济参考报》上发表与冯健、牧云合写的反映河南扶沟县改革开放以来农业生产蓬勃发展景象的通讯《扶沟新事》。

1998 年 8 月，在《人民日报》上发表散文《难忘华山》。

1999 年 6 月，在《人民日报》上发表散文《忆雪垠老师》。

1999 年 6 月 28 日，在《人民日报》上发表与陈大斌合写的反映郑永和事迹的通讯《老书记与北干渠的故事》。

2000 年，在《中国记者》杂志上连载《我的记者生涯》。

2001 年 10 月 29 日，被继续推选为第六届中国记协名誉主席。

2002 年 6 月，在《人民日报》上发表散文《挥泪送冷西》。

2002 年 11 月 6 日至 12 月 6 日，穆青书法展在新华社新华书画院举行。

2003 年 7 月，为郝建生《杨贵与红旗渠》一书作序言。

2003 年 8 月，为南振中《与年轻记者谈成才》一书作序言。

2003年10月，《穆青摄影》和《穆青书法》由新华出版社出版。

2003年10月11日，因患肺癌病逝于北京医院，享年82岁。

（郑德金整理）

后　记

写作《穆青传》之于我，犹如攀登一座山峰。它需要探索，需要蕴积，更需要一种心灵的跨越。当这本传记的最后一个字落下时，我不知道是否已经到达了预期的目的地，但我确认自己的胸怀间收获了一个从未如此深切领略过的世界。我为之感动。

我们每一个人的历史的内核，归结到底都是一段或长或短的心灵旅程。这部《穆青传》执意告诉读者的正是关于中国新闻界一位旗舰式人物的心灵历史。因为，惟有心灵，让人相通。

我怀着感恩的心，感谢新华社及新闻界一大批与穆青同志相识相知的老同志们，没有他们，这部书无法完成。

感谢曾经担任过穆青秘书工作的高长富、上官卫国、陈二厚同志，他们为本书付出了诚挚的心血和热忱。

感谢新华社新闻研究所及郑德金同志，他们不辞辛苦地提供了大量资料。

感谢新华社国内新闻编辑部、离退休干部工作局、技术局、上海分社、河南分社的同志，他们为本书的采访提供了全力的支持和帮助。

感谢河南周口、扶沟、杞县、兰考、辉县、林州和安阳日报的各界人士，他们为本书投入了感人的真情。

感谢新华出版社及这部书的责任编辑黄春峰同志，他们为此书付出了琐细而无可替代的劳动。

我同时要特别感谢穆青的夫人续磊及家人，他们让我了解到穆青为人子、为人夫、为人父的点点滴滴，并使我有幸读到了大量极为珍贵的穆青在不同的年代写下的日记。

我还要感谢给予我许许多多细微而真诚帮助的、我在此无法一一列数的朋友们。

历经春夏秋冬，我终于从一个人物和一段历史中走出。尽管结果会有着这样或那样的缺憾，但我知道，这个过程给予我的却值得用一生去珍藏。

张严平

2004 年 12 月 1 日